KB074561

룰루레몬 스토리

The Story of lululemon by founder Chip Wilson

First edition published 2018 by Time is Tight Communications, Ltd.
under the title Little Black Stretchy Pants.
This book has not been authorized by lululemon athletica inc.

칩 윌슨 지음 | **김지연** 옮김

룰루레몬 스토리

룰루레몬 창업자 칩 윌슨 이야기 / Lululemon story

예미

CONTENTS

“의미 있는 삶이 아니라면, 위대한 삶을 산다는 것은 불가능하다.
의미 있는 일을 하지 않고 의미 있는 삶을 살기도 매우 어렵다.
어쩌면 당신은 다른 사람에게 도움이 되는 탁월한 무언가를 만드는데
일조했다는 특별한 자부심을 느끼게 될지도 모른다.
실제로 당신이 이 땅에서 짧은 시간을 멋지게 보냈고,
그 시간이 매우 소중했었다는 깨달음으로 인한
깊은 만족감을 느낄 것이다.”

- 짐 콜린스, 『좋은 기업을 넘어 위대한 기업으로』 중에서 -

이 책을

과거, 현재, 그리고 미래의 직원들 모두와

나의 멋진 가족과 친구들에게 드립니다.

창업자의 개인 비전이자 룰루레몬의 기업 비전

(가장 우선적이고 변할 수 없는 비전)

세상을 평범함에서 위대함으로 끌어올리자

미션 스테이트먼트

사람들이 더 오래, 더 건강하고, 더 즐거운 삶을 사는데 꼭 필요한 것들을 세상에 제공한다.

제1원칙

스토어와 이커머스의 에듀케이터는 우리 사업에서 가장 중요한 사람이다. 회사의 모든 의사 결정은 이 점을 염두에 두고 이루어져야 한다.

제1목표

모든 직원들은 입사 후 6개월 이내에 〈랜드마크 포럼〉 과정을 이수하고 스티븐 코비의 『성공하는 사람들의 7가지 습관』과 짐 콜린스의 『좋은 기업을 넘어 위대한 기업으로』, 그리고 브라이언 트레이시의 『성취심리』를 읽어야 한다. 또한 2년, 5년, 그리고 10년 후를 바라보고 개인의 생애 주기별 목표를 설정하는 방법을 배우게 될 것이다. 이 각각의 생애 주기별 목표 안에는 개인과 건강, 그리고 비즈니스에 관한 목표가 최소한 두 가지 이상 포함되어야 한다.

창업자와 룰루레몬이 함께 추구한 핵심 가치

품질

우리 제품을 한번 구입한 고객은 다시 구매하고 싶어 한다.

상품

우리는 운동을 즐기는 사람들을 위해 운동선수들이 참여해서 디자인한 제품을 만든다.

성실성

우리는 일단 언제까지 무엇을 하겠다고 말한 것은 반드시 이행한다. 시간 내에 약속을 지킬 수 없다면 반드시 모든 당사자와 대화하여 새로운 시간을 약속한다.

밸런스

건강과 가족, 그리고 일 사이의 명확한 경계는 없다. 우리는 인생의 모든 순간을 사랑한다.

기업가정신

우리는 직원들 모두가 회사의 운영 주체라고 믿고, 그에 걸맞은 보수를 지급한다.

위대함

우리는 사람들 안에 있는 위대함의 가능성을 창조한다. 그것이 우리를 더 위대하게 만들어주기 때문이다. 평범함은 위대함의 적이다.

재미

내가 세상을 떠나게 될 때, 나는 잠결에 평화롭게 돌아가신 할머니처럼 가고 싶다. 그녀와 함께했던 모든 이들이 지나치게 슬퍼하지 않으면서 그녀를 보냈던 것처럼 그렇게 조용하고 평화롭게 떠나고 싶다.

이 비전과 가치들은 1998년에 작성된 것이지만, 여전히 유효하다. 이제 나의 이 비전은 회사의 목표로, 가치는 언어적 관념으로 대치되었다고 생각한다. 언어적 관념이란 5종의 최고의 비즈니스 서적과 강좌에서 선별한 30가지의 용어와 정의를 말하며, 이를 통해 회사에서 일반적으로 사용되는 언어로 이해될 수 있는 개념에 대한 정의들을 제공해서 한 기업의 비즈니스 문화를 규정한다.

이 책을 쓴 이유

이 책은 창의적이고 혁신적이며 그들의 잠재력을 극대화할 기회를 가졌던 평범한 사람들의 이야기이다. 그들 속에서 내가 맡은 역할은 많은 실수로부터 교훈을 찾는 일이었다. 나는 문화와 비즈니스 모델, 품질 관리 플랫폼, 그리고 인재개발 프로그램 등을 만들어 놓고 회사를 떠났다. 룰루레몬의 기하급수적인 성장과 조직문화, 그리고 브랜드의 강점을 따라갈 만한 기업을 동종업계에서는 찾기 어렵다. 이것은 위대함을 선택한 직원들 때문이다. 룰루레몬은 기업의 이익보다 개인의 발전을 우선시하는 실험을 통해 엄청난 이익을 창출해 내는 데 성공했다. 그러므로 그 실험은 성공적이었다고 말할 수 있다.

이 책은 놓쳐버린 기회에 관한 것이다. 지난 5년간 상실한 기회에 관한 이야기이다. 나는 이기려고 노력했지만, 내가 설립한 회사의 경영진들은 지지 않는 데 만족하려 했다. 2013년은 5년간의 기하급수적인 성장의 초기 단계에 진입할 때였고, 사람들이 옷을 입고 소비하는 방식에 역사적이고 중대한 변화가 막 시작되려는 때였으며, 룰루레몬은 자화자찬하고 있을 때였다. 룰루레몬은 2011년부터 2018년까지 매년 10% 이상 성장하면서 여성 기능성 의류 시장의 95%를 장악했다. 나는 기업인 독자들이 이 시기의 룰루레몬의 모습에서 많은 것을 배울 수 있기 바란다.

성공하는 비즈니스는 두 가지 영역으로 구성된다. 먼저 상품과 고객이 있다. 이는 기업가들이 세상 누구보다 더 잘 아는 영역이다.

그런가 하면, 이사회가 공적으로 지배하는 기업 내부의 영역이 있다. 여기에는 최고 경영진과 이사회 임원의 마키아벨리식 권력 이동과 생존 투쟁이 있다. 보통의 기업가들은 이 부분에 대해서는 잘 알지는 못한다. 그러므로 내가 지금부터 들려줄 이야기는 흔한 이야기는 아닐 것이다. 나는 많은 이들과 이야기를 나누면서, 성공한 기업가일수록 내가 겪은 이야기에 공감하는 것을 확인했다.

나는 모든 사람에게는 세상이 필요로 하는 그들만의 독특한 유전자적 재능과 전문성이 하나씩 있다고 믿는다. 내가 가진 전문성은 운동을 즐긴다는 것과 의류 시장의 트렌드를 읽는 탁월한 안목이었다. 내가 만든 첫 번째 회사인 웨스트비치Westbeach는 1979년부터 1997년 사이의 서핑과 스케이트보드, 그리고 스노보드 시장의 부침을 직접 보면서 성장했다. 1998년에 접어들면서 나는 요가와 관련한 시장에서 뭔가 커다란 변화가 일어날 것 같은 조짐을 느꼈다.

요가 시장이 얼마나 폭발할지, 그리고 룰루레몬이 얼마나 성장할지 그때는 가늠하기 어려웠다.

나는 요가가 무엇인지도 몰랐고 룰루레몬이 유례없이 폭발적인 성장을 할 것이라고는 생각도 못 했다. 내가 밴쿠버의 키칠라노Kitsilano에 설립한 룰루레몬은 세대별로 사람들이 어떻게 옷을 입고 살아가는지에 대해 새롭게 정의해 보기로 했다. 그것은 나와 내 가족에게 엄청난 재정적인 이익을 가져다줄 수도 있지만, 반대로 그것의 수백 배 이상을 잃을 수 있는 엄청난 도박판에서 운명의 주사위를 던지는 일이었다. 당시 내 나이는 42살이었고, 이제 막 가정을 새롭게 꾸려갈 무렵이었다. 나는 내가 가진 모든 것을 다 걸었다.

룰루레몬에서의 스릴 넘치는 15년을 보냈을 무렵, 나는 '선정적 언론 보도'라는 거대하고 막강한 버스에 들이 받혔다. 미디어가 광고 수익을 올리려면 허구라도 만들어야 한다는 생각이 설득력을 얻고 있었다. 나는 내 생각을 과감하게 이야기할 자신이 없었고, 처음에는 이 문제에 관해서 방어적인 입장을 유지했다. 진정성으로 승부하는 것은 이제는 용인되거나 가능하지 않은 것처럼 보였다. 그러나 나는 허구적이고 선정적인 기자 논평을 인정하지 않기로 결심했고, 더 이상 부정적인 매체에 신경 쓰지 않기로 했다. 나는 나만의 위대한 인생을 살기로 했다. 위대해지기 위해서 소수만이 볼 수 있는 미래를 미리 내다볼 수 있었던 내 자신에 대해 큰 자부심을 느낀다.

이 책은 그 과정을 담은 이야기이고, 그 과정에서 내가 배운 것에 대한 이야기이다. 지금 막 틀에 박힌 대본 같은 세계에서 벗어난 나의 모습에 관한 것이기도 하다.

내가 룰루레몬 쇼핑백 겉면에 인쇄했던 회사의 매니페스토Manifesto;

룰루레몬의 기업 사명 선언문 가운데는 이런 구절이 있다. “라이트 형제가 발명한 최초의 비행기가 없었다면, 제트기가 나올 수가 없었다. 위대함은 어딘가에서 시작되어야 한다.”

80년대와 90년대에 ‘팬티라인’이라는 표현이 생겨났다. 나는 그런 의미에서 끈 팬티를 발명한 사람을 문제의 해결자라고 인정함과 동시에 감사의 말을 전하고 싶다. 끈 팬티를 발명하지 않았더라면 룰루레몬이나 스트리트 기능성 의류가 과연 그처럼 성장할 수 있었을지 의문이다.

2021년, 칩 윌슨Chip Wilson

서핑, 스케이트보드, 그리고 스노보드 시대가 막을 내리다

웨스트비치, 위기를 만나다

1995년이었다. 내가 경영하고 있던 웨스트비치 스노보드Westbeach Snowboard는 서핑, 스케이트보드, 스노보드 시장에서 16년을 버텼지만, 이 회사에서 얻어지는 수익으로는 주택 융자금 상환은커녕, 가족들 먹여 살리기도 어렵다는 것이 분명해졌다. 스노보드를 즐기는 고객 규모는 이미 정해져 있지만, 이들에게 보드 관련 장비를 공급하는 업체들은 지나칠 정도로 많았다. 당연히 매출은 줄고 웨스트비치의 위기는 커지고 있었다.

이런 국면에서 도저히 수습할 수 없는 사건이 발생했다. 중국의 생산 공장에 500만 달러어치의 스노보드 재킷 생산을 주문했는데 지퍼가 부족했다. 나는 급히 공급업체에 3만 달러어치의 지퍼를 외상으로 공급할 수 있는지 알아보았으나, 그들은 모두 외상거래를 거절했다. 그전부터 쌓인 외상이 많았기 때문이다. 나는 은행에 도움을 요청했으나 이

마저 거절당했다. 은행은 우리 회사를 특별 관리 대상으로 분류하고 있었는데, 이 말은 우리 회사가 부도 직전 상황에 몰려 있다고 판단하고 있음을 의미했다.

절체절명의 상황이었다. 지퍼를 구매할 만한 자금이 필요했다. 정말 다급한 상황이었다. 스노보드 재킷은 특히 계절의 흐름에 민감한 제품이기 때문에, 출고가 늦어지면 파국을 피할 수 없었다.

머컨타일 뱅콥Mercantile Bancorp이라는 사모펀드 회사가 재빨리 개입했다. 그들은 우리 회사 지분의 30%를 넘겨받는 대가로 지퍼 때문에 생겨난 위기를 해결하고도 남을 자금을 대주었다. 머컨타일 뱅콥은 우리의 가치를 인정해 주었고, 투자를 한다면 회사가 살아날 수 있다고 판단한 것이다.

아무리 최악의 상황에 몰려 있기는 하지만 회사 지분의 30%를 넘겨준다는 것은 과도한 거래조건이기는 했다. 나는 다른 두 동업자와 함께 여러 해 동안 열심히 일했고, 항상 외부의 간섭 없이 회사를 경영하기 위해 노력해 왔다. 그러나 안타깝게도 당시에는 다른 대안이 없었다.

머컨타일 뱅콥은 우리 세 명 대신에 자신들이 선임한 인물들로 이사회를 구성할 것을 제안했다. 머컨타일 측은 블레어 뮬런Blair Mullen이라는 사람을 내 협상파트너로 내세웠다. 그는 회계시스템을 정비하고, 재고 관리 체계를 고쳐나갔다. 그는 처음부터 능숙하게 일을 처리했고, 나는 그의 업무 추진 방식을 존중했다.

그리고 얼마 후, 내가 우리 제품의 일본 유통을 담당하고 있는 도쿄 레반테Tokyo Levante 측에 신제품들을 선보이기 위해 일본에 머무르고 있을 때였다. 그곳에서 일을 마무리하고 노르웨이로 가려고 할 무렵 블레어로부터 팩스를 받았다.

그 팩스에는 "제가 당신 회사의 CEO로 취임하기로 했습니다."라고 적혀 있었다.

나는 큰 충격을 받았다. 당시 나는 웨스트비치의 CEO 직함을 정식으로 가지고 있지는 않았지만, 사실상 CEO 역할을 하고 있었다. 내가 설립한 회사였고, 핵심적인 의사결정을 내리는 사람도 나였다. 나보다 높은 직책을 가진 상사도 없었다. 그러나 상황은 내가 이 사업에 뛰어들어 성취해 내고 싶었던 모습과는 정반대로 돌아가고 있었다.

하나의 팀

나는 위기나 생존의 위협을 받는 상황을 만나면 다른 사람들의 능력에 일단 의구심을 품고 나만이 그 문제를 해결할 수 있다고 믿고 혼자서 판단하고 행동했다. 그리고 웨스트비치는 항상 생존의 위기와 위협 속에서 벗어난 적이 없었다.

반면 머컨타일은 우리의 여러 가지 약점을 찾아내 보완해주고, 나의 미숙한 경험으로 인해 발생한 문제들도 찾아내 해결해주었다.

세 명의 동업자가 운영하는 우리 회사는 각자가 예산의 1/3을 책임지고 활용하여 서로 맡은 분야를 효과적으로 운영할 수 있다고 생각했다. 그러나 우선순위를 결정하고, 회사를 차별화시키면서 변화하는 시장에 대응할 책임 있는 최종 의사결정권자가 따로 없다면 회사는 그저 그런 수준에서 벗어날 수 없었다. 그렇기 때문에 웨스트비치는 블레어를 CEO로 받아들이는 것이 최선인 것처럼 보였다.

내가 웨스트비치를 창업한 지 15년, 세 명의 동업체제를 구축한 지는 10년이 지나고 있었다. 우리는 경험 많은 CEO를 세웠고, 이사회를 통해 회사를 경영했고, 몇 개의 버티컬 리테일 스토어vertical retail store를 운영하고 있었지만, 여전히 수익을 내지는 못하고 있었다. 버티컬 리테일 스토어란 의류 등 특정 카테고리 제품만 취급하는 리테일 매장으로, 중간 유통 단계나 홀세일러Whole Saler를 배제하고 회사가 매장을 직접 소유하고, 회사의 책임 아래 운영되는 매장이다. 의류 업계의 경우 버티컬 리테일 스토어는 홀세일을 통하는 것보다 두 배 정도의 이익을 창출할 수 있다. 우리는 버티컬 리테일 스토어를 통한 판매와 홀세일을 통한 판매를 병행하고 있었지만, 해가 갈수록 영업은 부진의 늪에 빠지고 있었다. 매출에서 이런저런 비용을 제하고 나면 다음 단계로 도약하기 위해 투입할 여유 자금이 없었다.

스노보드 업계

그러는 동안 스노보드 시장에는 커다란 어려움이 다가오고 있었다.

1995년까지만 해도 스노보드 업계는 성장세였고, 특히 일본 시장에서 호황을 누렸다. 그러나 1996년, 엔화 가치가 급락하면서 일본 시장이 흔들리기 시작했다. 우리 회사의 해외 판매 수익의 30%를 차지했던 일본 시장이 흔들리기 시작한 것이다. 임차료, 급여, 운영비 등 고정

비용의 부담이 점점 커졌다. 해외 매출의 30%가 사라지면 회사는 무너질 것이다.

과거의 서핑과 스케이트보드 시장이 그랬듯이, 몇 년 사이에 스노보드도 대량생산 단계로 접어들었다. 그리고 여러 건의 인수합병이 성사되었다. 소비자가 제품을 단지 상품으로만 바라보게 되면, 개별 제품의 독특한 개성보다는 단지 가격만으로 구매를 결정하게 된다. 대량생산으로 생산량이 많아지면 제품 1개당 생산비용을 낮출 수 있기 때문에 기업은 경쟁업체를 합병하거나 인수해서라도 단가를 낮추려 한다. 당시 스노보드 업계에서 상장된 기업은 내 동생이 중역으로 있는 라이드 스노보드Ride Snowboards와 모로우 스노보드Morrow Snowboards 뿐이었다. 두 회사는 일본의 대형 무역회사와의 거래에서 분쟁이 생겨 큰 타격을 입고 있었다.

상장기업인 라이드와 모로우는 일본에서의 매출 손실을 만회해 줄 수 있는 다른 회사를 인수하기를 원했다. 이를 위해서는 투자자들의 신뢰를 유지하여야 하고, 그러려면 더 높은 매출을 올려 분기마다 양호한 실적을 발표해야 했다. 이들이 취할 수 있는 가장 손쉬운 해결책은 오랫동안 대중들에게 널리 알려진 우리 웨스트비치와 같은 다른 스노보드 의류 브랜드를 인수하는 것이었다.

우리도 필요한 돈을 마련하기 위해 매각을 고려하고 있었다. 우리는 한동안 모로우와 인수합병에 관한 이야기를 나누었다. 그러나 돌연 모로우가 독자적으로 의류 브랜드를 만들고 생산라인을 설치하기로 하면서 협상은 결렬됐다.

우리에게는 다행스러운 일이지만 모로우의 독자적인 의류 브랜드는 실패로 끝났다.

모로우와의 협상

웨스트비치는 여전히 세계 스노보드 의류 업계에서 인정받는 회사였기 때문에 얼마 후에 모로우는 다시 협상 테이블로 돌아왔다. 모로우는 눈치를 채지 못했지만, 우리는 절박했다. 그때가 월요일이었는데, 당시 우리는 돌아오는 금요일의 주급을 지급할 수 없을 정도로 자금 사정이 좋지 않았다. 모로우는 웨스트비치의 높은 브랜드 가치를 고려해서 1,500만 달러에 우리를 인수하기로 했다. 이는 브랜드 가치라는 것이 누군가가 실제로 그 돈을 지불하기 전에는 제대로 측정이 불가능하다는 사실을 상기시키는 교훈이 될 만한 사건이라고 생각한다.

모로우의 웨스트비치 인수에는 몇 가지 조건이 있었다. 내가 일정 기간 동안 모로우에서 근무해야 한다는 것과 본사를 오리건주 살렘Salem으로 이전해야 한다는 것이었다.

나는 뭔가를 배우는 것을 좋아했기 때문에, 합병된 기업의 조직문화를 지켜볼 좋은 기회라고 생각했다.

내가 모로우에서 기획한 요가 그래픽 티셔츠가 일본 스노보더들에게 히트를 쳤다. 이 티셔츠의 성공 덕분에 그다음 해의 일본 스노보드 대회의 개막식에는 스노보드 위에서 요가를 하며 준비 운동을 하는 퍼포먼스가 등장했다.

하지만 이런 성공에도 불구하고 나는 8개월 만에 회사를 떠났다.

내가 모로우에서 맡은 일은 미래의 신사업 분야를 개척하는 일이었는데, 나는 스노보드용품과 의류에서 산악자전거 관련 용품으로 업종을 전환할 것을 제안했지만, 회사는 받아들이지 않았다. 원래 내가 모로우 측과 합의한 나의 의무 근무 기한은 12개월이었으나 실제로는 8개월 만인 1997년 12월로 마무리되었다. 모로우에서의 내 역할은 그렇게 끝났다.

18년간의 MBA

나는 공식적으로 실업자가 되었다. 머컨타일과 은행이 매각대금에서 자신들의 지분을 챙겨가고 남은 자금으로 모든 부채를 해결하고, 우리 세 명의 동업자들은 약 100만 달러씩 나눠 가졌다. (세금을 제하면 80만 달러 정도였다.) 그동안 쉼 없이 일하고 여러 곳에 출장을 다니면서 나의 몸과 마음은 많이 지쳐 있었다. 그런데 꽤 많은 현금을 손에 쥐게 되고 나니 표현하기 힘들 정도의 안도감과 몸과 마음의 넉넉함을 느낄 수 있었다. 정말 오랜만에 숨을 쉬는 것 같았다.

웨스트비치는 수익을 내지 못했다. 두 곳의 버티컬 리테일 매장에서 매년 1백만 달러 정도의 수익이 났지만, 해외에서는 같은 기간 동안 1백만 달러의 손실이 나왔다. 여기서 얻은 교훈은 수십억 달러 이상의 가치가 있다. 내가 다음 벤처 사업을 순수한 버티컬 리테일 매장 체제로 펼친 것은 이때의 경험 때문이었다. 이 귀중한 경험 때문에 나는 웨스트비치를 경영하던 시절을 '18년간의 MBA' 기간이라고 부른다. 회사를 떠나면서 손에 쥐게 된 80만 달러의 거금보다 훨씬 가치 있는 교훈이라고 생각한다. 그것 말고도 웨스트비치의 제품을 중국에서 생산하면서 여러 차례 그곳을 여행하면서 얻은 경험도 평생의 자산이 되었다.

처음 의류 사업을 시작했을 때, 나는 원단이나 생산 또는 영업 경험이 거의 없었고, 경영자로서의 경험도 전무했다. 자금조달에 관해서도 아는 것이 없었고, 협상 능력 또한 탁월하지도 않았다. 아버지처럼 체육교사가 되겠다고 생각하며 대학을 다녔으니 비즈니스 분야는 정말 낯선 영역일 수밖에 없었다. 내가 사람들의 잠재력을 끌어내는 일에 관심이 많은 것도 이런 젊은 시절의 경험 때문인지 모르겠다.

· 1장 ·

캘리포니아에서 캘거리로

아메리칸 드림

내 인생의 초반을 돌이켜보면, 태어나서부터 내 손으로 기업을 일으키기까지 삶의 전체를 관통하며 나를 성장시키며 이끌어 온 키워드들이 있다. 다른 사람들도 각자의 삶의 키워드가 있겠지만, 나의 경우에는 사업체를 운영하시던 외조부모님의 경영 방식, 부모님의 빠듯한 재정 형편, 캘리포니아에서 태어나서 캐나다의 앨버타주에서 성장하면서 자연스럽게 만들어진 미국과 캐나다의 이중국적, 그리고 무엇보다도 체육활동에 대한 적극적인 참여 등을 들 수 있다.

아버지 데니스 윌슨Dennis Wilson은 1952년에 캘거리를 대표하는 올해의 운동선수로 선정되었다. 당시 18살이었던 아버지는 캘거리에서 가장 인기 있는 종목인 아이스하키와 풋볼 양쪽에서 선수 생활을 했을 정도로 타고난 스포츠맨이었다. 아버지는 아이스하키팀인 시카고 블랙호크스Chicago Blackhawks에 입단하여 육성팀에서 선수 생활을 시작했으나 얼마 지나지 않아 재정 문제로 육성팀이 해체 되었다. 그 후 1954년에는 유타주에 있는 브리검 영 대학교Brigham Young University의 풋볼팀에서 선수 생활을 이어갔다.

어머니 마리 루스 노엘Mary Ruth Noel은 미국의 샌디에이고 출신이다. 원래 체조 선수로 활약했던 어머니는 샌디에이고의 미션 비치Mission Beach에 있는 작은 수영장의 첫 여성 구조요원으로 활동하기도 했다. 외가 식구들의 말에 따르면 외할아버지인 제임스 노엘James Noel은 어머니가 캠퍼스에 침투한 공산주의 풍조에 물들지 않을까 걱정을 하셨다고 한다. (당시는 1950년대였으니 그럴 만도 하다.) 그래서 할아버지는 어머니가 유타주처럼 좀 조용한 곳에서 대학을 다니기를 원하셨다고 한다.

그래서 선택한 학교가 모르몬교 재단이 운영하는 브리검 영 대학이었고, 브리검 영 대학교를 다니면서도 모르몬교를 믿지 않는 학생은 우리 부모님 두 분밖에 없었을 것이다. 당시 어머니는 19살, 아버지는 21살이었다. 내가 태어난 때가 1955년 4월이니 아마도 두 분이 만나자마자 뭔가 대단한 일이 일어난 듯하다.

두 분은 어머니의 고향인 샌디에이고에서 급하게 결혼식을 올렸다. 그리고 막 개발 중이었던 디즈니랜드에서 그리 멀지 않은 오렌지 카운티로 이주하셨다. 그 이후에 여동생 노엘Noel이 1957년에, 남동생 브렛Brett이 1960년에 태어났다.

독자들에게 당시의 사회상을 이해할 만한 몇 가지 기억을 잠시 이야기하고 싶다. 당시 내가 다니던 초등학교에서는 핵 공격 대비 훈련을 매월 실시했다. 3차 대전이 일어날지도 모른다는 두려움이 사회 전체를 짓누르고 있어 집집마다 참호 비슷한 것을 만들었지만, 아이들은 자유롭고 신나게 뛰며 놀았다.

그때는 미성년자를 벗어나자마자 술을 마시고 담배를 피우는 것을 당연하게 여기는 풍조가 있었다. 우리 부모님도 마찬가지였고, 어머니는 임신 중에도 흡연과 음주를 했다고 한다. 매드맨Mad Men이라는 드라마가 그 시대를 잘 그려내고 있는데, 이 드라마는 누구나 꿈꾸는 삶의 이미지를 스스로 창조해 냈던 1960년대의 뉴욕에서 활동하던 광고업계 종사자들의 문화를 정확하게 보여준다. 엄마는 자주 나에게 생리대 한 상자와 듀 모리에Du Maurier 담배 한 갑을 사오라고 세이프웨이Safeway; 미국의 소매잡화점 체인로 심부름을 보냈다.

우리 집은 경제적으로 쪼들릴 때가 많았다. 아버지는 풋볼선수 생활을 그만두고 교직 과정을 밟는 한편, 경제적인 문제를 해결하기 위해 LA에서 샌디에이고 사이를 운행하는 UPS 택배 트럭을 거의 매일 밤 몰았다. 그런 와중에도 낮에는 수업을 들었다. 20대 중반의 체력이었기에 감당할 수 있었던 일이었다.

반면 어머니는 전업주부였다. 어머니의 재봉틀 솜씨가 좋아서, 나는 어릴 때부터 패턴, 원단, 의류 디자인을 어깨너머로 배웠고, 직접 돕기도 했다.

어린 시절, 나는 사실 바느질을 배우는 데는 별 관심이 없었다. 그것을 제대로 배우는 것은 시간 낭비라고 생각했다. 그러나 어머니와 더 많은 시간을 보내고 싶었기 때문에 어머니가 일하는 봉제 작업실에서 보내는 시간이 많을 수밖에 없었다. 작업실에는 커다란 작업 테이블 한 개와 천이나 패턴을 보관하는 선반들이 있었다. 어머니는 패션 잡지인 버터릭Butterick의 패턴을 앞에 놓고 일을 했다.

지금도 어머니가 원단을 최대한 아끼면서도 옷을 제대로 만들기 위해 패턴을 세심하게 맞추려고 애쓰시던 모습이 생생하다.

나는 훗날 웨스트비치와 룰루레몬을 경영하면서 원단을 20겹에서 50겹까지 겹쳐 놓고 레이저 커터기로 한꺼번에 자르는 것을 눈으로 보았다. 이것을 돈으로 계산하면 1㎡당 수천 달러어치다. 나는 어머니로부터 배운 노하우대로 일하고, 봉제와 패턴을 기초부터 제대로 이해한 덕분에, 훗날 원단의 로스를 최대한 줄여 비용을 절감할 수 있었다.

몇 년 뒤, 아버지가 교직 과정을 끝내고 학위를 받은 직후, 우리는 캐나다 캘거리로 이주했다. 그곳은 아버지의 고향이었다. 아버지는 가장 익숙한 장소로 돌아온 것을 즐거워했고, 어머니는 외조부모님들과 거리를 두고 싶어 했기 때문에 캐나다 이주는 어머니에게는 탈출구였다. 외할머니의 이름도 마리인데, 보스 기질인 외할머니에게 어머니는 반항적이었다.

이렇게 해서 우리가 캐나다에 정착한 이민자가 된 것은 내가 5살 되던 무렵이었다.

그 때 우리는 부유하지 않았지만, 교외 지역에서 행복한 시절을 보냈다. 여동생 노엘은 "칩 오빠는 여름에 매일 밤 '술래잡기'나 '깡통차기' 같은 놀이를 하면서 골목대장 노릇을 했어요. 동네 아이들이 오빠 때문에 우리 집으로 몰려 왔지요."라고 회상했다.

그곳에서도 어머니는 전업주부였고, 아버지는 체육 교사 자리를 얻었지만, 주택 융자금 상환을 위해 밤에는 택시 기사로 투잡을 뛰셨다.

외할아버지와 외할머니

캘거리로 이사한 후에도 나는 거의 매년 여름마다 외조부모님을 뵙기 위해 캘리포니아를 찾았다. 그때는 몰랐지만, 그분들은 기업가로서의 내 인생에 많은 영향을 주신 분들이다.

외조부모님은 미국 중서부 출신이었고, 결혼 전부터 오랫동안 서로 아는 사이였다고 한다. 외할아버지는 캘리포니아로 이주하실 무렵 외할머니에게 청혼을 하셨다. 외할머니는 물론 그 청혼을 받아들였다. 두 분은 샌디에이고로 이사가서 오션 비치 인근의 해군을 상대로 중고 가구점을 했다.

두 분의 사업이 그런대로 성공할 수 있었던 것은 외할아버지의 성격 덕분이었다. 그분은 사교성과 친화력이 좋은 분이었다. 두 분이 샌디에이고로 이주한 지 얼마 되지 않아서 외할아버지는 국제적인 봉사 단체인 키와니스 클럽The Kiwanis Club의 대표로 일하게 되었고, 곧이어 부의장이 되었다. 사람들은 그를 찾아가 만나고 시시콜콜한 세상 이야기를 나누는 것을 좋아했다.

판매를 담당했던 외할머니는 하나부터 열까지 철저하고 냉철한 비즈니스 우먼이었다. 그녀는 아주 강인한 성격의 소유자였다. 혹자는 그녀의 인내심이 대단하다고 말하지만 나는 결코 그렇게 생각하지 않는다. 그녀는 인생을 통해 자신이 무엇을 얻기를 원하는지 분명히 알고, 그것을 얻기 위해 매진했을 뿐이다. 원래 전공은 간호학이었지만, 영업에 대해서 철저하게 연구하신 분이었다.

그 무렵, 데일 카네기Dale Carnegie 의 유명한 저서 『인간관계론How to

Win Friends and Influence People』은 창업가들에게는 인기 있는 참고 서적이었다. 내가 더 나이가 들었을 때, 어머니는 만약 외할머니의 젊은 시절에 피임약이 발명되었다면, 자신은 세상에 태어나지 못했을 것이라고 말한 적이 있었다. 물론 외할아버지와의 관계가 좋지 않았다는 것은 아니고, 외할머니가 매우 독립적이고 똑똑하며 의지가 강한 여성이라는 의미이다. 만일 외할머니가 다른 시대에 태어났다면 비즈니스를 인생의 최우선 순위에 두었을 것이다.

가구 사업이 자리를 잡아가자 두 분은 다른 사업 영역에도 관심을 두기 시작했다. 샌디에이고에 아파트를 사고, 뮤추얼 펀드에도 투자했다. 내가 9살인가 10살쯤 될 무렵에는 그분들의 투자에 나도 참여하도록 허락해 주셨다. 나는 그때 내가 산 주식이 오르는 것을 보고 흥분했던 기억이 난다.

1966년 8월 무렵 한 다단계 마케팅 회사가 엄청난 사기를 저지른 사건이 있었다. 그런 종류의 사건이 세상에 알려진 것은 그때가 처음이었다. 그 사건의 피해자 가운데는 외조부모님도 있었다. 어쩔수 없이 두 분은 집을 팔았고, 집값이 저렴한 샌디에이고 동부의 트레일러하우스 지역으로 이주해야 했다.

정말 혹독한 시절이었다고 한다. 미국인으로 산다는 것이 위대한 것은 삶의 위험이 큰 만큼 대가도 크기 때문이다. 미국인들은 유럽에서는 심각하게 생각하는 소득불평등을 단지 자본주의 사회의 부산물 정도로 여긴다는 누군가의 주장을 기억한다. 손실을 입은 것을 일부라도 만회하고 싶었던 할머니는 타고난 사업 수완을 발휘하여 다단계 마케팅 기법을 활용했다. 할머니는 그러한 일에 최고의 적임자였다.

반면 할아버지는 나와 동생들이 찾아뵐 때마다 우리와 함께 많은 시간을 보내셨다. 스키를 함께 타기도 하고, 우리를 해변에 데리고 가시기도 했고, 당신이 치료받는 병원에도 데리고 갔다. 할아버지는 뮤추얼 펀드로 큰 손실을 볼 무렵 전립선암 판정을 받으셨다. 지금 생각하면 자신에게 남은 시간이 많지 않다는 것을 알았기 때문에, 우리와 많은 시간을 함께 보내고 싶으셨던 것 같다. 할아버지는 1967년에 세상을 떠나셨다.

두 분은 사업 말고도 뮤추얼 펀드에도 투자하고 있었기 때문에 나에게 용돈도 충분히 주셨고, 그 덕분에 나는 어린 시절을 비교적 풍족하게 보낼 수 있었다. 성장하면서 나와 부모님과의 관계가 점점 불편해지면서 더욱더 그러했다.

나는 외할아버지가 살아계시는 동안 매일 외할머니와 함께 일하면서 서로 사랑을 주고받는 모습을 항상 보았다. 두 분은 어려울 때나 좋을 때나 항상 함께였고, 도저히 떨어질 수 없는 것처럼 보였다. 그 모습이 바로 내가 살고 싶어 했던 삶이었다. 나도 외할아버지처럼 내 삶의 영원한 파트너이자 동반자가 되어줄 여성을 찾고 싶었다.

캘거리에서의 고생담

반면 부모님은 60년대 내내 캘거리에서 힘든 시간을 보냈다. 항상 경제적으로 쪼들렸다. 어머니는 캘거리로 이사하자는 아버지의 의견에 동의했을 때, 아마도 자신이 어떤 상황에 처하게 될지 잘 몰랐을 것이다.

우선 어머니는 캘거리의 겨울이 얼마나 혹독한지 전혀 예상하지 못했던 것 같다. 어머니는 신선한 과일과 채소가 풍부한 캘리포니아에서 줄곧 살아오셨지만, 50~60년대의 앨버타주는 오로지 고기와 감자만 먹는 곳이었다. 신선한 채소가 없다는 것은 충격이었고, 자신이 무슨 짓을 한 것인지 의심하게 만들기에 충분했다.

두 분이 만난 것은 20대 초반이었다. 계획에 없던 임신으로 서둘러 결혼했고, 이왕이면 잘해보고 싶었겠지만 서로 소통하는데 서툴렀다.

게다가 헤어나기 힘든 재정적 압박이 있었고, 우리 세 자녀까지 더해진 것이다. 아버지는 결혼 무렵의 유일한 관심사가 풋볼을 정확하게 던지는 법이었다고 말한 적이 있었다. 이런 상황에서 두 분의 관계가 어떠했을지는 내 나름대로도 짐작할 수 있었다.

부모님이 이렇게 고군분투하는 상황에서도 우리는 많은 사랑을 받으며 자라났다. 부모님은 여섯 살쯤 되면 혼자 알아서 시내버스를 타고 집에 돌아올 정도는 되어야 한다며 자립심을 강조하셨고, 한 푼이라도 더 벌려고 쉴 틈이 없었기 때문에 우리는 많은 자유를 누렸다. 우리에게 강제된 유일한 규칙은 하고 싶은 것은 얼마든지 하고, 제시간에 잠자리에 들라는 것뿐이었다. 게다가 우리는 모두 수영선수로 대회에 나가기 위해 아침 6시부터 훈련을 해야 했기 때문에 일찍 잠자리에 들 수밖에 없었다. 이런 환경 때문에 어려서부터 모든 것을 스스로 알아서 하는 습관이 몸에 밸 수 있었다.

수영선수 생활

캘거리로 가기 전부터, 노엘과 브렛, 그리고 나는 원 없이 수영을 했던 것 같다. 매년 여름마다 어머니가 샌디에이고에서 수상 구조요원으로 일하고, 아버지는 키와니스 여름 캠프를 총괄하는 책임자로 일하셨기 때문에 우리는 수영장을 마음대로 이용할 수 있었다. 이렇게 해서 우리는 수영을 처음으로 접했다.

노엘은 회상한다. "우리 가족은 모두 수영을 하려고 아침 일찍 일어났어요. 칩 형은 동기부여가 확실했고, 제일 열심이었어요. 저는 수영을 잘하기는 했지만, 좋아하지는 않았고 차라리 친구들과 노는 게 좋았지요. 하지만 형은 수영장에서 살다시피 했고, 정말 잘했어요."

바쁘게 일하느라 자녀들을 제대로 돌볼 틈이 없는 부모님의 입장에서도 우리가 나름 뭔가에 몰두한다는 것은 다행한 일이었다. 우리 가족의 일정은 주중 7~8회의 수영 훈련과 주말의 수영경기 등을 중심으로 돌아갔다. 수영은 당시 우리 일상의 전부였다.

가정의 경제 사정을 고려할 때 수영은 우리가 감당할 수 있는 아주 훌륭한 활동이었다. 필요한 장비는 수영복과 고글뿐 이었다. 그리고 하고 싶을 때는 언제든지 할 수 있었다. 그러나 내가 절실히 원했지만 살 수 없었던 것이 하나 있었다. 바로 마음에 드는 수영복이었다. 당시 캘거리에서 구할 수 있는 수영복 브랜드는 스피도Speedo 뿐이었는데 모두 한 가지 색상의 디자인뿐이었다. 한 가지 색을 바탕으로 한 간단한 줄무늬 디자인의 스피도 수영복은 업계를 강타하고 있었다.

11~12살 무렵, 나는 수영모임에서 전혀 다른 수영복을 보았다. 다

양한 꽃무늬를 연상케 하는 디자인이었다. 너무 갖고 싶어서 그걸 입은 아이에게 어디서 샀느냐고 물어보았다. 그 아이는 "텍사스"라고 대답했다.

갖고 싶어도 사지 못하고 참는 것은 내게는 익숙한 일이었지만, 나는 그 수영복을 꼭 갖고 말겠다고 결심했다. 어머니는 잠시 생각하고 나서 내가 좋아하는 수영복이라면 다른 아이들도 좋아할 것이라며 대량으로 싸게 구매하여 다른 아이에게도 판매하면 이윤이 남을 것이고, 그러면 내 수영복을 살만한 비용은 충분히 마련될 것이라고 얘기하셨다.

우리는 이 계획을 실행에 옮겼다. 개당 13달러에 여러벌을 구매해서 두 배 정도 되는 가격으로 팔았다. 이런 식으로 돈을 버는 일은 이제까지 생각지 못했던 일이었다. 그야말로 새로운 것이었다. 캐나다에서는 구하기 어렵다는 점 때문에 많은 사람으로부터 인기를 얻었고, 아주 비싸게 팔 수 있었다. 처음에 어머니와 이야기했던 대로 나는 내 수영복을 공짜로 얻을 수 있었다. 작지만 강렬한 성공이었다.

그 일을 통해 구매, 배송, 판매 등의 개념에 눈을 뜨게 되었다. 게다가 나는 전국 규모의 연령별 수영 대회에 참가할 정도로 유명한 선수였기 때문에 내가 입은 대로 따라 입는 아이들도 많다는 것을 알게 되었다. 나는 제대로 된 운동복을 사 입을 돈이 없을 때 낡고 헤어지고 구겨지고 헐렁한 청바지나 나염 티셔츠를 입은 적이 있었다. 그런데 그걸 따라 입는 아이들이 늘어나면서 오히려 그것이 수영모임 복장의 드레스코드처럼 되어 버렸다. 실제로 훗날 나이키도 스포츠 스타들의 패션에 대한 영향력에 착안하여 스타 스폰서십을 매출로 연결하는 마케팅 기법을 도입했다.

배영 100m

나는 누구에게나 평생 잊지 않고 기억되는 결정적이고 감동적인 순간이 10번쯤은 있다고 생각한다. 나에게는 10살 무렵의 수영모임에서 있었던 일이 그 가운데 하나라고 생각한다. 나는 모든 운동을 다 잘했지만 처음에는 또래의 다른 선수에 비해 뛰어난 수영선수는 아니었다.

어느 날 배영 100m 경기에 출전하기 위해 몸을 풀고 있는데 아버지가 다가와서 말했다. "칩, 내 생각 한번 들어봐라."

아버지로부터 이런 이야기를 듣는 것은 이상한 일이 아니었다. 웰니스운동wellness이 대중화되기 훨씬 전부터 아버지는 비타민, 영양분 섭취, 운동선수 등과 관련된 수많은 이론을 연구하고 꿰뚫고 있었다. 아버지는 고통은 마음속에 있으며 정신력으로 고통을 어느 정도 극복하고 조절하는 법을 배운다면 그걸 훈련과 경쟁에 적용할 수 있다고 생각하셨다.

1965년 무렵에는 초반에 체력을 아껴서 결승선 가까이에서 스퍼트하여 승부를 거는 게 일반적인 경기 방식이었다. 아버지는 "좀 다르게 해보자. 에너지를 아껴 결승선 가까이에서 승부를 내는 대신 처음부터 쏟아붓는 게 어때? 100m 경기라고 생각하지 말고 25m 경기라고 생각하는 거야. 초반 질주로 모든 걸 끝내는 거야."

나는 아버지의 조언을 그대로 따랐고, 내 개인기록을 8~9초나 단축했을 뿐 아니라 캐나다 유소년 기록까지 수립하며 결승선에 들어왔다. 관계자들은 기록 측정 장치에 오류가 있다고 생각하고 다음 날 재경기를 하겠다고 선언했다. 다음날도 똑같이 경기에 임했고, 기록도 비슷했다.

이 사건을 통해 나는 새로운 사고방식의 중요성을 깨닫게 되었다. 대부분의 사람이 대인관계나 사업, 또는 책임 완수에 100% 최선을 다하지 않는다. 나 또한 최선을 다하지도 않으면서도 실패하는 것을 늘 두려워한다. 나는 내가 세상을 떠날 때, "하나님, 제가 그것을 좀 더 열심히 했더라면 성공했을까요?"라고 묻게 될까봐 늘 걱정한다. 돌이켜보면 10살 때 수영 경기 전에 들었던 아버지의 이야기 덕분에 나는 살아가면서 늘 새로운 방식으로 사고하려고 노력하게 되었다.

나만의 '행로'를 찾아가기

우리 삼 남매의 몸집이 커가고 수영까지 하다 보니 굉장히 먹성이 좋았다. 그런데 내가 13살 때 부모님이 완전히 갈라서면서 생활이 어려워졌다. 이혼 후 아버지는 체육 교사로 버는 얼마 안 되는 수입으로 두 가정을 부양해야 했다.

어느 날 점심을 먹으러 집에 와보니 냉장고에 아무것도 없었다. 그 때 어머니는 여러 가지 일을 파트타임으로 하고 있었기 때문에 밖에 나가 계셨고, 우편함을 보니 가족 생계 지원금이 수표로 와 있었다. 나는 식료품점에 가서 어머니의 사인을 흉내내서 그 수표에 서명하고 먹을 것을 사서 집에 와서 먹었다.

이 사건을 계기로 나는 (혹은 내 안에 있는 무의식 속의 아이는) 나를 사랑하는 사람을 포함해서 남에게 의지해서 세상을 살 수는 없다는 것을 배우게 되었다. 생존하려면 스스로 해결하고 살 궁리를 찾아야 했다.

이후 살아가면서 생존에 위기를 느끼는 상황을 마주할 때마다 위기를 스스로 돌파해야 한다는 명제를 자각하곤 했다. 사업이나 인간관계에서 궁지에 몰리는 상황을 만나면 나는 주변의 모든 것을 배제하고 생각한다. “이 문제를 혼자서 해결해 보자. 나를 도와줄 사람도 없고, 내가 의지할 사람도 없어.” 어쩌면 성숙하지 못한 생각일지 모르지만, 누군가에게 도움을 요청하는 것은 쓸모없다고 생각하게 되는 것이다.

나는 첫 회사였던 웨스트비치를 경영하는 동안 휴가를 갈 수도 없었고, 쉴 수도 없었다. 모든 것을 다 내가 관여하고 결정해야 했다. 그렇게 모든 걸 혼자 하면서 실수도 많았다. 그때까지만 해도 나는 사람들에게 스스로 노력하는 사람을 도와주려는 마음이 있다는 것을 잘 몰랐던 것 같다.

훗날 나는 랜드마크 포럼The Landmark Forum의 자기계발 강좌를 통해 모든 개인과 가족, 회사 그리고 정부가 어떤 식으로 ‘스스로 나아갈 길’을 개척하는지를 배우게 되었다. 아이들은 크고 작은 ‘생존의 위기’를 느낄 때 하필이면 부모가 곁에 없는 경우를 경험하게 되고, 그 때마다 스스로 생존하는 전략을 하나씩 터득하게 된다는 것이다. 사람들은 자신이 어떤 위기에 처했다고 생각되면, 삶의 균형을 회복하기 위해 (그것이 효과적이든 그렇지 않은 것이든) 무의식적으로 어떤 행동을 하게 된다는 것이다.

부모님의 이혼

직관적으로는 느끼지 못했지만, 지금 돌이켜 보면 부모님의 이혼은 우리 남매에게는 새로운 행운의 시작이었다고 말할 수 있다. 아버지는 앨버탄Albertan, 즉 석유사업과 보수주의로 상징되는 앨버타주 출신임에도 불구하고 뼛속까지 히피였다. 아버지는 항상 무엇이든 상의할 수 있는 파트너를 원했지만, 어머니는 가정에 필요한 의사 결정과 리더십은 당연히 남편의 몫이라고 생각했다. 어머니는 푼돈을 모아서 일 년에 한 번 우리에게 캘거리에서 가장 좋은 음식을 사주셨다. 지금 생각해보면 어머니는 위대함으로 향하는 문을 열어 주신 것이다. 어머니와의 특별한 식사를 통해서가 아니였다면 최상의 고객 서비스와 분위기, 그리고 품질이 얼마나 중요한지 몰랐을 것이다.

서로 맞지 않는 상대임을 확인하고 갈라선 부모님은 각자 완벽한 파트너를 새로 만나 재혼하셨다.

재혼으로 인해 부모님의 재정 상황도 바뀌었다. 어머니는 프랭크 콘래드Frank Conrad라는 지적인 지질학자와 재혼 했다. 그에 따라 우리의 생활수준도 완전히 달라졌다. 우리는 레이크뷰Lakeview에서 캘거리에서도 상류층이 거주하는 지역인 마운트 로얄Mount Royal로 이사했다. 이웃들은 모두 부유했고, 윤리에 아주 엄격한 사람들이었다. 나는 새로 사귀게 된 친구들의 부모님들로부터 많은 것을 배웠다. 그리고 이 친구들이 나를 두 팔 벌려 환영해 주었다.

반면 아버지는 에어 캐나다Air Canada의 승무원인 캐시 린니스Cathy Lyness라는 분과 재혼했다. 이 결혼 덕분에 우리는 멋진 기회를 누릴 수 있었다. 직계 가족인 우리 남매는 매년 5차례에 걸쳐 세계 어디든 갈 수 있는 무료 탑승권을 사용할 수 있게 되었다. 이 혜택은 우리가 학교에 적을 두고 있는 한 25살까지 누릴 수 있었다.

덕분에 나는 25세 이전에 세계 각지를 여러 차례 여행할 수 있었다. 1980년쯤으로 돌아가서 생각하면 나는 아마 내 나이 또래의 젊은이들 중에서 글로벌한 경험을 가장 많이 가진 사람 중 하나였을 것이다.

어린 시절에 나는 여러 가지 일을 했지만, 거기에 대해서는 자세히 이야기하지 않겠다. 나는 내가 속한 수영팀의 자금 마련을 위해 방문 판매를 한 적이 있었는데, 정말 탁월한 실적을 올렸다. 14세의 소년이 하루 5달러를 벌기 위해 캘거리 서부의 어느 곳에서 모기떼의 공격을 받아 가며 먼지 가득한 30도의 폭염 속에서 헛간을 부수는 작업을 했던 첫 번째 직장을 잊지 못할 것이다. 뒤에 내가 가진 여러 가지 직업은 이것에 비교하면 가히 꿈의 직장이라고 할 수 있다.

보라색 셔츠

13살인가 14살 때 나는 앨버타주의 스테틀러Stettler라는 작은 마을 출신의 소녀와 데이트를 했다. 그때 나는 지미 헨드릭스 스타일의 보라색 셔츠를 샀는데 이것이 평생 디자인과 패션을 사랑하게 된 계기가 되었다. 그러나 내가 그녀의 집에 놀러 갔을 때 그녀는 그 셔츠를 물끄러미 바라보기만 했다. 사춘기였던 나의 뇌리에는 그녀의 표정이 마치 '정말 멋 대가리 없네'라고 생각하는 것처럼 느껴졌다.

우리는 친구의 집에서 열리는 파티에 함께 가기도 했지만 더 이상 진전되지는 않았다. 모두가 내 셔츠를 비웃는 것 같았다. 그 경험은 내 인생에 영향을 주었고, 그 후 나는 보라색 셔츠를 절대로 사지 않았다. 물론 살아가면서 다른 셔츠를 입고 더 좋지 않은 경험을 한 적도 있었다. 결국 나는 셔츠를 사러 가면 아무리 다양한 색상의 셔츠가 있어도 흰색 셔츠만 구입하게 되었다. 다른 선택을 고려한 적은 없다. 이렇게 선택의 폭을 줄여나가는 과정은 자동차나 신발 구입, 비즈니스 과정, 심지어 배우자를 선택하고 결정하는데도 적용되었다.

우리는 누구나 이처럼 미래에 생길 수 있는 습관을 만드는 과거의 경험이 있다. 반대로 개인의 발전은 이해의 폭을 넓혀준다. 우리는 과거의 경험으로 인해 인생의 가능성을 무의식적으로 좁혀 버린다. 그러나 꼭 그렇게만 생각할 필요는 없었다. 13살 때 안 되었다고 해서 인생의 다른 시기에도 안 된다고 생각할 필요는 없었다.

내가 30살쯤 자동차 사고를 당해 기억 상실증에 걸렸다고 상상해 보자. 과거의 기억이 없으니 100달러쯤 들고 셔츠를 구입한다면, 보라색을 피할 이유가 없을 것이다. 그렇게 생각하니 나는 삶이 과거의 경험에 얽매이지 않고 자유로워지는 방법을 터득하게 되었고, 나의 미래의 가능성은 훨씬 다양하고 넓어졌다. 과거의 기억이 미래로 향하는 가능성을 막는 일을 차단할 수 있게 된 것이다. 이 깨달음으로 나의 삶은 변했다. 훗날 나는 이러한 경험을 통해 직원들에게 창의력을 키워주기 위해 어떻게 훈련시켜야 할지도 생각할 수 있게 되었다.

'마음챙김' 첫 번째 단계

어린 시절의 경험을 통해 얻은 두 번째 큰 교훈은 '마음챙김Mindfulness'에 관한 것이었다.

그 사건은 나와 관련되었다기보다는 아버지와 관련된 사건이었다. 나는 내가 스티브 잡스같은 사람이라고 결코 생각하지 않지만, 아버지는 그와 비슷한 점이 많았다. 아버지는 잡스처럼 이상한 식이요법이나 공동체, 요가, 형태주의 심리학, 심리요법, 유사 예술 같은 것에 심취해 있었다. 그는 늘 인생의 의미를 찾고 있으면서도, 인생의 의미를 찾고 나면 더 이상 살아가는 목적이 사라질까 봐 그것을 찾지 않겠다고 말하고 있었다.

70년대 초반에 아버지는 샌프란시스코로 가서 랜드마크 포럼의 전신인 에르하르트 세미나 훈련Erhard Seminar Training; EST이라는 것을 받았다. 세미나에서 돌아온 아버지가 나에게 드디어 인생의 의미를 찾았다고 말씀하시던 모습이 아직도 생생하다. 아버지는 "지금, 이 순간을 사는 게 인생이야."라고 말했다.

그때 나는 아버지가 미쳤다고 생각했다.

아버지는 교직에서 은퇴하기 직전, 내게 전화를 하셔서 오랫동안 몸이 좋지 않다며 캘리포니아로 이주해서 에살렌 연구소The Esalen Institute의 보조 정원사로 일하고 싶다고 말씀하셨다. 에살렌은 1960년대 초반, 스탠퍼드 대학교 출신들이 설립한 비영리 휴양센터였다. 이 연구소는 설립 이후 명상, 요가, 대체의학 등 인간의 잠재적 요소들에 대한 연구를 계속 진행하고 있었다. 아버지는 그곳에 근무하는 동안 자신을 되돌아보며 은둔하다시피 사셨다. (흥미로운 것은 매드맨 시리즈의 마지막 장면에 에살렌이 등장한다는 것이다.)

아버지가 이런 괴이한 것들에 푹 빠진 이유를 알고 싶어 눈을 동그랗게 뜨고 궁금해 하는 열여섯 살의 내 모습을 상상해 보라. 물론 마음챙김과 에살렌 스타일의 가르침이 훗날 내 인생에서 큰 부분을 차지하게 될 것이라는 것을 당시에는 알지 못했다.

건강과 건강 관리시스템이라는 면에서 에살렌은 완전히 새로운 곳이었다. 예를 들자면, 어떤 사람이 신장에 병이 있어 병원을 찾으면 의사는 보통 신장 치료와 관련된 처방을 한다. 반면 에살렌에서는 오히려 환자에게 되묻는다. "도대체 왜 신장에 병이 났을까요?" 이런 경험은 내가 1998년에 룰루레몬에서 구축한 자기계발시스템의 토대가 되었다.

나는 또 매일 수영장 바닥의 검은 선만 바라보며 헤엄쳤던 거리가 얼마나 어마어마할까 생각해 보았다. 아버지가 가르쳐준 교훈에 따라 나는 내 몸의 한계를 넘어서는 육체적 고통에 맞서면서 무아의 경지를 경험했었다. 지금 생각해보면 이것이 바로 마음챙김의 기초 과정이었다. 돌이켜 생각해보면 하루에 두 차례씩 매일 했던 운동이 나에게 현재를 살아가는 법을 가르쳐 준 것 같다.

러너스 하이runner's high: 격렬한 운동 후에 맛보는 성취감는 심장 박동이 35분간 지속해서 상승한 후에 느껴지는 감각이다. 뇌는 선수가 정신적으로나 육체적으로 활력을 느끼게 도와주는 호르몬을 방출한다. 이 감각은 보통 4시간쯤 유지된다. 놀라운 것은 운동 상태가 최고조에 이를 때 오로지 현재에만 집중하게 되고, 과거의 기억은 사라지고, 무의미하게 느껴진다는 것이다.

이 최고의 경지에 머무르는 동안 과거는 물론 미래도 백지처럼 느껴진다. 우리는 과거의 경험을 통해서만 미래를 생각할 수 있다. 과거가 없어지면 미래도 사라지고, 남는 것은 오로지 현재뿐이다. 현재란 모든 생명이 실재하는 지점이다. 그래서 룰루레몬은 '인생의 의미는 순간을 사는 것'이라는 구절을 매니페스토의 핵심으로 삼게 되었다. (여기에 대해서는 뒤에 자세히 설명할 것이다.) 나에게 이것을 깨닫게 해준 별난 아버지께 감사드린다.

· 2장 ·

겨우 19살에
내 집을 갖다

수영 덕분에

나는 2학년을 건너뛰었기 때문에 1972년에 16세의 나이로 고등학교를 졸업했다. 한 학년을 건너뛰었어도 나는 우리 반에서 항상 덩치가 제일 컸다. 성적은 중간 정도였다. 사람들은 나에게 능력 이상의 더 많은 것을 기대하는 것처럼 보였다. 나는 아이들이 떼를 지어 내 뒤로 와서 "황소만큼 크지만, 냉장고만큼 멍청해"라고 했던 말을 기억한다. 지금은 모든 아이가 각자 불안한 때가 있다는 것을 알지만 그때는 그렇지 못했다. 나는 불안함을 경험하면서 외로움을 느꼈다. 나의 불안함은 학교생활에 대한 적응 실패로 이어졌다.

1990년대 이전에 제작된 만화나 TV 코미디, 그리고 패러디물을 보면 멍청해 보이는 금발 소녀와 머리는 별로지만 몸집 좋고 운동을 잘하는 남자아이를 소재로 삼은 것들이 많다. 그 때문에 사람들은 금발의 여성과 덩치가 큰 풋볼 선수에 대한 어떤 고정적인 이미지를 갖게 되었다. 사람들도 내가 복합적인 사고를 잘하지 못하고, 복잡한 것은 잘 이해하지 못할 것이라는 편견을 가진 것 같았다. 그래서 나는 30살이 될 때까지 일부러 멍청한 척을 했다. 실제로 드러나지 않은 내 모습이 무엇인지를 알아보고 싶었기 때문이었다.

다행스럽게도 수영장에서는 모든 것이 순조로웠다. 수영장에서 만나는 사람들의 50%는 소녀들이었고, 그들에게 나는 가장 멋진 남자였다. 나는 그들을 가족처럼 여겼던 것 같다. 우리는 경쟁을 하면서도 함께 지냈고, 수년 동안 여행도 함께 했다. 나와 함께 수영했던 소녀들 중에는 올림픽에 출전한 선수도 있었다. 우리의 코치였던 테드 토마스Ted Thomas는 캐나다 올림픽 수영 대표팀 코치가 되었고 또 다른 코치 레스 코스만Les Cosman은 나에게 아버지 같은 역할을 해주었다.

나는 수영장에서 만난 여성 친구들과의 우정을 통해 여성들에게 특유의 추진력과 경쟁심이 있다는 것도 배웠다. 지금도 머릿속에 강하게 남아 있는 것은 그들이 수천 번씩 물속에서 팔을 휘저으면서, 겨드랑이 아래 생기는 발진과 수영복 끈의 위치 때문에 신경 쓰며 힘들어했던 기억이다. 소녀 선수들은 항상 끈의 디자인을 어떻게 고쳐야 하는지 나름의 주장을 했지만, 그들의 주장이 제작사인 스피도 측에 전달될 방법은 없었다.

대학 진학이 임박하면서 수영선수에게 장학금을 주는 학교를 알아보았다. 부모님으로부터 지원을 기대하기 어려웠기 때문에 이것은 중요한 문제였다. 그즈음 나의 수영인생은 중대한 고비를 맞고 있었다. 나는 키가 190cm였고, 체중은 100kg이었는데 이는 당시 수영선수의 평균의 1.5배쯤 되는 체격이었다. 이는 내가 단거리에 적합하다는 것을 의미했다. 오랫동안 50m와 100m 종목은 수영의 주요 종목이었으나 1976년 올림픽을 앞두고 200m와 400m에 관심이 쏠리고 있었다. 단거리 주자의 입지는 그만큼 줄어들었고, 이는 나의 선수로서의 수영 경력도 끝나가고 있음을 의미했다.

그 때까지 나는 삶의 많은 시간을 고도로 체계적이고 틀에 박힌 훈련만 반복해 왔기 때문에, 코치에게서 듣는 지시 일변도의 말이 지겨워지고 있었다. 결국 나는 장학금을 받지 않기로 했다.

앨버타 대학교

나는 집에서 200마일 떨어진 에드먼턴Edmonton에 있는 앨버타 대학교University of Alberta에 입학했다. 부모님으로부터 독립할 수 있을 정도로 충분히 멀리 떨어진 곳이지만, 가끔 세탁이나 집밥을 먹고 싶다는 핑계로 갈 수 있을 만한 거리였다.

대학에 입학하고 나는 풋볼팀에 들어갔다. 수영도 계속했지만, 수영은 이제 내 방식대로 했다. 한 사람이 한 대학의 수영과 풋볼 대표팀에서 동시에 활동을 하는 것은 좀 특이한 일이었다. 8월에 나는 108kg의 체중으로 풋볼 시즌을 시작했고, 11월에 시즌이 끝나면 2월까지 85kg로 감량해서 전국 규모의 수영 대회를 준비했다. 수영 대회가 끝나면 또다시 미친 듯이 먹고 근력을 키워 풋볼에 맞는 몸을 만든다. 18살의 나이에는 충분히 가능한 일이었다.

나는 생물학을 좋아했기 때문에 과학 쪽의 여러 과목을 수강했다.

한동안 나는 스크립스Scripps; 스크립스연구소, 캘리포니아에 있는 기초생의학 연구소에서 해양생물학자로 일하는 꿈을 꾸기도 했다.

그러나 불행하게도 내가 스크립스에서 일하는 꿈을 꿀 수 있을 정도로 여유로운 상황이 아니라는 것을 깨닫는데 그리 오래 걸리지 않았다.

알래스카 송유관

대학 2학년이 끝나갈 무렵, 나는 내가 운동 말고는 다른 일에 별로 열정이 없다는 것을 알고 있었다. 남은 인생을 무엇을 하며 살아야 할지도 막막했다. 그러던 어느 날 캘거리에서 돌아오는 에드먼턴 공항에서 친구의 어머니를 만나게 되었다. 우리는 대화를 나누었다.

그녀가 나에게 말했다. "나는 알래스카로 가는 중이야. 남편이 알래스카 유전 송유관 5개 구역 중 하나의 프로젝트 관리자란다. 네가 미국인이 아니라서 유감이다." 그녀는 한 마디 덧붙였다. "네가 미국인이고 원하기만 한다면 거기서 일할 수 있는데 말이야."

알래스카 송유관은 길이 800마일의 강철관으로 미국의 마지막 불모지의 심장부를 관통한다. 그것은 세계 역사상 가장 거대하고 비싼 민간 건설 공사 중 하나였다. 내가 이전에 전혀 생각해 보지도 않았던 일이었고, 친구의 어머니는 모르고 있었지만 나는 미국 국적도 가지고 있는 이중국적자이다.

대학 2학년을 마치던 날, 나는 알래스카로 가는 비행기에 몸을 실었다. 페어뱅크스Fairbanks의 미국 세관을 지났고 미국 국경 담당관에게 내가 캐나다인이라고 말했다. 담당관은 내 가방을 검사했다. 가방 안에는 온통 건설 작업복, 안전 장화 등과 같은 것들뿐이었다.

"당신이 여기서 일하면 미국인의 일자리가 줄어듭니다. 입국을 허가할 수 없습니다." 그는 이렇게 말했다. 이것은 문제였다. 나는 돌아갈 항공권을 살 돈이 없었다. 그런데 나는 이중국적자이다. 그래서 다시 시도해 보기로 했다. 이번에는 담당관에게 내가 미국 국적도 가지고 있다고 말했다.

"좋아요. 이쪽으로 건너가세요." 담당관은 말했다. 나는 시키는 대로 세관을 통과해 미국에 입국했다. 그는 "내일 아침 가장 먼저 징집위원회에 신고하세요."라고 덧붙였다.

"맙소사." 내가 처음에 국경 담당관에게 캐나다 여권을 제시한 것도 이것 때문이었다. 당시는 베트남전이 막바지에 다다랐던 70년대 중반이었다. 징집위원회에 신고하면 어떤 상황이 벌어질지 장담할 수 없었다. 그래서 나는 신고하지 않기로 했다.

얼마 후, 나는 송유관 공사장에서 일하기 시작했다. 세월이 좀 흐르자 혹한이 왔지만 고된 노동을 계속했다. 200명에서 800명으로 구성된 노동자들을 위한 임시 숙소는 페어뱅크스 동쪽으로 몇 시간쯤 떨어진 어느 허허벌판에 있었다. 나는 영하 30도의 온도에 크레인의 정상에 올라가 다른 크레인과 연결하는 고공 인양 노동자로 일했다.

그곳에서의 마지막 해에는 거의 완성된 송유관의 연결 부분에 가스가 새지 않도록 송풍기를 감시하는 일을 했다. 지루하고 한가한 일이었고, 책 읽는 것 말고는 할 일이 없었다. 이 얘기는 뒤에 다시 할 것이다.

노동자 캠프에서의 생활은 괜찮았다. 캘거리처럼 알래스카는 석유 붐을 타고 있었다. 거의 매일 밤 고급 스테이크와 대게를 먹고 영화를 보고, 여러 가지 여가 활동도 할 수 있다는 말이다. 솔직히 말하면, 건전하지 않은 유흥도 있었다. 나와 일하는 노동자들은 대개 남부 출신이었다. 나는 그 덕분에 지금도 맥주 몇 잔이 들어가면 남부 특유의 오키Okie 억양이 입에서 나온다.

빌리 오캘러한Billy O'Callaghan이라는 50대의 남자가 있었다. 라스베이거스의 머스탱 목장the Mustang Ranch에서 젊은 여자의 팔에 안겨서 죽는 것이 유일한 목표라는 회개를 모르는 아일랜드 출신의 알코올 중독자였다. 빌리는 내가 작업이나 수리 같은 일을 제대로 하려고 애를 쓸 때마다 내 어깨를 감싸 안으며 "와인만큼 괜찮은 파트너야, 와인처럼 근사해."라고 말하곤 했다.

빌리에게 '와인처럼 근사한'이라는 표현은 최고의 칭찬이었다. 그 때문에 나는 최고의 장인 정신을 생각할 때면 자연스럽게 와인을 떠올리곤 한다.

처음에는 그곳에서 2년이나 일할 생각은 아니었다. 여름 한 철만 일하고 가을 학기에 학교로 돌아갈 생각이었다. 캘거리에서는 여러 가지 일을 전전해도 시간 당 3.5달러밖에 못 벌었지만, 그곳에서는 13.5달러를 받을 수 있다. 나는 매일 18시간씩 일주일 내내 쉬지 않고 일했다. 다른 할 일이 없었기 때문이다. 매일 18시간 일하면 8시간은 정해진 시급의 두 배를 받았고, 휴일과 일요일 근무는 세 배를 받았다. 첫 근무 사흘 동안 휴일과 주말까지 끼고 나니 600달러나 벌었다. 캘거리에서 여름 내내 번 것보다 많은 액수였다.

돈 말고도 훗날의 나를 있게 한 다른 많은 경험도 할 수 있었다. 노동자 캠프에서 나는 약물과 알코올에 절어서 인생을 어렵게 살아온 수많은 남성 노동자들을 만났다.

100편의 최고의 소설들

이 무렵 어머니는 <뉴욕타임스>의 기사 하나를 보내주셨다. (그 기사를 쓴 사람의 이름은 아마 아트 부흐발트Art Buchwald였을 것이다.) 인체의 운동 메커니즘을 이용하여 뇌의 활동을 설명하고 있었다. 말하자면 수영 훈련을 통해 육체가 발달하는 것처럼 정신적인 훈련을 통해서 두뇌도 발달한다고 주장하고 있었다.

부흐발트는 훈련에 의해 근육이 발달하는 것처럼 두뇌도 훈련을 통해 발달한다고 주장했다. 뇌의 능력을 극대화하기 위해서이다. 19살밖에 안 된 나이였지만, 나는 이것을 정확하게 이해했다. 이는 1975년 당시에는 아무도 하지 못했던 생각이었다.

나는 알래스카에서의 시간을 돈을 버는데 뿐 아니라 두뇌를 훈련하는 데도 사용하기로 했다. 이를 위해 마리화나도 끊고 청소년기의 음주도 끝냈다. 나는 매일 소설 한 권을 읽는다는 목표를 세웠다. 그러기에 시간이 충분했다.

신문에서 보았던 100권의 필독 도서 목록으로 시작했다. 그 때의 결심으로 아마도 나는 세계에서 가장 책을 많이 읽는 19살 청년이 되었을 것이다. 지금도 기억에 남는 책이 두 권 있다. 조지프 헬러Joseph

Heller의 『캐치22Catch-22』와 아인 랜드Ayn Rand의 『아틀라스Atlas Shrugged』였다.

솔직히 말하자면, 나는 제임스 조이스의 『율리시즈』는 끝까지 읽지 못했다. 그러나 손무의 『손자병법』과 마키아벨리의 『군주론』도 알래스카에 있는 동안 읽을 수 있었다.

『아틀라스』는 상당히 긴 소설이지만, 간단하게 말하자면, 위대한 사람이 되고, 위대한 것을 만들어내기 위한 여정을 밟아 가는 혁신가들에 관한 이야기이다. 주인공 대그니 태거트Dagny Taggart는 오빠의 무능에도 불구하고, 가업인 미국 최대의 철도회사를 운영하는 30대 초반의 여성이다. 대그니의 애인인 기업가 행크 리어든Hank Rearden은 철보다 강한 새로운 합금을 발견을 한 사람이고, 그의 삶을 갉아 먹으려 정치인들과 친척들의 훼방을 극복하며 스스로 위대함을 만들어 내야 했다.

이 책에서 존 골트John Galt라는 미스터리 엔지니어이자 철학자가 등장하는데 그의 실체는 끝까지 밝혀지지 않는다. 이 책에서는 "누가 존 골트인가Who is John Galt?"라는 질문이 반복되고 있다. 그 자체로 문화적 시금석이 된 문구이다.

『아틀라스』는 개인의 창의성과 헌신, 그리고 비전을 통해 세상을 평범함에서 위대함으로 끌어 올릴 수 있다는 생각을 처음으로 하게 해주었다. 이 생각이 앞으로 상당한 시간이 지난 후 내 삶에 어떤 화두를 던져줄지 그때는 몰랐다.

『아틀라스』는 노동조합 시스템에 만연한 비효율성에도 초점을 맞추고 있다. 당시 나는 송유관 현장에서 일하면서 노동조합 일도 맡고 있었다. 그 덕분에 책을 읽을 시간을 좀 더 많이 낼 수 있었던 것도 사실이다. 그러나 알래스카의 현장에서도 노동조합의 입김 때문에 혼자 해도 충분한 아주 단순한 작업조차도 한 명은 기계를 운전하고, 한 명은 다른 스위치를 조작하고, 다른 한 명은 기계의 가스를 점검하도록 하는 식으로 굳이 세 명에게 나눠주는 비효율성이 실재하고 있었다.

그런 곳에서 개인의 독창성이나 혁신이 발휘될 여지는 없다. 최악의 사회주의를 목격한 것이다. 노조 간부들이 노조원들에게 일을 대충 천천히 하도록 유도하면, 회사는 더 많은 사람을 고용하고, 노조는 더 많은 조합비를 받을 수 있었다. 나는 창의적으로 생각하고, 무언가를 고안하고, 위험을 감수하는 일은 다른 사람들에게 미루고, 노조원들에게는 엄청난 급여를 지급하는 상황을 만들고자 하는 사람들, 즉 일하는 것보다는 파업하기를 좋아하는 사람들의 속내를 볼 수 있었다.

인생을 통해서 내가 진정으로 원하는 것이 무엇인가를 찾아내려면, 진정으로 원하지 않는 것이 무엇인가, 즉 몇 년을 두고 봐도 도저히 이해할 수 없는 것들을 발견해서 걸러내면 된다는 것을 깨달았다는 점에서 젊은 내게는 귀중한 교훈이었다.

어쨌든 나는 한편으로는 돈을 모으면서, 다른 한편으로는 운동과 두뇌 개발에 집중했다. 그러던 어느 날, 내가 알래스카에 영원히 머물고 싶어 하지 않는다는 점을 깨닫고 그 후 몇 년간의 다른 목표를 세워야 한다는 생각이 문득 들었다. 송유관 관련한 그곳에서의 일은 그저 나의 삶을 돈과 맞바꾸는 일에 불과하다는 것을 깨달은 것이다.

나는 이미 수영선수 생활을 하면서 10년 정도의 장기 목표를 세웠던 경험이 있었다. 각 연령대 그룹 대회에서 내가 깨고 싶었던 기록이 있었고, 그것은 내 생일에 맞춰 다음 연령대로 올라가기 전까지 달성해야 할 목표가 되었다.

좀 더 미래를 내다보면서 스무살까지 내 집 마련, 서른살 이전에 창업, 마흔살 전에는 은퇴라는 목표를 세웠다. 여기서 은퇴라는 개념은 내 삶을 어떤 조직이나 직장에 얽매이지 않고 내 마음대로 통제하게 되는 상태라고 스스로 정의했다. 나는 너무나 많은 아이디어를 가지고 있었고, 내가 원하는 것을 세상도 원하는지 알고 싶었기 때문에, 사업가의 삶은 내게는 운명과도 같은 것이었다. 적어도 수동적으로 다른 사람이 원하는 대로 순응하는 대가로 돈과 삶을 맞바꾸고 싶지는 않았다.

난생처음 큰돈을 벌겠다는 목표만 가지고 외딴곳에서 일하던 19세의 소년에게 이런 생각은 일장춘몽처럼 보였을지도 모른다. 그러나 내가 세운 목표는 다가올 세월을 진지하고 진실하게 상상한 결과였다.

문명 세계로 돌아오다

나는 18개월 만에 송유관 현장을 떠났다. 그때까지 내가 번 돈은 15만 달러 정도였다. (현재가치로는 70만 달러가 넘는 금액이다.) 그렇게 많은 돈을 벌 수 있는데 왜 알래스카를 떠나려고 할까 하는 생각이 드는 것은 당연하다.

사실 나의 내면은 날이 갈수록 삭막해지고 있었다. 송유관 현장에서 일을 계속할수록 나는 그곳의 문화에 동화되고 있었다. 입에서는 쉬지 않고 욕설이 튀어나왔고, 일과 관련된 대화가 아닌 다른 대화를 하는 법조차 잊어버릴 정도였다.

전부는 아니지만 적지 않은 사람들이 마흔 살쯤까지 버티면서 한밑천 잡아서 떠나겠다고 생각하며 그곳에서 일하고 있었다. 내가 그들이 벌고자 하는 액수의 돈을 19살쯤이나 20살쯤에 벌어서 떠날 수 있다면 내 인생은 어떠했을까? 사실 상상만 해도 매력적인 일이었고, 지금 생각해도 그렇다. 그러나 반대로, 많은 사람이 내가 그곳에서 번 돈과 같은 액수의 돈을 40세가 되기 한참 전에 벌어서 그곳을 나왔다고 해서 나와 똑같은 성공을 할 수 있었을까 하는 생각도 해 본다.

나는 다른 사람도 먼 훗날의 이익을 위해 현재의 고생을 감당할 의지나 추진력을 갖추고 있는지 궁금하다. 장기적인 목표를 달성하기 위해 현재에 최선을 다하는 나의 추진력이 유전적으로 타고난 것인지, 수영선수 생활을 통해서 얻은 것인지도 잘 모르겠다. 나는 정말 특별한 사람일까? 아니면 송유관 공사장으로 나를 인도해 준 친구 어머니를 우연히 만난 행운 덕분에 지금의 내가 있는 것인가?

여하튼 나는 내 목표 중 하나를 달성했다. 20살 무렵에 집을 장만한 것이다. 넓은 방이 세 개나 있는 집은 은행 대출을 일부 받았는데, 내 돈이 연리 3%의 이자를 받는 예금 계좌에 예치되어 있음에도 불구하고 그 예금을 담보로 대출받을 수 있다는 사실을 잘 몰라서 연 19%의 높은 이자로 대출을 받은 것이다. 현금의 흐름과 운영에 관한 첫 번째 교훈이었다. 어쨌든 나는 겨우 19살에 내 집을 갖게 된 것이다.

송유관 현장을 떠나는 날의 기분은 상상할 수 없을 정도로 좋았다. 첫 아이 출산 후 병원에서 집으로 돌아오는 기분에 견줄 만하다. 페어뱅크스까지 차로 이동한 다음 집으로 가는 비행기를 탔다. 대개의 노동자는 8주간 일하고 2주간 휴가를 얻어 집에 다녀온다. 그러나 나는 18개월 동안 매일 18시간씩 일했고, 단 며칠밖에 쉬지 못했다. 나는 언젠가 바베이도스의 아크라 해변Accra Beach에서 이틀 동안 잠을 자고, 아침을 먹는 장면을 상상하며 견딘 것이다.

캘거리에 돌아와서 제일 먼저 한 일은 새집을 구하는 일이었다. 여러 집을 둘러봤지만, 그 가운데 가장 오래되고 볼품없는 건물에 눈길이 갔다. 원래는 농가였는데, 지금은 도시 한 복판에 있는 집이었다. 언덕 위에 자리 잡아 도시 전체가 한눈에 들어왔다. 그 전망과 과일나무 (그 근처에는 과일나무만 심겨 있었다.) 말고는 그 집을 돋보이게 할 만한 것은 없었다.

나는 물질적인 것을 추구하는 사람은 아니다. 대신 내용을 중시한다. 1976년 당시 나를 감동하게 한 것은 미국 상품이 아니라 독일이나 일본 제품이다. 품질 때문이다. 캘거리로 돌아오면서 내가 산 집이 결코 좋은 집은 아니라고 생각했기 때문에, 나 자신에게 주는 선물로 메르세데스 벤츠 한 대를 구입했다. 당시 캐나다에는 벤츠 승용차를 타는 사람들이 별로 없었기 때문에, 이 차는 질적으로 높은 수준을 자랑하는 몇 안 되는 나의 소유물이 되었다.

이제 나는 크게 두 가지를 소유하고 있다. 그러나 집은 낡아서 유지하는 데 많은 돈이 들어가고 있었다. 그리고 나는 멋진 자동차를 가지고 있다. 문제는 고급 자동차이기는 하지만 별것도 아닌 문제가 발생하더라도 수리를 하려면 차량 대리점을 통해 독일에서 부품을 공수해 와야만 했고, 그 때문에 사소한 하자라도 해결하려면 수백 달러의 비용이 든다는 것이다.

나의 첫 두 가지의 소유물로 얻은 이러한 경험은 훗날 사업하는 데에도 큰 교훈이 되었다. 이후 나는 고장이 잘 나지 않고 유지비용이 많이 들지 않는 혼다 시빅과 같은 차량을 선호하게 되었고, 앞으로는 확실하고 든든하게 지어진 집만 살 것이라고 스스로 다짐했다. 그때의 경험으로 나는 집을 살 때마다 난방비를 절약하기 위해 창문이 이중창으로 되어 있는지를 항상 확인한다.

나는 대학 풋볼팀에서 함께 뛰었던 프랭크 트라톤Frank Troughton에게 집을 단기 임대하였다. 그는 당시 21살이었고, 막 이혼한 직후였다.

훗날 프랭크는 나에 대해 이렇게 말했다. "칩은 풋볼에 흥미를 전혀 보이지 않았습니다. 덩치가 크고 힘이 강하다고 해서 누구나 풋볼 선수가 되는 것은 아니지요. 칩은 고집은 있었지만 매우 편안한 스타일이었습니다. 물이 얼어 버릴 정도로 춥지만 않으면, 반바지 차림에 슬리퍼를 끌고 마치 키 큰 금발 머리의 서퍼 같은 느낌으로 시내를 활보했지요. 저는 칩이 늘 어딘가 남다르다는 것을 항상 느끼고 있었습니다. 그는 사업가로 적합한 스타일이었고, 인생의 방향도 그쪽으로 잡을 것이라고 확신했습니다."

프랭크는 그때의 추억을 재미있게 기억하고 있다. "나는 칩이 송유관 현장에서 번 돈으로 구입한 집에서 살았어요. 저는 거기서 스탬피드 로데오 위크Stampede Rodeo Week : 캘거리 스탬피드 축제에 시내 술집에서 보안 요원으로 일하고 있었는데 그때는 저도 좀 거칠어서 오토바이족 두 명과 한판 붙었지요. 그 녀석들이 나 때문에 열이 좀 받았는지, 칩의 집까지 나를 따라와서는 다른 패거리들과 다시 오겠다고 말하고 돌아갔지요."

"그 녀석들이 돌아가고 나서 나는 칩을 깨우러 올라갔어요. 아마 새벽 3시 무렵이었을 겁니다. "이봐, 문제가 생겼어. 대비를 해야 해." 나는 소총을 잡고 베란다로 내려갔습니다. 칩이 집 주위를 살펴보며 알몸으로 골프채를 잡고 있었죠. 칩이 그러다가 그 폭주족들과 마주쳤어요. 정말 심각했지요. SWAT경찰특수기동대가 현장에 출동할 만큼 상황이 정말 심각했습니다. 운 좋게도 SWAT가 오토바이족들과 거의 비슷한 시간에 도착했기에 별일 없었죠. 그때 칩은 거의 알몸으로 골프채를 쥐고 아래로 내려가 여차하면 휘둘러댈 참이었지요."

지금 생각해도 나는 억세게 운이 좋았다. 1985년까지 그 집에 살았고, 그때는 내 인생의 다음 단계를 준비하던 시기였다.

· 3장 ·

'와인처럼 근사한'

대학 졸업

1976년, 경영대학 2학년 과정을 마치고 나니 교수님들은 내게 경영대학이 나와 맞지 않는 것 같다고 조심스럽게 조언했다. 내가 회계학 과목을 통과하지 못했기 때문이다.

그 무렵 나는 학교생활이 너무 피곤해서 쉽게 통과할 수 있는 과목들만 골라 들으려고 노력했다. 전공은 경제학이었고 회계학 때문에 골치 아프기는 했지만 다른 과목은 거의 만점에 가까운 점수를 받았다. 나는 우수한 경영대 학생이었고, 경제학은 예술 그 자체라고 생각했다. 결코 정답이 있을 수 없는 과목이지만 나는 괜찮은 성적을 거둔 것이다. 경제학은 상대적으로 내 방식을 고집하기 쉬웠다. 나는 가장 쉬운 것이 가장 큰 성취감을 주기 때문에, 인생에서 누구나 쉬운 과정을 택하는 것이 현명한 선택이라고 생각하게 되었다.

캘거리대학교University of Calgary로 편입한 후, 나는 풋볼 선수로서의 활동을 다시 시작했고(내가 중간 정도 수준이었던 스포츠), 레슬링(아주 형편없지만)과 수영선수(계주팀에서만)로도 활동했다. 1979년에는 지역 프로 풋볼팀에 입단했지만, 장거리 수영선수로 활동하기 위해 체중을 115kg에서 95kg로 줄이고 2주 만에 그만두었다.

대학에 입학한 지 7년 만인 1979년, 나는 대학을 졸업하며 경제학 학사학위를 취득했다. 알래스카에서 번 돈은 아직도 남아 있었다. 나는 돈을 써야 할 일이 한 가지 더 남아 있었다.

세계 여행 경험

나는 세계 어디든 갈 수 있는 항공권을 매년 5장까지 무료로 받을 수 있었다. 나는 이 혜택을 십분 활용했다. 항공권은 무료였지만 여행 때마다 많은 돈을 썼다.

내가 20대 초반에 세계를 여행할 수 있었던 것은 행운이었다. 남아프리카공화국 케이프타운으로 가는 도중에 경유지인 브라질 리오에서 4시간 동안 머물 수 있었다. 나는 비행기에서 내린지 한 시간 만에 케이프타운은 얼마든지 나중에 가도 된다고 생각했다. 그 순간 리오는 세상에서 가장 매혹적인 장소처럼 느껴졌다.

그날이 새해 전날인 것도 한몫했다. 코파카바나Copacabana나 이파네마Ipanema라는 지명은 전에는 들어본 적도 없었다. 최고로 차려입고 멋을 낸 브라질 사람들이 눈에 들어왔다. 라틴 문화의 정열과 적극적인 표현에 매료되었다. 북미의 보수적인 고장에서 온 나에게 리오는 정말 특별했다.

바베이도스도 갔었다. 마지막 시험을 마친 다음 날 비행기를 탔다. 아무에게도 알리지 않았다. 이 여행에서 세상이 참 좁다는 것을 배웠다. 비행기를 타고 어디든 갈 수 있다고 상상해보라.

바베이도스에서 4일째 되던 날 새벽 3시 무렵이었다. 나는 '알렉산드리아스'라는 디스코 클럽에 있었다. 술을 몇 잔 마신 뒤 주변을 둘러보니 아버지를 많이 닮은 사람이 있었다. 나는 모든 사람이 정말 도플갱어를 갖고 있을지 모른다고 생각하면서 그에게 다가가 "혹시 아버지?"라고 물었다.

그는 웃으며 "맞다"라고 말하고 다음 날 서핑을 함께 하자고 제안했다. 하지만 나도 웃으며 정중히 거절했다. 누가 카리브해의 디스코클럽에서 아버지를 만나고 싶었겠는가? 우리는 각자의 계획대로 시간을 보냈다. 어쨌든 그 순간은 정말 초현실적인 경험이었다.

1979년 말쯤, 나는 대학 생활이 끝났고, 항공사로부터 받던 공짜 여행 혜택도 끝났다. 은행에는 8만 5천 달러가 남아 있었고, 나는 그 다음에는 무엇을 해야 할지 생각하고 있었다.

캘리포니아 랩 쇼츠

과거 여러 차례 그랬던 것처럼 이번에도 캘리포니아에서 답을 찾았다.

1979년 가을, 샌디에이고에 사시는 할머니를 뵈러 가는 길에 나는 오션 퍼시픽Ocean Pacific이 제작한 스트리트 스타일의 코르덴 재질의 서핑 쇼츠이 책에서는 운동용 반바지를 쇼츠라고 표기하기로 한다와 서핑을 하지 않을 때 입을 만한 후드티를 보았다. 또 젊은 여성들이 끈의 한쪽을 묶고 아래로 늘여 다시 뒤에서 묶는 랩 쇼츠Wrap shorts; 장식용으로 묶는 끈이 달린 쇼츠를 입은 것을 보았다. 색상과 패턴은 밝고 대담했고, 사파리나 하와이 스타일의 무늬도 눈에 띄었다.

어머니가 오랫동안 하시는 일을 어깨너머로 보며 자라서 바느질이나 재단에 대해서는 조금 알고 있었기 때문에 나는 이런 쇼츠가 얼마나 편안하고 기능적인지를 알 수 있었다.

나는 매년 캘리포니아를 방문했기 때문에, 이것이 그전에는 볼 수 없던 새로운 유행이라는 것을 단번에 알아챘다. 캘리포니아 사람들과 그들이 만들어낸 유행이 결국 다른 지역에 사는 사람들의 패션에 영향을 준다는 것도 알고 있었다. 나는 캘거리로 돌아가면서 여자 친구인 신디 윌슨Cindy Wilson(성은 나와 같으나 아무 관계가 없다)에게 줄 선물로 쇼츠 두어 벌을 샀다.

돌아와서 그녀에게 캘리포니아에서 유행하는 쇼츠를 보여주니 아주 좋아했다. 그녀의 친구들도 마찬가지였다. 이것은 쇼츠의 상품성을 알려주는 첫 번째 긍정적인 신호였다.

처음에는 우리가 직접 만들어 볼 생각이었다. 패턴도 간단해 보였고, 신디와 나는 어머니로부터 옷감 대신 신문지를 이용해서 패턴을 만드는 법과 간단한 재봉 방식 몇 가지를 배웠다. 그러나 내가 나의 능력을 과대평가했다는 것을 곧 알게 되었다. 패턴을 자른 뒤 바느질을 해보았지만, 사람들이 입고 싶을 만한 옷은 나오지 않았다.

나는 간단하게 생각했던 어머니의 재봉 솜씨를 다시 평가하게 되었다. 나는 어머니만큼 훌륭한 재봉 실력을 갖추고 있으면서 돈도 벌고 싶어 하는 괜찮은 재봉사가 분명히 있으리라 생각했다. 나는 신문에 구인광고를 냈고, 몇몇 여성들이 지원했다. 한껏 고무되었지만 나는 수준 높은 제품을 만들어내기 위해 엄격한 기준을 가지고 사람을 뽑아야 한다고 생각했다.

그래서 우리는 면 100%의 원단에 화려한 꽃무늬나 대담한 디자인이 인쇄된 옷감을 지원한 재봉사들에게 전달하며, 그들에게 랩 쇼츠 10벌씩 제작해 달라고 요구했다. 그 결과를 기준으로 작업 숙련도가 높다고 생각되는 사람 5명을 추려냈다.

그 가운데 한 명은 다른 네 명보다 아주 탁월했다. 그녀의 이름은 조세핀 테라티아노Josephine Terratiano였다. 아주 뛰어난 이탈리아계 여성 재봉사였던 조세핀은 그녀와 마찬가지로 모두 숙련된 여성복 재봉사인 친척들과 함께 내 작업을 도와주었다. 그들은 훗날 내가 이탈리아 인맥을 만드는 창구 역할을 하게 된다.

그 무렵 어머니와 어머니의 새 남편, 그리고 내 여동생과 남동생은 모두 미국으로 이주했고, 아버지는 빅수르 에살렌 연구소에서 많은 시간을 보내고 있었다. 테라티아노 일가는 나에게 두 번째 가족과 같았다. 조세핀은 그때를 이렇게 회상했다. "나는 어머니도 재봉사였고, 여동생들도 재봉사였어요. 내가 할 수 있는 일도 그것뿐이었지요. 나는 온 마음을 다해 재봉을 했어요. 그리고 칩, 그가 운 좋게도 나를 찾아주었어요!"

나는 조세핀과 그녀의 자매들의 도움으로 쇼츠 300벌을 제작했고,

송유관 현장 시절, 멘토처럼 가깝게 지냈던 빌리 오캘러한이 입버릇처럼 말하던 '파인 애즈 와인Fine as Wine:와인처럼 근사한'이라는 브랜드를 개발했다. 그 물량은 신디의 친구들을 통해 판매하는 한편, 캘거리의 좀 규모가 있는 백화점들을 찾아가서 이 쇼츠 판매에 관심이 있는지 물어보았다.

어느 백화점도 이 쇼츠가 팔릴 것이라고 생각하지 않는 것 같았다. 결국은 거의 재고로 남았다. 처음으로 재고관리의 문제에 눈을 뜬 것이다. 상품은 많은데 판매할 곳이 없는 상황이었다. 나는 고객들에게 직접 보여주면 다를 것이라고 생각했다. 남부 캘리포니아 해안에서 서핑 의류에 열광하는 사람들을 보며 얻은 영감에 의지하여 그곳에서 차량으로 12시간이나 떨어져 있고, 해발고도도 1,000m나 되는 곳에 사는 도시에서 고객을 모으는 문제였다. 그러나 백화점에서 물건을 들고 팔 수는 없는 노릇이었다. 그러므로 이 재고를 처리하기 위한 뭔가 특별한 아이디어가 필요했다. 많은 고민을 했지만, 나는 가장 기본적인 판매 방법인 레모네이드 가판대 말고는 더 나은 방법이 떠오르지 않았다.

계획은 간단했다. 캘거리 시내에 여름 3개월 동안 장소 사용료를 내고 근사한 목조가판대를 설치해 놓고 물건을 파는 것이었다. 이것은 재고 소진 계획인 동시에 내 평생 처음으로 직영매장을 운영하겠다는 계획이기도 했다. 신디는 일주일 걸려 목조가판대를 만들었고, 주말이면 쇼츠를 팔았다.

취업

대학을 졸업하고 300벌의 쇼츠를 팔고 나서 몇 달 후, 나는 캐나다에서 가장 큰 보험회사 중 하나인 런던 라이프 보험London Life Insurance으로부터 편지를 받았다. 칭찬으로 가득 찬 편지였다. 분명히 이 사람들은 내가 대학 대표팀 선수 출신인 것을 알고 있었다.

"우리는 당신에 대해서, 그리고 훌륭한 선수 경력에 대해서 잘 알고 있습니다. 우리는 당신이 런던 라이프 직원으로 적임자라고 생각합니다." 그들은 이렇게 말했다. 이것도 한 가지 가능성 있는 진로였다.

나는 런던 라이프에 전화해서 면접 날짜를 잡았다. 그곳 사람들은 악어가죽으로 만든 카우보이 부츠를 신고, 프라다 정장을 입는 등 부티나고 격식 있는 옷차림을 하고 있었고, 분위기도 매우 단정하고 점잖아 보였다. 그들은 몰랐겠지만, 나를 아는 사람들은 내가 겨울에도 웬만하면 쇼츠에 샌들을 신고 돌아다닌다는 것을 알고 있었다. 나는 그들의 편지에 감동해서 그들이 내가 어떻게 옷을 입는지도 잘 알고 있을 것이라고 착각했다. 그러나 런던 라이프가 내게 보낸 편지는 젊은이들이 자신들의 회사에 관심을 두고 입사하고 싶어 하도록 유혹하기 위한 입에 발린 상술에 불과했다. 실제로는 그들은 나에 대해서 제대로 몰랐다. 결과적으로 나는 런던 라이프에 취직하지 못했다.

나는 그 무렵 돔 석유Dome Petroleum라는 회사에 지원했다. 캘거리에 본부를 둔 정유 및 가스 회사였다. 나는 양복을 입고 면접장에 갔다. 경제학 학위증서도 가지고 갔다. 나는 돔의 현장 직원으로 고용되었다. 그때 나는 거울에 비친 양복 입은 내 모습을 보고 "매일 핼러윈 데이군

Halloween Day!"이라고 중얼거린 것을 기억한다.

현장 직원으로 일한다는 것은 광물의 소유권을 관리하고, 채굴권을 협상하는 등 다양한 사업계약을 체결하는 것과 관련된 업무를 맡는다는 것을 의미했다. 내 사무실은 캘거리 시내에 있는 돔 타워라는 빌딩의 30층에 있었다. 당시 내 연봉은 3만 달러였고, 25살의 젊은이에게는 괜찮은 연봉이었다. 그러나 나는 당시 정말 일을 제대로 잘하지 못한 것 같았다. 당시 나와 함께 일했던 모든 분들께 사과드리고 싶다. 나는 여러 가지 교육을 받았지만, 마음도 심란했고, 일에 집중하지도 못했다. 나는 삶에 관한 별것도 아닌 문제를 놓고 고민하고 있었다. 과연 결혼을 할 수 있을까? 금요일 밤마다 멋진 데이트를 할 수 있을까? 충분한 은퇴자금을 마련할 수 있을까? 자녀는 얼마나 갖게 될까? 가족들을 먹여 살릴 수 있을까? 아프면 어떡하지? 등등.

나를 결정적으로 성장시켜줄 만한 교육 프로그램은 없었다. 나 스스로 고민을 해결하지 못하는 한 업무 능력 향상에 집중할 수 없을 것으로 보였다.

돔에서 일한 지 얼마 안 돼서 스콧 시블리Scott Sibley라는 사람을 만나게 되었다. 인수합병의 결과로 우리 회사로 오게 된 사람이었다. 알고 보니 우리는 같은 시기에 앨버타대학교를 다녔다. 그의 가장 친한 친구 몇 명은 나와 함께 풋볼팀에서 뛰었던 선수들이었다. 아마도 대학 시절 즐겼던 수많은 하우스 파티에서 마주쳤을지도 모를 일이었다. (아마도 스콧은 파티에서 칵테일을 들고 있었을 것이고 나는 1리터짜리 우유팩을 들고 있었고, 여자는 따로 만나지는 않았을 것이다.) 스콧 시블리는 나중에 나의 거래 파트너가 되었다.

돔이 좋은 직장인 것은 분명했지만, 근본적으로 송유관 현장에서 일하는 것과 같은 함정에 빠지고 있다고 생각했다. 인생을 돈과 맞바꾸고 있다. 30살 이전에 창업한다는 목표를 떠올리니 어느 방향으로 나아가야 할지 분명해졌다. 게다가 (지금은 웨스트비치로 이름을 바꿨지만) '파인 애즈 와인'이 막 출범하지 않았는가?

'웨스트비치'라는 이름은 내가 미국 서부해안을 마음의 고향처럼 여기는 잠재의식을 반영한 이름이다. 샌디에이고의 오션비치에서 어린 시절을 보내면서 뇌리에 각인된 무언가를 대초원의 도시인 캘거리에서 재현해보고 싶었다.

철인3종경기

그즈음, 즉 1980년 봄을 지나 여름으로 넘어갈 무렵, 나는 철인3종경기에 관심을 두게 되었다.

그럴만한 이유가 몇 가지 있었다. 수영선수였던 나에게 2.4마일 수영은 조금도 어려운 일이 아니다. 그 정도 거리는 수영선수들에게는 몸풀기 차원에서 헤엄치는 정도의 거리이다. 게다가 최근에는 자전거를 타기 시작했다. 페달을 구르는 것이 풋볼 선수 시절에 입은 부상을 치료하는 데에 효과가 있기 때문이다. 그러니까 철인3종경기 선수들이 해야 할 세 가지 종목 가운데 두 가지를 이미 하고 있는 셈이었다.

게다가 나는 또 다른 육체적인 도전의 목표를 찾고 있었다. 수영을 통해 나는 마음이 몸 전체를 지배할 수 있다고 믿게 되었다. 하지만 내가 해보지 못한 것에 도전할 때도 그럴까? 철인3종경기라는 것이 있다는데? 최초의 철인3종경기는 1978년에 하와이에서 열렸다. 이 경기에 도전하는 사람들은 극소수였기 때문에, 준비를 위한 충분한 정보가 없었고, 무엇을 어떻게 준비해야 하는지에 관한 일반적으로 정립된 이론도 없었다. 그때쯤 나는 가끔 주변 사람들에게 고비 사막을 횡단하고 싶다고 말했던 것 같다.

보통 사람들보다 25kg쯤 무거운 내가 철인3종경기에 도전하는 것이 나의 두뇌를 단련하는 데도 도움이 되리라 생각했다. 불가능해 보이는 일을 성취함으로써, 그것이 결코 불가능한 일이 아니었다는 것을 몸으로 확인하는 것은 운동 경기에서 얻을 수 있는 매우 소중한 교훈 가운데 하나이다.

철인3종경기에 적합한 유니폼을 만드는 법을 아는 사람이 아무도 없었다. 단축 코스 경기에 드는 시간은 보통 두 시간 정도이다. 수준급 선수들이 정규 경기에 출전할 경우 9~10시간, 나 같은 경우는 13시간 정도가 소요된다. 굉장히 긴 시간이 소요되는 종목이다. 몸에서 염분이 배출되어 흐르고 운동복 안쪽의 실밥이 터지거나 솔기에 피부가 계속해서 긁히면 많이 고통스럽고, 경기력을 충분히 발휘할 수 없을 것이다.

나는 시간과 돈을 조금 들여서 허벅지 안쪽이나 팔 아래쪽에 솔기가 없는 라이크라Lycra 재질의 옷을 디자인하는 데 성공했다. 이전에는 전혀 보지 못했던 외관과 촉감을 가진 자전거용 쇼츠가 만들어졌다. 나는 이러한 기술적 성취에 흥분했다. 이 디자인은 과거 내가 만들어냈던 쇼츠보다 훨씬 창의적인 제품이었다. 그전에 만들어낸 쇼츠는 보기에는 좋았을지 모르지만 이렇다 할 기능성 의류는 아니었다.

안타까운 것은 철인3종경기가 본격적으로 대중화되려면 8년이나 기다려야 하는 시점이었다는 것이다. 내가 개발한 제품에 대한 충분한 수요를 기대하기에는 경기 참가자들이 그리 많지 않았다. 좀 더 시간이 필요했다. 나는 새로 개발한 쇼츠를 몇몇 자전거 의류점에서 소매로 팔기는 했지만, 실험 차원을 넘어서지는 못했다.

그러나 고품질의 기능성 의류를 디자인하고 만들면서 느꼈던 창의적 성취감과 만족감은 결코 무시할 수 없었다. 이 열정은 훗날 웨스트비치를 운영하며 서핑과 스케이트보드, 그리고 스노보드 장비의 개발로 이어졌다. 그리고 룰루레몬의 시작과 함께 나의 삶의 최전선에 이 열정이 자리 잡았다.

사업 첫해

다시 봄이 왔고, 신디와 나는 다시 가판대를 열었다. 많은 수요를 확인하는 데 그리 오랜 시간이 걸리지 않았다. 놀랍게도 정말 많은 사람이 우리 제품을 구매하겠다고 몰려들었다. 그들도 우리 제품에 흥분하고 있었다.

다행히 우리 가판대는 돔 타워 건너편 가까운 곳에 있었다. 하루가 마감되면 들어온 돈으로 원단을 구입하고, 그 원단을 재단사와 재봉사들에게 전달했다. 그리고 90분 정도 수영을 하고, 아주 배부르게 먹고 나서 잠자리에 들었다. 아침에 나는 일찍 일어나서 자전거로 두 시간 정도를 달려서 도시 반대편으로 가서 조세핀으로부터 완제품을 받아서 매장으로 배송했다. 그러고 나서 정장으로 갈아입고, 스케이트보드를 타고 출근을 했고, 점심에 10km쯤 달렸다.

사업도 하고, 철인 3종 경기 출전도 준비하고 훈련하던 그 시절은 참으로 에너지가 넘치는 멋진 시절이었다. 지금도 그 시절의 모든 것을 사랑한다.

· 4장 ·

웨스트비치 경영

버티컬 리테일

사업을 시작하기 전부터 사람들은 내가 8번가 쇼핑몰 옆에 레모네이드 스타일의 가판대를 차리고 조촐하게 판매를 시작한 것은 큰 실수라고 말했다. 또 의류 사업은 어려운 분야라는 말을 귀가 따갑도록 들었다. 그러나 내 눈에는 간단해 보였다. 원단을 구입하고, 옷의 생산 과정을 점검했다. 생산된 옷은 신디가 지키고 있는 가판대에 갖다 주었지만, 신디가 자리를 비울 때는 내가 직접 판매했다.

그것이 버티컬 리테일을 학습하는 과정이라는 사실을 당시에는 몰랐다.

버티컬 리테일 매장을 운영하면 이익이 더 많아진다는 것을 배운 것이다. 그러나 비교할 만한 버티컬 리테일 매장의 모델이 없었다. 상품을 공급해 주고 60일이 지나서 판매대금을 거둬들이는 홀세일 방식과는 달리, 매일 판매 되는 대로 그날그날 현금이 들어왔다.

경제학을 전공하며 갖게 된 지식이 유용하게 쓰였다. 수익성을 높이려면 규모의 경제를 구축하여 대량생산을 해야 한다는 것은 이미 학교에서 배운 바 있다. 우리 제품도 디자인 당 최소 500벌, 보통 2천 벌 정도를 생산해 내지 않으면, 이익을 낼 수 있을 만큼 생산 단가를 낮출 수 없었다. 사업이 기반을 잡고 장기적으로 운영되는 것이 중요했기 때문에 당장 얼마를 벌고 있는지는 중요하지 않았다. 여하튼 비즈니스에 대한 많은 것을 실전을 통해 새로 배우던 시기였다. 실제 행함이 없으면 성과도 없다.

재정 문제

1980년, 우리 사업의 첫 여름이 끝날 무렵, 신디는 브리티시 컬럼비아 대학교에 진학해서 건축학을 전공했다. 나는 겨울에는 가판대를 닫고 다음 시즌을 준비했다. 우리는 그 시즌에 5,500달러 정도 벌었다.

나는 다음 시즌 제작을 위해 2만 달러어치 원단을 사야 했다. 나는 계속 돔 석유 회사에서 번 돈을 웨스트비치에 투입하고 있었다. 원단 구매에 돈을 다 써버리면 재봉 단계의 인건비를 지불할 수 없을 것이다. 웨스트비치의 첫 번째 해결 과제가 생긴 것이다.

나는 조세핀 테라티아노에 가서 상품이 다 팔리면 이듬해 여름에나 비용을 지불할 수 있는데 겨울에 재봉을 해줄 수 있는지 물었다. 이런 부탁을 감히 할 수 있었던 것은 내가 조세핀과 오랫동안 함께 일하면서 서로의 진정성을 이해하고, 신뢰하고 있었고, 가족 같은 유대감이 형성되어 있다고 생각했기 때문이다. 그러나 어려운 부탁인 것은 사실이다. 오로지 공식 계약을 통해서만 작동되는 비즈니스 세계에서는 있을 수 없는, 사적이고 인간적인 유대 관계 속에서만 가능한 요청이었다.

조세핀의 입장에서는 원단을 두 배로 구입하면 자신의 일감도 늘어나기 때문에 나름 손해는 아니라고 생각했다. 임금의 부담이 없는 만큼 원단을 두 배 구입할 수 있으니 비록 몇 개월 후 후불로 받기는 하지만 수입도 두 배로 늘어난다. 궁극적으로는 서로에게 이익이 되는 것이다.

그러는 사이에 겨울로 접어들었고, 나는 돔에서 계속 일하고 있었다. 돔 타워 30층에 앉아서 일하면서 수백만 달러의 계약을 성사시키는 동안, 아직은 사업 규모가 작은 웨스트비치는 겨울에는 개점 휴업 상태였다. 돔은 아주 좋은 직장이었다. 그러나 나는 30살까지는 회사를 그만두고 창업을 하고, 40살에는 은퇴를 한다는 장기적인 목표를 가지고 있었다.

갑자기 나는 돔에서 계속 근무하면 내 미래는 어떻게 펼쳐질지 생각해보았다. 아마도 부회장쯤까지 승진할 것이고, 결혼해서 아이를 가질 것이고, 교외로 이사할 것이고, 60살쯤 은퇴를 할 것이다. 평생 다람쥐 쳇바퀴를 도는 듯 거의 비슷한 일상을 반복하다가 죽게 될 것이다. 내 안의 내가 말했다. "칩, 생각해봐. 인생은 한 번뿐이야. 한번 흘러간 시간은 다시 오지 않아. 인생을 새롭게 살아봐." 나는 그 순간 1만 5천 일쯤의 시간을 덤으로 얻었다고 믿는다.

어린 시절에 경제 공황기를 겪은 어머니는 항상 염려하셨다. "칩이 독자적으로 사업을 하는 게 두려웠어요. 사업이라는 게 어떻게 될지 모르니 걱정되지요. 그러나 사업을 통해서 배우는 것도 많았겠지요. 하여튼 정유 업계에서 일하던 사람이 의류 사업에 뛰어든다는 것이 보통 일은 아니지요."

반면 아버지의 말씀은 명쾌했다. "나는 칩이 돔에서의 직장 생활을 지루해할 줄 알았어요. 그건 칩이 원하던 길이 아니거든요."

웨스트비치를 경영하면서 나는 매일 새로운 상황을 겪었기 때문에 도전의 연속이었고, 그 가운데 항상 무언가를 배웠다. 물론 다음에 무슨 일이 일어날지, 그리고 무얼 배우게 될지는 전혀 예측할 수 없었다. 반면 돔에서 직장생활을 하면서 남의 사업을 위해 급여를 받고 일한다면, 정해진 목표를 달성하고, 직급과 근무 성과와 연차를 고려해 승진하는 예측 가능한 미래가 펼쳐질 것은 분명했다.

결과적으로 돔 석유는 캐나다 역사상 가장 큰 파산을 겪으면서 사라졌다. 지금 생각해 보면, 사상누각같이 엉성한 기업이었다. 나는 회사가 급성장하던 시기에 2년 반을, 부도가 난 후 은행의 관리를 받을 때 2년 반을 근무하면서 전혀 다른 경험을 할 수 있었으니 그 또한 행운이라고 할 수도 있을 것 같다.

그때의 경험으로 나는 절대로 은행 빚을 지지 말고, 은행의 관리를 받는 신세로 전락하지 않겠다고 굳게 마음을 먹었다. 나는 은행과 기업 간의 관계를 설명하는 이 문구를 좋아한다. "은행으로부터 2백만 달러의 빚을 지고 갚지 않는다면 당신은 여러 가지 곤경에 처한다. 그러나 당신이 은행으로부터 200억 달러의 빚을 지고 갚지 못한다면 은행이 곤경에 빠진다."

사업 2년째

1981년 봄으로 접어들면서 웨스트비치는 사업 규모를 조금 키웠다. 캘거리의 다른 곳에 가판대를 하나 더 설치하고, 에드먼턴Edmonton에 할인 매장을 하나 냈다. (이것이 훗날 룰루레몬의 특유의 팝업스토어의 시초이다.) 스키 매장은 여름에는 영업하지 않았기 때문에, 웨스트비치처럼 계절을 타며 여름 장사를 주로 하는 리테일 매장으로 활용하기에 적절한 장소였다.

가판대는 탈의실이 없기 때문에 고객들은 입어보지도 않고 구입해야 하는 불편함이 있었다. 앞으로 사업이 좀 더 성장하려면 탈의실을 갖춘 매장이 필요할 것이다. 수요는 분명히 있는 것 같았다. 웨스트비치가 성장 중인 것은 확실하다. 그러나 아직 임계점에 도달하지는 않았다. 분명한 것은 우리가 이전에 없던 것을 새롭게 만들어낸 것이다. 의심할 여지가 없는 사실이었다.

그러나 내 파트너는 이 신념을 공유하지는 못했다.

1981년 여름이 끝나고 신디는 다시 학교로 돌아가야 했고, 우리는 작별 인사를 나눴다. 이제 또 한해의 장거리 연애가 시작될 참이었다. 당시는 손쉽게 연락할 수 있는 이메일이나 인터넷은 없던 시절이었다. 장거리 전화는 가능했지만, 비쌌기 때문에 계속 시간에 쫓기며 대화를 해야 했다. 우편은 당시에도 너무 느리고 구식이었다.

신디도 나도 각자 성장할 영역이 달라 보였기 때문에, 우리는 사업적 관계는 물론 개인적인 관계도 청산했다. 함께 일하면서도 신디는 회계에는 관여하지 않았기 때문에, 웨스트비치가 내가 개인적으로 받은 대출로 인해 2만 달러의 적자를 기록하고 있다는 사실을 모르고 있었다.

사업 3년째

신디와 고통스러운 작별 후에도 웨스트비치에 대한 수요가 있을 것이라는 나의 믿음은 확고했다. 이 일이 내가 세상에서 가장 잘 할 수 있는 일이라는 확신도 있었다. 나는 서부 태평양 연안 지역에 유럽이나 동부 대서양 연안과는 사뭇 다른 스포츠 문화가 등장하는 것을 지켜보고 있었다. 이 스타일은 후디hoodie라는 용어 설명될 수 있었다. 오늘날 실리콘 밸리의 사람들의 패션 스타일의 시초이다. 라이프스타일 의류lifestyle clothing라는 용어는 아직 등장하지 않았을 때이다. 익스트림 스포츠를 묘사하는 '익스트림'이라는 용어도 없을 때였다.

1982년 여름에 나는 마침내 정식 웨스트비치 매장을 열었다. 원래 이 매장은 70년대에는 더 스트로베리 엑스페리먼트The Strawberry Experiment라는 이름의 고급 히피 매장이었다. 캘거리 시내의 우리 가판대에서 1.2km 정도 떨어진 곳에 있는 유명한 매장이었다. 이 매장의 이전 주인은 유리 바닥 밑으로 수족관을 설치하고, 현란한 조명과 털이 풍성한 카펫을 까는 등 매장에 막대한 돈을 투자했었다. 나는 고객들이 다른 의류 매장에서는 느낄 수 없는 독특함을 느끼도록 이곳만의 복고적인 분위기를 그대로 살려보기로 했다.

멕시코 시티를 여행을 하면서 나는 아름다운 의류들을 판매하는 할인 매장에 갔었다. 5천 달러 상당의 옷을 구입해 캘거리로 가져가서 팔았더니 바로 동이 났다. 나는 다시 가서 1만 5천 달러어치의 옷을 샀고 그것도 모두 팔았다. 세 번째로 갔더니 그 매장은 닫혀 있었다. 당시에는 잘 몰랐지만, 그때 내가 샀던 제품은 당시에는 신생 브랜드였지만, 훗날 엄청난 브랜드로 성장한 게스Guess였다. 당시에는 캐나다나 미국에서는 게스를 구하기가 어려웠다. 그런데도 물건이 불티나게 팔린 것은 그만큼 여성 소비자들에게 상품을 보는 남다른 안목이 있어서일 것이다. 게스는 우리 사업 초창기에 고객을 끌어들이는 좋은 상품이었다.

나는 캐시Kathy와 케이시Cathy 두 여성을 채용했다. 판매와 매장 관리를 위해서였다. 내가 그들을 처음 본 것은 그들이 캘거리 최초의 카푸치노 카페인 베이글스 앤 번스Bagels & Buns에서 일할 때였다. 그 카페는 1940년대에 아버지가 가족들과 함께 살던 곳에서 아주 가까운 곳이었다.

나는 토요일과 일요일에 이곳에서 신문을 읽으며 캘거리에서는 유일한 카푸치노를 마시곤 했다. 카운터에서 일하는 캐시와 케이시가 아주 요령 있게 일하는 모습을 눈여겨봤는데, 정말 매력적인 감동을 주었다. 책임감 있고, 똑똑하고, 의욕이 넘쳤고, 고객 응대가 훌륭해 보였다.

캐시와 케이시는 웨스트비치의 새로운 매장에 딱 맞는 사람들이었다. 그들을 고용한 것은 면접, 교육, 인재개발 등을 처음으로 경험하는 과정이기도 했다. 나도 경영자로서 잘 훈련된 사람이 아니었기 때문에, 따로 전수해 줄 만한 비즈니스 철학이나 노하우도 없었다. 직영점을 어떻게 운영해야 할지를 배울 만한 책도 없었다. 사실 홀세일 영업이 각종 간접비와 여러 가지 운영비를 줄일 수 있는 훨씬 '안전한' 영업 방식이었다.

내가 돔에서 몇 개월 동안 친하게 지냈던 스콧 시블리도 나의 홀세일 영업 파트너 가운데 한 사람이었다. 그는 1년 전에 밴쿠버에서 리처드 멜론Richard Mellon이라는 사람과 새로운 사업을 한다며 돔에 사표를 던지고 떠났다. 스콧은 그때를 회상하며 "저는 내 열정을 좇아서 요트 사업을 시작하려고 서부 해안지방으로 떠났지요."라고 말했다.

스콧과 리처드는 소형 요트 사업을 벌였지만 신통치 않았다. 부품 시장은 본격적인 침체기에 접어들었다. 스콧은 말했다. "회사의 현금 흐름의 숨통을 틔우려고 섬유 제품을 찾아봤어요. 칩의 덕을 크게 봤죠. 칩은 우리를 통해 쇼츠와 티셔츠를 위탁판매 했어요. 오히려 그것이 우리의 주력 사업이 되면서 매장 이름도 '캘리포니아BC'로 바꿨어요."

밴쿠버에서는 그곳대로 웨스트비치 의류에 대한 큰 수요가 있었고, '캘리포니아BC'는 나의 가장 큰 홀세일 고객이 되었다.

남성 의류 시장의 변화

1982년 들어서 남성 의류 업계에 큰 변화가 일어날 조짐이 보였다. 웨스트비치는 이 흐름을 타고 다음 단계로 올라갈 준비를 하고 있었다. 당시 남성용 쇼츠는 안쪽 솔기가 3인치 이하여서 몸에 꼭 끼는 편이었다. 쇼츠 주머니에 10센트짜리 동전을 넣으면 동전이 옷감에 밀착되어 동전에 적힌 숫자까지 읽을 수 있을 정도였다.

그러나 나는 안쪽 솔기의 길이가 9~10인치 정도 되는 헐렁한 쇼츠를 만들었다. 나 정도의 체격의 남자라면 내가 해외여행을 하면서 버뮤다에서 만난 사업가들처럼 헐렁한 쇼츠를 선호했다. 나는 호주 사람들이 서핑에 영감을 받아 만든 쇼츠와 후디가 캘리포니아에서 일상복으로 등장하는 현상을 보았다.

실제로 서퍼들을 위한 서핑복을 만들던 퀵실버Quiksilver는 80년대 초반까지 허리둘레가 작고 엉덩이 대 허벅지의 비율이 큰 제품을 만들었다. 이는 서핑 특유의 쪼그린 자세 등 서퍼들의 특징이 반영된 디자인이다. 즉 운동하는 사람들의 상황에 최적화된 기능성 의류였다.

나는 밴쿠버의 스포츠 관련 기업들과 인연을 맺으면서 이러한 디자인 콘셉트를 밴쿠버 핏Vancouver Fit이라고 불렀는데, 이는 특별히 운동을 많이 하지 않는 보통 사람들을 위한 의류를 생산하는 이른바 스트리트웨어 기업의 제품과는 패턴의 형태가 완전히 다르기 때문이다.

전문가 수준의 선수 체형에 맞게 특별히 제작된 쇼츠는 훨씬 멋져 보이기 때문에, 소녀들은 자신들의 남자친구들도 그렇게 입어주기를 원했다. 나는 서부해안에서 일어나는 패션의 변화가 세계의 다른 지역까지 영향을 미칠 것이 분명하다고 느끼고 있었다. 이 흐름을 활용하는 방법만 찾아낼 수 있다면 나는 좋은 기회를 잡게 될 것이다.

첫 번째 기회는 캘리포니아의 퀵실버 물류센터를 방문할 때였다. 그곳의 총괄매니저는 호주에서 수입하여 팔고 재고로 남아 있던 쇼츠를 보여주었다. 호주에서 유행하던 과감한 디자인의 원단으로 제작되어 보수적인 미국인들에게는 너무 요란해 보였다.

나는 한 벌당 1달러로 1,000벌을 구입하고 싶다고 제안했고, 총괄 매니저는 이를 수락했다. 그들은 팔리지 않은 재고를 떨어낼 수 있다는 사실만으로도 만족하는 것 같았다. 나는 그것들을 캐나다로 보냈고, 기장을 조금 늘여서 다소 길이가 긴 쇼츠로 만들고, 개당 45달러로 가격을 책정했다. 그렇게 만드니 꼭 서핑 선수들이 입는 쇼츠처럼 보였고, 곧 시장에서 반응이 올 것이라고 예상했고, 실제로 그렇게 되었다. 쇼츠는 1주일 만에 모두 팔렸다.

뒤집어 입을 수 있는 쇼츠

퀵실버 팬츠를 변형한 쇼츠가 빠르게 소진됨으로써 서핑 스타일의 쇼츠 시장이 존재한다는 사실이 확실히 입증되었다. 나는 퀵실버 스타일을 응용하여 새로운 디자인을 개발했다. 앞면은 좀 낮고 뒷면은 좀 높이 솟아오른 것 같은 디자인이었다. 서퍼가 웅크릴 때, 앞면의 허리선이 낮으면 접히지 않고, 뒷면의 허리선이 높기 때문에 엉덩이 윗부분이 드러날 염려가 없다. 스포츠 의류 업계에서는 혁신적인 디자인이었다. 디자인 변형은 이렇게 완벽했지만, 다음 문제는 단색의 구식 디자인을 대체할 하와이 스타일 디자인의 원단을 구하는 것이었다. 원가를 절감하려면 2,000~3,000m의 대량 구매가 아니면 원단을 구입하기 어려웠다. 원단을 구입할 수 없다면 대안을 찾아야 했다.

원단 문제로 고민할 무렵 어머니가 떠올랐다. 어머니는 재봉질도 잘했지만 퀼팅 솜씨도 뛰어났다. 이것이 내가 생각해낸 해결책이었다. 나는 원단 할인 매장을 다니며 밝은 색상의 원단만 싸게 사들였다. 그리고 그것들을 모두 사각형으로 자르고 재봉사들에게 퀼팅 하도록 지시했다.

어머니는 "칩이 어릴 때, 내가 재봉실에서 퀼팅 작업을 하는 것을 도와주곤 했어요. 그때의 일이 뒷날 일과 연결될 것이라고는 상상도 못 했어요."라고 회고하셨다.

퀼팅 작업을 해서 만들어진 옷감은 나를 미치게 했다. 내가 생각했던 화려한 색감 그 자체였다. 그러나 여전히 문제가 있었다. 작은 원단 조각 여러 개를 붙여 만든 쇼츠는 아무래도 좀 튼튼하지 않아 보였다. 이 문제는 면 재질의 검은색 안감을 덧대는 것으로 해결했다.

예상치 못한 효과도 있었다. 검은색 안감은 쇼츠가 튼튼하지 못할지도 모른다는 소비자들의 우려를 해결해 주었을 뿐 아니라, 뒤집어 입으면 단순 디자인의 검은색 쇼츠로 변신할 수 있게 했다. 이때의 경험으로 나는 디자인을 바라보는 나만의 독특한 방식을 갖게 되었다. 고객은 한 벌의 옷을 사면서 두 벌을 샀다는 생각을 무의식적으로 하게 된다는 것을 알게 되었다.

마침내 나도 입을 수 있을 정도의 큰 사이즈의 쇼츠도 디자인했다. 기능적인 측면에서나 기술적인 측면에서나, 나는 당시에 유행했던 몸에 달라붙는 남성용 쇼츠를 싫어했다. 움직임이 불편하지 않은 제품을 선호했다. 남성 하의에 안티 볼 크러싱ABC, Anti-Ball-Crushing: 남성 하의에서 앞부분이 두드러져 보이는 것을 막는 디자인 디자인도 해보고 싶었다. (이것을 룰루레몬 남성복에서 실현했다.)

조세핀 테라티아노는 말한다. "칩은 여기에 올 때마다 황당한 아이디어들을 가지고 왔어요. '조세핀, 젊은 사람들은 열정적이고 돈을 쓰기 때문에 늘 뭔가 새로운 것을 개발해야 해요.' 칩은 늘 이렇게 말했어요. 우리는 뒤집어 입을 수 있는 쇼츠를 만들고, 한 개에 100달러로 가격을 책정했어요. 그리고 '물론 돈을 아끼고 싶어 하는 사람들은 이 쇼츠를 못 입겠죠. 하지만 젊은 사람들은 열광할 겁니다.'라고 말했어요."

그러나 캘거리 남성들 가운데 상당수는 여전히 과감한 색상의 서핑용 쇼츠에는 관심도 주지 않을 정도로 보수적이었다. 그래서 나는 팬츠의 명칭을 바비큐 쇼츠로 바꿨다. 평범한 남자들도 익숙한 것에서 벗어나 과감한 일탈을 감행할 수 있는 구실을 제공해 줄 필요가 있었다. 이 경험을 통해 상품의 이름이 판매량에도 영향을 미칠 수 있다는 것을 배우게 되었다.

그리고 1982년 여름, 실제로 많은 남성이 바비큐 쇼츠라는 제품군에 열광하기 시작했다.

기장도 길고 품도 넉넉한 안티 볼 크러싱 디자인의 쇼츠는 남성들에게 한 번도 경험해 보지 못한 의류를 선택할 기회를 제공해 주었다. 제품은 제작해서 내놓는 대로 팔려나갔다. 한번에 4~5벌씩 사는 사람들도 있었다. 자기가 입을 것뿐 아니라, 다른 나라에 사는 친구나 친척들의 것까지 산다는 사실을 알게 되었다.

마침내 나는 나만의 독보적인 분야를 구축하는 데 성공한 것 같았다.

· 5장 ·

시장의 변화

스케이트보드

웨스트비치의 초창기 고객은 랩 쇼츠에 관심을 보인 여성들이었다. 여성 매출도 꾸준히 늘어났지만, 뒤집어 입을 수 있는 바비큐 쇼츠를 찾는 25~40세의 남성 고객이 여성 고객을 추월했다.

그리고 또 다른 변화가 일어나려고 하고 있었다.

언젠가부터 낮 시간이 되면 웨스트비치 매장이 한산해지기 시작했다. 점심시간에는 직장인들로 붐볐지만, 오후에는 한산했다. 그러다가 3시 반이 되면 12~16세 사이의 남자아이들로 매장이 가득 찬다. 그런데 그들은 구경만 하는 것이 아니라 실제로 물건을 구입한다.

그들도 바비큐 쇼츠를 구입하지만 용도는 스케이트보드용이다.

70년대 중반부터 스케이트보드의 인기는 폭발적으로 높아졌다. 서핑과 마찬가지로 스케이트보드 붐도 캘리포니아 남부에서부터 시작되었다. 그때의 사회상은 스케이트보드 붐을 일으킨 실제 인물인 스테이시 페랄타Stacy Peralta와 제이 아담스Jay Adams, 그리고 토니 알바Tony Alva 등의 모습을 그린 2005년 영화 「독타운의 제왕들Lords of Dogtown」에 잘 나타나 있다.

1980년 중반 무렵, 북미 전역에 스케이트보드장이 등장했다. 스케이트 보더들이 곳곳의 계단, 철도 등 다양한 구조물을 자신들만의 활주 경사로 삼아 미끄러지는 것이 흔하게 눈에 띄기 시작할 무렵이었다. 그 무렵 스케이트 보더들이 직접 소유하고 운영하던 소규모 스케이트보드 회사들의 매출이 늘어나고 있었고, 이들 회사가 역동적인 새로운 유행의 첨단을 선도하고 있었다.

서핑과 마찬가지로 스케이트보드도 그 종목만의 독특한 동작과 신체 움직임의 특성으로 인해 넉넉하고 헐렁한 옷이 필요했다. 무릎을 덮고 보호할 수 있을 정도로 길면 더 좋았다. 앞면은 좀 낮고 뒷면은 좀 높이 솟아오른 것 같은 디자인의 옷은 서핑에도 좋았지만, 스케이트보드를 탈 때도 좋았다. 소년들이 우리 매장에 몰려드는 것은 그것 때문이었다.

나는 이들이 새로운 고객층이 될 것을 직감했다. 그들의 기호에 맞춰 매장 인테리어를 바꿨다. 피라냐를 수조에 넣고 제이크Jake라는 이름도 지어주었다. 매일 오후 3시 30분이 되면 제이크에게 먹이를 주었는데 이것도 아이들에게는 재미있는 구경거리였다. 제이크는 아주 공격적이었고, 성장 속도도 빨랐다. 또 코모도어64Commodore 64컴퓨터도 구입했다. 사실 회사 업무에 이 컴퓨터를 사용할 일은 별로 없었다. 기껏해야 주소들을 입력하고, 몇 가지 간단한 일을 하는 정도였는데, 거래처나 고객들의 주소를 데이터베이스화하는 데는 유용했다. 그러나 매장에 놓여 있는 한 대의 컴퓨터도 소년 고객들을 유인하는 중요한 도구였다.

당시 웨스트비치는 캐나다에서는 유일한 서핑 및 스케이트보드 매장이었다. 고객들이 요구하는 구색을 갖추기 위해, 나는 미국의 유명 브랜드의 서핑과 스케이트보드 장비와 고든 앤 스미스Gordon & Smith와 산타크루즈Santa Cruz, 스투시Stüssy, 그리고 빌라봉Billabong 등에서 제조한 의류 제품도 판매했다.

매장 밖의 공간도 스케이트 보더들의 기호에 맞춰 꾸몄다. 그때는 캘거리에는 스케이트보드장이 없을 때였다. 그래서 나는 낡고 허름한 나의 집 뒷마당에 스케이트보드를 타기 알맞은 경사로를 조성했다.

경사로는 충분히 가팔랐기 때문에 빠르게 활주하기 딱 좋았다. 항상 아이들로 붐볐기 때문에 밤에는 체인을 드리워 출입을 막아야만 편하게 잠을 잘 수 있을 정도였다. 그리고 코모도어64 컴퓨터에 입력된 주소들을 이용해 대량의 홍보 우편물을 보냈다.

이런 노력에 힘입어 나와 웨스트비치는 캐나다의 스케이트보드 시장의 선두주자가 되었고, 그 결과는 분명히 나타나고 있었다. 1983년에 웨스트비치는 9만 달러의 매출을 올렸다. 이전 몇 년과 비교하면 기하급수적인 성장세였다.

그러나 9만 달러 가운데 3만 달러 정도는 제품 원가로, 나머지 3만 달러는 직원 급여와 암차료로 나갔다. '웨스트비치'는 아직 손익 임계점을 넘지 못했고, 대부분의 매출이 내가 경영하는 매장에서 발생하고 있었기 때문에 회계상으로는 아직 안정궤도에 올라서지 못했다. 시장에서 선두업체로서의 위치를 유지하려면 앞으로 더 빨리 성장하고 발전해야 했다. 경쟁자와 모방자가 나타날 것이 분명할 것이기 때문이다.

성실함에 대하여

1983년은 성실함에 관한 두 가지 교훈으로 기억되는 해이다. 첫째는 자동차에 관한 것이다. 젊은 사업가라는 모습에 걸맞게 나는 자신의 힘으로 생계를 유지하는 것이 가장 기본적인 과제라고 생각했다. 그래서 나는 메르세데스벤츠를 처분하고, 중고 폭스바겐 스테이션 왜건을 구입했다.

스테이션 왜건은 내가 필요한 기능을 모두 갖춘 완벽한 차였다. 그러나 얼마 지나지 않아 괜한 짓을 한 것이 분명해졌다. 배기가스가 차 안으로 스며들기 시작한 것이다. 그 때문에 항상 창문을 열고 운전해야 했다. 여름에는 견딜 만했지만, 겨울에는 힘들다. 그렇다고 문을 열지 않으면 끔찍한 두통에 시달려야 했다. 당장 차를 처분해야 한다고 생각했고, 실제로 팔았다. 구매자에게 배기가스에 대해 이야기를 하지 않았던 것은 미안한 일이다.

두 주쯤 지난 후 구매자에게서 전화가 왔다. 그는 내가 배기가스 문제를 알면서도 차를 팔기 위해 자신을 속였다고 따졌다. 나는 모르는 일이라고 잡아뗐으니 그도 어쩔 수 없었다. 그는 내게 나쁜 사람이라고 비난했다. 그 말이 내게는 상처가 되었다. 그의 말이 맞았다. 그러나 나는 차를 다시 가져오지도 않았고, 환불해 주지도 않았다.

사업은 아직 확실하게 안정적인 궤도에 들어서지 못했고, 당장 내가 사는 것이 급했기 때문이라며 내 행동을 정당화했다. 내 행동을 정당화한 또 다른 이유는 내가 그를 속인 것은 사실이지만, 나도 누군가에게 속아서 그 차를 샀다는 것이다. 어쨌든 그 사람으로부터 나쁜 사람이라는 비난을 들은 것을 계기로 앞으로는 그런 말을 듣거나 나의 진실성을 의심받을 만한 행동은 하지 않겠다고 결심했다.

이 사건은 다음 사건에 영향을 미쳤다. 차를 팔면서 겪은 소동이 있은 지 얼마 되지 않은 어느 날 웨스트비치 매장에서 있었던 일이다. 바닥에 20달러 열 장 묶음이 떨어져 있는 것을 보았다. 얼른 주워서 주머니에 넣고 매장을 둘러보았다. 매장에는 아무도 없었다. 200달러는 큰 액수이다.

얼마 후 매장 옆에 있는 식당의 야외 테라스에서 식당 주인과 함께 이야기를 나누는 중에 한 젊은 여성이 반쯤 얼빠진 모습으로 큰돈을 잃어버렸다며 왔다 갔다 하는 모습이 눈에 들어왔다. 나는 얼마나 잃어버렸냐고 물었고, 그녀는 200달러이며, 20달러짜리 10장 묶음이라고 말했다. 나는 주머니에서 그 돈을 꺼내 그녀에게 주었다.

그녀는 크게 기뻐했다. 아마도 그 돈은 그달의 집세였을 것이다. 그녀는 크게 안도하며 돌아갔다. 그녀를 도운 것은 기분 좋은 일이지만 더 기분 좋은 것은 나를 바라보는 식당 주인의 눈빛이었다. 그는 나를 진실한 사람, 성실한 사람으로 평가하고 있었다.

두 사건은 내 인생에 큰 교훈을 주었다.

매장 내 흡연

웨스트비치 초창기에 배운 또 하나의 교훈은 브랜드 이미지 구축이었다. 나는 매장에서 흡연을 금지했다. 지금은 그것이 당연하지만, 1980년대에는 엄청나게 파격적인 결정이라는 것을 알아둘 필요가 있다. 대부분의 사람들은 매장 내 흡연 금지 방침을 마치 호흡을 금지하는 것이나 마찬가지로 여기던 시절이었다. 그들은 화를 내고 고함을 치면서 다시는 오지 않겠다고 투덜대며 매장을 나갔다.

그래도 나는 방침을 고수하기로 했다. 지금만큼 흡연에 대한 충분한 연구가 이루어지지 않은 시절이었지만, 나는 흡연이 건강에 좋지 않다는 것을 확신하고 있었다. 담배 자체가 주변을 지저분하게 했고, 우리 브랜드가 추구하는 젊음과 스포츠 정신과 관련된 이미지와도 어울리지 않았다.

나는 우리 제품과 어울리지 않는 사람들을 적으로 만들면, 우리 고객들은 우리 브랜드가 자신들의 건강을 챙겨주고 싶어 한다고 느끼고, 브랜드에 대한 충성도도 높아지리라 생각했다. 어차피 고객이 되지 않을 것으로 보이는 사람들과 더욱 거리를 둔다는 것은 훗날 룰루레몬의 중요한 전략이 되었다.

철인

웨스트비치는 스케이트보드 브랜드로 사업 영역을 전환했다. 사업

을 하는 한편으로 나는 여전히 강도 높은 운동을 하고 있었다. 나의 운동에는 개인적인 이유가 있었다. 나는 항상 여자 친구가 있었다. 그러나 신디가 나와 헤어지고 웨스트비치의 공동계좌의 잔고의 절반에 해당하는 액수의 돈을 가지고 떠났을 때, 나의 상실감은 매우 컸다. 운동에 열중하고 매일 달리는 일은 모든 상실감으로부터 탈출하는 유일한 방법이었다. 나는 슬픔과 절망을 극복하기 위한 방편으로 철인3종경기에 출전하기로 했다.

운동은 한동안 잊고 있던 초심을 확인하는 기회를 제공해 주었다. 내가 사업을 시작할 때 가졌던 목표는 운동복과 기능성 의류를 만들어 보겠다는 것이었다. 웨스트비치의 의류 상품은 날개 돋친 듯 팔렸다. 정말 대단했지만, 나는 뭔가 허전했다. 시장이 웨스트비치 의류의 특별한 기능성보다 오히려 패션에 열광하고 있다고 느꼈다.

1983년 10월 11일 하와이의 카일루아 코나Kailua Kona에서 대회가 열렸다. 이 대회는 별도의 예선이나 자격 심사 없이 참가할 수 있는 대회였기 때문에 대부분의 출전자는 철인3종경기의 첫 출전이었다.

나는 그 대회에서의 내 모습이 마치 사냥개들의 경주에 뛰어든 불도그 같았다고 느꼈다. (몇 년 후, 나는 밴쿠버 철인3종경기 대회의 클라이즈데일 디비전Clydesdale division; 밴쿠버 대회는 다른 철인3종경기가 나이에 의해 디비전을 구분하는 것과 달리 체중에 따라 구분한다.에서 우승했다.) 훗날 나는 그 대회를 회고하며 거기서 온갖 사람들을 다 만났다고 농담처럼 이야기하곤 한다. 첫 경기로 수영을 할 때는 당연히 나는 선두그룹에서 빠질 수 없었다. 그러나 사이클 경기로 넘어가면서 모든 이들이 내게 인사를 건네는 듯 나를 제쳤다. 그러나 마지막으로 마라톤으로 넘어가면 나는 앞에서 나를 제쳤던 사람들을 다시 만났다. 많은 선수는 이 단계에서 탈진한다.

나는 결승선을 통과한 후 밀크쉐이크를 받아들고 마사지를 받으러 갔다. 그때 나는 다시는 철인3종경기를 하지 않겠다고 결심했다. 10km 단축마라톤 대회나 스쿼시, 산악자전거 대회 등에는 가끔 참가했지만, 나는 내 몸이 장거리 경주에는 잘 맞지 않는다는 것을 알게 되었다.

· 6장 ·

동업

돔을 떠나다

1985년 4월 25일, 나는 30번째 생일 전에 달성하기로 했던 목표를 이뤘다. 돔 석유 회사를 그만둔 것이다. 그때부터는 오로지 나 자신만을 위해 일하기로 했다. 그리고 남은 목표가 아직 하나 있다. 40세에 은퇴하는 것이다.

40살에 은퇴하려면 웨스트비치를 좀 더 키워야 했다. 한해 전부터 사업의 중심이 서핑에서 스케이트보드로 옮겨진 것은 분명해졌다. 스케이트보드 시장은 과거 서핑이 그랬던 것처럼 앞으로 5년 정도 지나면 수십억 달러의 규모로 커질 것이 분명했다. 문제는 그 변화의 흐름을 타기 위해 무엇을 어떻게 해야 할지 정확히 알지 못한다는 것이었다.

의류의 스타일 별로 500~2,000벌 정도를 생산해야 생산단가도 낮출 수 있고, 이윤도 발생할 수 있다. 당시 우리는 샌디에이고에 있는 하밀스 서프Hamill's Surf Shop와 밴쿠버에 있는 스콧 시블리와 리처드 멜론의 매장을 포함해 북미 전역의 여러 개의 거래처를 통해 위탁 판매도 하고 있었다. 그러나 아직 그 규모는 만족할 만큼 크지 않았다.

사업 규모를 급속도로 키우기 위한 노력의 사례들 가운데 하나는 1985년에 싱가포르에서 열린 무역박람회에 참가한 것이었다. 일본의 대형 백화점에서 온 바이어들이 우리 부스를 방문했고 그들은 우리의 뒤집어서 입을 수도 있는 기장이 좀 긴 퀼트 쇼츠 제품이 다른 회사 제품과는 차별화된 제품이라는 것을 알아차렸다. 그러나 거래는 성사되지 않았다. 그들은 일본으로 돌아가서 약삭빠르게 그들의 이름으로 웨스트비치라는 상표를 등록해 버린 것이다. 내가 상표와 저작권을 제대로 관리하지 못했던 경험 미숙의 결과이다.

3자 동업

나는 동업자의 필요성을 절감하기 시작했다. 함께 할 파트너가 없다면 머지않아 스케이트보드가 크게 유행하게 되었을 때, 더 많은 돈과 전문성을 갖춘 누군가로부터 추월을 당할 것이다. 공교롭게도 당시 스콧과 리처드 측은 매장에 비치할 옷을 계속해서 대규모로 주문하고 있었다. 1985년 여름, 우리는 함께 힘을 합쳐 일하는 문제를 이야기하기 시작했다.

동업을 하다 보면, 사업에 성공하려면 야심 있는 사업가들의 각자 다른 전문성을 어떻게 조합하고 조화를 이루어 내야 하는지 배울 수 있다. 창의적인 비전을 가지고 사업 전체의 얼개를 짤 수 있는 사람도 필요하고, 조직을 관리하고 회계를 책일 질 수 있는 조직적인 감각을 지닌 사람도 필요하다. 한 사람이 이 모든 것을 갖출 수는 없다.

나는 스콧과 리처드와 힘을 합친다면 각자가 가진 다른 전문성이 잘 조화를 이룰 수 있다고 본 것이다. 스콧은 영업과 사람을 다루는 재능이 있고, 리처드는 독창적인 사람이지만, 우리가 겨냥하는 고객의 연령층보다는 나이가 훨씬 많았다. 그러므로 그가 서류나 문서 작업이나 업무를 체계적으로 관리하는 일을 맡으면 좋을 것 같았다. 나는 상품 개발, 제품 디자인, 생산 등을 책임지면 될 것 같았다.

내가 그들과의 동업을 생각하게 된 것은 사업을 확장한다는 것이나 혼자의 능력으로는 어렵다는 것을 절감했기 때문이다. 리처드는 지불채권, 수취채권, 그리고 인보이스Invoice 등을 작성하는 법도 제대로 알고 있었다. 반면 나는 결제조건이나 자금 조달 따위의 일들에 대한 경험이 없었다. 이전에는 누군가가 내게 인보이스를 보내면 5일 안에 지급했다. 지급 만기일이 30일가량 남았는데도 말이다. 리처드의 시각으로 보면 인보이스를 받고 나서 만기일까지 25일간 그 돈을 활용할 기회를 포기한 것이다. 리처드는 물류센터 설립이나 배송 등에 관해서도 아는 것이 많았다. 나로서는 힘겨운 일을 그는 척척 해냈다. (훗날 나는 인보이스를 받고 5일 만에 자금을 결제해주는 것이 버티컬 리테일 매장에서는 반드시 잘못하는 것은 아니라는 것을 알게 되었다. 공급업체들은 내가 자금을 신속하게 결재해 주는 것을 상당히 좋아했다. 내가 그들로부터 새로운 상품 정보나 기술 등에 관해 많은 것을 배울 수 있었던 것도 그들이 나를 최상급 거래처로 생각했기 때문이다.)

나의 동업자가 될 사람들은 내게서 공급받는 옷들이 스포츠 장비보다 훨씬 더 많은 기회와 이윤을 창출한다는 것을 알고 있었다. 그들은 웨스트비치에서 생산한 옷과 다른 회사에서 생산한 제품을 공급받아 팔고 있었다.

동업 관계를 구축하면서 그들은 내가 누리던 이익을 함께 누릴 수 있게 되었다. 우리는 장차 크게 유행할 서핑과 스케이트보드 업계의 선두주자가 되리라 생각했다.

1985년 9월, 나는 내 사업 지분의 66%를 리처드와 스콧에게 매각했고, 우리는 정식으로 동업자가 되었다. 웨스트비치는 이제 개인 사업체가 아니라 미국 서부 해안의 어엿한 기업의 면모를 갖추게 되었다. 초창기에 우리 회사는 빠르게 성장했는데, 사업 형태를 바꾼 덕도 컸다.

"우리는 원래 버티컬 리테일 중심의 영업을 했지만, 홀세일 영업에 주력하기 시작했습니다. 칩은 캘리포니아의 자기 매장에 물건을 채워 넣는 것에 익숙했지만, 우리가 가세하면서부터는 캐나다 시장을 겨냥해 홀세일 형태로 물건을 유통하는 것을 더 중요하게 생각했습니다. 게다가 그때는 서핑 의류 시장이 미친 듯이 성장하고 있을 때였습니다." 라고 스콧은 회상했다.

그해 가을, 우리는 몬트리올에서 개최된 의류 관련 무역박람회에 처음으로 참가했다. 80년대에 북미 동부 해안 가까이 있는 도시에서 열린 무역박람회의 분위기는 좀 이상했다. 각 회사의 부스마다 양복을 입고 넥타이를 맨 남성 영업 담당자들이 앉아서 담배를 피우며 방문자를 기다리고 있었다. 그들이 판매하는 옷에서는 항상 담배 냄새가 났다. 동부 해안 가까이 있는 도시에는 흔한 풍경이었지만, 나로서는 질

색할 만한 모습이었다. 운동복을 팔겠다는 사람이 양복을 입고, 담배까지 피우는 것이 마음에 들지 않았다. 모두 사기처럼 느껴졌다.

우리는 폭스바겐 스포츠카를 타고 박람회장에 나타났다. 쇼츠와 티셔츠 차림에 슬리퍼를 신고 서핑보드와 스케이트보드를 팔았다. 빠른 템포의 메탈 음악을 들으며 상대방과 사업을 이야기하는 것이 즐거웠다. 우리는 아무도 시도해 보지 않은 문화와 마케팅 방식으로 우리 브랜드를 선보인 것이다. 스포츠용품 업계가 우리를 주목하기 시작했다.

우리는 이후 몇 년 동안 매년 몇 차례씩 일본, 라스베이거스, 뮌헨 등에서 열리는 무역박람회에 참가했다. 우리 물건을 유통해줄 홀세일 파트너를 찾기 위해서였다. 이때는 내가 버티컬 리테일 영업의 잠재력을 제대로 이해하기 훨씬 이전이다. 두 파트너와 동업을 시작한 후에도 규모의 경제에 맞는 대량생산을 가능하도록 하려면 홀세일 유통망을 늘리는 게 가장 좋은 방법처럼 보였다. 이러한 방식은 고객을 기하급수적으로 끌어모을 수 있기 때문이다.

첫 번째 박람회는 즐거웠고, 결과도 좋았다. 동업을 시작하자마자 긍정적인 신호를 느낀 것이다. 나는 장차 우리가 재정적으로 어떤 어려움을 겪을지 잘 모르고 있었다. 시작 단계에서부터 웨스트비치는 부채를 안게 된 것이다.

채무와 신용

동업을 시작했지만, 나는 개인적으로 부채 없는 경영을 선호했다.

은행에 의해 회사가 휘둘리는 것이 싫었다. 그래서 나는 동업을 시작하기 전에 내가 가진 비상금까지 모두 끌어모아 빚을 모두 갚았다.

나는 내 두 파트너가 그들이 경영하던 윈드리프트 디자인Windlift Design에서 진 빚을 안고 동업 협상 테이블에 앉았다는 사실을 몰랐다. 합병하고 나니 그들의 회사의 빚이 고스란히 합병하여 통합된 웨스트비치가 갚아야 할 부채가 되었다.

그들과 동업하더라도 나에게는 부채가 없는 것이 매우 중요했다. 나는 은행이 내 회사에 이래라저래라 말하는 것이 싫었다. 그래서 나는 리처드와 스콧과 동업을 시작하기 전에 마지막 비상금을 가져다가 빚을 다 갚았다. 부채를 즉시 청산하기 위해 회사는 동업자인 리처드에게 이자를 내면서 돈을 빌렸다.

부채 상환 고민이나 사업 성장에 필요한 자본 부족이 문제는 아니었다. 문제는 부채로 인한 정신적인 부담이 크다는 것이었다. 우리의 대화의 40~50%는 자금 이야기인 것 같았다. 자금을 어떻게 조달할지, 자금이 부족한데 어떻게 경영해야 할지 등 온통 돈 이야기뿐이었다. 영혼을 갉아먹는 돈 이야기에서 벗어날 수 있었다면 우리는 얼마나 더 창의적이었을지 궁금하다.

이후 몇 년 동안 웨스트비치는 적자에 시달릴 것이다. 우리의 자금 문제를 해결하는 한 가지 방법은 신용한도를 지키는 것이다. 기업을 운영하는 데 있어서 신용 문제는 매우 중요하다. 특히 우리가 캐나다 판매 라이선스를 받고 물건을 공급받는 캘리포니아의 회사들과의 관계에서 특히 그랬다.

안타깝게도 이후 10년 동안 웨스트비치에서 보낸 시간 중 상당 부분을 이 부채 문제에서 벗어나지 못했다. 우리는 항상 촌각을 다투어 가며 싸웠고 신용 한도를 아슬아슬하게 넘기기 직전의 상황까지 이어졌다.

토론토 시장 개척

어쨌든 우리는 보다 넓은 지역으로 판매망을 확장하기 위해 노력하고 있었다. 밴쿠버에는 웨스트비치의 대표매장이 있었고, 나는 캘거리에서 토론토로 이주했다. 캐나다 인구의 70%가 동부에 살고 있기 때문에 동부에 기반을 탄탄하게 다질 필요가 있다고 생각했다. 비용은 캘거리의 집을 활용해서 충당했다. 대신 나는 스스로 파멸의 지하감옥the dungeon of doom이라고 불렀던 아직 완성도 안 된 매장의 지하실에서 숙식을 해결하며 돈을 아꼈다. 토론토의 더 비치The Beach 지역은 유달리 이웃 간의 유대가 긴밀한 지역이었지만, 그 지역 사람들이 나를 품어주었다. 나도 만나는 사람들이 모두 좋았다.

토론토 매장의 매출은 이 지역의 떠오르는 인기 스포츠인 비치발리볼의 영향을 크게 받을 것이 분명하다는 생각이 들었다. 그러나 자금 조달의 어려움 때문에 우리는 동부 지역에 진출하면서 계획했던 만큼 성장을 할 수는 없었다.

계속해서 홀세일 방식을 추구해야 한다는 부담감을 계속 느꼈다. 스콧은 이렇게 말했다. "초창기에 회사가 크게 성장하려면 홀세일 방식 영업 전략을 구사해야 한다는 게 정설이었습니다. 직영매장을 짓겠다고 하면 은행에서는 자금을 융통해주지 않았습니다. 은행도 직영점 영업에 관한 충분한 데이터와 경험을 가지고 있지 않았기 때문에 자금 지원을 회피했습니다." 나는 요즘 막 붐을 이루는 이커머스 업체들도 비슷한 어려움을 겪고 있지 않을지 상상해 본다.

"자금만 충분하다면 직영매장을 많이 열 수는 있습니다. 하지만 그때는 그게 매우 위험해 보였습니다. 룰루레몬의 성공은 특별한 케이스였습니다. 룰루레몬은 직영매장 중심의 영업이 위험을 최소화하면서 많은 이윤을 낼 수 있다는 것을 증명해 냈지요. 그러나 웨스트비치 시절 우리는 직영 매장의 가능성을 입증하기 위해 홀세일 유통에 투자할 돈을 끌어다 쓸 수는 없었습니다."라고 스콧은 말했다.

1987년 무렵 우리는 내가 토론토에 머무는 것은 효율적이지 않다는 결론을 내렸다. 내가 토론토에 있다고 해서 웨스트비치에 크게 도움이 될 것도 아니고, 두 동업자와의 관계는 장거리 연애처럼 불편하기만 했다. 우리는 토론토의 직영 매장을 비치발리볼 디자이너인 프레드 쿱스Fred Koops에게 팔았다. 그는 오버킬Overkill이라는 회사를 설립했다.

밴쿠버의 재발견

나는 다시 밴쿠버로 돌아와 스콧과 리처드와 합류했다. 그들은 포인트 그레이 로드Point Grey Road에 있는 방 5개 딸린 큰 집에서 살고 있었다. 그 거리는 잉글리시 베이English Bay 남쪽 해안을 따라 나 있었고 그곳은 훗날 세계에서 부동산값이 가장 비싼 지역 중 하나가 되었다.

그곳에 사는 동안 나는 매일 아침, 파란 하늘과 대양 위를 떠가는 화물선, 그리고 손에 잡힐 것 같은 눈 덮인 산을 보면서 눈을 떴다. 하루에 서핑과 스키, 그리고 요트를 모두 즐길 수 있었다. 정말로 평생 살고 싶을 만큼 멋진 장소였다. 어느 날 아침, 나는 그 풍경에 취해 눈을 뜨면서 50살까지 밴쿠버 해안에 있는 저택을 소유하겠다는 목표를 세웠다.

동업하며 경영하는 웨스트비치의 초창기 일은 매일 매일 도전의 연속이었지만, 나는 이미 밴쿠버에 푹 빠져 있었다. 그곳으로 이주한 것은 직업적으로나 개인적으로 내가 가장 잘한 일 가운데 하나였다.

우리는 캘거리와 시애틀, 그리고 인스부르크에 매장을 냈고, 몇 년 후 휘슬러에도 매장이 생겼다. 각 매장에는 3~4명의 직원이 있었고 연간 수익은 백만 달러가 약간 넘었다. 이 정도면 괜찮은 수입이었지만 현금 유통이 원활하지 않은 홀세일 중심 영업으로 인해 빚으로부터 완전히 자유롭기는 힘들었다.

결혼

당시 내 친구들 대부분은 결혼한 지 10년이 넘었다. 70년대는 지금과는 다른 시기였다. 대부분은 24세 이전에 결혼했고, 결혼한 친구들은 결혼한 지 얼마 되지 않아 아이를 낳았다. 반면 나는 30대 초반이었지만 여전히 미혼이었고, 대개의 친구들과는 다른 생활방식으로 살아가고 있었다. 나는 무의식적으로 내 인생에 가족이 빠져 있다는 것을 느끼기 시작했다. 마침내 33살에 근사한 여성을 만났고 결혼해서 예쁜 아들 두 명을 갖게 되었다.

플래그십 스토어

거의 같은 시기에 웨스트 4번가에 위치한 우리의 밴쿠버 1호 매장 맞은편에 더 큰 직영 매장을 마련했다. 매장을 확장하여 옮김으로 인한 재정부담은 분명히 있었지만, 매장 규모가 커지면서 누리게 될 이점도 많았다.

캘거리의 우리 집에 스케이트보드를 즐길 수 있는 커다란 경사로를 설치했던 기억을 떠올리며 이 새로운 매장에도 비슷한 것을 설치할 수 있겠다고 생각했다. 캐나다 스케이트보드 문화를 선도하는 최전선에서 있는 우리의 입지를 더욱 공고히 해줄 것으로 생각했다. 예상은 맞았고, 새로 조성한 경사로는 밴쿠버의 스케이트보드 문화의 성지 같은 장소가 되어 버렸다.

웨스트 4번가의 확장된 새 매장에 큰 스케이트보드 경사로를 조성하면서 웨스트비치는 캐나다에서 가장 큰 스케이트보드 의류 공급 업체가 되었다. 내가 8번가 몰의 가판대에서 랩 쇼츠를 판매할 때만해도 이 정도까지는 예상 못 했지만, 나는 꾸준히 유행에 관심을 가지고 몇 년 후를 내다보고 계획을 세우고 실천해 왔다. 이것이 우리가 성장하는 방식이었다.

해안가의 키칠리노Kitsilano 지역은 서퍼들이 모여드는 지역이었기 때문에 키칠리노 해변을 지나는 웨스트 4번가는 스케이트보드 관련 제품 판매에 최적의 장소였다. 서퍼들이 스케이트보드를 갖는다는 것은 일 년 내내 땅 위에서 서핑을 즐길 수 있음을 의미한다. 그래서 스케이트보드 고객과 서핑 고객은 상당 부분 겹치기 때문에 웨스트비치의 영업에는 매우 유리했다.

캐나다 스케이트보드 시장에서 우리의 위치는 조지 파웰George Powell과 영화 「독타운의 제왕들」의 실제 주인공인 스테이시 페랄타가 함께 창업한 파웰 페랄타Powell Peralta가 본스 브리게이드Bones Brigade라는 브랜드로 엄청난 성공을 거두기 전까지는 아무런 도전을 받지 않았다. 본스 브리게이드는 토니 호크Tony Hawk 등을 중심으로 1978년에 결성한 프로 스케이트보드팀이었다. 1988년 들어 그들의 인기는 절정에 올랐고, 그들의 상표인 해골과 십자가 표시가 없는 제품은 판매가 불가능할 정도였다.

결국 우리를 포함한 스케이트보드 업계는 파웰 페랄타에게 시장을 고스란히 내 주어야 했다. 그래도 그전까지는 좋았다.

버티컬 리테일 매장을 늘리다

웨스트 4번가의 매장을 확장 이전하면서 웨스트비치가 직접 생산하는 다양한 제품을 전시하고 판매하기에 충분히 넓은 공간이 생겼다. 내가 꿈꿔 왔던 완전하지는 않지만, 충분히 큰 직영점을 실제로 운영하게 된 것이다. 이것을 계기로 왜 우리가 직영점을 설치하면 안 되는지 자문하기 시작했다.

누군가에 의해서 만들어진 검증된 로드맵도 없었고, 가르쳐줄 사람도 없었다. 그러나 우리는 직영점과 자체 생산 방식의 경제적 이점이 얼마나 큰지 이해하게 되었다. 그렇게 되면 생산과 판매에서의 모든 중간 마진을 없애고 더 나은 가격으로 더 나은 품질의 제품을 공급할 수 있을 것이다. 이러한 생각은 나의 사업 경험이 계속 쌓이면서 평생 외우는 주문처럼 되어 버렸다.

나는 규모의 경제의 중요성을 알고 있었다. 모델별 생산 수량을 400벌에서 2,000벌로 늘렸다. 원단이나 장식물, 지퍼, 똑딱단추 등을 모두 직접 구매했다. (가끔은 이러한 비용을 제때 마련하지 못했고, 실수로부터 많은 것을 배웠다.) 재고 조사 방법을 배우고 효과적인 재고 관리를 위해 직원을 배치하고, 급여를 책정해야 했다.

이렇게 경험을 통해서 많은 것을 배웠고, 나는 한 개의 브랜드의 구축과 제조, 생산 과정에 관해서 이론이 아닌 현장감 있는 생생한 경험을 체득할 수 있었다. 이때의 독특한 경험 덕분에 나는 지금도 리테일 매장에 들어가서 15초 정도만 둘러보면, 매장 운영 방식과 판매 물량, 회전율, 직원들의 만족도 등을 대충 가늠할 수 있다. 그러한 능력은 내가 가진 또 하나의 천성일 수도 있지만, 웨스트비치 시절의 몇 년 동안 힘겹게 체득한 것이다.

밴쿠버에서 본격적으로 웨스트비치 매장을 경영하는 중에도 나는 생산을 조세핀 테라티아노에게 의존하고 있었다. 그러나 생산 라인을 재정비해야 할 때가 왔다. 밴쿠버에는 대규모의 아시아 이민 사회가 조성되어 있었다. 그것은 숙련도가 높고 비용이 저렴한 재봉사와 재단사를 쉽게 만날 수 있고, 아시아 쪽의 해외 생산 공장을 물색하기도 쉬운 환경이라는 의미이다.

조세핀과의 협력관계를 정리하는 것은 괴로운 일이었다. 그녀는 내게 어머니와 다름 없는 사람이다. 나는 대인관계가 그렇게 능숙한 편도 아니고, 최고의 소통 능력을 가진 자도 아니지만, 한번 맺은 인연을 쉽게 버리고 끊기도 어려운 사람이다.

그로부터 몇 년 후, 내 재산이 좀 늘어났을 때, 나는 조세핀에게 1만 달러의 현금 금일봉과 함께 신발 한 상자, 그리고 이탈리아 행 일등석 항공권 두 장을 보냈다. 누가 보냈는지 밝히지 않았지만, 꼭 밝혀야만 알 수 있는 것도 아니었다. 그녀에게 선물을 보낸 지 얼마 되지 않아 나는 집에서 만든 수제 쿠키 상자를 역시 '익명'으로 받았다. 오래전, 조세핀의 집에서 즐겨 먹었던 바로 그 맛이었다.

· 7장 ·

스노보드 시장의 성장

아버지가 되다

캘거리의 집을 처분하고, 아내와 나는 그 자금과 동업자의 자금을 합쳐서 키칠라노에 있는 방 3개 딸린 큰 주택을 구입했다.

첫 아기 존 제임스 윌슨John James Wilson이 1988년 밴쿠버 도심의 세인트 폴 병원에서 태어났다. 내가 아버지가 된다는 것은 같은 경험을 한 다른 사람과 크게 다르지 않을 것이다. 삶이 완전히 바뀌는 일이기는 했지만, 어느 정도 자연스럽게 받아들인 일이었다. 생각해 보면 나의 부모님은 항상 금전적으로 넉넉지 않았지만, 내 동생들과 나에게 최선을 다하셨다. 내가 부모로서의 순간순간을 사랑할 수 있었던 것은 부모님 덕분이었다.

제이제이를 낳고 이제 나 한 사람만 생각하고 함부로 모험을 걸어서는 안 된다는 것을 깨닫게 되었다. 이제 나는 먹여 살리고 돌보아야 할 가족이 있다. 냉장고에 음식을 채우고, 가족들이 제때 적당한 옷으로 갈아입고, 주택 융자금을 제때 갚는 일 등이 모두 내 책임으로 다가왔다.

가족 곁에서 보내는 시간도 늘려야 했다. 그리고 가족 주변을 항상 살펴야 했다. 그러나 실제로 나는 그렇게 하지 못했다. 내 사업이 성공해야 가족의 미래가 보장된다고 믿었기 때문에 나는 더욱 일에 매진했다. 제이제이가 태어난 후 둘째 아들 브렛Brett이 곧 태어날 것이라는 엄청난 소식을 들었다.

내 인생도 개선해야 할 많은 부분이 있겠지만, 그래도 잘못 살았다는 생각은 하지 않는다. 아버지가 된다는 것은 매우 기쁜 일이었다. 밴쿠버의 부동산 가격은 상승세였고, 우리가 구입한 집의 가치도 높아졌기 때문에 어느 정도 재정적인 압박에서 벗어날 수 있었다.

웨스트비치도 손익분기점은 넘기고 있었다. 세 명의 동업자, 즉 스콧과 리처드와 나는 각자에게 책정된 급여를 각각 3만 달러에서 6만 달러로 올리기로 합의했다. 그래서 스콧과 리처드도 자신들이 충분히 대출금을 갚을 능력이 있음을 은행에 주장할 수 있게 되었고, 은행으로부터 돈을 빌려 주택을 구입했다.

계속되는 고비

스콧, 리처드와 나는 동업자로서 좋은 협력관계를 유지했지만, 누구 한 사람을 공식적인 CEO로 정하지는 않았다. 세 명은 각각 다른 비전을 가지고 있었고, 경영 스타일도 달랐다. 웨스트비치는 좋은 회사였지만 대단한 회사는 아니었고, 대단한 기업이 어떤 것인지에 대해서 생각해보고, 이야기를 나눠본 적도 없었다. 항상 사업은 '내년에는 더 좋아질 것'이고 머지않아 손익분기점을 넘겨야 한다는 생각을 목표 삼아 뛰었을 뿐이다.

어느 날, 나는 우리 사업이 중대한 고비에 놓여 있다는 것을 깨달았다. 서핑이 그랬듯이 스케이트보드도 여전히 인기는 있었지만, 언젠가는 정점을 찍고 사양길로 접어들 것이라는 느낌이 확 왔다.

당시 우리는 네 곳의 직영점에서는 이윤을 내고 있었지만, 홀세일 부문은 여전히 적자였다. 이렇다 할 대책이 떠오르지 않았다. 대규모 생산을 위해서는 홀세일 영업이 필요했지만, 홀세일 영업은 물건을 생산하여, 공급하고, 현금을 회수하기까지 너무 긴 시간을 기다려야 했다. 이처럼 늘 현금이 부족하다 보니 원하는 만큼 많은 매장을 열 수 없었다. 또 우리에게 물건을 공급받는 리테일 매장에 타격을 주어서는 안 되기 때문에 직영점의 판매가격을 함부로 낮출 수도 없었다. 이 점은 효율성이 중요한 직영점에 맞서서 경쟁력을 유지해야 하는 홀세일업자들이 항상 겪는 딜레마이다.

우리는 직영영업 부문을 강화하기 위해 마르코 알리노트Marco Allinott를 영입했다. 그는 아주 훌륭한 사람이었다. 그리고 부지런하고 영리하기까지 했다. 그는 매장을 운영하면서, 고객들과 친밀감을 높였고, 고객들이 무엇을 요구하는지 정확하게 파악했다. 그는 우리와 합류하자마자 매장 재고를 3배 늘리자고 제안했다. 그 결과 매출은 6배나 늘었다. 고객들의 입장에서는 항상 새롭고 다양한 품목을 눈앞에서 보고 고를 수 있었기 때문에 그들의 방문 횟수도 늘어났다. 처음에는 무리한 시도처럼 보였지만, 매출은 확실히 폭발적으로 늘어났다. 훗날 나는 룰루레몬에서도 이런 전략을 이용했다.

미국 브랜드 판매 중단

우리는 오랫동안 좋은 관계를 유지하며 판매했던 미국 브랜드 제품을 더 이상 취급하지 않기로 했다.

이것은 리처드의 생각이었는데 결과는 훌륭했다. 미국 브랜드 제품을 취급하면 현금회전이 매우 더뎠고, 더 이상 미국 브랜드를 수입해 팔지 않아도 될 만큼 웨스트비치가 생산한 의류들이 많은 이익을 내고 있었다. 이제 우리 제품의 브랜드파워는 엄청났고, 매장으로 많은 젊은이들을 끌어들이고 있었기 때문에 웨스트비치의 상표가 붙은 제품만 판매하는 것으로도 충분했다.

미국 브랜드 제품을 계속 판매하는 것이 반드시 나쁘기만 한 것은 아니었지만, 당시 미국 달러의 가치가 캐나다 달러보다 30%나 올라가면서 수입 비용이 증가한 것이 그러한 결정에 큰 영향을 미쳤다.

게다가 우리는 제품 개발과 제조에 과거보다 훨씬 더 능숙해져 있었다. 우리는 제품을 캐나다에서 생산하고 있었기 때문에 수입 관세를 절감할 수 있었고, 그만큼 품질에 투자할 수 있었다. 우리에게는 어떤 특별함이 있었다. 사람들에게 익히 알려진 미국 브랜드 제품보다 품질은 더 뛰어났고, 가격은 더 쌌다.

우리는 스포츠용품 시장에 접근하면서 기존의 고정관념을 깼다. 서핑보드와 스케이트보드처럼 내구성이 큰 제품의 소비가 있어야 관련 의류도 팔리는 것이다. 그러나 실제로 대부분의 이윤은 보드 그 자체가 아니라 의류에서 나온 것이 분명했다. 익스트림 스포츠 시장의 소비자의 95%는 남성이고, 상품 매장 소유주들도 100% 남성이었다.

이들 남성 점주들의 관심은 대개 보드 그 자체에 집중되는 경향이 있다. 반면 의류를 부차적이고 보조적인 제품으로 인식했고, 의류에 대한 지식도 별로 없었기 때문에, 그들은 의류를 주력상품으로 삼지 않았다. 나는 이 현상을 반대로 활용했다. 우리도 아주 괜찮은 내구성 높은 소비재를 팔았지만, 이런 제품은 매장의 10% 정도만 채우고, 90%는 의류로 채웠다.

그러나 미국 브랜드 제품 수입을 포기하고 우리가 자체 개발한 상품에만 집중하는 것으로는 충분하지 않았다. 살아남으려면 진화해야 했다. 다음 유행을 한발 앞서서 준비해야 한다. 나는 다음 유행은 스노보드라고 확신했다.

스노보드 시장

내가 스노보드가 떠오르리라 예측한 데에는 여러 가지 근거가 있었다. 그중 하나는 미국 월간 잡지 트랜스월드TransWorld에서 '캐나다 스노우보딩의 아버지'로 묘사한 켄 아헨바흐Ken Achenbach때문이었다. 80년대 초, 그는 캘거리에 스노보드 매장을 열고 버튼 앤 심스Burton and Sims의 캐나다 유통업자로 활약했고, 스케이트보드 데크 판매에 관한 여러 가지 시도를 했다. 이로 인해 그는 웨스트비치 초창기 시절의 만만치 않은 경쟁자가 되었다.

나도 스노보드 시장에 관심을 가지고 조사를 해본 결과 시장은 협소했다. 나는 1980년대에 철인3종경기 의류 판매와 1986년도의 비치 발리볼 관련 제품에서 실패를 맛본 터여서 아무리 앞서가는 아이디어라도 고객층이 충분히 형성되지 않으면 안 된다는 것을 잘 안다. 이런 기준으로 스노보드 시장을 본다면 1983~1984년은 시기상조였다.

게다가 당시 대부분의 스키장에서 스노보드 활강을 금지하는 것도 문제였다. 캐나다에서 스노보드를 탈 수 있는 곳은 앨버타주의 밴프Banff의 선샤인 빌리지Sunshine Village 뿐이었다. 스키장을 이용하는 나이가 든 아마추어 스키어들은 주변에 스노보드가 얼씬거리는 것을 무서워하고 싫어했다.

스키어들은 이 애매한 스포츠를 이해할 수 없었다. 나이가 좀 든 스키어들은 젊은이들이 스노보드를 타고 그들을 지나치는 것을 위험하게 느끼고 있었고, 실제로 위험하기도 했다. 80년대에 산악지대의 스키장에서 스키를 즐기는 사람들은 어느 정도 여유가 있는 사람들이었다. 즉 백발의 보수 성향의 50대라고 할 수 있다. 그들은 새로운 문화가 자신들만의 안식처라고 생각했던 산을 장악하는 것에 거부감을 느끼고 있었다.

반면 나는 1983년부터 스노보드를 탔고, 나름 스노보드 애호가였다. 매년 크리스마스가 되면 헬리콥터를 대여해서 록키산맥 밴프 국립공원 초입의 산악마을인 캔모어Canmore주변의 산 정상까지 올라가 눈 덮인 경사면을 스노보드를 타고 활강했다. 스노보드의 매력을 제대로 만끽할 수 있었다.

내 동생 브렛도 스노보드에 대한 영감을 불어 넣어준 사람이다. 몇 해 전, 그는 콜로라도로 이주하여 나름대로 기업가로서의 경력을 쌓아 가고 있었다. 내가 웨스트비치를 설립했을 무렵인 1986년, 브렛은 콜로라도주 볼더Boulder에 웨이브 레이브Wave Rave라는 스노보드 의류 회사를 설립했다. 브렛은 창업 초창기의 스노보드 관련 행사에서 미국 록 밴드인 레드 핫 칠리 페퍼스Red Hot Chili Peppers와 인연을 맺었다. (그 덕분에 나는 2013년, 우리 집 뒤뜰에서 열린 아내의 40번째 생일 파티에서 그들의 공연을 보게 될 운명이다. 믿을 수 없는 경험 그 자체였다!)

브렛은 이렇게 말했다. “형과 나는 여러 무역박람회에서 마주쳤지요. 유럽에서도 만나고 일본에서도 만났어요. 어찌 보면 경쟁 관계였지만, 워낙 시장이 크고 세부 분야가 달라서 서로에게 부담이 된다고 느끼지 않았어요.”

브렛은 1988년 8월에 있었던 나의 결혼식에 참석했다. 그는 당시를 회상한다. “형이 여름이지만 휘슬러Whistler의 빙하로 가서 스노보드를 타자고 할지 모른다고 생각해서 저도 스노보드와 장비를 가져왔습니다. 그때 제가 형에게 ‘이것 좀 봐, 곧 스노보드 유행이 올 거야. 형네 회사도 빨리 스노보드 유니폼 사업을 준비해야 해.’라고 말했죠.”

그러는 사이에 많은 리조트도 스노보드 애호가들을 받아들이면 더 많은 수익을 창출해 낼 수 있다고 생각했고, 많은 스키장이 정책을 바꿔서 스노보드의 입장과 활강을 허용하게 되었다. 과거 스케이트보드와 서핑의 사례에서 보듯이 거리로 진출할 정도로 유행을 타기 시작한다면 내가 가만히 있을 수 없었다.

스케이트보드의 유행이 거리에까지 진출하면서 보다 많은 사업 기회들이 생겨났다. 예를 들어서 내가 4천 명 정도 되는 서퍼들, 그리고 그보다 조금 더 많은 스케이트 보더들에게만 서핑용 쇼츠를 팔았다면 그렇게 많은 수익을 낼 수 없었을 것이다. 그러나 실제로는 서핑보드나 스케이트보드를 타지 않더라도 서퍼나 스케이트 보더들의 복장을 모방하여 거리를 활보하고 싶어 하는 많은 젊은이를 위해 서핑복에서 영감을 받은 스트리트웨어를 개발하여 판매할 수 있다.

이처럼 실제로는 그 운동을 하지 않거나, 운동을 하더라도 초보자에 불과함에도 프로처럼 꾸미고 싶어 하는 사람들을 포저posers라고 부른다. 포저의 구매력 덕분에 대량생산이 가능하고, 생산 단가까지 낮출 수 있다.

서핑이나 스케이트보드 의류에는 그렇게 많은 기술이 필요한 것은 아니다. 초창기 철인3종 경기 관련 의류와 장비를 실험적으로 생산해 본 이후, 기능성 의류에 관한 새로운 아이디어가 계속 떠올랐다. 스노보드가 유행하면서 사람들은 제대로 된 장비의 중요성을 깨달아가고 있었다. 영하의 날씨의 높은 산에서 여러 가지 뜻하지 않은 상황을 만나게 되는데 이때 옷을 제대로 갖춰 입지 않으면 얼어 죽을 수도 있다.

1988년에 들어서면서 나는 스노보드 시장이 본격적으로 열렸다고 느끼기 시작했다. 동생의 회사인 웨이브 레이브도 스노보드 의류 덕분에 급성장하고 있었고, 나는 5년 안에 스노보드 시장이 임계점을 돌파할 것이라고 직감했다.

나는 동업자들과 직원들 앞에서 내 생각을 말했다. 웨스트비치가 스노보드 의류 시장에 관심을 돌리기 시작한 것이다. 그러나 대부분의 사람은 변화를 꺼리기 때문에, 처음에는 반응이 좋지 않았다. (훗날 룰루레몬에서 마음챙김, 기능성 스트리트 의류, 자체 생산 등을 제안할 때도 그랬다.)

스콧 시블리는 그때를 회상했다. “1988년쯤 웨스트비치에는 큰 변화가 있었습니다. 변화의 공은 모두 칩에게 돌려야 합니다. 그 덕분에 막다른 길에 다다르기 전에 서핑 산업에서 발을 뺄 수 있었고, 한참 상승세이던 스케이트보드 붐을 탔고, 다시 거기서 나와서 스노보드 분야로 갈아탈 수 있었습니다.”

“사실 우리 사이에는 스노보드 시장에 뛰어드는 것에 대해 약간의 반대가 있었습니다. 그러나 칩은 성공할 가능성이 보인다 싶으면 포기하지 않는 성격이었고, 저는 그의 직감을 믿는 편입니다. 회사 내에서도 젊은 친구들 사이에서 반발이 많았습니다. 그래서 칩도 아주 힘들었을 겁니다. 자기 생각을 꺾고 20명 정도의 직원들의 의견에 따라 회사를 운영할 수는 없는 것입니다.”

반발에도 불구하고 나는 직감을 믿었고, 열심히 노력하며 회사를 이끌었다. 나는 서핑이나 스케이트보드와는 달리 스노보드는 겨울스포츠이기 때문에 캘리포니아의 유행을 따라갈 필요가 없는 분야라고 생각했다. 여름철에도 휘슬러 빙하는 스노보드의 글로벌 허브 역할을 할 수 있기 때문에, 나는 밴쿠버야말로 스노보드의 최고의 명소가 되리라 생각했다. 이제 우리는 확실한 경험과 열정이 있다. 그것은 아주 중요한 대목이었다.

이제 스케이트보드 관련 업계에는 400개나 되는 경쟁업체가 있고, 스케이트보드 용품은 생필품처럼 인식되고 있다. 나는 직감적으로 스케이트보드 시장이 쇠퇴하리라 생각했고, 뭔가 대안이 필요했다. 그리고 나에게는 그럴 권한도 있었기 때문에 일단 회사 이름을 웨스트비치 서프Westbeach Surf에서 웨스트비치 스노보드Westbeach Snowboard로 변경했다. 이는 회사 내의 반대론자들에게 끝까지 반대할 생각이라면 떠나라고 통보하는 것과 다름없는 조치였다.

다가오는 겨울을 준비하기 위해 우리는 좀 헐렁한 아웃도어 제품을 디자인했다. 오버롤스타일의 바지overall style; 다른 말로 멜빵바지라고도 한다 400벌, 일반 바지 800벌, 풀오버 상의Pullover; 앞이 완전히 트이지 않아 뒤집어쓰듯 입어야 하는 스웨터 등 상의는 1,000벌 정도를 만들었다. (풀오버 스타일은 80년대에 큰 인기였다.) 그리고 브랜드 티셔츠를 비롯한 다양한 아이템을 따로 만들었다.

그 옷들은 처음에는 신축성도 없었고, 기능성도 없었다. 하지만 우리 제품 특유의 스키복답지 않은 헐렁하고 넉넉함으로 인해 다른 옷을 받쳐 입을 수도 있었고, 통기성도 좋았다.

당시는 이들 제품을 직접 생산할 생산라인을 갖추지 못한 상황이었기 때문에 밴쿠버 안에서 외주 제작을 해야 했다. 얼마 후 첫 번째 생산라인을 갖추었고, 스노보드를 가장 많이 즐기는 연령대인 14세 아이들의 수요를 감당할 수 있었다.

브랜드 변경의 효과는 사업이 세 배나 확장되는 결과로 나타났다. 봄과 여름에는 서핑과 스케이트보드 관련 제품을 팔 수 있었고, 이들 제품의 비수기인 가을 겨울에는 스노보드 관련 제품을 팔 수 있게 된 것이다. 특히 스노보드 의류 부문에서는 단숨에 세계 3위 업체로 뛰어올랐다.

스콧은 말했다. "우리는 스노보드에 올인 했습니다. 그리고 폭발적인 성장을 이룩했습니다." 우리는 독일에서 열리는 세계 최대 스포츠 용품 전시회인 ISPO에 다녀왔다. 우리는 새로운 스포츠인 스노보드를 세계 시장에 알린 것이다. 마침 그 때 유럽은 3년째 강설량이 크게 줄어 든 상황이었기 때문에 우리의 시도는 다소 무모해 보였다. 그러나 과감한 시도 덕분에 스노보드 관련 산업의 초창기에 업계의 선두주자로 자리매김을 했다.

스콧은 덧붙였다. "그 후 스노보드 시장이 성장하면서 우리는 자연스럽게 그 성장세를 탈 수 있었습니다."

· 8장 ·

역경의 시간들

파산 위기

우리는 파산 전문 변호사를 찾아가서 파산절차가 어떻게 진행되는지 알아보았다. 웨스트비치는 거의 파산 직전에 있었다. 우리가 스노보드 관련 사업에 뛰어든 지 얼마 되지 않았지만, 과거 서핑과 스케이트보드 시장과 마찬가지로 공급이 수요를 압도하기 시작하면서 가격이 하락하고 있었다. 나는 스노보드가 충분히 대중화되기 전에 발을 빼고 싶었다.

각 스포츠 용품 매장이 생산 업체보다 협상력의 우위를 갖게 되었고, 브랜드 생산 업체들은 운송과 보관, 그리고 마케팅에 더 많은 비용을 지불하고 있었다. 현재의 홀세일 영업으로는 자금의 회전이 느렸기 때문에 여러모로 재정적인 압박을 느끼기 시작했다. 이 시기를 지나면서 나는 홀세일 영업이라면 질색을 하게 되었다.

동업자인 리처드도 한 곳에 정착하고, 가족을 꾸리고, '워라밸'을 찾고 싶어 했다. 그는 일하는 시간을 매주 6~8시간 정도 줄이고 싶어 하는 반면, 나는 일하는 시간을 두 배 이상 늘려도 모자란다고 생각하고 있었다. 그와 나는 여러모로 잘 맞지 않는 것이 분명해 보였다. 가장 큰 문제는 우리가 효과적으로 의사소통을 하지 못한다는 것이다. 사업의 중대한 고비를 맞이할 때마다 나는 기본적으로 일사불란한 통솔 아래 팀으로 하나 되어야 한다고 생각했지만, 리처드는 뭔가를 감추는 듯 속마음을 잘 드러내지 않았고, 스콧은 이전만큼 헌신적이지 않았다.

우리는 각자 자신만의 행보를 하고 있었다.

랜드마크 포럼

당시 나는 리처드가 좀 독특한 수업을 듣고 있다는 것을 알고 있었다. 나는 당시 그런 수업들이 실무에 별로 도움이 안 된다고 생각하는 반면, 그는 1990년 초, 랜드마크 포럼이라는 주말 워크숍 프로그램에 푹 빠져 있었다. 원래 에르하르트 세미나 훈련이라는 이름으로 시작한 이 프로그램은 당시 상당히 큰 규모로 성장해 있었다.

그런데 몇 주쯤 지날 무렵, 나는 리처드의 심리 상태가 상당히 안정되고, 이전보다 훨씬 솔직해졌다는 것을 알아차렸다. 리처드는 그 모든 것이 랜드마크 포럼에서의 경험 덕분이라며 우리에게도 그 코스를 수강할 것을 권했다. 우리도 회사를 잘 경영해 보고 싶다는 마음은 같았고, 사업에 도움이 된다면 마다할 이유가 없었다. 나는 스콧과 함께 이 포럼을 수강하기로 했다.

랜드마크 포럼에 관해 더 자세한 이해를 돕기 위해 내가 들었던 강의 하나를 예로 들어보고자 한다. 40대 여성이 있었다. 어린 시절, 이 여성의 아버지는 노동조합원이었다. 그녀의 아버지는 퇴근하면 입버릇처럼 간부들을 험담하며, 일은 자신 같은 노동자들이 다하는데, 돈은 간부들이 챙긴다고 불평했다.

어린 시절의 기억은 그녀가 자신의 인생을 바라보는 시각과 맥락에 영향을 미친다. 그녀는 우리에게 자신이 어떻게 대학에 들어가고, 좋은 직장에 들어가고, 승진했는지에 관하여 이야기 했다. 그녀는 10만 달러의 연봉을 받는 간부가 되었지만, 어린 시절 아버지에게서 들었던 이야기의 영향에서 벗어나지 못했다.

그녀의 아버지는 경영자, 리더, 상사들을 싫어했고, 연봉을 10만 달러 이상 받는 사람은 회사의 돈만 축내는 돈벌레라고 경멸하곤 했다. 그녀도 잠재의식 속에서 자신을 경멸하고 있었다. 그녀는 고액연봉자로 성공한 축에 들었지만, 아버지가 가장 경멸하는 종류의 사람이 되었다는 괴로움을 견디지 못하고 퇴사하고 말았다고 한다.

랜드마크 포럼에서 이 여성은 기억상실증 상태를 가정하여 생각하는 훈련을 받았다. 만일 그녀가 기억상실증에 걸려 과거를, 그리고 아버지가 했던 이야기를 전혀 기억하지 못한다면 어떤 일이 일어날까? 만일 그렇다면, 이미 훌륭한 교육을 받고 충분한 지식과 능력도 갖춘 이 여성은 자신을 둘러싼 마음의 벽을 훨씬 쉽게 넘어설 수 있었을 것이다.

그녀의 행복을 가로막는 사람은 바로 그녀 자신이었고, 그녀는 자신에게 늘 옳지 않은 이야기를 하며 자신을 괴롭히고 있었다. 아버지로부터 어려서 들은 이야기에서 벗어날 수만 있다면 못할 일이 없었다.

랜드마크 포럼은 이처럼 과거가 현재를 어떻게 지배하는지를 이해하는 데 큰 도움을 주었다. 나는 다른 사람의 행동과 행동에 관한 나의 해석을 스스로 이해하기 위해 과거의 경험을 바탕으로 끊임없이 이야기를 만들어내고 있다는 사실을 깨달았다. 그러나 그렇게 내 안에서 만들어내는 이야기 자체가 허구라는 것을 인식하지 못했던 것이다. 나는 지금도 이 책을 쓰면서도 과거 내가 마음속에서 어떤 이야기를 만들어 냈는지, 그것이 정말 사실이었는지를 다시 생각하곤 한다.

나는 내 마음속에서 사실로 자리 잡고 있던 것들이 실제로는 사실이 아니라 최선의 추측이었다는 것을 이해하게 되었다. 인생을 살아가면서 이처럼 추측에 불과한 것을 절대적인 진실이라고 믿게 된 것이다. 세월이 흐르면서 이러한 추측들은 내 안에 점점 쌓이고 그것들이 나를 속박하게 되는 것이다.

랜드마크 포럼은 큰 깨달음을 주었다. 70년대에 아버지가 에하르트 세미나 훈련과 에살렌 연구소를 방문하고 돌아와서 했던 이야기를 귀담아듣지 않았던 것이 생각났다. 나는 그때 아버지가 내게 무슨 말을 하고 싶어 하셨는지 뒤늦게 이해하게 되었다.

나도 언젠가는 죽을 것 분명하다고 생각하니 보다 나은 삶을 위해 노력하는 데 지쳐 있었다. 나는 뭔가 특별한 삶을 살고 싶어졌다.

나는 나의 머릿속에 다음과 같은 나쁜 바이러스가 기생하고 있다는 사실을 깨달았다.

1. 거짓말을 하고 들키지 않도록 노력하고 관리하기.
2. 습관적으로 불평하기.
3. 나의 행동에 대해 책임 회피하기. (중고 자동차를 속여 팔았던 일 등)
4. 다른 사람들의 눈을 의식해 사실과 다르게 행동하기. (실제와 다른 척하기)
5. 친구, 부모 또는 사회가 나에게 반드시 '해야' 한다고 요구하는 일을 하기 위해 나의 사고력을 집중시키기.
6. '원한다', '해야 한다', '시도 한다' 등의 단어를 반복해서 사용하면서도 실제로 행동으로 옮기기보다는 책임을 회피하는 데 급급하기.
7. 스스로 하겠다고 말한 일을 하지 않는 것에 대해 변명하기. (예: 정시에 나타나겠다고 말한 일 등)
8. 과거의 경험으로 미래의 선택을 제한하기. (예: 보라색 셔츠와 관련된 경험)
9. 사람들이 나에게 한 일을 용서하지 않기.

랜드마크 포럼에 참가한 수천 명의 사람들을 관찰한 결과, 사람들이 특별한 삶을 사는 데 방해가 되는 가장 큰 문제는 자신을 형편없이 양육한 부모를 용서하지 못한다는 것이었다. 그러나 대부분의 사람이 어린 시절에 일어났던 일에 관해 실제와 다르게 해석하고 있다는 것도 알게 되었다. 나는 자연이 인간에게 이러한 불행한 상황을 겪게 만든 것은 인간이 스스로 가족과 마찰을 일으키고 가정의 울타리를 떠나서 어른이 되도록 하기 위해서라는 나만의 괴상한 이론을 가지고 있었다.

랜드마크 포럼 과정은 더욱 큰 목적을 가지고 인생을 바라볼 수 있는 안목을 열어주었다. 에르하르트 세미나 훈련 과정을 설립한 베르너 에르하르트Werner Erhard의 말에서 나는 '세상을 바꾸는 것'이 무엇을 의미하는지를 배웠다. 그리고 내 삶이 나보다는 다른 사람들이 자신의 위대함을 깨닫도록 영감을 주는데 기여할 수 있다는 것을 깨닫게 해 주었다. 이쯤 해서 독자 여러분들도 대충 상상하겠지만, 랜드마크 포럼을 통해 내 삶은 극적으로 바뀌었다.

리처드와 스콧, 그리고 나는 모두 이 과정을 수강했기 때문에, 서로의 의사소통을 아주 원활하게 할 수 있는 강력한 공감대를 갖게 되었다. 랜드마크 포럼을 통한 깨달음은 우리가 우리의 삶과 사업을 이해하는 데 도움을 주는 공통의 언어가 되었다.

나는 내 입으로 한번 한 말들을 반드시 행동으로 옮기고 완결을 짓겠다고 결심했다. 나는 사람들의 신뢰를 받는 사람이 되기를 원했다. 그러려면 내가 일단 뭔가를 하겠다고 말했다면, 반드시 제시간에 끝내고, 상당한 완성도 높은 결과를 보여주어야 한다. 문제가 발생하면 그 문제의 탓을 다른 사람에게 돌릴 수도 있고, 나 스스로 책임을 질 수도 있다. 그런데 내가 책임을 질 때만 내가 그 문제를 해결할 방법들을 발견하게 된다는 것을 깨달았다.

과거를 돌이켜보면 17년 동안 매주 8회 수영 훈련을 감당했던 엄격하고 틀에 박힌 삶을 살았다. 그래서 수영을 그만둘 때 '다시는 시간 약속을 제대로 지키지 않을 거야'라고 혼잣말을 하기까지 했던 기억이 있다. 실제로 나는 사람들에게 7시에 저녁을 먹으러 오겠다거나, 오전 10시에 만나자거나 하는 이야기를 하곤 했지만, 반드시 그걸 지켜야 한다는 스스로에 대한 엄격함은 없었다. 자주 지각했고, 그로부터 3년쯤 지

나니 나를 찾아 전화하는 사람도 별로 없었고, 친구들도 거의 사라졌다는 것을 깨달았었다.

나 스스로 성실하지도 못했고, 아무도 나를 신뢰하지 않는 것을 깨달았고, 결과적으로 사람들은 내가 세운 계획에 대한 어떤 기대도 없다는 것을 알게 되었다. 내게 문제가 있다는 것이 분명해졌다. 그러나 아직 기회가 있다는 것도 깨달았다. 나는 예전 친구들을 만나서 대화하고 사과했다. 나 때문에 그들의 일상이 엉망이 된 적이 있었고, 화나게 된 것을 인정한다고 말했다. 그리고는 내가 그들의 신뢰를 회복하려면 뭘 해야 하는지 물었다. 아무도 대답해주지 않았다. 그래서 나는 그저 시간만은 제대로 지키겠다고 약속했다. 믿을 만한 사람이라는 평판을 얻는데 3년 정도 걸렸다.

"나는 지금도 랜드마크 포럼이 웨스트비치를 구했다고 생각합니다. 어느 순간 싫든 좋든 같은 팀에 속해 있다는 이유만으로 협력하게 해줍니다. 랜드마크 포럼은 우리의 의사소통을 도와주고 문제에 주목하는 대신 해결책에 주목하도록 초점을 전환하는 데 큰 도움이 되었습니다." 스콧의 말이다.

우리는 웨스트비치의 직원들에게도 랜드마크 포럼을 수강하도록 했다. 웨스트비치는 이미 나름 틀이 잡힌 회사였고, 이미 형성된 문화와 정체성을 바꾸는 것은 위험한 일이었기 때문에 직원들에게 랜드마크 포럼에 참석하도록 권하는 것도 위험한 일이었다. 한동안 직원들은 별 관심을 보이지 않았다. 자신의 사고를 획기적으로 바꾸는 것보다 재킷을 구입하는데 500달러를 지출하는 것에 더 관심이 많다는 것을 알게 되었다.

랜드마크 포럼에서 눈에 보이고, 만질 수 있는 무언가를 얻는 것은 아니었다. 솔직히 말하자면 외부인이 보기에는 좀 사이비 종교처럼 보이는 요소도 있다. 게다가 그곳에 참가하고 싶은 직원들에게 따로 비용을 지원할 여유도 없었기 때문에 원하는 직원들은 자비로 참여해야 했다. 2000년 오프라 윈프리는 밴쿠버 출신의 에크하르트 톨레Eckhart Tolle를 자신의 프로그램에 초대해서 그의 저서인『지금 이 순간을 살아라Power of Now』에 관해 대화를 나누는 것을 보았다. 나는 톨레가 랜드마크 포럼에 참석하고 나서 책을 쓴 것이 아닐지 여러 번 추측 보았다.

나는 회사의 문화가 더 굳어져 폐쇄적으로 변하기 전에, 그리고 직원들이 평범한 삶과 그저 '나쁘지 않은' 회사의 상황에 만족하기 전에, 아직은 성장의 초기 단계에 머무르고 있을 때 이 포럼을 회사 경영에 도입해야 한다고 생각을 했다. 그리고 훗날 룰루레몬에서도 그렇게 했다. 결과적으로 랜드마크 포럼 덕분에 우리는 나중에 웨스트비치를 충분히 괜찮은 값에 매각할 수 있었다.

그러지 않았다면 우리는 자멸했을 것이고, 룰루레몬을 창업할 돈도 마련하지 못했을 것이다.

이혼

일과 잦은 출장은 이혼의 원인이 되었다. 슬프게도 이혼 후 4년 동안 나는 아이들을 거의 만나지 못했다. 나는 아들들과 시간을 보내는데 시간의 우선순위를 두어야 한다고 생각했기 때문에, 생각대로라면 아이들을 많이 볼 수 있어야 했다. 그러나 실제로는 사업상의 출장이 너무 많았다. 이제 헤어진 가족을 부양하기 위해 돈을 더 벌어야 했다.

그때 무슨 일이 벌어지고 있는지 이해하기에는 아이들이 너무 어렸다. 아이들은 가정에서 일어난 변화를 뒤늦게 알게 되었다. 많이 혼란스러웠을 것이다. 특히 제이제이는 항상 가족이 함께 있기를 원했고, 그만큼 힘들어했다.

이혼과 별거는 많이 힘들었지만, 전처와 대화를 통해 과거를 뒤로 하고 아들들을 최우선 순위로 두는 의사소통이 가능해진 것도 랜드마크 포럼 덕분이라고 믿는다.

· 9장 ·

포커스 그룹 마케팅

스노보드 사업

"1990년에서 1995년 사이는 진정한 재미가 시작된 시기였습니다. 우리는 업계의 대표 기업이었습니다. 유통팀을 구성하고, 우리 브랜드 의류를 직접 생산했습니다. 생산 라인을 충분히 운영했고, 유럽과 일본에 유통망을 구축했지요." 스콧 시블리는 말했다.

브랜드가 성장하면서 직접 생산 비중을 늘릴 필요성을 느꼈다. (당시 우리는 서핑 및 스케이트보드 의류는 직접 생산했지만, 스노보드 의류는 그렇게 하지 못하고 있었다.) 나는 신문에 생산관리자 채용 공고를 냈다.

광고를 보고 찾아온 사람은 홍콩에서 막 캐나다에 도착한 프랭키 혼Frankie Hon이라는 청년이었다. 그는 생산보다는 유통에 경험이 더 많은 사람이었지만, 나는 그가 첫눈에 똑똑하고 책임감 있는 청년임을 알 수 있었다. 나는 그를 채용했다.

프랭키는 그때 일을 이렇게 말한다. "우리 가족은 1990년에 캐나다에 이민을 왔고 저는 일자리를 찾고 있었습니다. 칩은 저를 면접하고 채용을 결정했습니다. 별도의 직책은 없이 기존 생산팀에서 일하라는 것이었습니다. 저는 캐나다에서의 아무런 경험이 없는 이민자에게 선뜻 일자리를 준 것에 깊은 감명을 받았습니다."

그는 2년 동안 웨스트비치에서 근무했다. 그 후, 그는 밴쿠버에 사는 중국에서 온 이민자인 엘키Elky라는 동료 여성과 결혼했다. 두 사람은 밴쿠버에 그들만의 의류 생산 회사를 창업했고, 우리 회사의 생산팀에서 일하던 사람들을 많이 데리고 나갔다. 그러나 우리와 프랭키 사이의 관계는 탄탄했기 때문에 문제 될 것이 없었다.

"제가 사업을 시작할 수 있었던 것은 칩의 격려 덕분입니다."라고 프랭키는 말했다.

몇 년 후 프랭키와 엘키는 홍콩에서 차터링크Charter Link Ltd.라는 좀 더 규모가 큰 생산기업을 설립했다. 그들은 룰루레몬 초창기에 나의 중요한 파트너로 일했고, 그러한 협력관계는 웨스트비치 시절에 맺은 탄탄한 신뢰가 바탕이 되었다.

자체 생산을 늘리는 것, 그리고 외주를 주었던 오더를 자체 공장으로 끌어오고 그러한 생산체제를 굳혀 가는 것은 웨스트비치가 격동의 90년대를 지나면서 경험한 성장의 두 가지 축이었다. 자금 조달로는 고생 했지만, 수요는 방대했고, 시장은 우리에게 우호적이었다. 우리는 지난 5년간 계획했던 것들을 착착 실행에 옮겼다. 여기에는 회사의 명성을 높이고, 의사소통 구조를 수립하는 것도 포함되어 있었다.

유통업자들을 위한 광고

스노보드 시장의 선두 기업으로 자리 잡기 위해 우리는 몇 가지 남다른 시도를 했다. 그 가운데 하나는 스케이트보드와 스노보드 전문 잡지인 트랜스월드에 광고를 내는 것이었다. 1983년에 창간된 이 잡지는 서핑과 스케이트보드, 스노보드 분야에서는 바이블처럼 여겨지는 잡지였다. 중요한 것은 내가 이 잡지에 낸 광고의 대상은 일반 고객이 아니라는 것이었다. 판매 수량과 생산량을 급속하게 늘려볼 목적으로 국제 유통업체를 대상으로 광고를 냈다.

서핑과 스케이트보드 관련 사업을 할 때는 광고를 낸 적이 없었다. 그럴 필요도 없었다. 나는 캐나다에서는 서핑과 스케이트보드 업계의 개척자와 같은 존재였고, 80년대 초반의 청소년 대상 시장을 파악한 유일한 성인 사업가였기 때문에, 언론의 관심을 많이 받았고, 우리에 대한 보도도 많았다. 그러니 광고에 따로 돈을 써야 할 필요가 없었다.

서핑과 스케이트보드에 대한 진정성을 시장에서 이해해 주고 있었기 때문에 광고하지 않는 것이 오히려 도움이 되었다. 만일 상투적인 광고를 했다면, 그런 진정성을 인정받지 못했을 것이다.

신용장 거래

우리는 여전히 초기 비용을 감당할 충분한 돈이 없었기 때문에 신용장 결제의 비중이 높을 수밖에 없었다. 우리는 일본이나 유럽의 유통업체들에 많은 샘플들을 보낸다. 유통업체들은 잠재적인 고객들에게 샘플에 대한 평가를 받는다.

일단 평가가 끝나면 유통업체는 우리에게 발주하고, 마스터 L/C를 연다. 우리는 그 마스터 L/C를 기반으로 아시아의 제조업체에 서브 L/C를 열고 생산을 발주한다. 그리고 제조업체는 생산한 제품을 유럽이나 일본의 유통업체로 직접 배송한다. 이렇게 해서 발생한 판매대금으로 우리는 캐나다 국내의 상점에 공급한 의류의 생산 비용을 배송 60일 후에 결재할 수 있었다.

이런 시스템 덕분에 웨스트비치는 스노보드 의류회사로 변경한 후 큰 자금 동원을 하지 않고도 돌아갈 수 있었다.

이런 방식의 운영의 핵심은 유통업체와의 신뢰 관계이다. 트랜스월드에 일반 소비자가 아닌 유통업체를 대상으로 광고는 낸 이유는 이것이다. 나는 그들에게 우리가 새로 형성되기 시작한 스노보드 산업의 새롭고 유일한 강자라는 점을 알리고 싶었다.

만일 일본이나 유럽의 유통업자가 자신의 시장에서 판매할 공신력 있는 브랜드를 찾는다면 트랜스월드를 통해서 우리를 알게 될 것이다. 이 광고는 우리를 실제보다 크게 보이도록 하는 투자였다. 그리고 실제로 효과가 있었다.

빅 에어 콘테스트

나는 일단 손익분기점을 확실하게 넘겨야 한다는 구체적인 마케팅 목표를 가지고 웨스트비치 브랜드를 홍보할 다른 방법을 고민해 보았다. 스노보드에 대한 세계인들의 관심을 끌 만한 행사가 무엇일지를 고민했다. 빅 에어 콘테스트Big Air Contest라는 아이디어가 떠올랐다.

당시, 휘슬러 블랙콤Whistler Blackcomb: 휘슬러에 있는 유명 스키장은 어떻게 하면 스키 시즌을 좀 더 늘려 마지막 4월에도 활력을 유지할 수 있을지 고민하고 있었다. 그들은 4월의 마지막 한 주 동안 스노보드 관련 행사를 포함한 대규모 스키 축제를 계획했다. 나는 이 행사에 참여하기로 했다. 웨스트비치는 늘 자금난에 시달렸지만, 5만 달러를 내고 스폰서로 참여 했다.

이렇게 해서 1991년 4월에 처음 개최된 웨스트비치 빅 에어 콘테스트Westbeach Big Air Contest는 엄청난 행사였다. 그 후 몇 년 만에 휘슬러산 기슭에서 열리는 유명한 야간 행사로 발전했다. 엄청난 실력의 스노보드 선수들이 트릭과 묘기를 펼치며, 무대에 만들어진 틈 사이로 통과하고, 불의 고리를 통과했다. 언덕 아래에서는 치어리더들이 에어 점프 위에서 그들의 무대를 펼쳤고, 추운 몸을 덥힐 뜨거운 욕조도 준비했다. 1만 명이나 되는 사람들이 몰렸고, 열기도 대단했다.

당시 나는 깜짝 이벤트로 5천 달러의 현금을 화장지에 말아 새총으로 하늘에 쏘아 올렸다. 불행히도 맞바람이 불어 지폐 무더기가 내게로 날아왔다. 보안 요원들이 있었지만, 군중들이 내게 달려드는 것을 막지 못했던 에피소드도 있었다. 웨스트비치 빅 에어 콘테스트는 엄청난 성공을 거두었고, 우리만의 독특한 브랜드 이미지를 구축하는 데 큰 역할을 했다.

우리가 빅 에어 콘테스트를 2년 정도 성공적으로 운영하자 코카니

브루잉Kokanee Brewing: 캐나다의 맥주회사에서 우리에게 비용을 지불하고 이벤트 이름을 변경했다. 그때부터 코카니가 이벤트를 운영하고 모든 비용도 그들이 부담했다. 우리는 그들에게 5만 달러를 받았고, 행사의 명칭은 코카니 웨스트비치 빅 에어Kokanee Westbeach Big Air로 바뀌었다. 나는 이렇게 마케팅 아이디어를 짜내고 그것이 수익으로 연결되는 과정을 사랑한다.

선수 후원

대다수 스노보드 회사는 마케팅의 일환으로 선수를 후원한다. 이 종목 선수들의 다수는 14세에서 18세 사이의 청소년들이다. 이들은 이전에는 존재하지 않았던 새로운 종목에서 최고의 경기를 펼쳤다. 대형 보드 제조업체들은 선수들이 큰 대회에서 자사 제품 보드를 사용하는 조건으로 스타급 스노보드 선수에게 연간 최대 100만 달러를 지불하려고 했다.

모로우Morrow나 심스Sims, 버튼Burton, 그리고 라이드Ride 같은 세계적인 보드 제조업체는 대부분 일본에서 큰 매출을 올렸기 때문에 이런 엄청난 규모의 후원을 감당할 수 있었다. 우리는 그 정도 비용을 감당할 수는 없었기 때문에, 뭔가 다른 독특한 방법을 생각해 내야 했다.

2~3명의 최고의 선수들을 선정해 100만 달러씩 후원하는 대신 각 지역을 방문해서 아직 기업의 후원을 받기는 어렵지만 가능성이 보이는 유망주들 5명을 발굴해 냈다. 이들은 이름이 크게 알려진 스타는 아

니었지만, 좀 더 어리고 친근감도 느껴지는 연령대였다. 이들은 지역 무대에서는 나름 유명한 선수들이었지만, 아직 자신에 대해 뿌듯한 자부심을 느끼기는 조금 부족한 선수들이었다.

우리는 케빈 영Kevin Young, 데번 왈쉬Devun Walsh, 엠마누엘 크렙스Emanuel Krebs, 폴 컬링Paul Culling, 랜디 프리즌Randy Friesen 등 5명을 선발하여 팀을 구성했고, 훗날 모두 유명 선수로 성장했다. 그리고 또 한 명이 1988년 나가노 동계올림픽에서 스노보드 사상 최초의 금메달리스트가 된 로스 레바글리아티Ross Rebagliati이다. 유명하기도 했고, 악명도 높았던 그는 대회 직후 THC마리화나에서 발견되는 향정신성 물질 양성 반응을 보여, 메달은 취소되고 실격 처리되었다. 그러나 IOC는 마리화나가 금지약물은 아니라는 이유로 다시 판단을 번복하고 그의 금메달을 인정했다.

우리는 그들에게 경제적인 도움은 주되 불필요한 이벤트는 줄이는 실질적인 후원을 했다. 선수들에게 경기 유니폼을 무료로 제공하고 여행경비를 지원했다. 다양한 이벤트와 장소에 그들의 사진을 사용하고, 트랜스월드에도 선수의 사진을 올려 우리가 그들의 스폰서 기업임을 독자들에게 부각했다.

이같은 커뮤니티를 통한 브랜드 관리 시스템은 경쟁업체들이 스타급 선수들에게 거액의 후원금을 지출하는 것보다 수백만 달러 이상 싸고 효과적인 마케팅 기법임이 판명되었다.

나는 선수들을 사고파는 물건처럼 취급하고 싶지 않았다. 엄격한 계약에 입각한 금전적인 후원 관계에서는 후원의 진정성이 느껴지지 않는다. 나이키가 후원하는 선수들을 볼 때마다 선수들이 제품에 대한 진정한 애정이 있다고 느껴지지 않는다. 그저 계약에 따라 브랜드를 홍보하기 위해 제품을 사용하고 있다고 느껴져 마음속으로 "저건 사기야!"라고 외친 적이 한두 번이 아니다.

아직은 최정상급이 아닌 선수들에게 나의 후원금이 마치 단비처럼 느껴졌을 것이다. 나는 이 선수들을 통해 우리가 만든 기능성 스포츠 의류를 시험해 보고 싶었다. 이것은 내가 특별히 선정된 영향력 있는 고객들, 이른바 포커스 그룹을 통해 제품을 실험하고 홍보하는 마케팅 방식을 처음 사용한 사례이다. 이것은 훗날 룰루레몬의 중요한 마케팅 기법이 되었다.

첫 번째 포커스 그룹

첫 번째 그룹은 14세에서 16세 사이의 소년들로 구성된 우리 스노보드팀이었다. 솔직히 말해서, 그 당시 내 자존심은 그들이 우리를 인정해 주고, 우리 제품에 대한 보증서에 도장을 찍어주는 것 같은 역할을 해주기를 바랐다. 32살인 내가 그들에게 할아버지처럼 보일 수도 있다는 것은 알고 있었다. 기성세대가 디자인했다는 이유만으로 우리 제품이 거부당할 수도 있다는 것도 알았다. 나는 그들이 우리 제품을 입어보고, 다른 친구들에게 멋진 옷이라고 얘기해주기를 원했다. 이들이 우리의 앰배서더 역할을 하며 그들이 입어본 제품의 판매에 기여하는 장면을 상상했다. 나도 진정성이 결여된 조종자였던 셈이다.

그런데 첫 번째 포커스 그룹을 운영하면서 예상하지 못한 일이 발생했다. 십 대들이 즐기는 음악은 내게는 잘 맞지 않았다. 그만큼 그들과는 분명한 세대 차이가 있었지만 나는 그들의 눈으로 세상을 보고 싶었다. 나는 그들의 요구사항을 충분히 반영한 '슈퍼 뚱뚱이' 옷을 다시 만들어보았다.

이렇게 해서 웨스트비치는 스노보드 의류를 재창조했다. 몸에 꼭 달라붙는 경쟁사 제품과는 사이즈도 디자인도 달랐다. 그들이 처음 내게 보인 반응은 기대와는 분명히 달랐지만, 나는 고객과 시장의 요구를 경청하는 법을 배웠다.

그러나 이듬해 나는 이 교훈을 잠시 잊었던 것 같다. 다음 시즌에도 비슷하게 넉넉한 사이즈의 제품을 꺼내 그들에게 선보였다. 당연히 그들은 엄지손가락을 치켜세워 줄 것이라고 기대했다. 그러나 예상은 또 빗나갔다. 그들의 취향이 확 바뀐 것이다. 폭은 좁히고, 색상도 화려하지 않은 단색으로 바꿔 달라고 요구했다.

이번에는 나를 더 믿었다. 여전히 큰 사이즈가 통할 것으로 생각했고, 디자인을 과감하게 수정하고 싶지도 않았다. 게다가 단색 디자인은 너무 평범해 보인다고 생각했다. 나는 아이들의 생각을 무시하고 원래대로 고집했다. 결과는 이번에도 그들이 옳았다. 크기를 줄이고 단색 중심으로 제품을 만들었더라면 우리가 생산한 제품은 미친 듯 팔려나갔을 것이다. 포커스 그룹의 의견을 무시한 것은 실수였다.

그 당시 내가 배운 또 하나의 교훈은 '말하고 싶은 것을 담지 말라'는 것이다. 이 개념은 회사가 브랜드 이름에 자신이 하는 일이나 생산하는 제품을 반영하게 될 때 진정성을 전달할 수 없다는 것이다. 예를 들어서 웨스트비치 스노보드West beach snowboard라는 이름은 젊은 고객들에게는 앞뒤가 맞지 않는 브랜드명이라서 진정성이 없다고 생각한다는 것이다. 브랜드의 정체성은 충분히 강력해야 하고, 핵심 고객층과 조화를 이루어야 한다.

우리 디자인팀은 제품에 웨스트비치 스노보드라는 이름을 표시하고 싶어 하지 않았다. 특히 '스노보드'라는 단어를 사용하고 싶어 하지 않았다.

일본의 스노보드 문화

스노보드 업계에 진출한 덕분에 우리는 글로벌 기업으로 도약하기 직전 단계에 서 있는 것처럼 보였다. 베를린 장벽이 무너졌고 동베를린에서도 우리 제품이 팔렸다. 동시에 베이징 북부 산악지대에 있는 중국 국영매장에서도 주문이 들어오고 있었다.

그러나 이 책의 도입부에서 말했듯이 일본을 빼놓고는 스노보드 문화의 성장을 이야기할 수 없다. 일본 시장은 그만큼 매력적이었다. 일본에서는 사람들이 스노보드를 사서 차에 멋 부리듯 장착해 놓고도 한 번도 타지 않는 것이 전혀 이상하지 않을 정도였다. 일본 사람들은 스노보드를 하지 않아도 하는 사람처럼 보이고 싶어 하는 것 같았다. 일본에는 산마다 환상적인 스노보드 시설이 있었고, 선수들에게 겉모습은 종목 그 자체만큼이나 중요했다.

다른 회사도 비슷했지만, 머지않아 우리는 매출의 30%를 일본 시장에서 올리게 된다. 90년대 초반만 해도 종전 이후 냉전이 종식될 때까지의 기간의 일본 경제의 놀라운 성장으로 인해 일본 엔화는 강력한 통화로 대접받고 있었다. 반면 내가 본 모든 일본 사람들은 페블 비치 골프 코스Pebble Beach Golf Course부터 뉴욕의 건물, 스노보드 문화에 이르기까지 서양문화를 무섭게 받아들이는 것 같았다.

일본 시장을 유지하기는 쉽지 않다. 수요와 성장에 맞춰 자금을 조달하고 투자하는 것도 중요했지만, 더 중요한 것은 그들의 품질기준이 높다는 것이다. 일본에서 1~2년 정도 유통을 했을 즈음 나는 일본 측 유통업체와 마주 앉아 이런 대화를 나눴다. "시장 상황이 어떤가요? 우리가 알아야 할 내용이 있나요?"

그는 말했다. "아주 좋아요. 그러나 우리는 당신들로부터 공급받은 제품의 20%쯤은 불에 태워버립니다."

전혀 예상치 못한 충격적인 답변이었다. "20%나 소각한다는 게 무슨 뜻이죠?"

그는 "보내주신 물건을 우리는 매우 꼼꼼히 살펴봅니다. 실밥이나 바느질이 조금이라도 어긋나면 소각해 버립니다. 우리는 브랜드의 가치를 떨어뜨리고 싶지 않습니다."

그때 나는 처음으로 일본 사람들의 품질 기준이 북미보다 훨씬 높다는 것을 실감했다. 일본 사람들은 차를 사러 가면 차량에서 가장 작은 흠집을 찾는 데 두 시간쯤 보낸다. 일본 사람들은 눈에 조금이라도 거슬리는 것은 참지 못하는 것 같았다.

이 사건을 통해 품질이라는 것을 다시 생각해 보게 되었고, 특정 국가나 지역의 문화적 배경이 품질평가에 어떻게 작용하는지를 깨달을 수 있었다. 품질 향상에 노력한다는 것이 무엇을 의미하는지를 제대로 배울 수 있었다. 일본 시장에서 품질을 인정받는다면 세계 어디서나 품질을 인정받을 수 있었다.

스키 협회

1991년에 나는 밴프Banff에서 열린 스키 및 장비 담당자와 리조트 소유주 및 운영자로 구성된 캐나다 스키협회The Canadian Ski Association 회의에서 연설하도록 초대받았다. 이들은 스키를 오랫동안 고수해 온 사람들이다. 그들은 여전히 스노보드를 무서워했고 어떻게 해야 할지 몰랐다. 그들이 보기에 스키는 스포츠로서 사양길에 있었고, 밥줄이 끊어질지도 모른다는 위기감을 느끼고 있는 사람들이다.

회의 장소인 로키산맥으로 가던 차 안에서 라디오를 들었다. 셜록 홈즈로 유명한 아서 코난 도일이 런던에서 스위스로 이주했을 때의 일화였다. 코난 도일의 아내가 호흡기 질환을 앓고 있어 공기가 깨끗한 알프스 지역으로 이주하기로 했다는 것이다.

코난 도일은 스위스에 있는 동안 「런던 타임스」에 몇 가지 기사를 기고했다. 그가 쓴 한 기사 가운데는 스키 활강이 유행하면서, 스위스 사람들이 자신들의 국가 스포츠인 터보거닝Tobogganing: 앞쪽이 위로 구부러진, 좁고 길게 생긴 전통 썰매이 위기에 처했다며 새로운 스포츠에 대해 크게 경악하고 있다는 기사도 있었다는 것이다.

나는 연설하면서 이 일화를 언급했다. "보세요. 겨울스포츠는 계속 진화하고 있습니다. 그때는 스키가 낯설고 새로운 종목이었고, 지금은 스노보드가 등장한 것이지요."

유행에는 주기가 있다는 문화적 이론이 있다. 스키는 아마도 15년 후가 될지, 20년 후가 될지는 모르지만, 다시 유행할 때가 있을 것이다. 어쩌면 그때가 되면 내 아이들이 스키를 타고 슬로프를 내려오면서 스노보드를 타는 나를 구시대 사람이라고 놀릴지도 모를 일이다. 실제로 2010년경부터 스노보드의 디자인 요소를 차용한 스키가 등장했고, 스키는 다시 유행의 바람을 탔다. 요즘 내 다섯 아들은 모두 스키를 탄다.

우리의 성공에는 여러 원인이 있겠지만, 회사의 이름을 바꾸면서까지 회사의 정체성을 스노보드 회사로 규정한 것도 중요한 원인이다. 결과적으로는 옳은 결정이었음이 확인되었지만, 동업자와 직원들을 설득하는 것이 얼마나 어려웠는지 모른다. 새로 무엇이 유행하던 간에 모든 사람에게 새로운 비전에 동참하게 하는 것은 무척 어려운 일임을 항상 염두에 두는 것이 옳다. 재무 담당자들의 입장에서는 성공의 가능성을 입증할 수 없는 상황에서 새로운 생각을 과감하게 행동으로 옮기는 것은 두려운 일이다.

스콧과 리처드, 그리고 나 사이의 의사소통은 과거보다는 훨씬 잘 이루어지고 있었다. 덕분에 우리는 웨스트비치를 매각하자는 생각에 쉽게 합의할 수 있었다.

이때까지 나는 적어도 1만 시간이 경험을 쌓았다. (이 시간은 작가 말콤 글래드웰Malcolm Gladwell이 한 분야에서 일가를 이루는 데 필요하다고 말한 시간이다.) 지금까지 내가 웨스트비치에서 배운 동업과 직영매장, 홀세일, 그리고 성실성 등에 관해서 배운 교훈이 앞으로 다가올 나의 새로운 모험을 감당하기에 충분한 것일까?

· 10장 ·

룰루레몬의 탄생

전봇대에 붙은 포스터

웨스트비치에서의 생활을 마무리하고 나는 밴쿠버로 돌아왔다. 1998년이었다. 나는 아들 제이제이, 브렛 등과 더 많은 시간을 보내고 친구들과 다시 만나면서 세계에서 가장 아름다운 도시의 해변에서 생활했다.

나는 아이들과 시간을 보내기 위해서 사업적으로는 많은 시간을 희생해야 했다. 웨스트비치를 머로우에 매각한 후, 나의 근무지는 오리건주 살렘으로 바뀌었다. 내가 일하는 곳에서 아이들이 있는 곳까지는 차량으로 6시간 거리였고, 나는 대부분의 주말을 아이들과 보냈다. 아들 제이제이는 “아버지는 항상 우리 곁에 계시지는 않았고, 아버지도 그 사실이 마음에 걸렸던 것 같습니다. 아버지는 우리에게 ‘나는 가족을 위해 일하고 있단다. 오늘은 너희들과 함께 보내지 못하지만, 내일을 너희에게 갈 거야.’라고 말하면서 항상 우리를 위해 일한다는 사실을 강조하셨어요. 우리 형제들의 나이, 그러니까 5~10살 정도의 아이들이 이해하기는 좀 어려웠죠."라고 회상했다.

경영자로서 살아온 내가 다른 회사에 중간 혹은 고위직에서 일하는 것이 불가능하지는 않더라도 어려울 것이라고 생각하고 있었다. 내가 생각하기에는 기업가로 살아온 사람은 다른 사람 밑에서 일할 때 의외로 무능하다. 42세에 웨스트비치를 매각해서 손에 쥔 돈은 은퇴하기에는 너무 적었지만, 충분히 시간을 가지고 다음 행보를 구상할 수 있을 정도의 여유는 가질 수 있었다.

나는 타인의 시각으로 나의 삶을 들여다보기 위해 이전에 수강한 랜드마크 포럼의 후속 과정인 심화 과정을 수강하기로 결심했다. 3일간의 과정을 통해서 나는 인생에서 성공한다는 것이 무엇인지에 관해 생각을 정리할 수 있었다. 앞으로의 나의 삶의 화두를 '대가를 기대하지 않고 베푸는 것'으로 정했다. 나는 사람을 위대하게 키우는 일을 나의 삶의 최우선 순위를 두기로 했다.

나는 스스로 내가 원하는 직장과 직책을 말하라면 서슴없이 나이키의 CEO라고 말할 것이다. 나는 그 역할에 아주 적합한 사람이라고 생각한다. 나만큼 운동과 신발, 스포츠 심리학, 스폰서 업무, 기능성 의류 등에 대해 이해하는 사람은 없었다. 물론 그때는 내 마음 속에 세계 스포츠 시장의 미래에 관한 큰 그림이 그려지기 전이었다.

회사를 매각하여 손에 쥔 돈으로 나는 괜찮은 자동차 한 대와 키칠라노 지역에 있는 주택 한 채를 사들였다. 물론 내 아들들이 다니는데 적합한 학교도 알아보았다.

또 다른 한편으로는 미래의 일을 알 수 없는 만큼, 몸의 건강에 대해서도 진지하게 생각해 보았다. 레슬링에서 철인3종경기, 수영, 스케이트보드, 스노보드에 스쿼시까지 어쩌면 나는 내 몸을 지나치게 혹사시키고 있었다. 그래서 나는 등 부위에 극심한 불편함을 느끼고 있었다.

이 통증을 해소할 만한 묘안을 찾아 헤매고 있을 무렵 전봇대에 붙은 요가 수업 광고 포스터가 눈에 띄었다. 얼마 후 나는 피오나 스탕Fiona Stang이라는 요가 강사로부터 요가를 배우면서 또다시 거부할 수 없는 창조적 충동을 느끼게 된다.

요가 수업

요가 수업 현장에는 나와 강사 외에도 5명의 수강자가 더 있었다. 모두 18~28세 사이의 여성이었다. 요가를 처음 시작한 그때의 내 나이는 42살이었다. 수업은 요가 전용 수련장이 아니라 에어컨이 쌩쌩 돌아가는 헬스클럽 한쪽 구석에서 진행되었다. 우리가 매트 위에서 요가 동작을 취하며 배웠던 클럽의 나머지 공간에는 수많은 운동기구와 기계들이 늘어서서 돌아가고 있었다.

1998년의 키칠리노는 대학을 갓 졸업한 미혼의 운동 애호가들이 성지처럼 여겼던 1970년대의 샌프란시스코의 하이트 애쉬베리Haight Ashbury의 90년대 캐나다 버전이었다. 눈 덮인 산맥, 여러 개의 요트클럽, 길게 이어진 해변, 수백 개의 해안의 섬들까지 전망이 정말 좋은 곳이었다. 또 세계 어느 곳보다 운동용품 매장이 많았고, 그린피스가 시작된 곳이기도 했고, 유기농 식품이나 운동을 즐기는 생활방식 등도 특별했다.

당시 사람들은 요가를 명상이나 밴쿠버 인근 지역에서 유행하던 건강공동체와 비슷한 일종의 히피 문화의 일종으로 생각하는 경향이 있었다.

나는 강사 운이 좋았던 것 같다. 피오나 스탕은 아주 훌륭한 요가 강사였다. 침착하고 자신감 있고 똑똑하고 친근감도 갖추고 있었다. 그녀는 원래 월 스트리트Wall Street에서 전환사채 관련 일을 하다가 밴쿠버로 이사 온 지 얼마 안 되었다고 말했다.

"나는 바다와 산이 있는 곳에서 살고 싶었어요. 남편과 저는 밴쿠버를 택했고, 이 아름다운 도시에서 요가를 가르치기 시작했지요. 정말 완벽하게 아름다운 삶이었어요."

요가를 하려면 상당한 집중력과 자각이 필요하다는 것을 금방 깨달았다. 과거 운동선수 시절처럼 엔도르핀이 솟구치는 것 같았다. 한동안 느끼지 못했던, 평소와는 다른 경험이었다. 체구가 크고, 타고난 균형 감각이 있는 것도 아니었지만, 이전에 겪어 보지 못했던 미지의 세계를 경험하게 된 것이 즐거웠다.

나는 요가를 시작하자마자 그 매력에 푹 빠져버렸다.

새로운 영감

한 달 만에 수강자 수가 6명에서 30명으로 늘어난 것을 보면서 과거 서핑, 스케이트보드, 스노보드에 이어서 어쩌면 요가가 또 하나의 거대한 유행의 중심에 서게 될지도 모른다고 생각했다. 기능성 의류에 대해 나름 전문가였던 나는 다른 수강자들이 입고 있는 땀에 젖고 헐렁한 면 소재의 봉제 옷보다는 더 나은 옷을 만들어낼 수 있을 것 같았다. 1998년의 헬스클럽의 패션은 지금의 시각에서 보면 쓰레기통에 처박아야 할 정도로 최악이었다.

나는 땀에 관해서 많은 것을 알고 있었다. 나는 평생 거의 매일 하루에 세 번 이상 운동했고, 달리기 15분 전부터 땀을 냈고, 60분 후까지 땀을 흘리도록 체온을 조절했다. 나는 탈취제가 암의 중요한 원인 가운데 하나라고 생각했기 때문에 탈취제를 사용하는 대신 샤워를 자주 하는 편이었다. 그러나 항상 땀을 많이 흘리는 편이었고, 내 옷은 엄청난 양의 땀을 감당할 수 있어야 했다. 나는 '내 옷이 너무 고급스럽지 않고 움직이기도 편안하다면, 세탁과 보관이 훨씬 편하고 관리하는 시간도 절약할 수 있지 않을까?'라는 생각을 자주 했다. 운동하는 동안 옷에 신경을 써야 한다면 그 옷은 운동에 적합하지 않다. 나는 운동복이 주는 불편함을 어떻게 하면 해결할 수 있을지 생각해 보았다. 항상 내 몸과 마음이 편안하게 움직임에 몰입할 수 있도록 해주는 옷을 갖고 싶었다.

요가를 시작했던 초기에는 내 마음속에서 솟아나는 새로운 아이디어들을 잠시 묻어두려고 애썼다. 나는 새로운 기회를 잡아 보고 싶은 충동을 무시해보려고 무진 애를 썼었다. 바리스타가 되겠다는 원래의 계획을 그대로 따랐다면 뒤에 다가올 여러 해 동안의 불확실성과 스트레스, 고된 노동, 책임, 부담, 재정 압박 등의 문제를 겪지 않아도 되었을 것이다. 웨스트비치를 매각하면서 스트레스에서도 벗어나 있었다.

내가 자신에게 무슨 말을 하든, 안에서 솟구치는 아이디어로 인해 느껴지는 어떤 충동은 더욱 강해졌다. 이전에도 그랬듯이 나는 스포츠 업계에서 일어나는 유행의 파도를 5~7년 전쯤에 예측해내는 능력을 가지고 있었던 것 같다. 당시 나는 42세였고, 원래 나의 목표가 40세에 은퇴하는 것이었다는 사실도 생각하고 있었다. 그래서 다른 사업을 또 다시 시작하려는 욕망을 애써 억누르기보다는 일단 마음 가는 대로 몸을 맡기기로 했다. 대신 새로 사업을 시작한다면 이전과는 전혀 다른 방식으로 접근하기로 했다.

나는 웨스트비치를 충분한 자본과 제대로 된 경험도 없이 창업했었다. 그러나 이제는 이 두 가지를 모두 충분히 가지고 있으니 완전한 백지상태에서 내 신념과 일치하는 사업의 밑그림을 그릴 수 있다고 생각했다. 내가 이러한 자신감을 가진 데는 밴쿠버에서 살렘의 머로우 사무실까지 6시간 거리를 자동차로 왕복하면서 청취한 수많은 오디오북 덕분이기도 했다. 나는 사업의 성공과 자기계발, 그리고 인간의 잠재력 등을 다룬 거의 모든 오디오북을 들었다.

나는 어느 날 요가 수업을 마치고 당시 내가 알고 있는 유일한 요가 전문가인 피오나와 다른 수강자들과 함께 요가 수련의 복장에 대해서 대화를 나눴다. 피오나는 자신이 입는 요가복이 단스킨Danskin이라는 브랜드 제품이라고 말했다. 그런데 이 회사 제품은 원단이 얇고, 생산비를 절감하고 싶어서인지는 모르지만 패턴도 사이즈보다 작게 잘렸다. 때문에 요가로 고도로 단련된 신체를 가진 사람들에게나 적합한 제품이었다. 마치 무용복처럼 몸을 한껏 구부리면 원단은 신축성 있게 늘어나 거의 전구처럼 빛이 나듯 색이 밝아지고, 옷 속이 비치는 것 같은 느낌이 들기도 했다.

나는 우선 속이 들여다보이듯 비치는 문제를 해결해 보고 싶었다. 조금 더 두꺼운 원단을 사용하면 속이 비치는 문제도 해결하고, 특히 여성 생식기 부근의 윤곽이 그대로 드러나는 문제를 해결하여 완벽한 여성용 요가복을 만들 수 있다고 확신했다. 인조섬유임에도 불구하고 인조섬유가 아닌 면과 같은 느낌을 주는 기능성 원단을 확보한 다음 습기를 흡수하고, 냄새가 배는 것을 방지해 주는 기능만 추가할 수 있다면 완벽한 하의를 만들 수 있을 것이다. 세상에 지금까지 없었던 요가 팬츠를 만들 수도 있겠다고 생각을 했다.

나는 웨스트비치에서 20년 동안 주로 10대 소년들을 주요 고객으로 상대했다. 이제 여성 의류를 제대로 개발하려면 여성들의 이야기를 들어야 한다. 나는 피오나에게 만일 지금 입는 제품보다 가격은 세 배쯤 비싸지만 모든 문제를 해결한 우수한 제품이 있다면 관심이 있을지 물어보았다. 그녀의 대답은 긍정적이었다. 나는 그녀에게 요가 의류 브랜드를 구상하고 있다고 말하고, 좋은 의견을 가감 없이 내주기를 부탁했다. 그녀는 내 요청을 받아들였다. 이제 나는 내 계획을 실현하기 위한 첫걸음을 내디딘 것이다.

"칩은 내 뇌 안을 손바닥 보듯 들여다보고 싶어 했어요. 그는 요가에 대한 내 생각과 지식을 모두 알고 듣고 싶어 했어요. 칩이 자신의 사업 구상을 이야기할 때 얼마나 흥분하고 있었는지 말로 설명할 수가 없어요. 그가 자신의 사업에 관하여 느끼는 감정은 내가 요가에 대해 느끼는 감정과 같은 것으로 생각해요." 피오나는 말했다.

피오나의 관심은 고마운 것이지만, 새로운 사업을 시작하는 것은 신중히 결정해야 할 일이었다. 바로 두 아들 제이제이와 브렛 때문이다. 나는 내 아들들이 언젠가 자신만의 열정을 찾도록 영감을 주고 싶었고, 자신이 좋아하는 일을 하면서 즐거운 삶을 살려면 어떻게 해야 할지 스스로 찾아내기를 원했다. 42세에 은퇴하고 점점 줄어드는 현금 뭉치를 바라보며 가만히 앉아 있어서는 그들에게 미래의 가능성에 대한 어떤 영감도 전해줄 수 없다. 그 아이들은 이제 청소년기로 접어들고 있기 때문에 더욱 더 그렇다.

나는 훌륭한 아빠 노릇과 사업 사이의 균형을 유지할 수 있도록 내 시간과 에너지를 관리할 수 있을지에 대해 많이 생각해 보았다. 그리고 그것은 전적으로 나 자신에게 달려 있다는 것을 깨달았다. 나는 아버지와 사업가라는 두 가지의 역할을 모두 제대로 해보기로 했다. 그래서 제이제이와 브렛을 내 사업에 참여시키기로 했다. 사실 나는 웨스트비치라는 길고 커다란 여행을 마무리하면서, 앞으로는 가족을 동반하지 않고 비행기를 타는 일은 없을 것이라고 결심한 적이 있었다.

제이제이는 말했다. "아버지는 우리를 사업에 참여시키셨기 때문에 사업의 초창기부터 기억할 수 있어요. 우리는 할머니를 뵙기 위해 밴쿠버에서 샌디에이고로 가는 비행기를 탔어요. 아버지는 체격이 크셨기 때문에 어쩔 수 없이 가운데 자리에 앉으셨지요. 브렛과 나는 아직 어렸지만, 비행기에서 룰루레몬의 로고를 그려보고 있었어요. 물론 우리가 그린 로고들 가운데 하나가 채택될지 어떨지 그때는 알 수 없었죠. 그러나 아버지는 가운데 자리에 앉아서 창의력에 관한 책을 읽으시면서 우리가 그린 삐뚤삐뚤한 그림들을 어떤 식으로든 룰루레몬 로고에 반영시키셨지요. 아버지는 당신께서 하시는 일에 어떻게든 우리를 참여시키시고 싶어 하셨어요. 당신이 무슨 일을 하는지 우리에게 가르치고 알려주는 게 아버지의 역할이라고 생각하신 것 같아요."

이제 조각들이 퍼즐처럼 제자리를 찾았다. 이제는 새로운 모험을 매일매일 어떤 식으로 펼쳐 나갈지를 결정하는 일만 남았다.

· 11장 ·

1998년의 세계

여성을 위한 운동복

1996년 들어서 지금까지 남성들이 지배하는 영역이라고 여겨졌던 익스트림 스포츠에 여성들이 본격적으로 뛰어들기 시작했다. 지금까지는 운동하고 땀 흘리는 것은 여성에게 장려할 만한 덕목이 아니었다. 학교 체육 시간에도 여학생들은 수업에서 빠지는 것이 이상한 일이 아니었다. 물론 올림픽에는 여자 선수들도 참가했지만, 남자 선수들보다는 훨씬 적었다. 그러나 내가 선수로 활동했던 수영은 선수의 절반이 여성인 종목이다. 그러나 소녀가 성인이 되면서 많은 선수들이 중도 탈락했고, 여성들의 몸의 곡선은 유체역학상 수영에 잘 맞지 않았다.

올림픽에 채택되지 않은 종목 가운데 소녀들의 진출이 두드러졌던 종목이 바로 서핑이었다. 그런데 스노보드는 서핑보다 훨씬 더 쉽게 접할 수 있다. 90년대에 운동을 하던 소녀들의 모습은 90년대 오리건주 포틀랜드에서 봄직한 그런지 룩Grunge look과 비슷했고, 이 패션은 스노보드와도 잘 어울렸다. 소녀들이 막 성인이 되는 나이는 요가를 통해 여성스러움을 표현할 수 있는 적기이기도 했다.

이 무렵, 인터넷이 출현했다. (아직 이커머스는 본격적으로 등장하기 전이다.) 자신이 낳은 아들을 애지중지 키우는 미혼모들이 드물지 않게 되었고, 교육 현장에서 여학생들이 두각을 나타내기 시작했다. 코카콜라와 펩시콜라는 '아메리칸 드림'의 상징처럼 세계 시장을 향한 마케팅을 전개하고 있었고, 패스트푸드 없이 생활하는 것이 힘들게 되었다. 미국인들의 체질량지수BMI는 증가하고 있었지만, 아무도 이 사실을 인정하려 들지 않았다.

의류의 세계에서도 따듯한 물과 뜨거운 열기를 뿜는 건조기를 이용한 세탁이 일반화되면서 대부분의 옷이 몇 번 세탁하고 나면 크기가 줄어들었다. 아직 여성들을 위한 운동복 시장은 활성화되지 않았고, 여성들은 사이즈가 작거나 몇 번 세탁으로 줄어든 남성 운동복을 사용하는 게 일반적이었다.

사업을 다시 시작하면서 나는 산악용 의류 분야를 제외하고는 기능성 의류를 연구하고 고민하는 사람은 세상에서 나밖에 없다는 사실을 알게 되었다.

스포츠 분야의 유행을 예측하는 것은 내 재능이자 저주였다. 유행하기 5년쯤 전에 미리 준비하고 제품을 디자인하고, 유행의 이름을 명명하고, 실제로 유행이 현실화할 때까지 기다리며 버티는 것은 정말 어려운 일이었다. 1995년, 나는 스트리트웨어streetwear와 기능성 의류technical apparel 사이의 영역이 겹치는 현상을 설명하기 위해 스트리트테크streettech라는 신조어를 만들었고, 1996년에는 오피스웨어officewear와

스트리트웨어까지 겸한 운동복 시장이 움직이는 현상을 스트리트닉streetnic; street technical의 줄임말이라고 처음 명명했다.

2014년, 뉴욕의 패션 관련 매체들은 이러한 현상을 설명하는 용어로 애슬레저athleisure라는 신조어를 만들었다. 이처럼 두 가지 영역에서 함께 입을 수 있는 부분이 존재한다는 것은 인정해야 하지만 이 용어는 내가 좋아하는 용어는 아니다. 나는 애슬레저라는 용어에서 벨로아Velour 운동복을 입고는 있지만, 운동은 거의 하지 않고, 담배를 피우고, 다이어트 콜라를 마시며 시간을 죽이고 있는 어떤 사람을 연상한다. 운동은 거의 하지 않고 운동복만 입고 시간을 보내는 모습이다.

고습도치 개념

1년 정도, 6시간 거리의 오리건을 오가면서 모로우에서 일하는 동안 나는 약 100권 정도의 책을 오디오북으로 들었다. 스타벅스, 월마트 및 제네럴 일렉트릭의 리테일 영업 분야에서의 성장 역사를 특히 인상 깊게 들었다. 짐 콜린스의 오디오북은 모두 들었다.

이것들을 다 들은 결과, 나는 네 권의 책이 나머지 96권의 내용을 모두 포괄적으로 담고 있다는 결론을 내렸다. 이 4권의 책은 내가 새로운 회사를 통해 구현하고 싶은 철학, 문화, 및 자기계발의 아이디어를 거의 담고 있다. 이 네 권의 책은 다음과 같다.

1. 『더 골The Goal』, 엘리 골드랫

2. 『성공하는 사람들의 7가지 습관』, 스티븐 코비
3. 『성취심리』, 브라이언 트레이시
4. 『좋은 기업을 넘어 위대한 기업으로』, 짐 콜린스
5. 다섯 번째로 하나 더 꼽자면, 책이 아닌 <랜드마크 포럼 과정>을 추천하고 싶다.

특히 짐 콜린스의 『좋은 기업을 넘어 위대한 기업으로』에서 소개한 고슴도치 개념에서 많은 것을 배웠다. 세 개의 원형 다이어그램을 소개하면서 이 세 가지 다이어그램이 겹치는 영역이 개인에게나 회사에나 가장 강점이 되는 영역이라고 그는 말했다. 창업자와 회사가 얽힌 교차 영역이 클수록 기업이 성공할 수 있다는 것이다. 나는 내 삶과 나의 새로운 모험을 생각하면서 다음과 같은 세 개의 원을 그려 보았다.

원 1. 내가 가장 열정을 가진 분야는 무엇인가? 운동
원 2. 내가 '세계 최고'가 될 수 있는 분야는 무엇인가? 신축성 있는 검은색 요가 팬츠
원 3. 나의 '경제적 무기'는 무엇일까? 버티컬 리테일 (또는 중간 유통 단계 뛰어넘기)

운동 활동에 맞는 최적의 기능성 의류를 디자인하겠다는 생각이 나를 사로잡았다. 운동과 의류에 관한 문제 해결에 내 두뇌의 역량을 총동원했다. 디자인과 스케치가 내 노트를 가득 채웠다. 나는 요가 의류의 문제를 해결하는 데 나 자신을 던지면서, 홍미진진함을 느꼈고, 엔

도르핀이 분비가 최고조에 달하는 운동 경험을 할 수 있게 도와주는 의류를 만드는데 온 열정을 다 쏟아부었다.

나는 고승도치 개념을 내게 어떻게 적용해야 할지를 깊이 생각하면서, 세 개의 원이 겹치는 지점이 요가복이 아니라 인재개발이라는 것을 깨달았다. 사람을 키우는 것이 나의 특별하고 새로운 사업의 핵심이라는 것을 깨달은 것이다.

언어적 관념(이전에는 '가치'로 알려진 것들)

문화는 사람들이 기업의 안팎에서의 행동에서 관찰되는 일관성을 만들어 내는 원인이다. 일관성은 회사의 비전과 모든 직원이 이해하는 용어와 그것에 대한 정의라고 할 수 있는 언어적 관념을 채택하는 데서부터 생겨난다. 룰루레몬의 언어적 관념은 앞서 언급한 많은 책들과 오디오북, 그리고 랜드마크 포럼 참여를 통해서 정립된 20~30개 정도의 용어 및 정의로 구성된다.

이들 언어적 관념을 통해 우리 회사는 모든 부서와 지역의 벽을 넘어서 신속하고 효율적으로 소통할 수 있었다. 밴쿠버에 있는 사람은 베이징에 있는 생산업체와 효과적으로 소통할 수 있어야 한다. 의사소통의 촉진을 위해서는 구텐베르크 인쇄기와 팩스, 그리고 이메일 등의 기술적 발전 못지않게 서로 함께 인식하는 언어적 관념이 공유되어야 한다. 직원들이 어떤 용어나 개념을 동일하게 이해할 수 있도록 잘 훈련된 기업은 기하급수적으로 성장한다.

룰루레몬이 스스로 새롭게 정의한 용어는 다음과 같다.

- 목적Purpose: 우리가 존재하는 이유와 우리가 세상에 무엇을 줄 것인가에 관한 선언을 말한다.
- 언어적 관념Linguistic Abstraction: 의사 결정과 하나의 기업 문화 형성을 위한 용어체계이다.
- 존재하는 것Being Present: 존재하는 가장 강력한 방법. 마치 기억상실증에 걸린 것처럼 과거의 기억을 완전히 제거하기로 한다. 과거가 없다고 생각하면 미래를 상상할 근거도 없고, 현재만 남는다. 현재는 우리가 사회 또는 부모, 심지어 스스로에 의해 만들어진 외부 조건으로부터 자유로운 곳이 된다.
- 과거 지우기Clearing the Past: 사무실 서랍이 뭔가로 가득 차 있으면 더 이상 새로운 것을 넣을 수 없다. 마찬가지로 사람의 머릿속에 과거의 경험이 가득 차 있으면 새로운 것을 채울 수 없다. 머릿속이 가득 찬 사람과 의미 있는 대화를 나누는 유일한 방법은 먼저 그의 머릿속을 비우는 것이다. 일단 머리를 비우면 비로소 상대방이 말하고자 하는 것을 들을 수 있는 공간이 생긴다. 머리를 비우려면 듣는 사람이 상대방의 말에 자신의 인생이 달린 듯 집중해야 한다. 듣는 척하는 것은 통하지 않는다.
- 의사소통의 힘Power in Communication: 다른 것에 마음이 빼긴 사람과 소통하는 것은 의미가 없으므로 의사소통의 힘은 전적으로 듣는 사람에 달린 문제이다.
- 미래에서 현재 만들기Creating the Present from the Future: 이것은 과거

경험에서 미래의 삶을 만드는 것과는 반대의 이야기이다. 예를 들어서 1960년에 한 대통령은 "우리는 10년 이내에 사람을 달에 착륙시킬 것"이라고 발표했다. 이것은 과거에 얽매이는 것이 아니라 과거의 정보에 기반을 두고 미래를 설계하는 방식이다.

- 선택Choice: 과거 경험과 사회나 부모, 혹은 스스로에 의해 만들어진 한계로부터 자유로워지도록 결정하는 것이다.
- 헌신적인 경청Committed Listening: 행동할 의무 없이 경청하고 언어적 및 비언어적 의사소통에 주의를 기울이는 것. 헌신적인 청취자는 그들이 듣는 것을 어떤 형태의 필터(성별, 나이, 민족, 세계관, 직업 등)를 통해 인식한다.
- 듣는 것을 고려하며 말하기Talking into the Listening: 대화를 나눌 때, 말하는 사람들은 자신의 성장 과정과 경험을 기반으로 말한다. 그러나 효과적인 대화를 위해서는 상대방의 성별, 나이, 민족, 세계관, 직업 등을 고려하여 그들이 어떤 기반을 바탕으로 자신의 이야기를 듣고 해석할지를 고려해야 한다.
- 헌신적인 말하기Committed Speaking: 기한, 만족할 만하고 동의할 만한 조건 등을 명시적으로 제시하는 소통 방법이다.
- 기한By When Date: 프로젝트 또는 작업이 완료될 시점을 날짜로 약속하는 것이다.
- 만족도Condition of Satisfaction: 완료 여부를 측정할 수 있는 기준이 되는 조치나 요건을 정의한다.
- 시간의 귀중함Time is Precious: 우리의 모든 행동과 의사소통을 통해 지구상의 모든 사람의 한정된 시간을 존중해야 한다.

- 행동 방식Act: 어린 시절에 형성된 존재 방식이다. 어린 시절 아이들은 부모의 도움을 전혀 받을 수 없고 스스로 '자신을 구해 주어야 하는' 마치 '생존의 고비'라고 인식되는 순간을 만난다. 이때 아이는 그들만의 특별한 (재미있을 수도 있고, 지배적일 수도 있고, 경쟁적일 수도 있고, 조용한 방식일 수도 있는) 존재 방식을 통해 생존을 도모하게 된다. 다른 새롭고 특별한 인식이나 선택의 여지가 없으면 이 방식은 성인이 되어서도 그들의 '행동 방식'으로 존재한다.
- 좋게 보이는 것Looking Good : 우리가 스스로 선언한 방식과 다른 방식으로 스스로 존재하는 방법이다.
- 승리 공식Winning Formula: 우리가 어떤 사람인지는 우리가 결코 어떤 사람이 되지 않을 것이라고 결심하고, 우리의 삶을 제한하고, 그러한 길과 가능성으로부터 우리를 멀어지게 하는 순간 만들어진다. (예: 나는 절대 산업디자이너가 되지 않을 것이다.)
- 진실하지 못한 것에 대해 진정성 있게 행동하기Being Authentic About Being Inauthentic: 내가 누구인지, 그리고 어떻게 나 자신을 보호하는지에 대해 숨김없는 개방적인 태도를 유지하기 때문에 내가 '내 행동 방식'으로 되돌아가는 순간 조언을 받을 수 있다.
- 불만Complaint: 발언자가 구체적인 행동을 취하려는 의도 없이 자신의 입장에 대해 근원적이고 확인되지 않은 의지를 표명하는 방식으로 표출하는 것이다.
- 소동Racket: 말하는 사람이 책임을 지지 않고, 상황을 해결하기 위해 조치를 취하지 않으채 반복적으로 불만을 표출하는 방식이다.
- 그 사안의 중심에 서기Being Cause in the Matter: 관중석에서 불평하기

보다 코트 위에서 뛰는 것을 선택한다.

- 끌어당김의 법칙Law of Attraction: 우리는 사람들을 우리 삶의 중심부에 끌어들인다. 우리의 친구들을 마치 나 자신처럼 살핀다. 우리가 누구인지, 그리고 우리가 타인에게 어떻게 비치는지를 확인하려면 친구를 보면 된다.
- 기대 없이 베풀기Giving without Expectation of Return: 우리가 존재할 수 있는 최고의 모습은 대가를 바라지 않고 베푸는 것이라고 믿는다. 끌어당김의 법칙을 통해 우리는 '기대 없이 베푸는' 다른 사람들을 우리의 삶 속에 끌어들이고, 그로 인해 우리의 삶은 위대해질 것이다.
- 종족Tribe: 어떤 브랜드를 자신의 것으로 받아들이는 사람들의 그룹이다. 본질적으로 이들은 동등한 입장에서 소통하며 블로그 등을 통해 대화하며 살아간다. 상대에 대한 설렘과 깊은 이해를 공유한다. 이들은 처음에는 규모가 작고 주류가 아니다.
- 코드Code: 브랜드에 담긴 정신을 구성하는 생각들을 말한다.
- 고슴도치 원칙Hedgehog : 세 가지 원의 교차점을 말한다.
- 티핑 포인트Tipping Point: 브랜드에 관한 한 종족의 신념이 모여 그 강도가 매우 강해지는 순간 그들은 그것을 모든 사람들에게 투사하고 싶은 욕망을 발산한다.
- 바트나B.A.T.N.A; Best Alternative To a Negotiated Agreement, 협상에 관한 최선의 대안: 우리는 우리와 상대방의 바트나를 파악하고 모든 협상에 임한다. 절박한 상황에서는 절대 협상하지 않으며 우리가 체결하는 모든 합의가 훌륭할 것임을 보장하기 위한 것이다.
- 차별화 요소Differentiator: 우리를 경쟁에서 차별화 시켜주는 '그 무엇'.

- D.A.I.: 모든 주요 결정에서 먼저 의사 결정자Decision Maker, 조언 제공자Advice Giver 및 정보를 받는 이해 관계자Informed Stakeholders를 구분하여 의사 결정 프로세스를 신속하게 처리한다.
- 권한 이양Push It Down: 모든 결정은 조직에 대해 일정한 수준의 위험을 끼칠 가능성도 내포하고 있다. 그 위험도가 낮은 결정이라면 권한을 현장 관리자에게 부여하여 결정 자체를 위임하라.
- 악마의 대변인The Devil's Advocate: 중요한 결정을 내릴 때 먼저 '악마의 대변인'을 지정해 우리의 입장을 시험해 본다. 그에게 우리의 결정과 반대되는 견해를 주장하는 역할을 부여하고 토론함으로써 우리의 생각을 다양한 각도에서 검토해볼 수 있다. 그 결과 우리는 보다 신중한 결론에 도달할 수 있다.
- 개인적인 수집Private Collection: 질문이 제기되면 모든 사람이 생각해 두었던 답변을 문서로 조용히 작성하도록 하는 데이터 수집 방법이다. 모든 사람의 목소리가 '들리도록' 하기 위한 것인데 조용하거나 내성적인 사람들이 대화에서 제외되지 않도록 하기 위한 것이다. 목소리가 크다고 해서 반드시 가장 중요한 것은 아니다.
- 품질Quality: 특정 고객은 특정 제품을 다시 구매하고 싶어 한다.
- 디자인Design: 기능이 우선이고 그 다음이 외관상 아름다움이다.
- 성실성Integrity: 우리는 우리가 하겠다고 말한 대로, 우리가 하겠다고 말할 때 예상된 방법으로 행동한다. 그리고 우리가 실패할 때, 우리가 야기한 혼란은 직접 해결한다.

원단

처음 요가 수업을 받을 때부터 내 머릿속에는 요가복으로 적합한 원단이 이미 확실하게 정해져 있었다. 나는 이 꿈의 원단을 이미 14~18세의 여성 스노보더들을 위한 스노보드 의류의 첫 번째 층의 안감으로 사용한 적이 있었다. 당시에는 좀 두꺼웠고, 많이 수축하는 문제점이 있었지만, 이 특별한 합성 원단에는 마치 솜처럼 느껴지는 놀라운 느낌이 있었다. 땀과 냄새를 관리할 수 있는 기술적 특성도 있었다. 게다가 무광의 검은 색상이었다. 웨스트비치 시절 나는 이 원단으로 쇼츠 57벌을 만들어 여러 곳에 판매했는데, 구매한 여성들은 하나 같이 모두 이런 옷을 더 만들어 달라는 편지를 우리에게 보냈던 기억이 있다.

나는 요가복으로 사용하려면 옷의 무게가 가벼워야 한다고 생각했다. 나는 패턴을 효과적으로 늘여 기존의 댄스웨어 팬츠 보다 원단의 소요량을 절반으로 줄이면서도 광택이 나지도 않고, 속이 비치지도 않는 기술을 고안해 냈다. 또 원단 생산 업체와 협력하여 수축, 중량, 기능성 등의 문제를 해결하기 위해 노력했다. 그래도 여전히 원단은 많이 수축했다. 어느 정도 괜찮은 수준이기는 했지만 완전히 만족스럽지는 않았다.

다음으로 생각해야 할 문제는 바느질과 솔기 부분이었다. 1979년에 철인3종 경기복을 디자인할 때부터 당시 선수들이 땀에 젖은 축축한 옷을 입고 뛰었고, 같은 움직임을 반복할 때 솔기와의 마찰로 불편해했던 것을 알고 있었다.

나는 나이키 쇼츠를 입고 10km를 달려도 허벅지 안쪽에 발진이 생기지 않는다는 말을 도무지 믿을 수 없었다. 다리 안쪽에 솔기가 결코 짧거나 적지 않음에도 울퉁불퉁한 허벅지 근육에 아무런 고통을 주지 않는다는 게 말이 되는가 말이다. 입고 달리는 사람들이 매우 마른 체형이거나 후원금을 너무 많이 받아서 아무 불평을 하지 못하는 건 아닐지 혼자 추측을 해보기도 했다.

1998년까지만 해도 스포츠웨어 디자이너라는 직업이 별도로 독립적으로 존재하지 않았다. 당장 나부터 전문 디자이너 수업을 받지 않은 사람이었다. 정식 디자인학교에서 교육받은 친구들은 모두 패션쇼 출품작에만 신경 쓰고 있으니 뭔가 알맹이가 빈 느낌이었다. 시간이 지날수록 오히려 이 점이 차별화할 수 있는 포인트가 될지도 모른다는 생각이 들었다. 디자이너들은 아무래도 미적인 요소를 가장 중요하게 여길 것이다. 의류의 기능성은 패션쇼의 무대 위에서 선보일 수 있는 요소가 아니기 때문에 패션디자이너들은 관심 대상이 아닐 것이다.

지난 1~2년 동안 나는 플랫 심flat seam*에 관한 책을 여러 권 읽고 있었다. 이런 옷은 내부에 돌출된 솔기가 없기 때문에 입고 심하게 움직여도 살과의 마찰이 적다.

나는 플랫 심이 운동복과의 마찰로 인해 발진이 일어나는 것을 해결하는 데 중요한 역할을 할 것을 대번에 알아차렸다. 그러나 이 꿈의 기술을 고객들에게 이해시키기 위해서는 우선 아직 경험도 부족하고 아는 것도 많지 않은 매장 직원들을 교육해야 한다. 재봉 비용이 비싸기 때문에 제품의 가격도 올라갈 수밖에 없는데, 소비자에게 그 가치를

* 두 천을 맞물린 상태에서 시접이라고 불리는 두 개의 재료를 서로 맞닿아 잇는 새로운 봉제방식

제대로 이해시키는 것이 문제였다.

원하는 원단을 개발하는 데만 6개월 이상 걸렸다. 그사이에 나는 큰돈을 질러버렸다. 일본산 플랫 락flat lock 재봉기 두 대를 8만 달러를 주고 구입한 것이다.

기계를 수입하고 원단을 개발하는 동안, 나는 웨스트비치를 매각하면서 손에 쥔 돈의 10% 이상 지출했다. 상품을 개발하고 본격적으로 매출이 발생하려면 아직도 많은 시간이 필요하다는 점을 고려할 때, 현금지출이 너무 많다는 생각이 들었다.

플랫 락 재봉 기계를 사용하니 노동시간을 바지 한 벌당 약 6분으로 줄일 수 있었다. 마치 로봇을 사용하는 것과도 같은 효율성이었다. 원단과 기계 값은 비쌌지만, 인건비가 많이 들지 않았다. 이처럼 로봇 수준의 효율을 가져다주는 기계를 사용한다면 아시아에서 제조하는 것과 비슷한 수준의 생산단가로 생산을 할 수 있을 것 같았다. 게다가 솔기를 숨기지 않고 바깥으로 드러나게 하는 파격적인 시도가 오히려 여성의 몸매를 돋보이게 해준다는 점도 알게 되었다.

나는 이러한 우리만의 솔기 처리 방식이 향후 20년간의 패션 디자인을 변화시켰다고 믿는다. 참고로 누군가 원단과 같은 비율로 늘어나는 솔기용 실을 발명하지 않았다면 플랫 심 기술은 불가능했을 것이다.

새로운 세대의 여성

몇 년 전, 나는 최고 수준의 여성 육상선수와 데이트를 한 적이 있었다. 그녀는 훌륭한 패션 감각을 갖추고 있었고, 환경 문제에 대한 관심도 많았고, 훌륭한 비즈니스 마인드까지 갖추고 있었다. 나이가 나보다는 분명히 어렸기 때문에 그녀를 통해 나보다 어린 세대들에 대해 많은 것들을 이해할 수 있었다. 비록 우리 관계는 잘 진전되지 않았지만, 그녀 덕분에 새로운 세대의 여성 시장에 대해 많은 공부를 할 수 있었다.

그녀는 높은 패션 감각을 가진 여성이었다. 운동복은 그녀의 아름다움을 돋보이게 하는 데 별로 도움이 되지 않는 옷이었다. 입에 발린 칭찬을 하는 것이 아니다. 실제로 그랬고, 나는 왜 그런지 곰곰이 생각해 보았다.

내가 얻은 답은 나이키와 아디다스의 고정관념 때문이었다. 두 회사가 집중하는 화두는 남성과 신발, 그리고 경쟁이었다. 여성용 운동복에 대해서는 신경 쓸 겨를도 없었고, 굳이 만들어야 한다면 남성용 운동복을 좀 더 사이즈를 줄여 만들고, 핑크색 정도의 색상을 가미하면 된다고 생각하는 정도였다. 그들은 여성 고객들의 마음에 딱 드는 제품은 만들어 내지 못했지만, 여성들 입장에서는 여전히 이들 두 회사 제품 말고는 확실한 대안이 없었다.

수축 현상

나는 70년대에 멕시코에서 휴가를 보내면서 한 노숙자가 20년도 더 된 미국 브랜드인 에이카 조Aca Joe 스웨터 셔츠를 입고 있는 것을 본 적이 있었다. 그렇게 오래된 옷이 여전히 튼튼해 보이는 것이 정말 놀라워다.

에이카 조는 열 염색 공정으로 염색한 원단을 사용한 봉제 의류로 구매 후 여러 번 세탁해도 수축이 전혀 없고, 항상 벨벳 같은 감촉을 느끼게 해 준다.

내가 새로 시작하는 회사도 에이카 조 기술을 참고하여, 여러 번 세탁해도 수축이 일어나지 않는 제품이라는 평가를 받는 물건을 생산하고 싶은 생각이 들었다. 구입하고 5년이 지나도 여전히 옷의 감촉과 기능이 새것과도 같은 제품을 만들고 싶었다.

당시에는 운동복을 한 벌 밖에 가지고 있지 않은 여성들이 많았고, 항상 같은 운동복을 입어야 했기 때문에, 냄새를 제거하기 위해 뜨거운 물세탁을 하더라도 옷이 수축하지 않도록 하는 것이 관건이었다. 이 문제를 해결하기 위한 유일한 방법은 제품을 판매하기 전에 모든 제품을 미리 몇 차례에 걸쳐서 뜨거운 물로 세탁하고, 고열 건조기에서 말리는 것뿐이었다.

비즈니스 철학의 수립

18년간 웨스트비치를 경영한 덕분에 캐나다와 아시아의 제조업 현황에 대해서 상당히 깊이 이해할 수 있게 되었다. 그리고 중소기업을 경영하는 노하우도 어느 정도 터득했다. 또 직영점 방식의 판매에 대해서 나만큼 아는 사람은 없다는 자부심도 갖게 되었다.

나는 사람들과 교류하는 것을 좋아했다. 그것이 '나'라는 사람의 독특함을 만들어 준 요인이라고 믿는다. 대개 의류 사업에 종사하는 사람들은 보통 사람들에게는 관심이 없는 제조업자이거나, 보통 사람들과 교류는 많지만, 제조업에 대한 이해는 거의 없는 리테일 업자이거나 둘 중 하나였다. 그런데 나는 두 분야를 모두 경험했다. 특히 직영점 방식의 영업에 대해서는 나만큼의 전문가는 없었다.

창업에 필요한 돈도 충분했다. 이제 바닥에서 다시 시작하지만, 5년쯤 후에 회사가 어떤 모습으로 변할지 충분히 알고 있었다. 이제 내가 할 일은 5년 후를 내다보며 세부적인 계획을 수립하고 다시 시작하는 것이었다.

과거의 경험에 얽매이지 않고, 내가 원하는 방식으로 새로운 회사를 만들어가고 싶었다. 웨스트비치에 있는 동안 겪었던 나와는 맞지 않는 사소한 일들도 새로운 경영철학으로 해결해 낼 것이다. 내가 구성하는 모델은 '일반적인' 의류 사업의 방법론과는 전혀 다른 새로운 방식이었다. 퍼즐의 각 조각은 다른 조각들과 조화를 이루어야 한다. 예를 들어서 회계 절차가 하나라도 바뀌면 그것이 전체의 물류 속도에 영향을 준다. 옷의 디자인이 하나라도 바뀌면 매장 전체의 구성이 엉망이 될 수 있다.

나는 판매직원들을 에듀케이터Educators라고 부르고 싶었다. 그들이 고객이 미처 몰랐던 전문적이고 기술적인 사항들, 예를 들자면 우리가 박테리아를 죽이는 특별한 기능이 있는 은색 실을 사용하기 때문에 악취도 잘 안 나고, 얼룩도 방지할 수 있다는 등의 설명을 고객들에게 할 수 있어야만 우리의 사업이 성공할 수 있다고 생각한다. 즉 그들이 왜 우리 제품들이 비슷해 보이는 타사 제품보다 세 배나 비싼지를 고객들에게 이해시켜야 한다고 생각했다.

즉 나의 새로운 사업 모델의 성공 여부는 이들 에듀케이터들이 얼마나 자신의 역할을 훌륭하게 해내는가에 달렸다고 믿었다. 나는 대졸 이상의 학력을 가진 여성들을 선발하여 특별한 자기계발 촉진 프로그램을 통해 교육하면 훌륭한 에듀케이터 그룹으로 성장시킬 수 있다고 믿었다. 다시 말하지만, 나의 이러한 인재 훈련 방식은 짐 콜린스의 고슴도치 개념에 기반을 두고 있다.

마지막으로 나는 중간 유통업자들에 의해 브랜드의 가치가 흐려지지 않게 하고, 내가 개발한 브랜드를 내 손으로 완전하게 관리하고 싶었다. 그러므로 가능한 한 홀세일 영업을 지양하고, 버티컬 리테일 영업 방식을 고수할 것이다.

버티컬 리테일 유통에 관하여 이야기하려면, 먼저 홀세일 유통에 대해 이야기할 필요가 있다. 대개의 제조업체는 홀세일을 통해 리테일 매장에 상품을 판매하고, 리테일 매장은 이 상품을 소비자에게 판매한다. 이런 홀세일 방식 유통으로는 훌륭한 기술을 구현해 내는 것이 불가능하다. 1996년, 즉 내가 스노보드 관련 의류를 홀세일 방식으로 판매할 당시 우리는 검은 색의 한 겹짜리 여성용 스노보드 바지를 40달러에 생산해서 매장에 80달러에 팔았다. 매장은 80달러를 주고 받아온 물건을 고객들에게 160달러에 팔았다. 이것을 만일 우리가 버티컬 리테일을 통해서 팔면, 생산가격을 30달러로 줄이고 고객들에게는 90달러에 팔 수 있다는 계산이 나왔다. 소매가가 크게 줄었으니 매출 수량도 수천 벌은 더 늘어났을 것이라는 확신이 들었다.

홀세일 방식으로 유통하면 고객들이 미처 생각하지 못하는 기술적인 부분에까지 과감하게 비용을 투자할 수 없다. 실제로 딕스 스포팅 굿즈Dick's Sporting Goods, 미국의 스포츠용품 소매 브랜드 같은 브랜드의 소매 매장에는 제품의 가치를 고객들에게 설명해 줄 수 있는 훈련된 판매사원이 없었다. 게다가 소매점들이 기한 내에 제품 대금을 지불하는 경우는 거의 없었고, 심지어 대금이 밀린 상태에서 파산하는 경우도 있었다. 이 말은 제조업체가 안정적인 자금의 흐름을 기반으로 미래를 계획하고 예산을 수립하는 것이 어렵다는 얘기가 된다. 2017년의 더 스포츠 어쏘리티The Sports Authority의 파산이 대표적인 사례이고, 나이키와 언더아머Under Armour, 그리고 아디다스도 비슷한 어려움을 겪었다.

회사가 홀세일 중심으로 유통을 하게 되면, 주도권을 리테일 업자가 갖게 된다. 그들은 지난 분기에 판매된 제품을 분석하고 이를 기반으로 다음 시즌에 어떤 모델의 제품을 매장에 들여놓을지를 생각한다. 대개 소매업자들은 작년과 비슷한 제품을 요구하게 된다. 그렇게 되면 그저 손해 보지는 않을 정도의 안정적인 매출은 보장할 수 있지만, 디자인은 시대의 흐름에 뒤처지게 된다. 소매점들은 손익분기점을 초과하는 매출을 달성하고, 그만큼의 돈을 벌게 되지만, 그들은 모험에 자신을 노출하려고 하지 않는다.

홀세일 유통의 문제점은 소매점이 일방적으로 가격을 인하하더라도 이를 막을 수 없다는 것이다. 소매점이 할인을 많이 하면, 여기에 익숙해 진 소비자들을 대상으로 정상가격으로 판매하기가 어려워진다. 지나친 할인은 브랜드의 가치 자체를 떨어뜨리지만 이를 막을 방법이 없다.

나는 마치 '기억상실증' 환자와 같은 마음으로 의류를 디자인해 보고 싶었다. 마치 병원 침대에서 오랜 잠에서 막 깨어나 과거에 대한 기억이나 내가 알고 있던 의류에 대한 고정관념이 하나도 없는 완전한 백지상태에서 말이다. 룰루레몬을 구매자 중심이 아닌, 디자이너 중심의 회사로 만들고 싶었다. 즉 소매점의 운영자가 아닌, 본사의 디자이너가 모든 중요한 결정을 내리는 방식으로 회사를 운영하고 싶었다.

직영점 영업의 장점은 브랜드와 고객의 경험까지 직접 관리할 수 있다는 점이다. 나는 매장의 디스플레이와 영업 직원의 채용과 관리까지 직접 하고 싶었다. 나는 고객들이 매장에서 하는 아주 사소한 체험에서까지도 특별하고 창의적인 영감을 얻는 매장을 만들어보고 싶었다.

물론 버티컬 리테일 유통이 그 나름의 문제가 없는 것은 아니다. 모든 것을 본사가 일일이 책임져야 하므로 회사에 부담이 커진다. 워낙 많은 직원이 필요하기 때문에 무엇보다도 사람을 사랑할 줄 알아야 한다. 직원을 채용하고, 임금을 지불하고, 관리하는 것 그 자체가 힘든 일이다. 매장을 운영하는데 드는 온갖 간접비용까지 회사가 책임져야 하고, 이것은 고스란히 상품 가격에 반영된다. 매장 임차료, 재고 보관, 관리, 시설 개선, 매장 설계, 심지어 도난 비용까지 본사가 부담해야 한다.

나는 단순한 스포츠 용품 매장을 넘어서는 매장을 만들어보고 싶었다. 회사가 매장을 직접 소유함으로써 제조업체가 누리는 이익과 소매점이 누리는 이익을 모두 회사가 가져가게 될 것이다. 고등교육을 받은 직원을 선발하고 훈련해, 이들이 회사를 위해 임금을 받은 것 이상의 기여를 할 수 있도록 하는 것이 나의 비즈니스 철학이다. 여성을 위한 아름다운 기능성 운동복을 만들어 충분히 제값을 받고 판매하고 싶었다. 이제까지 아무도 시도하지 못한 일을 나는 해 보고 싶었다.

그러나 다시 모든 것을 위기로 몰아넣을 순간이 다가왔다.

타깃 시장 설정

나는 경험을 통해 지금까지 거의 대중화되지 않았던 어떤 상품이 짧은 기간 동안 세 번 정도 내 눈에 띄면, 그것이 5~7년쯤 후에는 많은 대중이 찾을 정도의 붐을 일으키게 된다는 것을 알게 되었다. 1998년 어느 날, 우연히 요가에 관한 기사를 읽었고, 우연히 누군가가 대화 중에 요가에 관해 이야기하는 들었고, 며칠 후에 전봇대에 붙은 요가 수업 광고를 보았다.

비슷한 시기에 이 세 가지 사건을 경험한 것 말고도 요가의 유행을 예측할 만한 근거는 또 있었다. 그해의 북미주 대학 졸업생의 60%가 여성이라는 것이다. 나는 이 기사를 읽고 정말 놀랐다. 내가 대학을 다니던 70년대에는 졸업생 중 여성의 비중은 20%에 불과했다.

1998년 이전까지 북미 지역에서는 여성들은 취업하더라도 결혼하고 임신을 하는 24세 이전에 대부분 직장을 떠나고 취업 시장에서 사라진다는 고정관념이 있었다. 실제로 내 주변의 친구들 대부분이 그랬다. 하지만 나는 여성 교육이 아프리카의 지나치게 높은 출산율을 낮추고, 결국 그것이 아프리카의 빈곤 퇴치로 이어질 수도 있다는 기사를 읽었고, 여성의 미래를 다른 차원에서 생각해 볼 수 있었다. 나는 고등

교육을 받은 여성들의 비중이 높아진다는 사실이 인구통계를 통해 확실하게 확인될수록 출산율도 낮아지고 첫아기를 출산하는 연령은 높아지리라 생각했다.

이러한 현상은 북미 시장에 이전에 존재하지 않았던 새로운 현상을 만들어 낼 것이라고 믿었다. 전에는 존재하지 않았던 새로운 시장, 즉 24세 이상 35세 이하의 미혼, 혹은 출산 경험이 없는, 교육 수준이 높고, 미디어에 능통하고, 건강과 운동에 관심이 많은 전문직 여성 그룹이 등장할 것이라고 본 것이다. 이들은 여행을 즐기고, 자신의 이름으로 콘도를 소유하고 1년에 8만 달러 이상의 연봉을 받고 패션 감각까지 있는 여성들이다.

이들의 등장을 생각할수록 내 마음속에는 이들의 정체성, 이들이 겪을 상황, 새로 펼쳐질 사회와 역사에 대한 것들이 새로운 그림처럼 계속 그려졌다. 여성은 가정을 이루는 24세쯤이면 회사를 그만두기 때문에 여성 인력을 양성하기 위해 투자할 필요가 없다는 생각이 지배적이었기 때문에, 여성 인재들을 활용한다는 사업 구상 자체가 이전과는 전혀 다른 새로운 도전이었다.

파워 우먼과 슈퍼걸

나는 시장의 다양한 영역들을 제대로 식별하고 이해하기 위해 내 나름의 '명제'를 만들어 보았다. 그것은 나에게 역사적인 맥락을 통해 시장을 바라보고, 시장의 미래를 예측할 수 있게 해주는 일종의 브랜드 구축 연습이기도 했다. 나는 또 다른 사회과학자들처럼 시장의 특정한 영역에 이름을 붙이게 되면, 그로 인해 그 영역에 새로운 힘이 불어넣어 진다는 것을 알게 되었다. (X세대, 밀레니엄 세대 등) 나는 새로 떠오른 여성 틈새시장에 주목하면서 이들이 어떤 가정환경을 가지고 있고, 그들의 부모는 어떤 사람일지 생각해 보았다. 60년대와 70년대 초반, 피임약이 널리 유행했다는 사실이 떠올랐다.

피임의 발달은 일종의 성적 혁명The Sexual Revolution을 촉발하며 성적으로 왕성한 40대 이상의 모든 사람의 성생활 양상을 완전히 바꾸어 놓았다. 과거와는 다르게, 여성은 자신의 임신을 스스로 통제할 수 있게 되었다. 자신이 아이를 낳을 것인가 말 것인가, 낳는다면 몇 명을 낳을 것인가를 스스로 결정할 수 있게 되었다. 심지어 출산 시기까지 스스로 정하면서 자신의 삶을 훨씬 주도적으로 영위할 수 있게 되었다. 그리고 지금까지 남성의 전유물로 여겼던 직장 생활 등 사회활동에 뛰어들 기회도 얻게 되었다.

반면 남성의 삶은 피임약의 등장으로 크게 바뀌지 않았다. 그러나 새로 독립성이 커진 삶을 살아가기 시작한 여성들과의 관계를 어떻게 설정해야 할지를 고민해야 했다. 이러한 새로운 변화는 이혼의 일상화를 가져왔다. 이혼율은 70년대 후반과 80년대 초반에 최고조에 달했다. (이후 이혼율은 완만한 감소 추세이다.)

70년대와 80년대를 거치면서, 이혼과 성평등을 둘러싼 새로운 대중적 인식이 형성되었고, 여성을 대상으로 한 새로운 소비시장이 형성되었다. 나는 이들을 파워 우먼이라고 부르기로 했다. 이들은 많은 시간을 직장에서 보내고, 깨끗한 자신만의 집을 가지고 있고, 자녀에게는 이혼 전과 다름없는 사랑과 관심을 보이려고 노력한다. 그들은 사회생활과 운동, 삶의 균형, 그리고 충분한 수면 사이에서 늘 시간의 부족함을 느낄 수밖에 없었다.

나는 피임약에 호르몬 성분이 지나치게 많이 들어 있다는 이야기를 어느 글에서 읽은 적이 있다. 과도한 호르몬 성분 복용에 수면 부족과 업무 스트레스, 그리고 나쁜 식습관까지 더해져 90년대의 유방암 발병률이 증가했을 가능성도 있다. 파워 우먼들은 그들의 아버지들의 사업 성공의 사례를 따라가고 싶었고, 그들의 추진력은 물론 건강하지 않은 생활방식까지 모방했다. 유감스럽게도 이는 파워 우먼들의 건강에 악영향을 미쳤고, 심지어 생명까지 위협했다.

파워 우먼의 등장으로 사회에는 큰 변화가 일어났다. 이 여성들은 투자를 유치하고, 정상에 오르고 남성과 동등하게 대우받기를 원했다. 여성이라고 해서 24세쯤 직장을 그만두고 아이를 갖는다는 것은 오랜 과거의 일이 되었다.

또한 80년대에는 새로운 패션 트렌드가 형성되었다. (남성들이 정장에 넥타이를 매는 것이 일반적인 것처럼) 어깨에 큰 패드가 들어간 파워 수트Power Suit; 여성성보다는 실용성과 고상함이 강조된 여성 직장인 패션를 입은 파워 우먼들을 회의실에서 쉽게 볼 수 있었다. 비즈니스 세계에서의 그들의 자신감과 새로운 위치를 웅변하는 듯했다.

이 파워 우먼들은 자신이 낳은 딸들도 장차 경제적으로 자립할 수 있도록 하려면 교육이 필수적이라는 생각을 무의식적으로 하고 있었다. 그들은 가정과 직업을 동시에 조화시키려면 교육과 상당한 수입이 필수적이라는 것을 알고 있었다.

이 딸들 가운데 많은 수는 주말에는 이혼하여 따로 사는 아버지들과 보냈는데, 이 아버지들은 이혼 후 혼자 사는 데 상당히 서툰 사람들이었다. 이 아버지들은 대개 딸들이 스포츠 활동을 하는 것에 대해 지지를 보내고, 격려하고 돕기 위해 최선을 다하며, 그들의 코치이자 멘토 역할도 했다.

나는 이 소녀들이 어린 시절, 신축성 있는 원단으로 만든 옷을 입고 망토를 걸친 남자들이 활개 치며 세상을 구해내는 토요일 아침 시간의 애니메이션 프로그램을 보며 많은 영향을 받았다고 생각한다. 80년대에 들면 이런 슈퍼 히어로 애니메이션에 여성도 주인공으로 등장하기 시작한다. 이들 여성 주인공들도 몸에 착 달라붙으면서도 은근히 여성스러운 옷을 입고 망토를 걸치고 있었다.

나는 애니메이션 속에 등장하는 강한 여성 주인공들이 남자 아이들과 모든 면에서 경쟁을 하는 소녀들의 롤 모델이 되고 있다고 느꼈다. 그들은 자신들의 어머니 세대의 복장과는 전혀 다른 방식의 드레스 코드에 자연스럽게 익숙해져 있었다. 여성들이 남성들과 경쟁한다고 해서 옷을 소년이나 남성처럼 입을 필요는 없었다. 애니메이션에서 슈퍼히어로들은 성별과 상관없이 동등하게 묘사되고 있다. 나는 이런 소녀들이 또 다른 시장을 형성할 수 있다고 보고, 그들을 슈퍼걸Super Girl이라고 이름 붙였다.

내가 보기에는 이들 슈퍼걸들은 성의 불평등을 경험해 보지 못했다. 적어도 그들의 어머니 세대와는 다른 경험을 하며 자랐다. 그들은 자신들이 남성들과 똑같은 교육을 받았고, 오히려 우대받으면서 자랐다고 생각하고 있었다. 슈퍼걸들은 여자 대회에서 우승하거나 여성 공로상 같은 것을 받는 데 만족하지 않았다. 그들은 더 큰물에서 놀면서 남성과 여성을 통틀어 최고가 되고 싶어 했다.

내가 이들을 염두에 두고 설정한 명제는 디자인과 브랜드 구축에 효과가 있었다. 나는 딱 한 명의 가상의 여성을 염두에 두고 그를 위한 브랜드와 디자인을 만들기도 했다. 이 가상의 여성의 이름은 오션Ocean이며, 생일은 9월 28일로, 나이는 32살로 설정했다. 1998년 당시의 설정이지만 그녀는 세월이 흘러도 하루도 더 늙거나 젊어지지 않는다. 나이키가 특정 프로스포츠의 남성 선수를 후원하는 것처럼, 우리는 세상의 모든 오션을 후원하게 될 것이다. 기업의 후원을 받는 사람이 제품에 열광하게 만들지 못하면, 세상의 다른 소비자도 제품에 열광하지 못할 것이라는 점은 나이키나 룰루레몬이나 마찬가지였다.

나는 22세에 대학을 졸업한 여성들은 모두 32세쯤 되었을 때 탄탄한 경력을 쌓고 눈부시게 건강한 신체를 갖는 꿈을 꾼다고 가정했다. 그녀는 사업상의 이유나 여가를 즐길 목적으로 여행을 하며, 콘도를 소유하고, 고양이를 키운다. 그들은 패션에서도 앞서가고 매우 높은 수준의 삶을 누릴 능력이 있다. 32세쯤 되었을 때, 원한다면 결혼도 하고, 아이도 낳을 수 있고, 상황에 따라서 계속해서 풀타임으로 일을 할 수도 있고, 파트타임으로 일하거나, 아예 일을 그만둘 수도 있다. 무엇이든 선택할 수 있는 상황이다.

2~3명의 자녀를 낳아 기르는 42세의 여성은 32세 때의 자신의 모습을 여유 있고, 시간 많고, 엄마로서의 스트레스도 없고, 건강을 유지하기도 쉬웠던 시절이라 생각하며 그리워한다.

인구통계학적 관점에서 볼 때, 나의 이상적인 고객은 1998년 당시에는 32세가 아니었다. 1998년 당시 그녀는 24세였다. 그러니까 나는 이상적인 고객이 세상에 출현하기 8년 전부터 그녀를 상상한 것이고, 그리고 8년 후에 그녀가 될 그 사람을 위해서 디자인했다. 슈퍼걸은 모든 연령대의 여성들에게 상징적인 존재였고, 나는 그들이 바쁜 삶 속에서도 완벽하게 옷을 잘 입는 사람들이라고 생각했다.

요가의 효능

1998년, 요가복이 등장할 준비는 끝났다. 슈퍼걸들은 대학을 이제 막 졸업했다. 그들은 24살쯤 되었지만, 머지않아 32세의 전문직 여성으로 성장할 것이다. 그들은 몸매와 건강을 유지하는데도 상당한 관심을 가진 사람들이었다.

요가는 몸의 균형을 유지하는 좋은 운동이었고, 서로 경쟁하는 종목도 아니고, 아무데서나 할 수 있기 때문에 운동을 위한 시간도 절약할 수 있었고, 정신 안정에도 도움을 주는 운동이었기 때문에, 전문직 여성들의 필요에 아주 잘 들어맞는 운동이었다. 나도 요가가 엔도르핀 분비를 얼마나 훌륭하게 돕는지를 직접 경험했었다. 나는 요가가 섹스나 마약, 에스프레소 커피, 서핑, 스케이트보드, 스노보드, 그리고 머지않아 등장할 스마트 폰의 신호음 못지않게 엔도르핀 분비에 탁월한 효능이 있음을 경험으로 알고 있다.

3배나 비싼데…

버티컬 리테일을 통해서만 판매될 우리 제품의 가격은 단스킨 요가복보다 3배나 비쌌지만, 품질 만큼은 최고일 것이다. 이는 스타벅스가 그들의 커피에 대해서 가지고 있는 자부심과 비슷한 것이다.

언뜻 생각하기로는 품질이 더 좋다고 해서 세 배씩이나 비싼 돈을 지불할 사람이 과연 있을까 싶기도 하지만, 나는 슈퍼걸들은 그 정도의 돈은 충분히 쓸 수 있는 전문직업인이 되리라 생각하고 있었다. 나는 그들이 필요하다면 옷을 구입하는 데 얼마든지 지갑을 열 것을 알고 있었다. 나는 룰루레몬의 제품을 한 5년 정도 사용한 여성이라면, 우리 옷을 구입한 것이 자신이 한 최고의 투자라고 생각하게 될 것이라고 믿었다.

그들은 많은 소득이 있고, 건강에 대한 관심도 높아서, 유기농 식품을 찾고, 운동을 즐긴다. 그들은 건강했고, 대학 졸업 후 첫 출산을 하는데 걸리는 시간이 이전 세대보다 4~8년쯤 더 길었다. 그래서 임신으로 인해 체형이 변할 걱정은 접어 두고 옷에 더 많은 투자를 할 수 있었다. 그래서 슈퍼걸들은 자신이 스타일을 오래 유지해 줄 고품질의 의류에 아낌없이 돈을 쓰는 경향이 있다. 그들은 양질의 재료로 만든 까다로운 제품에 기꺼이 돈을 썼다.

우리의 옷은 헬스클럽이나 요가 수련장 밖에서도 입을 수 있도록 디자인되었다. 운동하기 전, 운동복을 입은 채로 아이들을 학교에 데려다주고, 쇼핑도 하고, 커피를 마시러 갈 수도 있다. 룰루레몬이 나오기 전에는 여성들이 운동복을 입고 거리를 활보하는 것을 어색하게 생각했었다.

적어도 이론적으로는 그들은 나의 이상적인 고객이었다. 그러나 이론적으로 구상한 바를 현실에서 성취하기 위해서는 우리는 슈퍼걸들과 직접 대화를 나누고, 그들에게 도움을 요청해야 했다.

나는 이들 여성이 내 마음속에 구체적으로 그려져 있는 디자인에 대해 긍정적인 반응을 보일 것이라고 믿었지만, 앞서 경험했듯이 내가 목표로 한 시장에 정확하게 맞는 제품을 내놓기 위해서는 그들이 요구하는 바를 정확하게 알아야 했다.

나는 지금까지 패션을 주도하던 동부 해안의 패션업체들의 영향력이 쇠퇴하고 있음을 느낄 수 있었다. 장기적으로 볼 때 높은 수준의 품질을 유지하지 못하고, 진정성을 바탕으로 구축된 브랜드가 아닌, 억지로 구축한 가짜 이미지와 평범한 품질을 바탕으로 만들어진 패스트푸드 같은 브랜드의 생명력이 길 수는 없었다. 게다가 여성을 위한 패션 상품인 만큼 이미지와 품질에 더하여 미적인 요소까지도 탁월해야 한다.

룰루레몬의 초기 디자인

90년대 초반 리복Reebok이 잠시 히트했고, 영화배우 제인 폰다가 시니어 여성복 브랜드를 출시하면서 다이어트 프로그램을 내놓기도 했지만, 그것들은 잠시간의 유행이었을 뿐이고, 여성 운동복 패션 사업은 서서히 죽어가는 것 같았다. 90년대 스포츠 의류 브랜드들은 주로 전면에 큰 브랜드 로고를 새겨 넣은 티셔츠에서 수익을 창출했다. 운동에 적합하고, 기능적인 의류를 전문적으로 디자인하는 디자이너는 아직 존재하지 않았다. 기술적인 문제를 99.99%까지 해결하기 위해 머리를 짜내는 디자이너는 없었다. 대부분의 디자이너는 패션쇼 현장에서 개인의 창의성이나 미적 감각을 발휘하는 훈련을 받은 사람들이다. 그들에게 디자인은 시각적 감각이 전부였다. 반면 의류의 기능성은 그들의 시각적 센스를 발휘할 수 있는 분야가 아니었다. 기능성은 육안으로 확인될 수 있는 것이 아니었다. 게다가 아직 대도시에서 요가가 유행하기에는 시기상조였다. 나는 미지의 영역으로 들어가고 있었다.

아만다 던스무어Amanda Dunsmoor는 내가 웨스트비치에서 외출용 재킷을 디자인하기 위해 고용한 디자이너이다. 그녀는 디자이너이기 이전에 운동을 즐기는 여성이었고, 상큼하고 건강한 이미지를 자랑하는 전형적인 밴쿠버의 스포츠우먼 스타일의 외모를 가지고 있었다. 우리는 키칠리노에 있는 침실 한 개짜리 낡은 나의 아파트 식탁에 마주 앉아서 포커스 그룹을 조직하여 테스트할 제품의 샘플들을 개발했다.

아만다의 표현에 의하면 이렇다. "나이키와 아디다스, 그리고 리복도 있었지만, 아직 여성들을 위한 몸에도 딱 맞고 느낌도 좋은 운동복은 없었어요. 그때 칩은 완벽한 기능성 섬유를 개발하는데 열심이었지요."

나는 종이에 무언가를 스케치하고 그것을 디자인으로 키우기 위해 아만다에게 넘겨주었다. 보통 나의 스케치는 대략적이었지만 특정한 부분에 관해서는 매우 구체적이었다. 나는 아만다에게 이런 식으로 말하곤 했다. "이 부분은 좀 투명했으면 좋겠어요. 플랫 심이 실과 닫지 않게 팔과 안쪽 허벅지 아래로 떨어져 있었으면 좋겠어요. 요가 팬츠를 입었을 때 성기 부분이 두드러지는 것을 막으려면 다이아몬드 모양으로 천을 덧대는 것이 중요하다고 생각해요. 체육관이나 헬스클럽에서뿐 아니라 거리나 공공장소에서 입는 데도 불편하게 느끼지 않아야 하고요."

초반에 주력한 제품은 하의였다. 당시 시장에 나와 있었던 대부분의 운동복 하의는 허리가 높았고, 필요한 부분에 안감을 덧대지도 않았다. 가장 난감한 부분은 가장 민감한 부위의 봉제 이음선이 약간 벌어지면서 반짝거리기까지 한다는 것이다. 여자들끼리 있을 때나 입는 댄스스타킹으로나 사용할 수 있는 옷이었다. 아직 여성들이 운동용 스타킹을 착용하지 않을 때였다. 나는 발목이 약간 나팔 모양으로 퍼지는 제품을 원했다. 엉덩이가 둥근 여성들을 더 돋보이게 할 것으로 생각했기 때문이다.

나는 우리가 생산하는 하의의 허리선도 남성용 서핑 쇼츠와 비슷해야 한다고 생각했다. 대체로 운동을 많이 한 여성은 엉덩이가 더 크고 허벅지와 허리의 비율이 더 높았다. 즉 후면의 높이가 전면보다 더 높아야 한다. 그래야만 운동을 하면서 허리를 굽히거나 쪼그려 앉아도 엉덩이 골이나 허리가 드러나지도 않고, 앞쪽 천이 접히지도 않는다. 처음 내가 요가를 시작할 때와는 달리 당시의 요가 수업은 난방이 충분히 잘 되는 전용 수련장에서 진행되고 있었기 때문에, 수련생들은 체온을 발산할 수 있는 짧은 상의를 선호했다. 이는 90년대 중반이나 2014년경의 앞과 뒤의 허리선이 모두 높은 하의 스타일과는 확실히 달랐다. 2018년에는 허리 라인을 잡아주는 하의를 원하는 여성들의 요구에 맞춰서 앞면 허리선이 높은 하의가 나왔다. 그러나 1998년 당시 몸매가 뛰어난 여성들은 허리선이 높은 하의를 원하지 않았다. 그들은 강도 높은 요가 동작을 하는 동안 땀을 조절하기 위해 더 많은 피부를 공기에 노출할 수 있도록 낮은 허리선을 원했다.

처음에 출시한 제품들은 간단했다. 우리는 하의 2종, 쇼츠 1종, 상의 3종을 디자인했다. 각 스타일마다 약 4~5개 사이즈로 구분했다. 원단이 너무 비싼 데다 염색 공정이 2,000m 단위로 이루어졌기 때문에 우리는 검은색 한 가지 원단만 구입했다.

이런 제약이 있었지만 우리는 검은색 원단에 검은색 실을 기본으로 하여 필요하면 다른 색 실을 이용해 요가 팬츠를 만들고, 상의의 목과 팔 부분에 여러 가지 색의 천을 트림 테이핑하는 아이디어를 동원했다. 검은색을 중심으로 다양한 색상의 원단을 가미하여 고객의 선택을 다양하게 했던 것이다.

여성들의 신체에 맞는 최적의 스타일이 옷을 디자인하기 위해 노력을 하면 할수록 우리의 제품에 확신이 생겼다. 또 하나의 과제는 회사의 새로운 이름이었다. 내가 서핑과 스케이트보드, 그리고 스노보드 부문에서 성공할 수 있었던 데는 웨스트비치라는 회사 이름도 한몫했다. 마찬가지로 요가에 맞는 상징적이고 기억에 남을 만한 느낌을 줄 만한 그럴듯한 이름이 필요했다.

회사 이름 짓기

나는 애슬레티칼리 힙Athletically Hip 등 20여 가지의 회사 이름과 로고를 생각해 보았다. 그 가운데는 룰루레몬 애슬레티카lululemon athletica도 있었는데, 이 이름에는 나름 사연이 있다.

웨스트비치 시절 우리는 홈리스 스케이트보드Homless Skateboards라는 스케이트보드 브랜드를 인수했다. 우리는 2~3년 동안 홈리스 제품을 제작했고, 일본에서도 인기가 많아서 그곳에서도 상표 등록을 시도했다. 그러나 이 과정에서 의외의 장애물을 만났다. 홈hom(또는 옴므homme)이 프랑스어로 남자를 의미하기 때문이다. 예상치 않게 이상한 어감을 주는 이름을 상표로 등록하기는 어려웠다.

당시는 스케이트보드가 이미 정점을 찍었고, 스노보드의 시대가 오는 중이었기 때문에 나는 유통업자들과 직원들에게 홈리스 스케이트보드는 이미 끝났다고 선언했다. 나는 더 이상 그 브랜드나 스케이트보드에 불필요한 자원을 투입할 필요가 없다고 생각했다.

일본인들에게는 그들 특유의 독특한 심리가 있는 것 같다. 그들이 2년 동안 수입했던 제품의 공급이 중단되자, 일본 소비자들은 그 제품을 마치 희귀 아이템으로 인식하는 것 같았고, 두 배의 가격으로 거래된 것이다. 그 해인 1990년에 나는 웨스트비치의 새로운 스노보드 의류 샘플을 들고 일본인 바이어들을 만났는데 그들은 대뜸 "윌슨 씨. 홈리스 제품은 안 가져 왔나요?"라고 물었다.

이에 나는 "이제 더 이상 홈리스 브랜드 제품을 만들지 않습니다."라고 대답했다.

이듬해 일본에서는 스노보드 의류의 인기가 크게 높아졌고, 일본 바이어들은 내게 똑같은 질문을 했다. "윌슨 씨. 홈리스 제품은 없나요?" 나는 다시 똑같은 대답을 해야 했다. 당시 엔화 가치는 최고치를 경신하고 있었고, 일본 자본은 훗날 2018년에 중국인들이 했던 것처럼 북미주의 호텔과 부동산, 그리고 각종 브랜드를 거침없이 인수하고 있었다. 일본 바이어로부터 전화가 왔다.

홈리스 브랜드를 인수하고 싶다는 제안을 받은 것이다. 나는 깜짝 놀랐다. 나는 홈리스 상표를 내 이름으로 등록하지도 않았고, 웨스트비치도 공식적으로 이 브랜드를 소유하지도 않은 상황이었기 때문이다. 그래서 나는 별생각 없이 말도 안 되는 높은 가격을 불렀음에도 그들은 망설임 없이 그 가격을 받아들였다. 나는 정말 놀랐다. 내가 이제까지 벌어들인 돈 가운데 가장 쉽게 벌어들인 것이다.

그 후로 나는 일본 바이어들이 왜 그렇게 홈리스라는 브랜드를 사들이고 싶어 했는지 가끔 생각해 보았다. 당시 일본 소비자들은 '진정한' 미국 문화에 열광하고 있었고, 일본의 대형 무역회사들은 북미 혹은 서구에서 탄생한 브랜드에 큰 매력을 느낀 것 같았다.

여기에 더하여 이름의 음가 때문이 아닌가 하는 생각도 든다. 홈리스라는 이름에는 알파벳 'L'이 들어 있는데 일본어에는 그런 발음이 없기 때문에 이름에서 미국의 느낌이 강하게 난다는 것이다. L이 들어 있는 브랜드 이름에 일본 소비자들, 특히 20대 소비자들은 북미, 혹은 서구의 느낌을 강하게 느꼈던 것 같다.

이 점에 착안하여, 나는 이후에도 알파벳 L이 들어간 이름을 계속 떠올린 것이다. 내 노트에 그런 이름을 떠오르는 대로 적었다. 요가 의류 브랜드를 개발할 때도 마찬가지였고, 노트에 적어 놓은 수많은 이름 가운데 하나가 룰루레몬이었다.

그 단어가 특별한 의미를 가진 것은 아니었다. 게다가 80년대, 디트로이트에서 생산된 레몬Lemon이라는 이름의 자동차가 소비자로부터 악평을 받고 있었던 점을 고려하면 룰루레몬이라는 이름은 좀 위험하기까지 했다. 그러나 레몬이라는 단어 자체에는 신선함을 주는 어감이 있다. 일단 나는 포커스 그룹의 의견을 들어보기로 했다.

나는 남성 중심의 운동복 회사나 브랜드보다는 부드러운 브랜드 이미지를 만들어보고 싶었기 때문에 룰루레몬이라는 이름은 소문자 엘(l)로 시작하고 싶었다. 나는 또 포커스 그룹과 토론하면서 만든 많은 로고 스케치 초안을 토대로 그래픽 아티스트인 스테판 베넷Stephen Bennett과 함께 디자인 작업을 했다. 그는 내 스케치를 토대로 알파벳 대문자 A 주변에 원을 그린 도안을 디자인했다. 이 디자인은 애슬레티칼리 힙이라는 이름을 이미지로 구현한 것이다.

회사의 이름을 등록하려면 브랜드명에 브랜드의 성격을 설명하는 이름이 붙어야 한다. 즉 룰루레몬이라는 이름과 함께 회사의 성격을 설명하는 단어가 붙어야 한다. 가장 무난한 단어는 운동이라는 의미의 애슬레틱Athletic 이었지만, 이 단어에는 왠지 무겁고 덜 위생적이기까지 한 남성용 스포츠 매장이 떠오른다고 생각했다. 룰루레몬은 미국 서부 해안의 기술과 유럽 특유의 패션 감각이 어우러진 제품이었기 때문에 애슬레틱에 소문자 에이(a)를 더 붙여 애슬레티카Athletica라는 단어를 사용하면 약간 세련된 이탈리아의 이미지를 줄 수 있다고 생각했다.

포커스 그룹

나는 직영점을 통해서만 제품을 판매하기로 하고, 암리타 손디Amrita Sondhi라는 여성을 고용하여 포커스 그룹을 구성하는 것을 포함하여, 직영점 매장을 여는 일과 관련된 세세한 일들을 맡겼다.

우리는 포커스 그룹으로 10명으로 구성된 10개의 팀을 구성했다. 그들은 모두 20~40세 사이의 여성이었다. 나는 키칠라노 해안에서 한 블록 정도 떨어진 내가 최근에 이사한 아파트에서 이들과 자주 모였다.

포커스 그룹에 속한 여성들 가운데 한 사람이었던 아만다 던스무어는 그때를 이렇게 말했다. "포커스 그룹 모임은 재미있었습니다. 칩의 아파트의 식탁에 우리는 모여 앉았습니다. 모인 사람 중에는 요가 강사도 있었고, 로고 디자인을 맡은 디자이너도 함께 참석한 것으로 기억합니다. 우리는 이 모임을 통해서 사람들이 어떤 요가복을 원하는지 충분히 알게 되었습니다. 나는 요가를 해본 적이 없었기 때문에, 그들의 의견은 매우 중요했습니다. 그들이 없었다면 요가복을 디자인하기 어려웠을 겁니다."

이런 그룹을 이끄는 특별한 교육을 받은 적은 없었지만, 나는 이 그룹을 금방 효과적으로 운영할 수 있게 되었다. 우리는 참석자들에게 20개의 브랜드 이름, 20개의 로고, 그리고 가장 좋은 운동화 브랜드는 무엇이며, 왜 그 브랜드를 좋아하는지 등을 포함한 여러 개의 질문지를 나눠 주었다.

또 건강과 비타민의 복용, 새로운 운동의 경향에 대한 그들의 생각, 또 그들이 마사지 치료나 비슷한 요법을 시술하는 의사, 또는 지압사 등으로부터 치료나 시술을 받은 적이 있는지 물었다. 또 그들이 좋아하는 음악과, 여성 탈의실이나 쇼핑의 전반적인 경험 속에서 느꼈던 불편한 점이나 개선할 점에 대해서도 들었다.

가장 중요한 일로 그들이 가장 좋아하는 운동복이나 문제점이 있어 개선하기를 바라는 운동복을 한 벌씩 가져오라고 요구하기도 했다.

초기 우리 디자이너 가운데 한 명인 섀넌 그레이Shannon Gray는 말했다. "포커스 그룹은 룰루레몬 제품 디자인의 발전에 매우 중요했고 수년 동안 디자인 과정의 일부가 되었습니다. 우리는 사람들에게 가장 좋아하는 운동복을 가져오라고 요청했습니다. 우리는 다양한 운동을 즐기는 사람들로부터 그들이 무엇을 좋아하며, 시장이 무엇을 놓치고 있다고 생각하는지를 배울 수 있었습니다. 어떤 회사가 우리보다 더 잘하고 있는지, 그렇다면 어떻게 우리가 그들을 뛰어넘을 수 있는지도 알게 되었습니다."

서서히 트렌드가 눈에 들어오기 시작했다. 다양한 주제에 대해서 개방형의 질문을 던지면 참가자들이 단답형의 답변을 하는 것을 넘어 상호 간의 대화를 끌어낼 수 있다는 것도 배우게 되었다. 그리고 그런 토론을 통해서 흥미롭고 유용한 정보를 얻을 수 있다는 것을 알게 되었다.

나는 그들과 대화하면서 그룹마다 세 차례 정도 무릎을 '탁' 칠 정도의 영감이 떠오르는 것을 경험했다. 이는 참가자들도 마찬가지인 것 같았다. 한 여성이 모두에게 완전하게 새로운 방식으로 생각할 수 있는 계기가 될 만한 말을 한 적도 있다. 그럴 때마다 나는 주의 깊게 듣고 메모했다.

개인적인 생각이지만 나는 먼저 과거가 정리되지 않으면 미래를 만들 수 없다고 생각한다. 그래서 참가자들에게 운동복을 구입하는 과정에서 매장이나 매장 직원들로부터 받은 서비스 가운데 별로 효과가 없었다고 생각되는 것을 이야기해 달라고 요구하기도 했다. 이런 식으로 참가자들이 각자 겪었던 과거의 경험이 정리되고 나면 미래의 문제를 해결하기 위한 질문으로 넘어갈 수 있다.

우리는 참가자들이 미래의 운동에 관해서 어떻게 생각하는지, 좀 더 긍정적인 방향으로 변화하려면 운동복이 어떤 기능을 수행해야 한다고 생각하는지를 알고 싶었다. 예를 들어서 스노보드의 경우는 원래 둔중하고 무거운 부츠와 레이스 스키 복장을 사용했으나, 프리 라이딩, 파이프 라이딩이 유행하고, 설질雪質이 높아질수록 거기에 맞는 장비와 의복이 필요했다. 마찬가지로 요가도 처음에는 대체로 수련 방식이 비슷했으나 시간이 갈수록 운동 강도가 높은 파워 요가, 비크람Bikram, 플로우flow, 스포츠 요가, 명상 요가 등으로 시간을 두고 순차적으로 발전과 변화를 거듭했다.

포커스 그룹을 운영하면서 가장 만족스러웠던 것은 사람들이 처음 우리가 개발한 원단을 만졌을 때의 반응이었다. 지금까지 면과 비슷한 촉감의 기능성 원단을 개발한 사람은 아무도 없었다. 나는 이 소재가 아직은 완성 단계는 아니어도 이미 특별하다고 생각했지만, 눈이 크게 떠지는 것 같은 그들의 반응을 보면서 우리는 이전의 것들과는 다른 특별한 것을 만들었다는 것을 확신하게 되었다.

나는 이렇게 만든 요가 팬츠의 혁신이 사람들의 행동과 삶의 방식에까지 영향을 줄 것이라고 직감했다. 원단을 직접 손으로 만져본 포커스 그룹 사람들은 하루라도 빨리 그 원단으로 만든 운동복을 입어보고 몸에 닿는 촉감을 느껴보고 싶어 했다.

그들도 이 원단으로 만든 옷을 입으면 원단이 늘어날 때 반들거리는 현상이나 비침 없이 마음 편하게 요가 동작을 수행할 수 있다고 생각하는 것 같았다. 그러나 결과는 그 이상이었다. 그들은 요가 수련장에서뿐 아니라 수련장을 오가는 길에 이 옷을 입고 거리를 다녀도 아무 문제가 없다는 것을 확신하게 된 것이다. 생식기 주변의 윤곽이 드러나는 불편함을 해결한 것은 획기적인 혁신이었다. 바로 이 문제 때문에 사람들은 요가복을 밖에서 입기를 꺼렸다. 나는 슈퍼걸들이 시간을 매우 중요하게 생각한다는 것을 알고 있었다. 요가 수련 전후에 옷을 갈아입지 않고 하루를 보낼 수 있다면 약 45분 정도 절약할 수 있다.

웨스트비치는 서핑과 스케이트보드, 그리고 스노보드 관련 의류에서 성공했다. 그 이유는 구매자들이 우리 옷을 거리에서도, 일상에서도 입을 수 있었기 때문이다. 철인3종경기나 비치발리볼, 산악자전거 관련 의류는 스트리트웨어로까지 개발하지 못했기 때문에 실패했다. 나는 룰루레몬이 성공하려면 그 옷을 입고 하루 24시간을 생활해도 어디에서도 어색하지 않아야 한다고 생각했다.

회사 이름과 로고

지금도 나는 "회사 이름을 어떻게 지었습니까?"라는 질문을 받는다. 그 답은 투표이다. 나는 애슬레티칼리 힙과 룰루레몬 등 20개의 이름을 포커스 그룹에 선보였다. 나는 애슬레티칼리 힙이 압도적인 지지를 받으리라 생각했지만, 놀랍게도 룰루레몬이 압도적인 표를 받았다. 그러면서도 포커스 그룹 참가자들은 애슬레티칼리 힙에서 사용하려고 했던 A자를 섬세하게 변형한 로고를 최고의 로고로 선택했다.

롱팬츠

1996년, 웨스트비치에서 스노보드 부츠를 판매할 때의 일이다. 첫 주에 13~15의 큰 사이즈 부츠가 모두 팔렸다. 더 거슬러 올라가면, 1973년에 내가 190cm의 십 대였을 때 나는 내 주변의 사람들의 평균 키보다 12cm는 더 컸다. 그러나 1997년이 되고 나니 이 키는 평균 키 정도가 되었다. 사람들의 키는 점점 커지고 있었다.

나는 내 체형에 맞는 바지를 찾기가 어려웠다. 특히 세탁 후 수축하는 문제 때문에 더욱 더 그러했다. 나는 내 나름의 방식으로 이 문제를 해결했다. 나는 일본에 자주 갔기 때문에, 일본의 매장에는 대부분 재봉틀이 있다는 것을 알고 있었다. 일본인들은 대개 몸통은 긴 반면 팔다리는 좀 짧다. 미국제품을 판매하는 일본 소매점에서는 모든 바지를 구매자의 체형에 맞게 길이를 줄여주는 수선 서비스를 해주었다.

나는 일본에서 얻은 아이디어를 룰루레몬의 매장에 초기에 도입하고 싶었다. 키 큰 여성에게 그들의 체형에 맞는 수축 가공된 요가 팬츠를 제공하면서도 제품의 구입 후 수선비용을 절감할 수 있는 서비스를 제공하기로 했다.

몸에 맞는 디자인

내가 70년대에 유럽을 여행할 때, 유럽 사람들의 옷을 입는 방식이 눈에 띄었다. 옷을 잘 입는다는 말이다. 옷의 디자인 라인이 실제보다 몸이 더 잘 맞는 것 같은 착각을 하게 했다. 유럽인들이 체형에 맞는 디자인에 얼마나 많은 고민했는지 알 수 있었다. 그것은 내가 뉴욕 패션 잡지에서 본 것과는 크게 달랐다. 유럽 패션에는 기능적인 것이 전혀 없었다. 그냥 정말 좋아 보였다.

유럽의 '스타일'과 북미 서부 해안의 '기능성'을 모두 반영할 수 없을지 생각하기 시작했다. 그것이 결국 스트리트테크streetech라는 아이디어의 시작이었다. 어린 나이에 넓은 세상을 본 덕분에 그런 생각을 할 수 있었다고 생각한다.

룰루레몬이 탄생하기 전까지, 패션은 상의나 하의 중 하나가 몸에 착 붙는 경우는 있어도, 둘 다 그런 경우는 없었다. 신축성 있는 원사를 사용하여 원단을 더욱 몸에 꼭 맞게 만들었으며 역사상 처음으로 여성들은 꽉 조이는 상의와 몸에 착 붙고 허리의 앞선은 낮고, 뒷선은 높은 하의를 동시에 입게 되었다. 요가 수련장의 온도 때문에 짧은 상의는 필수적이었다. 이 세 가지가 하나로 조합되니 지금까지 아무도 상상하지 못했던 모습이 연출 되었다.

내가 웨스트비치에서 그리고 룰루레몬에서 성공할 수 있었던 것은 스타일을 중시하는 유럽적 요소와 기능성을 중시하는 북미주 서부 해안의 요소를 완벽하게 조합하면서도, 기능성을 더 중요하게 생각했기 때문이다.

더 넓은 어깨, 더 가는 허리, 그리고 더 날씬한 엉덩이 등이 강조되면, 그 옷을 입은 사람들의 자신감도 상승하고, 우리가 생산한 옷도 멋지게 보인다. 우리의 로고는 자연스럽고 아름다운 여성의 몸을 반영하고 있다. 상의와 후드의 솔기에 룰루레몬의 로고를 붙였다. 굳이 로고를 읽으려 하지 않고도 로고의 지향하는 바를 알 수 있게 해준다는 것은 브랜드 디자인의 중요한 변화였다.

하의도 마찬가지였다. 하의의 솔기를 어디에 둘 것인가 하는 것은 고민거리였다. 여성들은 거울을 볼 때 솔기가 옆쪽에 있는 것이 엉덩이를 날씬하게 만들기 때문에 옆 솔기를 더 좋아한다. 그러나 나는 솔기를 뒤로 붙여서 엉덩이의 틀을 잡아주어, 엉덩이를 좀 작게 보이도록 하고 싶었다. 그녀들의 남자친구들이 이유는 전혀 알지 못한 채 그녀들에게 왠지 멋져 보인다고 말하게 하고 싶었기 때문에 나는 내 생각을 고집했다.

나는 보이는 아름다움과 보이지 않은 아름다움이 적당하게 어우러지기를 바랐다. 무엇보다도 룰루레몬이 품질 좋은 옷의 대명사가 되고, 고객들은 그것을 자랑스럽게 입어주기를 바랐다.

룰루레몬 애슬레티카는 그렇게 탄생했다.

· 12장 ·

룰루레몬 성장하다

이층 매장

아무것도 없는 상태에서 무언가를 창조해 내고, 사업 초기의 조각들을 제자리에 배치하고, 그 퍼즐들을 맞춰서 완전하고 독창적인 모습을 만들어내는 것은 신나는 일이다. 룰루레몬 애슬레티카는 처음부터 기존의 다른 브랜드 소매점과는 차별화된 방식으로 운영하겠다는 생각이었기 때문에, 선례로 삼을 만한 모델이 없었다. 평생의 실패와 성공의 경험을 총동원해야 했다. 그리고 모든 매장의 표준이 될 만한 매장, 즉 콘셉트 매장을 따로 만들어야 했다.

키칠라노의 웨스트4번가 말고는 적당한 장소가 없었다. 웨스트비치의 밴쿠버 매장이 있던 곳에서 멀지 않은 해변 바로 위였다. 나는 룰루레몬이라는 이름으로 새로 등장한 우리 회사가 키칠라노, 그리고 그곳에 사는 사람들과 잘 어울리기를 바랐다. 웨스트4번가라는 위치는 우리 사업의 성패를 좌우하는 결정적 요인이 될 것이다. 룰루레몬이라는 브랜드 자체가 이 도시만의 독특하고, 운동을 좋아하고, 절반쯤은 히피 같은 묘한 분위기를 풍기는 이곳의 대학생들로부터 영감을 얻어 만들어진 것이었다.

나는 매장을 임차할 만한 충분한 자금도 없었고, 아직은 상품도 충분히 다양하게 갖추지 못한 상황이었기 때문에 눈에 잘 띄는 대로변 매장 대신 뒷골목의 칙칙해 보이는 계단을 걸어서 올라가야 하는 한 공간을 찾아냈다.

위치상으로는 웨스트4번가의 중앙이지만 외진 곳인 이곳을 최대한 활용할 방안을 찾아야 한다고 생각했다. 그래서 나는 이 공간을 개방형 사무실과 물류창고를 겸한 전시매장으로 활용하기로 했다.

나는 이 공간을 찾아온 고객들과 직접 소통하는 디자인연구실로 활용할 수 있다고 생각했다. 그리고 바로 옆에 재봉실도 만들었다. 우리는 고객들이 디자인 과정을 직접 관찰하는 시각적 경험을 하고, 그 특별한 경험에 대한 입소문을 낼 것이라고 기대했다.

아만다는 이렇게 회상했다. "한쪽 구석에는 사무공간을 두고, 한쪽에는 옷을 걸어서 전시했습니다. 고객들과 대화하며, 그들이 무엇을 좋아하고, 무엇을 마음에 안 들어 하는지 직접 확인하고 바로 반영하는 환상적인 디자인 공간이었습니다. 나는 고객의 의견을 즉시 다음 도면이나 디자인에 반영했습니다. 많은 사람은 계단을 올라가야 하는 애매한 공간에 대해 회의적이었지만, 매장 분위기는 좋았습니다. 오히려 너무 부족한 것이 많은 것이 오히려 멋진 부티크 같은 느낌을 주었습니다."

매장을 운영하면서 1/3은 디자인 공간으로 1/3은 보관창고로 활용했다. 나머지 1/3이 디스플레이와 판매 구역이었다. 아직은 6~8가지밖에 안 되는 룰루레몬 제품만으로 매장을 채우기에는 너무 넓었기 때문에, 공간을 채우고, 품목도 다양화할 겸, 그리고 경쟁사의 제품과 비교도 할 겸해서 다른 회사의 제품도 진열했다. 고객들이 굳이 계단을 올라와야 할 이유를 만든 것이다. 챔피온, 아디다스, 필라, 가이아, 캘빈클라인 언더웨어, 캐논대일의 사이클링 장비, 그리고 내가 개선해보려고 했던 기존의 댄스웨어도 들여왔다. 아메리칸 어패럴북미지역의 의류 유통사에서 티셔츠를 사서 목 뒤의 라벨들을 '룰루레몬'으로 바꾸고 전면에 반짝이는 그래픽을 인쇄했다.

섀넌 그레이는 이들 브랜드에 주문을 넣고 각 브랜드의 영업 담당자와 연락을 주고받는 일을 담당했다. 그녀는 또 고객이 어떤 제품에 관심을 두는지 관찰하고 가장 많이 팔리는 제품이 어떤 디자인, 원단, 기능, 가격 등의 이유로 팔리는지를 분석하는 일을 맡았다. 그녀가 파악한 정보는 룰루레몬의 새로운 디자인을 개발하는데 기초정보로 활용될 것이다.

나는 룰루레몬의 품질이 입소문을 타고 대중들에게 알려지기까지 시간이 필요하다는 것을 알고 있었다. 한편으로는 매장 공간을 가능하면 효율적으로 사용하기를 원했다. 공간을 흰색으로 칠하고 원래의 리놀륨 바닥은 흉해 보였기 때문에 가능한 한 저렴한 카펫을 구해서 깔았다. 거리와 같은 높이의 1층 매장은 아니었지만, 지금도 기억에 남는다. 전면의 창밖으로는 산이 보여서 전망은 좋았고, 공간 전체에 좋은 에너지가 충만한 공간이었다.

어느 날, 매장의 노랑 강아지 바젤이 바닥에서 미끄러지면서 바닥

카펫 한쪽에 놓여진 방향제 한 병을 쏟았다. 이게 행운이었다. 그 멋진 향기는 18개월이나 계속 사라지지 않았고, 고객들은 그 향기를 좋아했다.

기분 좋은 에너지, 알 그린Al Green의 음악, 그리고 산이 내다보이는 전망까지, 따로 매장을 꾸미려고 투자할 필요가 없었다. 선반을 따로 설치하는 대신 천장 대들보에 나사를 박고 거기에서 줄을 내려 목제 옷걸이를 설치했다. 이렇게 해서 큰돈을 들이지 않고 옷을 전시할 수 있는 전시공간을 마련했다. 이런 소소한 것들을 활용하고, 재활용하니 4,000달러도 안 되는 비용으로 최초의 룰루레몬 매장을 꾸밀 수 있었다.

기능성 디자인

포커스 그룹에 참여한 여성들은 시간 활용에 매우 민감해했다. 나는 이 점을 진지하게 생각하면서, 여성 고객이 매장에 들어와 옷을 한 벌 선택하는 데 걸리는 시간을 계산해 보았다. 그리고 만일 그 시간에 그 여성이 직장에서 일한다면 얼마나 벌 수 있을까 생각해 보았다. 그래서 우리는 일반적인 패션 매장과는 달리 외관이나 색상보다는 철저하게 기능성을 중심으로 매장을 설계하기로 했다. 예를 들어서 팬츠 월Pants Wall, 각종 팬츠를 원단과 활동 강도에 따라 매장 내 한쪽 벽면에 진열한 공간은 바쁜 고객들이 각자의 운동 방식에 맞춰 기능적 요소, 크기, 그리고 색상을 한눈에 보면서 신속하게 자신에게 맞는 제품을 찾을 수 있도록 했다.

매장의 크기, 위치, 층마다 배치할 에듀케이터의 수, 탈의실 수, 계산대 수, 그 밖의 매장의 다양한 요소와 가격, 품질까지 조화를 이루어 매장을 구성하는데 몰두했다. 지금 생각하면 아주 가치 있는 활동이었다. 시간이 많이 지난 후, 룰루레몬 매장은 애플과 티파니에 이어 단위 면적당 매출이 세계에서 세 번째로 높다는 평가를 받게 된다.

로고

어렸을 때 나는 큰 로고가 그려져 있는 티셔츠를 좋아했는데 아마도 그때는 사람들이 나라는 존재를 주목하기를 바랐던 것 같다. 말수가 적고, 심리적으로 좀 위축되어 있던 어린 시절, 나는 로고를 통해 자신을 드러내고 싶었던 것 같다. 여자 친구를 사귀고 싶었을 때도, 내가 입은 옷의 로고가 크면 나를 멋진 사람으로 생각하며 주시할 것이라고 생각했던 것 같다. 서핑보드나 스케이트보드, 그리고 스노보드 시장의 고객들은 14~18세의 소년들이 주 고객이므로 큼직한 로고가 필요 했다. 또 선수들에게 많은 돈을 지불하면서 그 옷들을 입히고 있었기 때문에, 로고가 쉽게 눈에 띄면 선수들을 따라 옷을 입고 싶어 하는 아이들에게 광고효과를 제대로 발휘하게 된다.

그러나 나이가 들어가면서 점차 자신감이 생기고 신체의 성장이 멈추면서 좋은 품질의 옷을 오래 입게 되면, 더 이상 큰 로고가 박힌 옷을 원하지 않게 된다. 몇 번 입다 버릴 티셔츠나 로고가 커다랗게 박힌 옷에는 더 이상 관심이 가지 않았다. 오히려 의류 브랜드 자체가 내가 상상하는 품격 그 자체를 대변해 주기를 원했다.

교육 수준이 높고, 마케팅을 좀 아는 소비자라면, 거액을 지불하는 스폰서 계약의 본질을 꿰뚫어 볼 안목이 있다고 믿는다. 운동을 즐기는 세련된 소비자는 품질은 좋고, 로고는 작게 디자인된 제품을 찾는다. 룰루레몬이 처음 등장했을 때 옷에 붙거나 인쇄된 로고의 크기는 1인치였다. 그다음에는 0.5인치로 줄여서 옷의 등판에 붙였다. 다만 그 로고가 햇빛에 반사되도록 디자인했다.

에듀케이터

웨스트비치가 한창 인기를 얻고 있을 무렵, 경쟁사들이 우리 주변으로 하나둘씩 몰려와 자리를 잡으면서 키칠라노는 세계적인 스포츠 의류 소매 타운이 되어버렸다. 나는 룰루레몬 매장을 찾는 고객들은 다른 매장에서와는 다른 대우를 받아야 한다고 생각했다. 다른 의류 매장처럼 판매직원이 고객들에게 다가가 고객들에게 가장 어울리는 것은 저것이라고, 더 싸고 좋은 제품은 이것이라고, 마지막 할인에 들어가 특별히 싸게 살 수 있는 제품이라고 알려줄 필요는 없다고 생각했다.

초창기에는 고객에게 어떤 것이 잘 어울린다는 이야기는 하지 않는 것을 영업의 원칙으로 삼았다. 똑똑한 고객은 굳이 그런 말을 들어야 할 필요가 없다고 생각했다. 말로 하는 패션 영업은 우리 고객의 시간을 낭비하게 만들뿐이다. 오히려 고객을 기만하고, 그들에게 도움이 되지 않는다고 생각했다.

나는 어떻게 하면 판매직원을 통해 우리 제품의 기능성을 고객들에게 알릴 수 있을지 고민하며, 직원을 훈련할 시스템을 개발하고 싶었다. 또 매장에서 사용하는 명칭을 우리의 독특한 경영철학에 맞게 모두 바꾸고 싶었다. 나는 매장 직원을 '판매사원'이라고 부르고 싶지 않았다. 돈을 벌기 위해 작정하고, 고객을 속이는 사람들 같은 느낌이 들었기 때문이다.

스노보드 재킷을 만들 때도 나는 고객이 눈으로는 확인할 수 없는 기능성을 가진 옷을 만들고 싶었다. 홀세일을 통해 제품을 공급 받는 매장에서는 판매직원들의 설명과 품질이 표시된 태그만으로는 우리가 만든 옷 특유의 기술력과 기능을 설명할 수 없었다는 것이 고민이었다. 반면 직영 매장에서는 눈으로는 확인할 수 없는 기술적인 특징을 고객들에게 설명할 수 있었고, 결과적으로 고객들은 가격이 높아도 그 타당성을 충분히 이해할 수 있었다. 그러므로 나는 버티컬 리테일 영업을 고집할 수밖에 없었고, 매장 직원들은 고객을 교육하는 역할을 해야 한다고 생각했다.

대학교육까지 받은 아버지가 교사로 일하면서 적은 월급으로 고생하셨던 것을 생각하며, 나는 버티컬 리테일을 통해 에듀케이터들에게 충분한 임금을 지불하고 싶었다. 중간 상인의 마진을 없애면 직원들, 즉 에듀케이터들에게 다른 곳의 판매직원들보다 30%쯤 높은 임금을 지급할 수 있다고 생각했다. 계산상으로는 매니저급 에듀케이터들에게는 공립학교 교사의 두 배 정도의 급여를 지급할 수 있었다.

1호 매장

1999년 3월, 룰루레몬 애슬레티카의 첫 매장이 열렸다. 애매한 위치에 있는 건물의 2층에 있었던 덕분에 접근성은 떨어졌지만, 그래서 더욱 특별했다. 첫날 온 사람들은 포커스 그룹에 함께 한 사람들과 그들의 친구들, 그리고 요가 관련 종사자들 정도였다.

첫 매장은 콘셉트 매장의 기능도 했다. 장차 다른 곳에 또 다른 매장을 낸다면 이 매장을 표본으로 삼자는 생각이었다. 고객들과 디자인에 관해 이야기하고, 커뮤니티를 형성하고, 생각이 깨어 있는 선수들에게 우리 제품의 장점 알려서 '앰배서더Ambassador'라고 부르는 홍보 대사로 삼자는 생각이었다.

룰루레몬 의류에는 각각의 고유한 이름과 정체성을 부여했다. 나는 제품마다 이름을 붙이면 고객이 제품의 이면에 숨겨진 정신과 기술적 우월성을 더욱 잘 이해할 수 있고, 자연스럽게 그들을 교육할 수 있다고 생각했다. 예를 들어서 우리가 처음 만든 팬츠 제품은 70년대를 연상케 하는 검은색 라이크라 소재의 플레어 핏 팬츠였다. 우리는 그것을 부기 팬츠Boogie Pants라고 이름을 지었다. (2017년 뉴욕의 MoMAMuseum of Modern Art는 '패션은 현대적인가Is Fashion Modern?'라는 제목으로 열린 패션쇼에서 부기 팬츠를 선보이면서 사회 변화의 촉매제라고 소개했다.)

그 특별한 디자인의 팬츠는 여성의 엉덩이에 헐렁하게 걸쳐진 히피 스타일 벨트에서 영감을 받아, 약간의 디자인 요소를 가미해 벨트를 장착한 그루브 팬츠Groove Pants로 발전되었다. 엉덩이가 움직이면 장착된 벨트도 움직인다. 처음에는 잘 팔리지 않았는데, 무릎까지 다리를 슬림

하게 하고, 발목 부분을 좀 더 퍼지는 모습으로 디자인을 바꿨다. (이런 혁신적인 아이디어를 행동에 옮긴 디자이너는 앞서 언급한 섀넌 그레이였다. 미리 말해두자면, 나는 몇 년 후에 그녀와 결혼했다.)

벽은 산뜻한 색상의 페인트로 칠했고, 산이 바라보이는 전망은 좋았고, 뭔가 좋은 기운도 느껴졌지만, 웨스트4번가에 위치한 2층 매장은 내가 걱정한 대로 유동인구가 많지 않은 곳에 있는 것이 문제였다. 직원들은 계단 바닥에도 샘플 의상을 걸어둘 이동식 옷걸이를 설치하고, 행인들을 상대로 제품에 대해 홍보하는 등 행인들의 발걸음을 매장으로 끌어 오기 위해 할 수 있는 일은 다 해보았다. 소수이지만, 직원들이 우리가 하는 일에 자부심을 가지고 있었고, 그것을 바라보는 나는 가슴이 뭉클했다.

초창기부터 이윤을 남기는 것은 무리라고 생각했다. 고객들에게 필요한 운동과 건강 정보를 제공하는데 집중했고, 고객이 실제로 무언가를 사느냐 하는 것은 그다음 문제라고 생각했다. 이러한 업무 모델의 성패는 나와 함께 일하는 모든 사람이 자신들이 멋진 일을 하고 있다고 확신하는 데 있었다. 내가 개인적으로 바라는 것은 이전처럼 자주 비행기를 타고 여기저기 다니지 않고, 매일 아침 사무실에 자전거를 타고 출근하는 것이었다.

사람들이 더 오래, 더 건강하고, 더 재미있는 삶을 살 수 있도록 도와주는 것이 룰루레몬의 원래 비전이었다. 내 마음속의 그림은 그렇게 간단했다.

그리고 일단 우리가 만든 옷을 한번이라도 입어보고 그 기능성을 이해하고 피부의 감촉을 느껴보게 되면, 누구나 단골이 될 것이라고 확신했다. 계산상으로는 하루에 구입 고객이 3~5명만 꾸준히 유지되면 손익분기점은 맞출 수 있었다. 그러나 재고가 빨리 소진되지 않는 것은 문제였다. 규모의 경제라는 요소를 고려할 때 스타일별로 500~2,000벌씩 생산해야 하는데 그 생산비가 모두 재고로 묶이는 것은 고통스러운 일이다. 판매가 더 늘어나지 않으면 다양한 스타일을 제작할 수 없다. 이것이 바로 직영점 시스템의 문제였다. 성공하려면 더 많은 자본과 시간이 필요하다. 왜 대부분의 기업이 직영점 방식의 영업을 하지 않는지 이해가 되기 시작했다. 룰루레몬에 관한 입소문이 퍼지기를 기다리는 것 말고는 다른 방법이 없었다.

매장 내 요가 수업

피오나 스탕은 론 잘코Ron Zalko: 1970년대 후반 캐나다 밴쿠버에서 피트니스 사업을 개척한 인물 체육관에서 여전히 요가를 가르치고 있었는데, 그곳은 실내 온도가 좀 낮아서 파워 요가 수업을 진행하기에는 불편했다. 나는 우리 매장에서 수업하자고 제안했다. 우리는 아침과 저녁 시간에 매장 내의 옷걸이들을 한쪽으로 옮기고 그곳에서 피오나가 요가를 가르칠 수 있게 했다. 엎질러진 방향제에서 나는 향내에 어우러진 땀 냄새는 룰루레몬 매장의 상징이 되었다.

피오나는 그 지역의 유일한 요가 선생이었다. 요가를 배우고 싶어 하는 사람은 우리 매장에 오지 않을 수 없었다. 요가 수련장에서 의류도 판매한다는 것을 알게 된 사람들은 친구들까지 데리고 와서 상품을 둘러보았다.

나는 여성들이 매장을 방문해 우리가 만든 요가 팬츠를 입어보면, 진심 어린 입소문이 날 것이라고 확신했다. 입소문은 룰루레몬을 확장하는 유일한 방법이었다. 브랜드의 명성을 구축하는 길은 멀고 힘들겠지만, 언젠가는 확산속도가 빨라져 수요와 생산이 기하급수적으로 늘어나리라 생각했다.

"칩은 모든 사람, 특히 관심을 가질 만한 사람들을 매장으로 끌어드리는 방법을 기막히게 잘 알고 있었어요. 기발한 아이디어였어요." 피오나는 말했다.

광고

요가 저널 매거진Yoga Journal Magazine은 건강과 웰빙을 중요하게 여기는 사람들을 대상으로 발행하며 어떻게든 살아남으려고 애를 쓰는 평범한 간행물이었다. 하지만 나는 요가의 미래가 과거 서핑이나 스케이트보드, 스노보드와 비슷한 흐름을 타게 될 것이라고 보고 있었다. 그래서 나는 과거 버튼 스노보드Burton Snowboard: 미국의 유명 스노보드 제조사가 스노보드 비즈니스에서 했던 것처럼, 내가 최고의 광고주가 되어 이 잡지의 처음 몇 페이지를 내가 원하는 대로 구성할 수 있다면, 룰루레몬을 요가 업계의 국제적 리더로 만들 수 있을 것이라는 생각을 했다.

룰루레몬에서 사용한 나의 마케팅 접근 방식은 웨스트비치에서와 마찬가지로 파격적이었다. 나는 브랜드를 알리는 대신, 다른 것을 대중들에게 알리고 싶었다. 우리의 적이 누구인지, 우리는 누구와 싸워야 하는지를 분명히 하고 싶었다. 불필요한 약품을 홍보하는 대형 제약회사, 건강에 좋지 않은 식품을 만드는 회사 등 인간의 생명을 단축하는 모든 것과 싸우고 싶었다. 단기적인 이득을 취하기 위해 장기적인 고통을 주는 허위 광고도 반대했다.

90년대 들어서, 일본 여행자들이 가치가 올라간 엔화를 밴쿠버에 가져와서 쓰기 시작했다.

당시 루츠 애슬레틱스Roots Athletics가 운동복 시장에 진출하여 마케팅을 전개하고 있었다. 내가 보기에는 그들의 제품은 캐나다의 호수에서 카누를 타는 정도의 활동에는 맞을지 몰라도 운동복으로는 별로였다.

우리는 루츠와 일본인 관광객을 소재로 처음으로 세 가지 광고를 제작했다. 커다란 안경을 쓴 소녀와 '부유한 일본 관광객들을 위한 트렌디한 의류'라는 문구가 등장했는데, 여기에 등장하는 소녀가 루츠의 땀복 상의를 입고 있었다.

첫째로 나는 뉴욕의 패션계와 미디어들이 스포츠 의류도 패션의 일부로 다루고 있음에도 불구하고 '유행'이라는 단어에는 신경을 쓰고 싶지 않았다. 둘째로 옷만 제대로 차려 입는 것에만 정신없는 일본인 관광객을 놀리고 싶었다. 그리고 셋째로 루츠가 스스로 자신들의 제품이 운동에 가장 적합하다고 광고하고 있다는 점을 놀리고 싶었다.

나는 우리의 주요 공략 대상인 슈퍼걸들이 우리가 만든 광고의 미묘한 메시지를 이해하고 무의식적으로 룰루레몬'족'에 편입되고 싶어한다는 것을 알게 되었다. 이러한 현상은 말콤 글래드웰의 저서 『티핑 포인트』에 잘 분석되어 있다.

우리가 만든 두 번째 광고는 밴쿠버에서는 최고의 운동시설이라는 론 잘코 체육관을 소재로 삼았다. 이곳은 내가 처음으로 요가 수업을 들은 곳이기도 하다. 론은 자신의 사업 홍보에 섹스를 적절히 활용했다. 그의 홍보물을 보면, 밴쿠버 앞의 조지아 해협Georgia Strait을 배경으로 그의 어깨에 팔을 두른 여성이 "생각보다 크다"라고 말하고 있다. 이것은 분명히 그가 소유한 헬스장의 크기를 의미하는 것이었다. 나는 이 광고가 매우 노골적이라고 생각했다. 내가 아는 많은 슈퍼걸들은 이 광고를 보고 소름끼친다는 반응을 보였다.

소름이 끼치든, 노골적이든, 그 광고가 너무 강렬한 것은 분명했기 때문에 나도 그것을 모방하기로 했다. 우리 디자이너 아만다에게 팔로 나를 감싸게 했고, '생각보다 크다'는 문구를 내걸었다. 밴쿠버의 슈퍼걸들은 그런 광고가 전달하는 빈정거리는 느낌을 정확히 알고 있었다. 그 광고는 우리가 이기적이고, 저돌적이며, 도전적이라는 이미지를 시장에 확실하게 던졌다. 이 광고로 인해 우리의 이미지를 시장에 확실하게 뿌리내리게 되었다.

몇 년 후에 만들어진 세 번째 광고는 나이키와 아동 노동에 관한 미디어 열풍을 조롱하는 것이었다. 나는 공장노동자들을 충분히 확보하지 않으면, 양질의 제품은 만들어지지 않는다고 생각했기 때문에, 나이키를 향한 여론의 비난이 안타까웠다.

나는 북미 지역에도 학교에 다니지 못하거나 자퇴하는 아이들이 많다는 것을 알게 되었다. 어떤 가족들에게는 일과 굶주림의 문제였다. 나는 이런 복잡한 문제를 대할 때면, 전혀 다른 방식으로 접근하기를 즐긴다.

나이키에 대한 비난은 소셜 미디어 저널리즘의 본격적인 등장을 알리는 사건이기도 하다. 나는 속사정을 충분히 모르는 사람이 당사자를 그렇게 맹비난할 수 있게 하는 광기는 어디서 오는 것인지 궁금했다. 한번 디지털 세계에 빠지면 영원히 그 속에서 머물게 된다. 모든 사람들이 15분짜리 콘텐츠에 열광하고 있었다.

나는 언젠가 룰루레몬도 이들 언어 폭탄으로 피해를 입을 수 있다고 생각하고 그들과 맞서기로 했다. 아기 옷을 입고 기저귀를 찬 나를 포함한 3~4명의 직원이 우리 공장에 있는 재봉틀을 배경으로 요가 저널 매거진에 게재할 광고를 촬영했다. 사진 아래에는 '우리는 아동 노동을 믿습니다We believe in child labour'라고 쓰여 있다. 이정도 광고로 우리가 아동노동을 옹호하는 기업으로 고발당한다면, 받아들일 작정이었다.

(참고로 내 아이들은 5살 때부터 무급으로 우리 회사에서 일을 했다. 젊은 시절 정상적인 노동조건 아래서 노동을 하는 것은 값진 평생교육이다.)

· 13장 ·

버티컬 리테일 비즈니스

비용 증가

초창기의 룰루레몬 애슬레티카가 손익분기점을 넘기려면 많은 시간이 필요했다. 그때까지 직영점 운영을 위한 비용은 계속 증가했다. 수입보다 지출이 많았기 때문에, 내가 어느 정도까지 적자를 감수할 수 있을지 따져 보아야 했다. 또 하나의 문제는 도난이었다. 주말마다 도난이 잦았지만, 지금처럼 감시카메라도 없었기에 두 아들이 토요일 밤에 와서 자고 먹곤 했다.

제이제이의 말이다. "브렛과 저는 각각 10살과 12살 때부터 아버지 회사에서 일했습니다. 물론 아버지는 우리에게 위험이나 일이 아니라, 즐거움을 느끼도록 많은 배려를 하셨지요. 다른 아이들은 아버지와 집의 뒷마당에서 야영을 하지요. 우리는 부기 팬츠와 와이브라 앞에서 야영을 했어요. 누군가가 침입한다면 우리가 어떻게 대응했을지 잘 모르겠어요. 아버지는 급히 텐트에서 튀어나오시고, 우리는 모두 도망치지 않았을까요?”

우리는 옷을 옆으로 치워두고 텐트를 친 다음, 다음 날 아침 식사 때까지 매장에서 잠을 잤다. 어릴 때부터 제이제이와 브렛에게는 매장이 삶의 일부였고, 그전에는 웨스트비치에서도 많은 시간을 보냈기 때문에 이런 일이 그들에게는 전혀 낯설지는 않았다.

다른 부모들처럼 주말마다 아이들을 데리고 어딘가 놀러 다닐 수는 없었지만, 아이들은 잘 적응하는 것 같았다. 아이들은 내가 고객들과 대화를 나눌 때는 방해하지 않았고, 창고의 상자들을 요새 삼아 놀기도 했다. 그들은 그런 식으로 어려서부터 브랜드의 구축과 물류, 판매 등을 배웠다. 그들은 그런 상황을 잘 받아들였고, 그렇게 나와 보낸 시간을 좋게 추억하고 있다.

결정적인 순간

룰루레몬의 수석 디자이너 섀넌과 거리를 걷고 있을 때, 부기 팬츠로 보이는 옷을 입은 한 소녀가 우리에게 다가오는 것을 보았다. 룰루레몬 로고가 허리선에 붙어 있는 것이 보였기 때문에 그 소녀가 우리를 지나친 후 우리는 뒤를 돌아보았다. 우연히도 그녀도 뒤를 돌아보고 우리와 눈이 마주쳤다. 그녀가 자신을 바라보는 자신보다는 나이 많은 커플을 보며 무슨 생각을 했을지는 알 수 없다.

1999년 여름이 되자 룰루레몬 의류를 입고 쇼핑을 하거나, 강아지와 함께 산책하거나, 혹은 친구들과 카페에서 커피를 마시는 여성들이 자주 눈에 띄기 시작했다. 룰루레몬이 요가 수련장에만 머물지 않고 거리에 진출하기 시작한 것이다. 처음에 구상했던 대로 요가를 할 때만 입는 옷이 아니라, 그전에도 후에도 입을 수 있는 옷을 만드는 데 성공한 것이다. 새로운 틈새 스포츠에 맞는 의류를 만들면서 느꼈던 불확실성이 사라졌다. 요가는 처음에 예상했던 대로 유행처럼 인기 스포츠로 부상했고, 룰루레몬은 스트리트웨어로 도약했다.

전통적인 방식의 광고에 기대지 않고, 느리지만 건강한 방식으로 버티고, 서서히 성장시키겠다는 원래의 전략이 옳았음이 입증되었다. 그러나 그건 나중 이야기이고 초창기, 적자가 누적되면서 가지고 있던 현금이 고갈될 때는 마음이 많이 힘들었다.

앰배서더와 제품 평가단

처음으로 내게 요가를 가르쳐 준 요가 강사인 피오나 스탕과의 관계는 돈독하게 발전했다. 룰루레몬이 밴쿠버에서 요가 문화의 허브와 같은 위상 얻게 되자 다른 강사 몇 사람이 우리와 합류했다. 그 가운데는 80년대 후반부터 밴쿠버에 거주하면서 요가의 개척자 같은 역할을 하던 철학자 에오인 핀Eoin Finn도 있었다. 나는 그들로부터 귀중한 정보와 아이디어를 항상 얻었고, 많은 질문을 하고, 디자인에 대한 의견도 들었다.

어느 순간 갑자기 상당한 시너지효과가 나타나기 시작했다. 우리는 서로 협력하며, 우리가 만들어가는 무언가에 관해 확신을 갖게 되었다.

그리고 사실은 우리의 성공 여부는 생계와도 직결되는 원초적인 문제였다. 이즈음부터 이들 강사들은 사실상 룰루레몬의 대변인 역할을 하기 시작했다. 이쯤해서 우리는 우리의 이름으로 요가 수련장을 더 이상 운영하지 않기로 결정했다. 우리의 최고의 파트너이고, 브랜드 구축의 동지들인 이들 강사들과 경쟁하는 것은 우리가 해야 할 일이 아니었다.

피오나의 말이다. "사람들은 내게 최초의 룰루레몬 제품 평가단과 같은 일을 한 것에 대해 묻습니다. 나는 공식적으로 그런 직함을 갖지는 않았습니다. 친구인 칩이 요가 의류 회사를 차리고 있으니, 제게 디자인과 제품을 평가해 달라고 말하는 정도였지요. 옷이 너무 마음에 들었고, 좋은 생각을 나눌 수 있어서 재미있었고, 자연스러운 일이었습니다."

어쨌든 나는 이들 강사들에게 제품을 시험하고 평가해 주는 역할을 요구했고, 정기적으로 열리는 디자인 회의에서 이들의 귀중한 의견에 감사하는 의미로 그들과 어느 정도 공식적인 협력관계를 유지했다.

시간이 지남에 따라 그들은 평가단이라기보다는 앰배서더로 여겨지게 되었다. 그들은 우리가 제품을 완성하는 과정에서 얼마나 진지하게 일하는지 알고 있었다. 그리고 우리가 그들의 말을 경청하는 것도 알고 있고, 자신들의 의견이 디자인에 충실히 반영되는 것도 알고 있었다.

그들을 앰배서더로 활용하는 것은 그들과 우리 모두에게 독특한 마케팅의 기회이기도 하다. 우리는 우리 비용으로 그들의 사진을 찍고 그들의 요가 스튜디오 광고를 지역 신문에 사진과 함께 게재한다. 그 사진 가장자리에는 룰루레몬의 로고도 넣었다. 광고의 첫 번째 목표는 물론 앰배서더로 우리에게 도움을 주는 강사의 비즈니스를 돕는 것이었다. 두 번째 목표는 광고비 형식으로 해당 신문에 재정 지원을 함으로써 언론들로 하여금 룰루레몬에 대해 우호적인 기사를 써주도록 유도하는 것이었다.

전통적인 마케팅 업자들은 커뮤니티에 요가 문화를 뿌리내려 진정한 룰루레몬족을 만들고자 하는 우리의 의도를 이해하지 못했을 것이다. 그러나 많은 요가인들이 스스로 우리 앰배서더의 일원이 되기를 원했다. 이러한 움직임은 룰루레몬을 전문가 수준의 요가인들이 보증하는 브랜드의 반열에 올려놓았고, 사업의 임계점을 향해 나아갈 수 있는 토대를 구축했다. 이제 우리는 사람들을 서서히 계단 위의 우리 매장으로 끌어들이기 시작하고 있었다.

당시 세계는 종교의 영향이 급격히 퇴조하고 있었다. 심지어 캐나다는 그런 현상이 미국보다 훨씬 심했다. 일요일 아침에는 함께 운동 수업에 참여하고 커피를 마시며, 서로 웃고, 대화를 나누며 사교를 즐기는 것이 새로운 삶의 방식이 되었다. 이전에는 주일 예배를 통해 누렸던 '마음의 평화'가 이제는 각자의 운동 실력을 키우고, 그런 사람들이 커뮤니티를 형성하는 과정에서 얻어지고 있었다. 이러한 사회 모습을 보면서, 나는 '운동'이 '교회'가 있던 자리를 차지하는 사회 구조의 근본적인 변화가 일어나고 있음을 깨달았다.

밑단 접기

요가 팬츠를 사서 입기 전에 한번 세탁하면 옷감이 수축하여 크기가 줄기 때문에, 재단사에게 맡겨 치수를 늘려야 하는 불편함이 있다. 나는 이러한 불편함을 없애고 싶었다. 슈퍼걸들은 항상 시간이 부족하기 때문에, 번거로운 일을 싫어하고, 요가 팬츠를 입어본 후 밑단을 늘리러 매장을 다시 방문할 시간이 없었다. 물론 여성들은 길이에 예민하다. 게다가 요가를 위한 기능성도 100% 발휘하여야 한다. 나는 누구든지 룰루레몬 제품을 구입한 사람들은 처음부터 아름답게 입어주기를 원했다.

나는 일본에서 본 것처럼 매장에 재봉사들을 배치해 놓고 싶었다. 오히려 일본보다 수준을 한 단계 높여 단순한 재봉사가 아니라, 디자인 학교를 막 졸업한 초보 디자이너들을 고용하여 배치했다. 그들은 단지 밑단의 길이를 늘이는 간단한 작업에서도 그들만의 작품성을 가미할 수 있다고 생각했다. 나는 앞서 말한 것처럼, 처음에 아만다 던스무어와 함께 일할 때부터 디자이너들이 작업하면서 고객과 늘 소통할 수 있는 작업공간을 꾸미고 있었다.

매장이 너무 바쁘면 디자이너들은 잠시 일손을 놓고 판매를 돕게 했다. 그러면서 고객과 대화를 나누고, 그 내용을 그들의 창작 활동에 반영한다. 별도로 구매자들을 상대로 통계를 작성할 필요가 없을 정도였다. 이렇게 해서 룰루레몬은 게스트와 앰배서더의 의견이 아주 빠르게 제품에 반영되어 놀라운 신상품을 등장시킬 수 있는 토대를 마련했다. 작성된 통계나 컴퓨터 알고리즘은 해당 고객이 보라색 가운데서도 어떤 색조를 좋아하는지, 재고가 있다면 어떤 사이즈를 구매했을지 까지는 알려주지 않는다. 데이터를 통해서는 고객들에게 제공해 줄 수 없는 정보까지 제공할 수 있다는 것이 룰루레몬과 다른 회사의 다른 점이었다.

회사 전체의 디자인에 관한 생각과 커뮤니티의 반응, 그리고 지역의 기후, 라이프 스타일, 그리고 운동에 관련한 트렌드 등을 분석하는 디자인 회의 등이 어우러지면서 구축된 통찰력은 초창기부터 우리만의 독특한 기업 문화를 형성했다.

나는 컴퓨터 프로그램이나 지표에 의존해서 제품을 기획하는 구시대적인 방식을 거부했다. 나는 절대로 낡은 방식의 그렇고 그런 의류 소매상은 되지 않겠다는 확고한 생각을 하고 있었다.

디자인 회의

초창기 성공의 가장 큰 원인은 포커스 그룹과 디자인 회의였다. 디자인 회의는 사람들을 매장으로 끌어 모으는 또 하나의 방법이었다. 우리는 회의에 참여한 고객들에게 스시를 대접하고, 100달러 상당의 상품권도 증정하면서 그들의 열린 답변을 바라며, 많은 질문을 연이어 던졌다.

나는 그들로부터 미래를 내다보는 데 도움이 될 만한 정보를 들을 수 있었고, 고객들의 관점을 경청함으로써 (내가 동의하지 않는 것도 있었지만) 룰루레몬이 경쟁업체보다 앞설 수 있는 정보를 얻었다. 이렇게 고객들과의 회의가 끝나면, 이어서 앰배서더들과 회의를 하고, 또 에듀케이터들과 회의를 했다. 12년 후, 내가 디자인 부서를 떠나면서 통계를 확인한 결과 우리는 이런 미래 지향적인 회의를 매년 150회 정도 열었던 것을 확인했다.

나는 쓴소리도 환영했고, 불만을 제기한 고객들을 초청했다. 디자인 회의를 통해 우리의 생각과 정보를 게스트들과 앰배서더들에게 알렸고, 그들은 밖으로 나가서 그것들을 퍼뜨렸다. 에듀케이터들과도 회의를 했는데, 이렇게 3단계의 회의를 거치면 내 안에 어떤 확고한 결론이나 관점이 형성된다.

포커스 그룹 운영과 디자인회의는 고객들과 교감하면서 브랜드를 구축하는 훈련을 할 수 있는 최고의 시간이었다. 나는 아주 날카로운 질문에 시달리기도 하고, 누군가에게 어떤 사안에 대해 아주 자세히 설명하기도 했다. 필요하면 후속 조치를 재빠르게 취하거나, 원래의 계획을 변경하기도 했다.

이러한 혁신적인 경영에도 불구하고, 초창기의 사업의 성장세는 상당히 더뎠다. 처음 몇 개월 동안은 과연 룰루레몬이 얼마나 버틸 수 있을지 회의가 느껴지기도 했다. 수익성을 유지하기 위해서 홀세일 방식의 영업으로 전환해야 하는 것이 아닌가 하는 생각도 불쑥불쑥 들었다.

홀세일 유통을 다시 생각하다

어떻게 하면 더 많은 사람에게 더 빨리 우리 제품을 알릴 수 있을까

하는 고민이 머리를 떠나지 않았다. 누구든 일단 한번 입어보기만 하면, 한 주일 안에 최소한 6명 이상의 친구들에게 소문을 내지 않고는 못 배기리라는 것이 나의 확신이었다. 나는 우리 새로운 브랜드 제품과 아이디어를 들고, 부유한 유전지대인 캘거리 인근의 유서 깊은 스포츠 클럽인 글렌코 스포츠 클럽Glencoe Sports Club을 방문했다.

그들의 매장에서 우리의 주력 품목 8가지를 팔아보기로 계약했다. 나의 이윤을 포기한 홀세일 계약이었다. 손익분기점을 돌파하고, 규모의 경제를 실현하고, 비용을 절감하기 위해 영업 방식을 바꿔 보려는 것이다. 항상 머릿속에서 주문처럼 맴돌던 손익분기점을 넘어서기 위한 시도였다.

그들이 빨리만 팔 수 있다면, 제품의 안정적인 공급과 적절한 재고관리를 책임지겠다고 제안했다. 나는 우리 제품이 글렌코 같은 유명 클럽에서 잘 팔릴 것이고, 클럽에도 도움이 되리라는 것을 알고 있었다. 룰루레몬은 수준 높은 고객들에게 선보이는 기회를 얻게 될 것이고, 글렌코는 수백만 달러를 벌게 될 것이다.

불행하게도 이것은 글렌코나 다른 소매점들이 이미 시행하고 있는 제품 구입 시스템과 맞지 않았다. 자신들이 팔 물건을 도매로 구입 하는 홀세일러들은 그들 나름의 자부심과 고집이 있었기 때문에 우리가 제안하는 새로운 모델을 보고 받아들이고 싶어하지 않았다. 그들은 룰루레몬이 디자인이 중심이 되는 회사라는 것을 이해하지 못했다. 이전에 이런 회사를 경험해 본 적이 없기 때문이다.

브랜드가 성숙기에 접어들면 중서부와 북미의 소비자들은 대량 구매를 한다. 해안에서 내륙으로 제품이 흘러들면서 나타나는 시장의 반응으로 판매 분석이 흐트러진다. 중간 구매자들은 고객들의 반응이 좋은 제품들을 더 많이 만들어 달라고 요구한다. 생산기업은 북미와 중서부의 소비자들의 대규모 수요에 대응하는 사이에 다음 해의 새로운 유행을 선도할 계층에 맞는 새로운 디자인을 개발할 기회를 놓치게 된다.

(2019년의 예를 들자면, 룰루레몬의 남성 운동복 부서는 골프 애호가들과 중서부의 미국인들의 기호에 맞는 9인치 인심inseam 쇼츠를 너무 많이 제작했다. 지난 3년 동안 세계에서 가장 유행에 민감한 해변 지대인 툴룸Tulum과 호세 이그나지오Jose Ignazio, 키츠 비치Kits Beach, 생트 로페즈St. Tropez, 그리고 이비자Ibiza에서는 9인치 인심 쇼츠를 입는 사람을 눈 씻고 찾아봐도 없었는데도 말이다. 이들 해변에서는 이미 5~7인치 인심 쇼츠가 대세였다.)

우리에게 있어서 디자인은 다른 어떤 시스템보다 중요했다. 구식 업무수행 방식을 고수하는 바이어와 상품기획자들 때문에 디자인에 대한 고집을 꺾을 수 없었다.

직원에게 지분을 팔다

현금 흐름을 개선하기 위한 또 다른 시도는 직원들에게 같은 시간을 일하고 동일한 서비스를 제공하게 하면서도 인건비를 줄이는 방안이었다. 대신 나는 그들에게 회사의 소액 주주가 될 것을 제안했다. 각자에게 룰루레몬의 지분의 1%씩 나눠주어 직원들에게는 주인 의식을 불어넣어주면서도 임금 지출을 줄이려는 시도였다.

나는 5명에게 이 제안을 했다. 5명 중 유일한 남성인 앤소니 레드패스Anthony Redpath만 내 제안을 받아들였다. 앤소니는 우리를 위해 많은 홍보 자료를 촬영했던 친구이자 사진작가였다.

앤소니의 말이다. "칩이 현금 흐름에 대해 걱정하기 시작한 때였습니다. 그는 혼자서 사업을 유지하기 위해 고군분투하고 있었습니다. 그는 자신이 정하는 임금을 받고 일을 하는 대신 회사의 지분 1%를 내게 주겠다고 제안했어요. 그는 자신이 앞으로 10년 동안 회사를 이끌 것이고, 그때쯤이면 회사는 1천만 달러에 매각할 수 있을 정도로 가치가 올라갈 것이라고 생각하고 있었어요. 그의 제안을 받아들인 사람은 나 한 사람이었습니다. 오늘날의 룰루레몬 성장을 아무도 예상하지 못한 것이지요."

앤소니 한 사람에게 지불할 임금이 좀 줄었다고 해서 위기가 해소된 것은 아니었다. 재정적 붕괴를 피하기 위한 묘안이 필요했지만, 딱히 돌파구가 보이지 않았다.

웨스트비치에서 늘 나를 괴롭혔던 문제에 또다시 부딪힌 것이지만 해결책을 찾아야 했다. 룰루레몬의 장래를 낙관할 만한 이유는 충분히 있다. 나는 앞으로 몇 개월만 잘 버틸 수 있다면, 고비를 넘어설 수 있다고 확신했다.

현금 고갈

나는 돈이나 이익이 최고의 목표라고 생각한 적은 없다. 나는 과정의 아름다움을 중시했고, 룰루레몬도 그렇게 운영했다. 그러나 당시 가장 두려운 것은 룰루레몬의 현금의 흐름이 개선되기 전에 내가 가진 돈이 바닥나는 상황이었다. 나는 막다른 길목에서 내가 가진 집을 담보로 최대한 대출을 받았다.

또 하나의 탈출구로 생각해낸 방법은 동업할 투자자를 구하는 것이었다. 웨스트비치에서의 경험을 통해 동업을 하면 어떤 골치 아픈 문제가 발생할지 알고 있었고, 룰루레몬을 나 혼자 운영하는 행복을 놓고 싶지 않았다. 나만의 비전, 나의 가치와 제품에 대한 철학을 통해 나만의 새로운 브랜드를 확고하게 구축할 수 있다는 것은 단독 경영의 장점이었다.

동업자가 있으면 그 나름의 장점이 있다. 위기의 공유와 분산, 자본의 유치, 다른 비즈니스 영향에 대한 동업자의 전문지식을 공유할 수 있다는 장점이 있다.

당시 친구인 데이브 할리웰Dave Halliwell은 나를 도와 자문 역할을 수행하고 있었다. 나는 데이브에게 동업을 제안했다. 그는 룰루레몬을 신뢰하지만, 시간을 달라고 말했다.

사실은 나도 동업자를 구하는 것이 잘하는 것인지 확신이 서지 않았다. 데이브에 대한 불신은 아니었다. 그는 회사에 큰 도움을 줄 것이다. 문제는 동업 그 자체에 대한 의구심이었다. 동업자를 구하면 부담이 얼마나 해소될지, 혹시 이미 익숙한 관행에 이끌려 쉬운 길을 가려고 하는 것은 아닌지 확신이 없었다. 처음에 가지고 있던 자신감을 잃은 것은 아닐까? 시간을 벌기 위해 이 길 말고는 없는 것인가?

게다가 데이브는 홀세일 영업 전문가였다. 데이브로부터 자금이 들어온다면 그것이 어떤 의미를 갖게 될지 확신이 서지 않았다. 그와 동업을 한다는 것은 판매 방식을 홀세일 중심으로 바꿔야 한다는 뜻이었다. 홀세일 영업은 내키지 않았지만 시간이 촉박했다.

그러던 중 뜻밖의 생명줄을 잡게 되었다. 1999년 가을 룰루레몬을 창업한 지 6개월쯤 되던 무렵이었다. 2년 전, 우리에게 웨스트비치를 사들였던 모로우는 손실을 보고 회사를 윈드크레스트 파트너스Wyndcrest Partners에 매각했다. 윈드크레스트는 플로리다주의 웨스트 팜비치West Palm Beach에 있는 회사였지만, 웨스트비치를 밴쿠버로 다시 이전하기로 했다. 그리고 내게 CEO 직책을 맡아줄 수 있는지 전화로 문의해 왔다.

당면하고 있는 문제의 완벽한 해결책을 우연히 발견한 것이다. 내가 설립하고, 성장시키고, 배우고, 일하고, 매각하고, 떠났던 회사가 나를 최고 경영자로 고용하기를 원하고 있다. 그들로부터 받은 급여를 룰루레몬에 투입한다면, 우리의 품질에 대한 입소문이 충분히 퍼져 임계점에 다다를 때까지 견딜 수 있다고 생각했다. (사실 룰루레몬은 내가 웨스트비치 시절에 받았던 영감을 토대로 만들어진 회사이다.)

새로운 선택

웨스트비치로 돌아가는 것이 한 발짝 뒤로 물러난 것처럼 느껴졌지만 목적을 달성하기 위한 중요한 수단이었다는 점에는 의심의 여지가 없었다. 나는 웨스트비치의 제안을 수락했고, 룰루레몬의 일상적인 업무는 당분간 맡을 수 없게 되었다. 나의 새로운 고용주와의 신의를 생각해서도 룰루레몬과 나를 분리해야 했다.

내가 웨스트비치 운영을 위해 자리를 비워야 한다면, 내가 세운 비전을 대신 실행해 줄 사람이 필요했다. 나와 같은 에너지와 열정, 그리고 신념을 가진 사람이 필요했다.

그러나 내게는 파트타임으로 일하는 몇몇 직원들과 디자이너인 아만다 던스무어 뿐이었다. 내가 룰루레몬을 떠나고 나면 회사는 남은 소수의 인원에 의해서 살아남거나 무너질 것이다.

아만다는 룰루레몬의 디자인 부문에서 자신의 역할을 훌륭하게 감당하고 있었지만, 나는 함께 웨스트비치로 가자고 요청했다. 나는 당시 대대적인 재창조를 해야 할 회사로 들어가기 직전이었고, 재능 있고 믿을 만한 동료와 함께 간다면 분명히 큰 도움을 얻을 수 있다고 생각했다. 아만다는 스노보드와 스노보드용 의류에도 남다른 열정을 가지고 있었다. 나는 아만다를 웨스트비치로 데리고 가는 것이 올바른 결정이라고 확신했다. 비록 룰루레몬의 한 가운데 큰 공백이 생기겠지만 말이다.

에듀케이터들이 자기 일에 자부심을 느끼고 매장과 디자인 공간이 공존하는 공간에서 일하게 한 것은 룰루레몬을 위대하게 만든 중요한 힘 가운데 하나였다. 그러나 그녀는 판매 공간과 디자인 공간이 분리되지 않은 환경에서 일하는 것을 불편해했기 때문에, 원하는 환경에서 일하게 해주는 것이 그녀를 도와주는 것이기도 했다.

섀넌과 재키

다행히 그 무렵 섀넌 그레이라는 젊은 여성을 면접한 적이 있다. 섀넌은 두 개의 작은 벤처기업을 자신의 이름으로 운영하고 있었다. 나는 그때까지 여러 지원자로부터 수백 개의 디자인 포트폴리오를 받아 보았지만, 신축성이 큰 원단을 소재로 한 디자인을 제출한 것은 그녀가 처음이었다. 그녀는 남성과 여성 보디빌더들을 위한 무대의상을 만들고 있었다.

이렇게 해서 14세와 18세의 두 남자아이와 함께 살아온 41세의 이혼남과 섀넌이라는 슈퍼걸이 만났다. 그녀는 당시 나이 24세로, 고학력자이자 뛰어난 스포츠우먼이었고, 목표가 분명하고, 운동과 의류 디자인에 남다른 열정을 가지고 있었다. 솔직히 나는 그녀를 처음 보고 감탄하며 속으로 생각했다. '누군지 모르지만 언젠가 그녀와 결혼할 남자는 정말 운 좋은 친구야. 내가 그 사람이 아닌 게 정말 안타깝군.'

그녀가 제출한 포트폴리오 디자인은 훌륭했다. 원래 그녀는 수영 선수였으며, 나중에는 캐나다 수구 대표팀에서도 활약했다. 그래서 그녀는 운동복과 피부의 마찰이나 운동선수 관점에서 신축성이 큰 원단으로 만든 운동복의 중요성 등에 대한 내 생각을 완벽하게 이해하고 있었다.

그녀는 처음에는 대학에서 과학을 전공하려 했다고 말했다. 그 길은 그녀의 부모가 원하는 바였지만, 얼마 지나지 않아 생각을 바꿔 미술을 공부해 학위를 받았다. 그 후 미술 교사로 잠시 일했지만, 적성에 맞지 않는다고 느껴 다시 학교로 돌아가서 디자인을 전공해 학위를 받았다. 나는 그녀가 자신이 뭘 하고 싶어 하는지 스스로 알아가는 방식이 마음에 들었다. 그녀는 자신의 천직이 무엇인지를 스스로 알아냈다.

섀넌을 만난 것은 내가 웨스트비치로 돌아가기 직전이었다. 나는 웨스트비치로 옮기기 약 1주일 전에 그녀에게 연락하여, 즉시 출근해서 일을 맡아주어야 한다고 말했다. 당시 그녀는 풀타임으로 일하기는 어려운 여건이었지만, 우리는 그녀의 디자인에 대한 탁월한 안목과 남다른 에너지가 급히 필요했다. 섀넌은 나의 제안을 받아들였다.

같은 시기에 나는 재키 슬레이터Jackie Slater라는 여성을 채용했는데, 그녀는 처음에는 디자이너로 일했으나 얼마 지나지 않아 생산 과정을 맡았다. 재키와 섀넌은 자신들을 도와서 함께 일해 줄 사람들을 몇 사람 뽑았다. 아만다와 나는 그들에게 룰루레몬의 모든 것을 단기간에 전수해 주었다.

섀넌은 당시를 이렇게 말했다. "재키 슬레이터는 어느 일요일 밤, 칩으로부터 급한 전화를 받고 바로 우리와 일하게 되었습니다. 칩은 열쇠로 문을 열고 우리와 함께 매장에 들어가서 디자인 도면들과 상품 등을 보여주고 판매에 관한 많은 것들을 설명해 주었습니다. 실제로 금전등록기를 만지며 물건을 팔고 사고, 영수증까지 발급해 주는 과정을 실습하기도 했습니다. 모든 것을 처음부터 배웠지요. 그러고는 칩은 떠났고, 우리는 지금까지 한 번도 상상해 보지 못했던 역할을 감당해야 했어요. 저는 당시 맡고 있던 서레이Surrey에 있는 한 고등학교의 보조교사 일도 한동안 겸해야 했어요."

그녀는 또 이렇게 말했다. "급여가 너무 적었어요. 그 때문에 거기서 일하려면 순수한 사랑과 열정, 심지어 완전한 절망의 상황으로부터 동기부여를 받아야 했어요. 초창기에 우리들 대부분은 룰루레몬에 관한 강한 신념으로 뭉쳤습니다. 재키와 저는 어떤 일이든 마다하지 않았어요. 그녀는 주로 생산을 맡았고, 저는 디자인을 맡았어요. 식탁 테이블보로 사용할 패턴 디자인부터 온종일 매장에 서서 판매하는 일까지 무슨 일이든 마다하지 않았던 기억이 납니다." 나는 뒤에 룰루레몬이 섀넌과 재키의 지휘 아래 잘 유지되고 있다고 느꼈다.

중요한 고비에 한 발짝 물러서서 바라보기만 하는 것은 고통스러웠지만, 본격적인 성장을 위해서는 입소문이 나야 했고, 그것은 시간을 필요로 하는 일이었다.

웨스트비치로 돌아가다

내가 오래 몸담았던 회사로 복귀하는 데 어려움이 없었던 것은 아니었다. 회사의 새로운 주인은 내가 회사의 역사의 중요한 부분을 차지하고 있다는 사실을 잘 알고 있었고, 나의 의견을 충분히 받아들일 마음의 준비가 되어 있었다. 그러나 그곳에서 계속 일하던 사람들은 저마다 일에 대한 관성을 가지고 있었고, 새로운 변화를 달가워하지 않았다. 웨스트비치는 여전히 적자를 보고 있었기 때문에 변화가 필요했다. 직원 대부분은 이전에 함께 일해 본 적이 없는 낯선 사람들이었다. 내가 회사의 주인이었던 때와는 사뭇 다른 상황이었다.

스노보드 사업은 어려움을 겪고 있었고, 침몰하는 배를 바로 잡기 위해서는 특별한 리더십이 필요했다. 단시간 안에 직원들에게 내 마음 속에 품고 있는 비전을 심어줄 수는 없었지만, 모두를 내 통솔에 따라 한 줄로 정렬시켜야 하는 상황이었다. 돌이켜보면 원래 나의 리더십은 훈련된 직원들의 자발성을 기반으로 하는 상향식 리더십인 반면, 웨스트비치는 내가 없는 동안 상부의 지시에 따라 움직이는 하향식 리더십에 익숙한 조직이 되어 있었다.

이처럼 웨스트비치에서는 많은 어려움을 겪고 있었지만, 룰루레몬에 대해서는 충분히 안심할 수 있었다. 섀넌과 재키의 임무는 내가 없는 동안 나의 비전을 지켜내고 품질을 유지하는 것이었다. 나는 그들에게 충분한 동기부여와 함께 창의성을 발휘할 만한 공간과 영역만 보장해 준다면 좋은 결과가 나올 것이라고 확신했다.

섀넌은 말했다. "칩은 회사의 운영에 거의 개입할 수 없는 상황이었고, 사업을 진행하고, 회사를 굴러가게 하는 일은 우리 책임이었습니다. 우리는 많은 결정권을 가지고 있었고, 새로운 제품의 디자인 결정도 우리 책임이었습니다. 원단 소재와 생산량도 우리가 정했습니다. 엄청난 결정권을 넘겨받은 것이지요. 직원들도 우리의 지휘를 기꺼이 받아주어서 기뻤습니다. 직원들은 회사의 미래에 대한 확신이 있었고, 추진력 있고, 기업가 정신에 충만한 사람들에게는 더할 나위 없는 일터였어요. 룰루레몬은 주인의식을 가지고 한 회사의 미래를 도모해 보고 싶어 하는 고학력 여성들에게 활짝 열려 있었습니다."

이것은 룰루레몬의 창업 정신의 핵심이었다. 비록 내가 그 회사의 소유주이기는 하지만, 회사는 초창기부터 탁월하고 독립심 많은 슈퍼걸들에 의해, 그리고 그들을 위해 운영되는 회사였다. 우리는 슈퍼걸이라는 특별한 그룹의 가능성과 위대함을 믿는 유일한 사람들 같았다.

나는 한발 물러나 있는 동안 더 비판적으로 상황을 바라보며, 더 의미 있는 질문을 던져보려고 노력했다. 요가 시장은 애초 생각했던 대로 크게 성장하고 있는가? 답은 '그렇다'였다. 요가 시장은 여전히 확장되고 있었다. 우리는 적절한 시간에 적절한 일을 하고 있는 것이 분명했다.

우리의 제품은 훌륭한가? 이 질문에 대해서도 나의 답은 '그렇다'였다. 옷을 입어본 사람들의 평가가 우리가 옳았음을 입증해 주고 있었다. 재키와 섀넌은 탄탄한 디자인 콘셉트를 바탕으로 아름다운 디자인을 창조해 냈다.

문제는 사람들이 우리 물건을 사도록 해야 한다는 것이었다. 그러나 웨스트4번가 후미진 건물의 2층이라는 입지로는 어려움이 많은 것이 분명했다. 매장으로 들어가기 위해 계단을 올라가야 한다는 이유로 내방객들도 적었고, 결과적으로 매출도 적을 수밖에 없었다.

우리는 장기적으로는 꼭 필요하지만, 단기적으로는 우리의 생존조차 위협할 수 있는 힘든 결정을 내렸다. 홀세일을 통해 쉽게 많은 돈을 벌지 않고, 동업자를 구해 상황을 편하게 넘기거나, 기존의 판에 박힌 광고도 하지 않겠다는 것이 나의 생각이었다. 그러나 내 생각이 반드시 옳다고만 할 수는 없다는 것을 깨달았다. 홀세일 영업을 하지 않으니 대중들에게 우리 제품을 충분히 노출할 수 없었다. 대중들은 우리가 직영하는 매장을 찾지 않는 한 우리 제품을 만날 기회조차 없는 것이다.

마음을 바꿔 홀세일 영업을 결단하려면, 즉 지금까지의 내 판단이 잘못되었음을 인정해야 한다. 또 지금까지 절대 해서는 안 된다고 확신했던 일을 실행에 옮기려면, 다른 어떤 방법도 없는 막다른 곳에 몰려 있음을 스스로 인정할 수 있을 때까지 기다려야 한다고 생각했다.

하지만 시간이 가면 갈수록, 달리 방법이 없는 것처럼 보였다.

슈퍼스타 스포츠 (1)

생산한 제품의 상당수가 팔리지 않고 재고로 묶여 있는 상황에서 이미 확보한 고객들의 관심을 다시 끌어올 수 있는 새로운 디자인을 개발하고 또 생산하기에는 현금이 충분치 않았다. 그 결과 은행의 계좌로 들어오는 돈보다는 나가는 돈이 항상 많았다.

홀세일을 통해 넓은 판매망을 개척하면 보다 많은 사람이 우리 제품을 만나볼 수 있을 것이고, 홀세일을 통해서 매출이 늘어나면 수익도 높아질 것이고, 그 수익이 있다면, 새로운 지역과 위치에 새로운 판매점을 세우고, 충분히 비싼 임차료도 감당할 수 있게 될 것이다. 데이브 할리웰의 생각대로 한 손이 다른 손을 씻어주지 않으면 모두 망할 수밖에 없었다.

슈퍼스타 스포츠The Superstar Sports라는 회사를 포함해 캐나다 전역의 요가 수련장들과 상당한 규모의 홀세일계약을 체결하는 데는 오랜 시간이 걸리지 않았다. 그리고 그 덕분에 우리는 브랜드 인지도를 크게 높이며 성장할 수 있었다. 슈퍼스타 스포츠는 30개 정도의 점포를 운영하면서 다양한 스포츠용품을 판매했지만, 대부분 나이키 제품이었다.

슈퍼스타 스포츠는 괜찮은 홀세일 거래처였다. 우리는 생산량을 늘리고 가용할 수 있는 자원을 최대한 동원했다. 그들로부터 들어온 첫 번째 도매 주문에 맞추기 위해 잔업까지 해야 했다. 홀세일은 내가 처음부터 원하는 방식은 아니었지만, 우리는 필사적이었다. 그들과의 거래로 우리는 새로운 생명줄을 잡은 것 같았다. 비록 당분간일지라도 말이다.

· 14장 ·

루온 원단

슈퍼스타 스포츠 (2)

슈퍼스타 스포츠로부터 우리 제품이 잘 팔린다는 소식을 들었고, 우리는 약속된 날짜에 납품한 제품 대금이 들어오기만 기다리면 되는 상황이었다. 그러한 반가운 소식을 접한 지 며칠 안 된 어느 날, 아침 식사를 하면서 슈퍼스타 스포츠가 파산절차를 밟기로 했다는 소식을 신문을 통해 접했다. 룰루레몬 제품을 3만 달러어치나 외상으로 가져간 그 슈퍼스타 스포츠였다. 그때의 느낌을 설명할 방법은 지금도 떠오르지 않는다. 특히 그 소식을 이런 식으로 접했기 때문에 더욱 황당했다. 그들로부터 제품 대금을 받을 수 없다면 회사가 입을 타격은 엄청날 것이다.

회사를 위해 뭐라도 해보기 위해, 슈퍼스타 스포츠의 파산 회의에 참석했다. 회의장에는 나처럼 납품하고 돈을 떼일 위기에 처한 수많은 업체 대표들로 가득 차 있었다. 산산이 분해되고 남은 조각 하나라도 직접 건져보고 싶은 사람들이었다. 처음에는 소송을 통해서 돈을 받을 수 있을지 알아보았지만 불가능했다. 우리는 슈퍼스타로부터 단 1센트도 받을 수 없었다. 우리처럼 막 시작하려는 신생기업 입장에서는 견디기 힘든 타격이었다.

1년 후, 슈퍼스타의 원래의 소유주, 그러니까 나를 포함해 무수히 많은 사람의 돈을 한 푼도 갚지 않고 내뺀 그 사람이 브리티시 컬럼비아British Columbia 지역의 나이키 유통을 책임지는 회사를 설립했다는 소식을 들었다. 내 돈을 갚지 않아 나에게 큰 타격을 준 사람이 이제 나의 경쟁업체를 위해 일하는 조직을 설립했다는 것은 정말 가혹한 현실이었다.

나는 직감에 귀를 기울이지 않은 것을 후회했다. 나는 웨스트비치에서 얻은 교훈을 어겼고, 그 결과는 참담했다. 다시는 같은 실수를 하지 않겠다고 스스로 약속했다. 이 난장판에서 회사를 구출할 수만 있다면 무엇이라도 해야 했다.

이제 슈퍼스타로 인해 거액의 자금을 날렸기 때문에, 자금 사정이 회복될 때까지 매장을 더욱 좋은 곳으로 옮긴다는 계획은 당분간 보류할 수밖에 없었다. 그렇다고 언제까지 이대로 후미진 매장에 머물러 있을 수도 없는 일이었다. 이제 우리는 보다 많은 매출을 창출할 수 있는 새로운 공간이 절실했지만, 큰 비용이 필요했다.

그래도 매장을 옮겨야 한다. 그렇지 않으면 망한다. 그나마 다행인 것은 밴쿠버의 집값이 치솟고 있다는 것이다. 이것은 우리 집을 담보로 또 다른 대출을 받을 수 있다는 뜻이다. 이것이 우리가 매장을 옮길 수 있는 유일한 방법이었다.

웨스트 4번가의 새로운 매장

나는 웨스트 4번가의 다른 좋은 장소를 물색하고 있었다. 결국 멀리 볼 필요가 없었다. 2000년 11월, 길 건너편에 괜찮은 장소가 나왔다. 우리 매장에서 내다보면 그 건물의 정면 창문이 보일 정도로 가까운 거리였다.

그곳은 원래 전자제품 매장이었는데 좀 낡았고, 상태가 좋지 않았다. 전선이 도처에 깔려 있었고, 벽은 각종 전시용 패널로 덮여 있었다. 우리는 수중에 2만 달러밖에 없었기 때문에, 이사를 하고 새 매장을 어느 정도 운영 가능한 상태로 만들어 놓고 나니 마지막 1센트까지 바닥이 났다. 가능하면 크리스마스 전에 이전을 완료하고 영업을 시작하고 싶었지만, 시간이 넉넉하지 않았다.

섀넌이 말했다. "아주 너저분했어요. 새로 얻은 공간은 정말 보기 흉했어요. 예산이 부족해서 충분히 수리하거나 보수할 수 없었어요. 벽을 흰색으로 칠하고 카펫을 새로 까는 정도만 했어요. 공간은 좀 좁았습니다. 전문가에게 맡기기에는 돈이 없었기 때문에, 우리가 모든 것을 직접 했습니다. 4일간 영업을 못 했는데, 그 기간은 소규모 리테일 업체에게는 매우 긴 시간이었습니다. 모두 미친 듯이 일하던 어느 날, 캐나다에 배낭여행을 온 호주 남성 하나가 쑥 들어와 혹시 일손이 필요하냐고 물었어요. 우리는 두말없이 그의 손에 페인트 붓을 쥐어 주었습니다."

웨스트비치의 CEO로 일하는 동안 나는 1년 중 대부분의 시간을 룰루레몬 매장에서 떠나 있었다. 이제 직원들은 작은 회사 겸 매장을 길

건너로 옮기고, 새 매장을 단장해야 하는데, 바로 그 나흘 동안 나는 유럽 출장을 가야 했다. 섀넌, 재키, 그리고 데이브와 그들이 데리고 온 몇 사람들이 이사를 맡아서 했다. 내가 이사에 아무런 일손을 보태지 못한 것은 지금도 안타깝게 생각한다.

데이브가 말했다. "우리는 뒷문이 자동으로 열리는 5톤짜리 탑차를 기사와 함께 빌렸습니다. 매장 직원들과 그들이 데리고 온 친구들이 일손을 보탰습니다. 비품, 원단, 재봉기, 수많은 재고, 현금 데스크 등을 세 번 왕복하며 모두 옮겼습니다. 트럭과 기사 비용으로 200달러를 지불했고, 기사에게는 팁으로 40달러를 따로 준 것이 기억이 납니다."

물건을 옮겨 놓고 보니, 새로운 공간이 생각보다 너무 크다는 것을 확실히 알게 되었다. 2층은 아예 텅 비었다. 나는 새로운 매장에서는 더 이상 다른 브랜드를 팔지 않고, 룰루레몬의 판매에만 집중하기로 했다. 그것이 올바른 선택이라고 믿었지만, 오로지 우리 제품만으로 매장을 꾸미고 보니 비참한 느낌이 들 정도로 매장이 휑했다.

한동안 홀세일 활동을 활발하게 한 덕분에 매장을 채울 재고가 많이 남아 있지는 않았다. 그래도 어찌 어찌해서 1층 매장의 절반 정도는 채울 수 있었다. 나는 매장 전체에 '키친 파티' 분위기를 내고 싶었기 때문에, 커다란 이동식 벽을 만들어 주말에는 매장을 확장하고, 주중에는 매장 공간을 줄였다. 이동식 탈의실도 준비해서 매장의 혼잡도에 따라서 탈의실을 하나쯤 더 늘리기도 하고 줄이기도 할 수 있도록 했다.

오늘날 대중들이 룰루레몬 매장을 친숙하게 여기는 이유는 새로운 매장이 접근성이 좋아서가 아니라 무에서 유를 창조할 수 있다는 우리의 깊은 신념 때문이다. 그 신념은 더욱 높은 목적을 공유하는 팀워크이다. 우리는 원래의 매장에서 가져온 회의용 칠판과 여기저기 중고시장에서 구한 가구 조각들을 동원해 그럭저럭 인테리어를 했다. 섀넌은 거리에서 주어온 오래된 문짝을 개조해서 디자인과 패턴 제작 테이블을 만들었다. 그녀가 대단한 것은 이 테이블에서 작업하려면 원래 문짝에 나 있던 손잡이가 들어갈 구멍 부분을 이리저리 피해가며 작업을 해야 하지만, 그런 불편함에도 불구하고 완벽한 디자인을 생산해 주었다는 것이다. 겨우 매장을 열 준비를 끝내고 나니, 우리는 맨몸으로 마라톤을 완주한 기분이었다.

유럽 출장을 마치고 돌아와서 직원들이 온갖 경험과 믿음, 그리고 신념을 쏟아 부어 허접한 공간을 그럴듯한 매장으로 변신 시켜 놓은 것을 보니 초현실적인 느낌이 들었다.

내가 부족한 자금에도 불구하고 사치를 부린 것이 하나 있는데, 그것은 건물 외벽을 채울 거대한 벽화를 제작한 것이었다. 벽화는 나의 첫 요가 스승인 피오나 스탕이 '워리어 2 자세Warrior Two pose'를 취한 모습을 실루엣으로 표현한 작품이었다. 그 벽화는 한 블록 떨어진 곳에서도 선명하게 보였다. 이제 룰루레몬은 키칠라노에서 가장 쉽게 눈에 띠는 매장이 되었다. 이제 새로운 시작이었다. 그리고 몇 주 지나지 않아 크리스마스쯤 해서 웨스트비치는 나를 해고했다.

해고 되다

내가 웨스트비치로 돌아가서 보니 일은 생각보다 힘들었다. 나는

그때 막 경영자가 된다는 것이 무엇인지 이해하기 시작하고 있었다. 다른 사람들과 함께 비전을 효과적으로 맞추어 나가는 법을 배우고 있었다.

웨스트비치의 CEO로서 내 앞에는 경영 방향에 관한 몇 가지의 방안이 놓여 있었다. 하나는 유럽에 있는 기업을 선정해 웨스트비치의 상표권을 라이선스 방식으로 넘기거나, 아니면 유럽의 홀세일 영업을 완전히 중단하고, 직영점 체제로 전환하는 것이었다. 웨스트비치 같은 대형 홀세일 기업이 직영점 체제로 전환한다는 것은 2년여에 걸쳐 어려움을 겪고 있는 수익성 없는 매장을 폐쇄한다는 의미였다.

홀세일에서 수입이 안 나오는 상황에서 리테일 영업마저 충분한 실적이 나오지 않으면 규모의 경제에 입각한 생산은 불가능하다. 게다가 우리가 매장을 직접 소유하고 경영하려면 상당히 많은 돈이 필요하다. 그것은 웨스트비치가 아예 새로운 창업에 가까운 쇄신을 필요로 한다는 뜻이다.

그 와중에 소유 구조의 변동이 있었다. 웨스트비치는 심스 스케이트보드Sims Skateboards와 합병되었다. 심스가 합병의 중심에 서기는 했지만, 사실은 스케이트보드도 쇠퇴기였다. 심스 입장에서도 살아남으려면 인수 합병 등의 특단 조치가 불가피했다. 그것은 웨스트비치도 마찬가지였다. 두 회사가 합병되고 나니 물류창고 등 중복되는 시설과 중복되는 부서 및 직책에 대한 정리 작업이 불가피했다.

연봉을 10만 달러씩이나 지급해야 하는 두 명의 CEO 중 한 사람도 정리해야 했다. 그게 나였다.

나는 이상한 방식으로 원래의 내 위치로 돌아온 것이다. 슈퍼스타 스포츠의 파산으로 타격은 컸지만, 다행히 수만 달러어치의 제품을 돌려받을 수 있었다. 새 매장으로 이사하는데 2만 달러가 더 들었다. 이때쯤 해서 웨스트비치가 나를 원래의 제자리로 돌려보내 준 것이다. 나는 룰루레몬을 시작할 때 내 집을 담보로 20만 달러를 이미 빌렸고, 룰루레몬이 무너지는 것을 막기 위해 2만 달러를 더 빌렸다. 지금 생각하면 언제 무너질지 모를 정도로 아슬아슬한 상황이었다. 그런데 상황이 전혀 생각하지 못했던 방식으로 반전했다.

첫째로, 웨스트비치가 나를 해고하면서 내 연봉의 절반에 해당하는 두둑한 퇴직금을 지급했다. 정말로 꼭 필요한 순간에 거액의 현금을 회사에 투입할 수 있게 되었다.

둘째로, 나는 웨스트비치에 적합한 CEO가 아니었다. 나한테 딱 맞는 직장은 룰루레몬이었다. 웨스트비치에는 내가 소신을 펼치기 위해 재량권을 가지고 사용할 수 있는 예산도 없었고, 여러모로 내가 생각했던 것과는 많이 달랐다.

셋째로, 가장 중요한 것은 이제 룰루레몬에 올인할 수 있게 되었다는 것이다. 2만 달러를 들인 매장 이전은 바로 성과가 나타났고, 크리스마스가 가까워지면서 매출은 더욱 늘어났다. 이제 마케팅과 확장에만 집중할 수 있었다.

내가 돌아오자 나를 대신해서 임시 CEO의 역할을 수행했던 섀넌은 자신이 이끌어 가던 창의적이고 자유로운 시절은 끝났다고 투덜댔다. 그녀는 말했다. "굉장히 자율성을 누리며 즐겁게 지냈는데…. 진짜 보스가 돌아온 것이지요."

내가 없는 동안 섀넌은 디자인에서 강력한 추진력과 능력을 보이며 놀라운 일을 해냈다. 그녀와 재키가 연출해 낸 매장의 분위기는 내가 원했던 그대로였다. 거기에 더하여 나는 그들이 자신의 모든 것을 회사에 투자했다고 느끼게 하는 것이 회사의 발전을 위해 중요하다고 생각했다. 한편 당시 섀넌과 나는 아리트지아Aritzia라고 하는 밴쿠버의 아웃웨어 재킷을 디자인해 주고, 아시아의 제조사를 통해 제조하는 일을 도와주면서 별도의 수입을 올리고 있었다.

나는 그들이 나의 복귀에 대해 느끼는 기대와 불편함을 모두 이해하고 있었고, 나는 그들이 여전히 일상적인 업무를 책임져야 한다는 것을 두 사람에게 강조했다. 대신 나는 매장의 세세한 부분을 관리하고 간섭하지 않고 마케팅과 룰루레몬의 미래에만 힘을 쏟고 싶었다. 나는 멘토링과 훈련을 통해서 회사를 통솔하는 리더십을 택했다. 나는 세세한 업무를 감독하고 관리하는 것은 다른 사람들에게 맡기고, 사람을 키우고 훈련하는 데 집중하기로 했다. 나는 마이클 거버Michael E. Gerber의 『사업의 철학The E Myth』에 소개된 개념에 집중했다. 직원들이 스스로 정한 개념 안에서 독립적으로 스스로를 운영하는 원칙과 프로세스를 도입했다. 우리는 이러한 교육과 자기계발 프로그램을 초창기부터 도입했기 때문에 다른 회사에 비해 기하급수적으로 성장할 수 있었다. 직원들은 어른들의 감독이 필요한 어린아이들이 아니다. 그들에게 필요한 것은 지적 자극과 동기를 유발할 만한 기회의 제공이었다.

데이브 할리웰

이제는 내 아이디어를 구체적으로 실천해볼 만한 시점이었고, 나는 나의 사업 철학이 옳다는 것을 입증하고 싶었다. 지름길을 택하고 싶지는 않았지만, 모든 것이 아슬아슬했다.

분주한 크리스마스 기간이 지나고 나서 나는 데이브와 동업에 대해 진지한 대화를 나누고 싶었다. 그는 내가 없는 동안 회사를 위해 많은 일을 했지만, 공식적인 동업자로서의 약속이나 계약이 되어 있는 관계는 아니었다. 그도 몇 달 동안 그 문제로 고민하고 있었다.

나는 그에게 우리 모두를 위해 1월까지 결정을 해 달라고 요청했다.

루온

크리스마스가 코앞으로 다가오면서, 룰루레몬이 제공하는 사은품에 관한 기사가 등장하면서 많은 사람에게 이야깃거리를 제공하고 있었다. 그 가운데 한 기사는 섀넌이 버려진 플라스틱 병을 재활용하여 만든 브라에 대해 다루고 있었다. 그 브라는 그해 크리스마스 최고의 히트상품이 되었다.

신축성이 큰 재질의 원단으로 만든 제품에 초점을 맞추고 있었기 때문에, 브라는 우리의 주력 제품은 아니었다. 그러나 브라에 이끌려 우리와 인연을 맺고 우리 매장을 찾아온 고객에게 우리 옷을 소개할 수 있었으니 브라는 완벽한 마케팅 수단이었다. 처음에는 양털 브라 한 개를 구입하려고 매장 문을 열고 들어온 고객이 우리의 주력 제품 하나쯤 더 사가지고 나가는 일은 흔했다.

그사이에 우리는 마침내 우리 제품에 꼭 맞는 원단 개발에 성공하고, 나일론과 라이크라를 혼합한 루온Luon이라는 원단 브랜드를 따로 만들어 냈다. 우리는 고어텍스Gore Tex나 벨크로Velcro처럼 루온에 대한 상표 등록을 마쳤다. 많은 경쟁자가 유사한 제품을 개발하여 사용할 수는 있지만, 제일 먼저 상표를 등록하고, 상표의 카테고리를 먼저 규정해 놓으면, 우리 브랜드와 유사한 영역에 대한 일종의 범접하기 힘든 벽 같은 것이 형성되고, 우리 제품 이름이 같은 유형의 제품의 대명사처럼 통용된다.

나는 룰루레몬을 의류 업계의 다른 기업과는 여러모로 매우 다른 기업으로 만들고, 다른 기업이 흉내 낼 수 없는 우리만의 독창적인 영역을 어떻게 구축할지를 계속해서 고민했다.

1월이 되었고, 나와 데이브 할리웰은 룰루레몬과 우리의 미래에 관해 이야기하기 위해 마주 앉았다. 나는 그와의 동업에 대해서는 '아니오'라는 확실한 대답을 마음속에 가지고 있었지만, 먼저 말하고 싶지는 않았다. 그는 우리가 하는 일을 깊이 신뢰했고, 회사의 앞날과 나아가야 할 방향에 대해 그 어느 때보다 낙관하고 있지만, 동업은 하고 싶지 않다고 말했다.

꼭 그래야 할 의무는 없었지만, 나는 우리가 여기에 오기까지 데이브가 보인 열정과 헌신에 대해 보상을 해주고 싶었다. 나는 2001년 한 해 동안 매월 5천 달러씩 6만 달러를 지불하기로 했다. 당시 룰루레몬의 입장에서는 큰돈 이었지만, 데이브가 우리에게 기여한 것을 고려하면 결코 많다고는 볼 수 없는 액수였다.

우리는 이렇게 서로 나쁜 감정 없이 헤어졌다.

· 15장 ·

목표와 문화,
그리고 인재개발

목표 설정

요즘에는 목표 설정goal setting이라는 용어를 곳곳에서 귀가 따갑도록 들을 수 있지만, 1998년만 해도 생소한 용어였다. 목표를 달성하지 못할 경우에 느끼게 될 낭패감이 두려워서 아예 목표를 설정하는 시도조차 하지 않는 사람들도 항상 있다. 그러나 내 생각으로는 실패를 배우는 것이야말로 가장 중요한 학습이다. 대부분의 사람들은 목표를 설정하면 져야 할 책임도 무거워진다는 이유로 목표 설정 그 자체를 좋아하지 않는다. 종종 사람들은 이상적인 삶을 꿈꾸며, 아무 일을 하지 않아도 이상적인 삶을 누리게 해 줄 수 있다는 정당에 한 표를 던지려고 한다.

SMART 목표 설정

룰루레몬의 초창기 기업문화를 설계하면서 나는 브라이언 트레이시의 명저 『성취심리』에 소개 된 스마트SMART라는 모델을 활용했다. 이는 구체적인Specific, 측정 가능한Measurable, 달성할 수 있는Attainable, 관련 있는Relevant, 그리고 정해진 기한에 맞는Timely 목표 설정의 약자이다.

우리의 뇌는 컴퓨터와 같다. 많은 불필요한 것들이 입력되고 배출된다. 날짜 별로 측정 가능한 목표를 설정하면 우리의 뇌가 효과적으로 일하게 만들 수 있다. 애매하지 않고 완벽하게 정리되고 정의된 목표가 있어야 우리의 잠재의식 속의 컴퓨터가 24시간 내내 목표를 위해 작동하는데 필요한 제대로 된 정보를 선택하여 받아들일 수 있다. 우리가 잠자고 있거나 다른 무언가를 하고 있을 때도 마찬가지이다.

너무 당연한 이야기지만 목표는 매우 구체적이어야 한다. 목표 달성 여부를 판단하기에 어중간한 회색 영역을 완전히 없애려면 지나칠 정도로 구체적이어야 한다.

안타깝게도 내가 접해본 대부분의 목표는 이런 식이다. '향후 6개월간 가족과 더 많은 시간을 갖겠다.', '내년에는 식생활을 건강하게 개선하겠다.' 등등. 물론 좋은 생각이지만, 달성 여부를 확인할 수도 없고, 목표 시점도 명시되어 있지 않다. 이는 스마트 모델에는 맞지 않는다.

스마트모델에 따른 실행과 평가를 할 수 있는 목표는 이런 식으로 설정해야 한다. '2025년 12월 31일까지 최소한 10일 이상 가족과 유럽 여행을 하겠다.', 또는 '2023년 4월 30일까지 일주일에 최소한 다섯 끼

는 불용성 단백질이 포함되어 있지 않은 식단으로 식사를 하겠다.'

룰루레몬은 직원들 각자가 자신의 삶에 대한 10년의 비전을 설계하고, 자신이 가장 역점을 두어 추진할 3가지 가치와 18가지의 목표를 설계할 수 있는 미래 설계 모델을 개발했다. 이 모델은 가족, 직업, 건강 등 세 가지 영역으로 구분되어 있다. 이 모델을 사용하면 누구나 가족과 직업, 그리고 건강에 관하여 각각 1년과 5년, 그리고 10년으로 안에 달성해야 할 두 가지 목표를 설정할 수 있다.

그리고 그렇게 세워진 목표는 그들의 비전과 일치하게 된다. 이렇게 하니 룰루레몬은 겉으로는 의류 브랜드 업체이지만 실제로는 리더십을 개발하는 데 역점을 두는 회사가 되었다.

내가 브라이언 트레이시와 다른 점이라면 한 사람이 두 번에 한번 정도는 도전적인 목표를 달성하기 위해 노력하다가 실패를 해도 된다고 생각한다는 것이다. 실패는 삶의 일부이다. 단순한 시행착오로 실패 했다면, 만족할 만한 새로운 조건과 기한에 맞춰서 목표를 재설정하면 된다.

또 비전과 목표의 설정이 적절히 조화된 랜드마크 포럼의 가르침이 훨씬 더 강력한 시너지를 발휘할 수 있다고 믿었다.

나는 사람들이 랜드마크 포럼 과정을 수강한 후에도 그곳에서 배운 혁신적인 생각들을 잊지 않고 활용할 수 있게 돕고 싶었다. 비전과 목표를 설정한 후 여기에 성실성과 선택 및 가능성에 대한 통찰력을 조화시켜 사람들이 자신의 삶에서 실천할 수 있는 매우 구체적이면서도 실제적인 목표를 설계하도록 돕고 싶었다.

앞서서 보라색 셔츠의 사례에서 말한 것처럼, 나의 과거는 미래를 제한했다. 나는 혁신적인 발전에 집중하기 전에 먼저 다음과 같은 목표를 실천해보기로 했다. 2013년 12월 31일까지 몸무게를 100kg까지 줄이겠다는 목표를 세울 수 있다. 이런 목표를 설정한 이유는 지난 5년 동안의 내 체중이 110kg 근처에서 오르락내리락했다는 과거의 경험과 통계 때문이었다. 만일 이런 경험과 과거의 통계를 전혀 알지 못한 채 그저 내 나이와 키에 맞는 최적의 몸무게가 얼마인지 알아보고 그것을 목표로 삼았다면 목표 체중은 95kg이 되었을 것이다. 이처럼 과거의 영향을 받지 않고, 오로지 이상과 비전에 기반을 두고 미래 지향적인 목표를 설정한다면 목표는 더 과감해진다.

이렇게 목표를 설정하고 나면, 그것을 근거로 구체적인 계획을 세울 수 있다. 나는 10년 목표를 세웠다. 10년 후에 목표 지점에 도달하려면 5년쯤 후에는 어느 정도까지 도달해야 하는지 스스로 물었다. 그리고 5년쯤 후에 그 정도에 도달하려면 1년쯤 후에는 어느 정도까지 가 있어야 하는지 스스로에게 물었다. 이런 목표 설정 방식은 나를 그저 평범하게 살아가는 함정에서 벗어나게 할 수 있다. 목표 설정을 통해 어차피 저절로 만나게 될 미래를 피하고, 스스로 나의 미래를 선택할 수 있게 해 준다.

룰루레몬의 문화와 훈련

2001년 초, 나는 사업이 안정 궤도에 오르고 좀 여유를 되찾은 시점을 활용하여 룰루레몬의 핵심적인 문화와 훈련 과정을 좀 더 완전하게 다듬어 보기로 했다. 이 역시 『성취심리』에서 영감을 받은 것이다. 나는 내가 일하고 싶은 사람들과 함께 일하고 싶었다. 그것이 룰루레몬 문화의 근간이었다.

『성취심리』를 오디오북으로 들었고, 카세트테이프를 섀넌과 재키에게 넘겨주었다. 그들도 그것을 듣고 호응했고, 우리는 공통된 이해의 기반을 갖게 되었다. 나는 그들에 의해서 고용된 다른 직원들에게도 이것을 듣게 하고 싶다고 말했고, 섀넌과 재키는 모든 직원에게 『성취심리』 오디오북을 듣게 했다. 이것이 룰루레몬 특유의 직원 교육프로그램의 시작이었다.

새로 채용된 직원들은 이미 훌륭한 사람들이었기 때문에, 우리는 그들의 삶에 자극만 주면 된다고 생각했다. 내가 직원들을 훈련하는 목적은 그들을 훈련해 회사의 발전과 이익 추구에 어떤 식으로든 써먹겠다는 목표 없이, 오로지 그들을 이롭게 하는데 두어야 한다고 생각했다. 나는 그들을 최대한 성장시킬 것이고, 그다음에 그들이 어디서 무엇을 하든 그것은 그들에게 맡기겠다고 생각했다. 아마도 훨씬 성장한 그들은 자신의 능력을 룰루레몬을 위해 사용할 수도 있고, 다른 곳에서 다른 목표를 달성하기 위해 새로운 노력을 시작할 수도 있을 것이다. 그러나 남는 직원이든, 떠난 직원이든 룰루레몬에서 보낸 시간을 아름답게만 추억할 수 있다면 충분하다고 생각했다.

모든 직원을 랜드마크 포럼에 참석하게 하는 것은 꼭 필요한 일이었다. 나는 그곳에서 내 삶에 긍정적인 영향을 끼치고, 큰 변혁을 가져다준 무언가를 발견했기 때문에 나와 함께 일하는 모든 이들도 위대한 삶이 어떤 것인지 등에 관해 나와 비슷한 생각을 가질 수 있기를 바랐다. 나는 인생을 재미있고, 만족스럽게 살고 싶어 하는 사람들로 내 주변을 채우고 싶었다.

데이브 할리웰은 오랫동안 직원들의 랜드마크 포럼 교육에 관여해 왔다. 그는 "나는 직원들에게 랜드마크 포럼을 소개하는 역할을 했습니다. 랜드마크 포럼은 사람의 인생에서 새로운 돌파구를 발견할 수 있게 하는 강력하고 특별한 경험을 할 수 있게 해 줍니다. 랜드마크 포럼은 룰루레몬의 성공의 정신적 기반이었던 것이 분명합니다. 어떤 사람들은 어떤 극적인 변화와 효과가 일어나기를 고대하지만, 오히려 그것을 두려워하는 사람도 있습니다. 하지만 나는 랜드마크 포럼이 지닌 힘에 대해서는 의심할 여지가 없다고 생각합니다."라고 말했다.

나는 룰루레몬에서 함께 일하는 사람들이 공통된 인식 세계를 가지고 의사소통을 하고, 위대한 것이 무엇인지에 대해 비슷한 생각을 하고 있다면, 회사는 성공으로 향한 디딤돌을 이미 딛고 서 있는 것이나 마찬가지라고 생각했다. 여기에 더하여 2주 만에 충분히 완성 가능한 탄탄한 교육 시스템을 구축한다면 직원이 회사보다 더 빨리 성장할 수 있다고 생각했다.

우리는 이미 소수이지만 독특한 룰루레몬 문화를 형성했다. 이런 문화 형성에는 몇몇 오디오북들을 직원들 모두 듣게 한 것도 크게 기여했다. 이 책들은 우리가 어떤 사람들이 될 수 있는지에 대한 기초적인 인식과 공감대를 만들어준 책이다. 룰루레몬의 오늘을 만드는데 특별한 지혜와 통찰력을 제공해 준『쇼핑의 과학Why We Buy』,『티핑 포인트』,『스타벅스, 커피 한잔에 담긴 성공 신화Pour Your Heart Into It』,『잭웰치, 끝없는 도전과 용기Straight from The Gut』,『성공하는 기업들의 8가지 습관

Built to Last』 등의 저자들에게 특별한 감사를 표하고 싶다.

또한 이러한 인재개발방식은 회사가 재키와 섀넌, 그리고 다른 여러 여성 직원들에게 회사가 자신들에게 많은 관심을 가지고 투자하고 있음을 느끼게 해 주는 효과도 있었다.

어떤 의미에서 보면 룰루레몬의 인재개발 프로그램은 나의 이기심이 낳은 결과이다. 나는 내가 좋아하는 사람들과 함께 일하고 싶었고, 그들이 가진 위대함에 기꺼이 투자했다. 나는 그들이 앞으로 자신을 비롯해 가족과 그들이 속한 커뮤니티의 지도자로 성장할 수 있다고 확신했다.

훈련으로 변화된 사람은 자신을 사랑하고, 멋진 삶을 만들어낼 수 있는 집중력을 갖게 된다. 성취해본 사람은 스스로가 성공의 증거가 되어서 자신의 주변의 많은 사람도 자신과 같은 방식으로 훈련되기를 원한다. 이렇게 해서 한 사람의 리더십은 자연스럽게 주변 사람들도 리더십을 갖출 수 있게 돕는다.

이렇게 개인이 성장하는 문화를 통해, 나는 23세의 젊은 직원들이 다른 도시로 파견 되어서 직원 20명 정도를 거느리고 1천만 달러 정도의 매출을 올리는 매장을 운영할 수 있게 되기를 원했다. 그리고 그 직원은 성실하고, 책임감 있고, 창의적으로 행동하고 일한 대가로 괜찮은 급여를 보장받게 되기를 꿈꾼다. 그들이 일한 결과로 그들은 자신의 목표를 달성하게 될 것이고, 자연스럽게 회사의 목표도 달성될 것이다. 그리고 리더가 된 것에 대한 보상을 받게 될 것이다.

초창기 룰루레몬에서 직원 훈련을 담당했던 제나 힐스Jenna Hills는 "룰루레몬에 대해 잘 알려지지 않은 부분이 있어요. 회사는 직원들이 룰루레몬에서 일한다는 것 이상의, 자신을 다른 어떤 곳으로 이끌어줄 목표를 가지기를 원합니다. 우리가 생각하는 성공 방정식은 이렇습니다. 회사는 룰루레몬에서 갈고 닦은 기술과 리더십이 언젠가 회사 밖에서 그들이 정한 다른 목표를 달성하는 데도 큰 도움이 된다는 것을 이해시키려고 노력해야 합니다. 만일 그렇게 하지 못하면 직원들은 자신이 단지 회사의 소모품에 불과하다고 생각하고 최선을 다하지 않습니다. 이런 원칙에 따라서 조직을 이끌어 가려면 오로지 사람에게만 집중하는 리더십이 필요합니다. 회사의 이익을 위해 팀과 사람을 이끄는 리더십이 아니라, 팀과 사람이 성장하고 일이 성취되는 것에 보람을 느끼는 리더십입니다."라고 말했다.

우리는 실패를 결코 부정적으로 보지 않았다. 누군가 실패로 인해 회사에 10만 달러의 손실을 끼쳤다면, 나는 그들에게 실패를 통해 무엇을 배웠냐고 물었다. 무엇이라도 배운 것이 있다면 10만 달러 이상의 가치가 있다고 생각했다. 비록 오늘 우리가 10만 달러의 손해를 입었다고 해도 우리는 매일 혁신의 과정을 거치고 있기 때문에, 그 실수로 인해 우리는 더 강해지리라 생각했다.

에듀케이터와 슈퍼걸

룰루레몬은 이제 독특한 존재로 세상에 알려졌다. 그 독특함의 시작은 매장에서 일하는 에듀케이터들로부터 비롯되었다. 그들은 자신이 미래의 비즈니스 운영방식의 핵심적인 존재라는 사실에 흥분하고 있었다. 우리가 고용한 에듀케이터는 키칠라노의 삶의 방식을 알리는 살아 숨 쉬는 모델이었다. 매일 아침, 우리 에듀케이터들은 자신의 삶에 스스로 행복을 불어넣었고, 그 결과 주변 사람에게도 행복을 전파하는 행복 바이러스 같은 존재였다.

나는 직원들 개인의 이익과 회사의 비전이 일치되어 가는 모습을 보며 흥분했다. 우리 직원들은 더 나은 세상을 만드는 것 못지않게, 자신의 더 나은 미래에도 관심이 많았다. 나는 회사의 이익보다 직원들 개인의 삶을 우선시하는 인센티브 비즈니스 모델을 통해 결과적으로 회사까지도 이익을 거두어 가는 방식의 경영을 추구했다.

나는 역동적이고 열정적인 대졸 이상의 여성들을 주로 고용했다. 이들은 내가 가지고 있는 기술에 대한 비용을 지불할 만한 고학력 고객들과 정확히 동년배 그룹에 속한 사람들이다. 나는 이들 슈퍼걸 출신 직원들이 슈퍼걸 고객들과 소통할 수 있다고 생각했다. 일반적으로 홀세일 중심의 업체들은 낮은 생산단가를 기반으로 대량 판매를 추구하고, 당연히 값싼 노동력을 고용하기 때문에, 직원들의 이직률도 높다. 우리와 같은 고용정책을 추구하는 회사는 어디에도 없었다.

회사의 모든 사람은 자신만의 비전과 목표를 세운다. 우리 에듀케이터들은 자기 삶의 비전에 너무 고무되어 있어서, 매장에 들어오는 모든 사람에게 멋진 삶을 사는 것이 무엇인지에 관해 이야기를 나누고 싶어 했다. 이들 슈퍼걸 에듀케이터들은 회사에 대한 소속감도 크다. 그들은 고객들의 이야기에 귀를 기울이고, 그들과 함께 그들이 원하는 큰 결실을 이루어 나간다. 에듀케이터와 고객 간의 관계는 고객 각자의 특별한 요구사항이나 목적을 이루는데 완벽하게 어울리는 제품을 찾아내고 만드는데 협력하는 관계였다.

나는 에듀케이터들에게 고객들의 요구에 맞는 제품이 나이키나 아디다스 제품 가운데 있다면 주저하지 말고 그것을 추천하라고 교육했다. 나는 모두가 승자가 되어야 한다고 생각했다. 룰루레몬은 불가지론자*여야 하고, 자아가 없어야 하는 존재라고 생각했다.

우리의 훈련은 분명히 효과가 있었다. 나는 커피숍에서 친구들일 것으로 추정되는 몇몇 젊은이들이 우리 브랜드의 진정성에 대해 극찬하는 대화를 어깨너머로 들은 적이 있다. 우리는 이러한 순간을 고대하며 일해 왔다.

슈퍼걸들은 룰루레몬의 정의를 스스로 써나가고 있었고, 나는 그들로부터 배우고 있었다.

6/13 규정

우리의 모습의 일부는 고객의 경험에 의해 결정된다. 즉 우리 에듀케이터들이 매장을 방문한 고객들을 어떻게 교육하는지에 따라 달라지는 것이다. 키칠라노 매장은 하나의 실험실 역할을 하며 사람들이 우리 제품을 어떻게 접하는지, 그리고 그들을 우리의 제품 개발에 어떻게 참여시킬 수 있을지 모색하는 장이었다. 우리는 슈퍼걸들의 빠듯한 시간 사정을 알고 있다. 그녀들은 워낙 바빴기 때문에, 그들에게 맞는 쇼

* 사물의 본질이나 실재의 참모습을 사람의 경험으로는 인식할 수 없다는 철학 이론

핑 시스템이 필요했다.

우리는 품질에 관한 한 최고였기 때문에 이 문제로 반품이 들어올 가능성도 없었다. 무료로 길이 조절을 위한 밑단 수선 서비스도 제공했기 때문에, 팬츠의 기장을 조절하려고 굳이 다른 장소에 찾아갈 필요도 없었다. 매장은 색상이나 디자인이 아니라 기능성을 기준으로 설계되어 있기 때문에, 고객들은 자신에게 필요한 제품을 금방 찾을 수 있었다. 쇼핑 과정에서 불필요한 시간 낭비나 불편함을 극소화하기 위해 에듀케이터들과 탈의실, 그리고 카운터의 배치까지 세세하게 신경을 썼다.

나는 몇 가지 특별한 규칙과 절차를 고안해 냈다. 그 가운데 하나만 이야기하자면, 내가 '6/13 규정'이라고 이름 붙인 것이 있다. 고객이 제품 앞에 6초쯤 머무르면 에듀케이터는 13초 안에 해당 품목에 대한 정보를 요약해서 고객에게 이야기해야 한다. 후속 질문이 없으면 에듀케이터는 고객이 다시 6초 동안 다른 제품을 볼 때까지 그냥 놔둔다. 이런 규정에 어떤 과학적인 근거는 없다. 그저 사람들을 보고 그들의 몸짓과 모습을 통해 그들의 마음을 읽으며, 그들이 어떤 상황에서 편안함을 느끼는지를 관찰하면서 생각해 낸 것이다. 나는 에듀케이터들의 제품에 대한 지식과 열정이 고객들에게 감동을 주기를 원했다.

에듀케이터들은 최전선에서 일하고 있었고, 영업지원센터에 근무하는 어느 누구보다도 고객과 제품을 제대로 이해하고 있었다. (영업지원센터는 다른 회사의 '영업본부HQ'의 룰루레몬 버전이다.) 우리가 큰 결정을 내려 매장과 에듀케이터들에게 하향식으로 전달하는 방식으로 매장을 운영했다면, 매장에서 일하는 직원들은 항상 마음이 무거웠을 것이다.

재고를 없애다

우리의 성공은 매장 수준에서 기존의 리테일 관행을 깨버린 것에서 비롯되었다. 우선, 우리는 따로 재고를 보관하지 않았다. 어떤 사람들은 우리가 별도의 보관 장소에 따로 제품을 쌓아 놓고 있을 것이라고 생각했지만, 우리 제품은 워낙 빠른 속도로 팔려나가고 있었고, 매장을 방문하는 고객들에게 최우선 순위를 두는 것이 우리의 책무라고 생각했다.

선반 뒤에 무언가가 보관되어 있다면, 그 옷을 사고 싶어 하는 누군가가 매장에 있는데도, 실제로 존재하지도 않는 미지의 누군가를 위해 굳이 남겨둘 필요가 없다는 의미이다.

이러한 규칙은 어쩌다가 만들어진 것이 아니었다. 나는 원하는 상품이 매장에 없을 때, 다음에 들를 테니 재고 찾아서 준비해 달라고 요청한 사람들이 실제로 다시 매장을 다시 찾는 경우는 거의 없다는 사실을 경험으로 확인했다. 그런데 알고 보니 그 상품이 몇 시간 동안 계산대 뒤쪽에 방치되어 있었다는 것을 뒤늦게 알게 되는 경우가 있다. 에듀케이터들은 영업이 끝난 뒤, 또는 다음날 영업을 시작할 때 그것을 다시 꺼내 진열한다.

그래서 나는 처음부터 제품을 창고에 쌓아 두지 않기로 했다. 가끔 사람들은 우리가 이런 식으로 운영하는 유일한 업체라며 불편해하기도 한다. 그러나 한번 우리 제품을 구매한 고객의 95%는 머지않아 재구매 한다.

우리는 매장 내에서 거의 전화를 받지 않는다. 이것도 다른 회사의 매장과는 확실히 다른 관행 파괴이다. 매장에 게스트가 없다면 전화를 받겠지만, 매장에 게스트가 있다면 우리의 관심은 매장 안으로 향해야 한다. 우리의 최고의 우선순위는 특별히 시간을 내서 매장을 방문한 게스트들이다. 나는 우리가 매장 안에서 그들과 최고로 진실한 관계를 형성하기를 원했다.

새해

새 매장으로 이전하는 데 큰 비용이 들었지만, 단기간 안에 손익분기점을 확실하게 넘겨 버렸다. 이제 룰루레몬은 요가 문화를 선도하는 업체였기 때문에 현지 언론의 관심을 끌기 시작했다. 언론이 우리에게 접근해서 아무런 대가 없이 지면을 할애하여 우리의 이야기를 써주기 시작한 것이다. 무료로 미디어의 지원을 끌어내는 것은 내가 만든 또 다른 비즈니스 모델이었다. 우리가 충분한 혁신을 이루어 내면 언론이 먼저 우리를 찾아올 것이라고 확신했다. 우리는 기다리기만 하면 된다.

본격적인 이커머스 시대가 열리기 전까지는 대부분의 리테일업체는 약 40일 간의 휴가철에 1년 매출의 1/3에 해당하는 판매고를 올리는 것이 일반적이었다. 연말연시를 낀 휴가철이 지나면서 대부분의 리테일업체는 대대적인 세일 행사를 진행하고, 1월과 2월에는 큰 매출부진을 겪는다.

나는 2000년 12월과 2001년 1월의 실적에 크게 만족했다. 새해부터 요가를 시작하거나 헬스클럽에 나가겠다는 사람들이 많기 때문에 매출은 만족스러웠다.

매장을 이전하기 전, 하루 최고의 매출은 2천 달러였다. 그러나 매장을 옮긴 후 가장 매출이 부진했던 날도 그보다 두 배는 높았다. 이처럼 우리는 짜릿한 나날을 보냈지만, 2월과 3월에 닥칠 매출 부진에 대비해야 했다. 재고가 쌓이지 않으려면 생산 규모를 감축해야 했다.

그런데 의외로 2001년 1월 말이 되어도 매출이 줄 기미를 보이지 않았다. 나는 매일 판매실적을 보고 받았는데, 매출이 줄어드는 대신 완만한 증가세를 보여주고 있었다.

나는 왜 이런 일이 일어나는지 알고 있었다. 룰루레몬이 리테일 유통의 초기의 불안정한 단계를 벗어나 본격적인 확장 국면에 들어선 것을 눈으로 확인하고 있는 것이다. 우리의 인내심이 드디어 결실을 보았다. 2001년 봄 내내, 매출은 줄어들지 않았다.

이런 일이 일어나는 것만으로도 대단하고 뿌듯함을 느꼈지만, 동시에 새로운 인기와 매출규모에 발맞춰 지금까지의 소규모의 기업 체제에서 벗어나 뭔가 새로운 변화를 모색해야 한다는 생각도 함께 하게 되었다.

이끌림의 파워

최근 룰루레몬의 수익이 늘어남에 따라 직원의 규모도 늘려야 했다. 우리는 더 많은 에듀케이터를 고용했고, 그들 대부분은 피오나와 비슷한 연령대의 비슷한 라이프 스토리를 가진 어느 정도 나이가 있는(일반적으로 28세에서 34세 사이) 슈퍼걸들이었다. 그들은 하루 14시간 동안 금융 분야 등에서 일하고, 데이트할 시간도 없고, 결혼이나 출산을 생각할 겨를도 없다. 그러다가 그들은 돈보다도 삶의 균형을 찾기 위해 일을 중단했다. 룰루레몬과 요가는 삶의 균형을 찾고자 하는 그들의 소박한 꿈을 대변한다. 우리는 그들을 에듀케이터로 고용했지만, 이미 월 스트리트에서 다져진 관성은 우리와는 맞지 않았다.

항상 최선을 다하며 최고의 성과를 추구하는데 익숙해진 그들은 요가와 같은 정신수련에 가까운 운동에서조차 경쟁을 벌이려 했다. 이것은 룰루레몬과는 맞지 않았다. 룰루레몬은 사업에서 능수능란함을 추구하지 않는다. 우리는 '좋은 기업을 넘어 위대한 기업'이 되기를 추구하고 있었다. 그래서 우리는 고용 방침을 바꿔야 했다.

룰루레몬이 추구하는 균형은 삶의 모든 순간을 극대화하고 있었다. 이제는 줄 서서 기다리며 시간을 낭비할 수 없었다. 기회를 찾기 위해 뛰어 들었으니 1초도 쓸데없이 낭비할 수 없었다. 할 일이 많았고, 줄 서서 기다리는 일은 우리가 할 일이 아니다!

그 무렵 나는 내 옆 골목에 사는 한 여성과 이야기를 나누게 되었다. 딘 슈와이처Deanne Schweitzer는 수영선수로 장학금을 받고 학교를 다니던 마지막 해에 임신했다고 한다. 지금은 안정적인 직장이 없는 두 아이의 엄마인 그녀는 겉보기에 상당한 패션 감각도 가지고 있어 우리 에듀케이터로 일하기에 적합해 보였다.

딘은 웃으며 이야기했다. "칩이 약간 미쳤다고 생각했어요. 어느 날 제가 빗속에서 뛰어가고 있는데 그의 차가 내 옆에 멈췄어요. 창문에는 김이 서려 있었지요. 창문을 여니 칩의 모습이 작은 쇼츠 하나 입은 걸 빼면 완전 나체였어요. 그가 말했어요. '안녕, 딘? 태워줄까?' 저는 '고마워요.'라고 말했어요. 당시에는 몰랐는데, 그때 그는 핫 요가를 하고 귀가하던 중이라고 하더라고요. 그래서 요가 복장 그대로 작은 쇼츠 하나만 입고 운전하고 있었다고 해명하더군요. 하여간 그런 황당한 일도 있었어요."

1999년에 나는 처음으로 딘에게 함께 일하자고 말했다. 내가 예전에 글렌코에서 했던 것처럼 그녀가 고급 스포츠클럽을 방문해서 우리 제품을 홍보해 주면 좋겠다고 생각했다. 그러나 딘은 회계학을 공부하던 중이었고, 아이도 키워야 한다며 거절했다.

시간이 흘러 2000년 말, 크리스마스쯤 매출이 급신장하고 있을 때 나는 다시 딘에게 접근했다. 이번에는 나의 제안을 받아들였다. 딘은 먼저 에듀케이터로 일하면서 우리의 전례 없는 매출 신장에 많은 도움을 주었다. 그리고 4주 만에 나는 처음으로 매장 매니저 직책을 신설하고 그녀를 임명했다. 밝은 성격과 신속한 일 처리, 그리고 적합한 사람을 찾아내 고용하는 능력까지 갖춘 딘은 뒤에 룰루레몬의 제품관련 최고 책임자가 되었다.

딘의 여동생인 델라니Delaney는 밴쿠버 시내에서 바를 운영하고 있던 미혼모였다. 그녀는 2001년에 딘이 이끄는 팀에 합류했다. "저는 이 회사가 추구하는 것과 회사에서 만난 사람들을 사랑했습니다."라고 말했다.

그녀도 언니와 마찬가지로 처음에는 에듀케이터로 출발했지만, 곧 매니저로 올라갔다. 나는 델라니가 리테일에 관해 내가 알고 있던 모든 것을 너무 쉽게 습득했기 때문에, 그녀와 함께 일하는 것을 좋아했다. 그녀는 이후 몇 년 동안 모든 매장 운영과 이커머스를 담당하게 된다. (훗날 나는 그녀를 CEO로 추천하게 된다.) 슈와이처 자매 두 명은 모두 슈퍼스타였고, 룰루레몬의 성장과 문화의 초석이었다.

에릭 피터슨Eric Petersen도 딘처럼 이웃 사람이 취직한 사례였다. 그는 EA 스포츠의 마케팅 책임자였다.

에릭은 회상한다. "어느 날 칩은 셔츠도 입지 않은 채 우리 집까지 운전하고 와서는 창밖으로 손을 내밀며 말했습니다. '에릭. 이리 좀 와봐요. 이 오디오 테이프를 들어봐요.' 그는 브라이언 트레이시라는 사람의 오디오북 카세트테이프 몇 개를 건네주었습니다. 1, 2, 5, 6, 9, 11번 테이프였습니다. 그는 '이걸 꼭 들어보고 돌려주세요.'라고 말했습니다. '뭐 좋아, 이상한 이웃 한 명이 번호 몇 개가 빠진 카세트테이프를 주었네. 어쩌면 나중에 내가 그것들을 없앴다고 오해 받을 수도 있겠군.' 저는 이 정도로만 생각했습니다."

내가 60명 정도가 참석하는 룰루레몬의 브라이언 트레이시 관련 행사에 에릭을 초대한 후 그는 이렇게 말했다. "저는 룰루레몬이 의류 회사라는 정도는 알고 있었지만, 방을 가득 채운 세상을 바꿀 수 있다고 스스로 느끼고 있는 젊은 여성들과 그들이 내뿜는 에너지에 완전히 압도당했습니다. 그날 밤 집에 돌아와서 아내에게 내가 30년 동안 팀 스포츠 활동을 해 왔지만, 무언가를 성취하는데 그렇게 열정적이고, 스스로 '여기가 내가 있어야 할 일터야'라고 외치는 사람들을 본 적이 없다고 말했습니다."

에릭은 우리 회사의 마케팅 책임자로 합류하여 2010년 밴쿠버 동계올림픽에 맞춰 획기적인 계획을 추진하는 데 중요한 역할을 하게 된다.

우리와 합류하게 되는 사람 중에는 다렐 코프케Darrell Kopke도 있다. 다렐은 내가 웨스트비치를 통해 알게 된 또 다른 사람이었다. 그는 웨스트비치와 거래를 하는 지퍼 제조업체에서 영업을 담당한 바 있었다. 그는 브리티시 컬럼비아대학에서 MBA를 막 마쳤다. 나는 2001년 11월 다렐을 초대 총괄 매니저로 고용했다.

"칩은 다른 선택은 하고 싶지 않다고 말했습니다. 그는 자신이 무엇을 잘하는지 알고 있었고, 사업을 성장시키는데 내가 이바지해 주기를 원했어요. 우리는 이전까지 누구도 가보지 못한 길을 가는 특이한 사람들이었습니다. 원래부터 별난 것이 아니라, 다른 사람들의 말을 귀담아 듣지 않는 사람들이죠. 재미있고, 흥미진진했습니다. 업계의 이단아들 같은 존재가 된 것이지요." 다렐이 말했다.

다렐은 적기에 나타난 가장 적절한 사람이었다. 델라니, 딘, 섀넌, 그리고 에릭과 마찬가지로 다렐은 우리의 특별한 경영 방식이 브랜드 가치와 어떤 관련이 있는지를 잘 이해했기 때문에, 룰루레몬의 철학을 대변하는 상징적인 인물 가운데 한 사람이 되었다.

키칠라노에서 함께 일하는 주요한 동료들이 내 비전을 이해하고, 우리가 위대한 기업으로 성장할 것을 확신하는 것이야말로 내가 정말로 바라던 바였다. 업계에서 흔히 사용하는 전통적인 방식으로 채용한 사람은 없었다. 나는 룰루레몬이 사람이 사람을 끌어당기는 힘을 통해 유기적으로 하나가 되면서 세워진 회사라고 생각한다. 운동과 즐거움, 그리고 위대함에 대한 나의 각별한 애정을 나와 비슷한 부류의 사람들과 공유함으로써 그들을 나를 중심으로 끌어들였다. 나는 직원들을 직설적이고 투명한 태도로 대했으며, 그들은 자신이 어떤 회사에 소속해 있는지 알고 있었다. 회사 내부에는 서로 간에 즉각적이고 직접적인 소통이 있을 뿐, 복잡한 신경전이나 갈등은 존재하지 않았다.

룰루레몬이 성장하면서 우리 직원들도 고객들과 요가라는 같은 취미를 공유하게 되었다. 우리는 지역 요가 클럽에서 함께 수련하고, 지역의 다른 스포츠클럽도 가입하고, 다양한 스포츠 활동에도 참여했다. 우리는 우리가 좋아하는 일을 한 것이고, 그 과정에서 좋은 사람들을 만나 많은 시간을 함께 보냈다. 통상적인 방식으로 직원을 채용하고, 지원자를 심사하는 대신, 이렇게 자연스럽게 만나는 사람들을 우리를 중심으로 끌어당기는 힘을 이용하여 채용함으로써 우리의 일에 진심으로 관심을 두고 있는 사람들을 신속하게 모을 수 있었다.

우리가 이런 식으로 커뮤니티에서 고용한 사람들은 대부분 평균 이상의 운동능력이 있고, 높은 수준의 교육을 받았으며, 건강한 서부 특유의 생활 방식에 따라 사는 사람들이었다. 그들은 우리가 단순하게 영리를 추구하는 기업 이상의 전문성을 지닌 집단으로 성장하고, 빛나기까지의 성장통을 함께 견뎌 냈고, 그 결과 1 + 1이 2보다 훨씬 커지는 시너지 효과가 일어났다. 초창기를 든든하게 지탱해 주었던 그들이 없었다면 룰루레몬은 아무것도 이룰 수 없었을 것이다.

· 16장 ·

토론토

시드 베더

2001년 봄, 토론토에 있는 의류 사업가인 시드 베더Syd Beder로부터 흥미 있는 제안을 받았다.

시드는 의류 분야에서 최소한 25년의 경험을 가지고 있었다. 그의 사업 파트너인 알렉산드라 베넷 모건Alexandra Bennett Morgan은 밴쿠버에서 룰루레몬을 알게 되어 상당히 좋아했다고 한다. 시드는 생산 과정 등에 관해 두루 꿰고 있었기 때문에, 우리의 제품 구성과 원단, 소재 등을 한눈에 알아봤다. 그들은 모두 요가의 시장성에 대해 확신을 하고 있었다.

시드는 토론토에서 룰루레몬의 프랜차이즈 매장을 열고 싶어 했다.

그 제안을 받은 나의 마음은 복잡했다. 키칠라노에 있는 매장을 유지하면서 룰루레몬을 인근 지역을 대표하는 작지만 강한 지역 대표 브랜드로 키워가겠다는 것이 나의 원래 생각이었다. 그러나 매출이 생각보다 많아지면서 더 이상 소규모 브랜드로 머물러 있기도 어려웠다. 웨스트비치가 스노보드 의류로 성공을 거두었을 때, 우리는 사업을 한 단계 더 끌어올리기 위해 필요한 자금이 없어서 힘들어했었다. 나는 룰루레몬에서도 그러한 일을 또다시 반복하고 싶지는 않았다.

나는 우리가 더 많은 사람에게 다가가기를 원했다. 다만 프랜차이즈 방식으로 토론토에 진출하고 싶지는 않았다. 그렇다고 해서 그들의 제안을 한마디로 거절한다면, 그 뒤에 벌어질 일을 감당해 내기 어려울 것이다. 만일 내가 시드의 제안을 수용하지 않으면, 그는 오랜 경험을 바탕으로 우리와 비슷한 콘셉트의 제품을 만들어 독자적인 브랜드 사업을 벌일 것이라는 느낌이 들었다. 그는 일단 우리를 모방하기 시작하면, 캐나다 동부의 시장을 제대로 공략할 만한 충분한 경험과 전문성을 가지고 있었다.

그들과 협력 계약을 체결하고 동맹으로 삼거나, 그들의 제안을 거절하고 경쟁자로 만들거나 두 가지의 선택이 내 앞에 놓여 있었다. 결국 우리는 그들과 계약을 체결했다. 그러나 그 과정에서 법률적인 조언을 받지는 않았다. 우리는 성공 가도에 접어들기는 했지만, 법률적인 조언을 받는 대가로 지출될 경비도 아껴야 할 정도로, 아직은 한 푼이 소중한 상황이었기 때문이다.

협정에 따라 시드 베더는 캐나다에서 가장 인구가 많은 도시인 토론토에서 룰루레몬 제품을 판매하는 권리를 획득하고, 그 대가로 우리에게 2만 5천 달러를 지불했다.

우리의 경쟁상대는?

나의 첫 번째 사업 목표는 단독 매장을 갖고 매일 도로용 자전거를 이용해 출근하는 것이었는데, 그 목표는 일단 달성했다. 두 번째 목표는 매장을 다섯 개로 늘려 매출을 높이고, 대량 판매와 대량 생산으로 생산단가를 낮춘다는 것이었다. 세 번째 목표는 아직은 우리보다 100만 배는 더 큰 가치를 지닌 나이키에 맞서서 경쟁하는 것이었다.

시드와 알렉산드라가 토론토에 매장을 열 준비를 하는 동안, 나는 나대로 앞으로의 사업 확장에 대해 여러 가지 구상을 해 보았다. 이제 장기적인 관점에서 성장 전략을 수립할 필요가 있었다. 우리가 성장하지 않는다면 언젠가 나이키 같은 초대형 업체가 우리와 비슷한 제품을 개발하고, 우리의 매장 맞은 편 쪽에 매장을 낼 것이고, 우리는 폐업의 위기에 내몰릴 것이다.

그러나 우리가 성장해야 하는 진짜 이유는 우리와 함께 하는 사람들 때문이었다. 그들은 이제 막 결혼 적령기에 접어들었고, 그들은 자신의 미래에 대해 더 큰 가능성을 확인하고, 더 큰 도전을 하고 싶어 했다. 나는 회사를 키워, 그들의 자녀의 학자금을 지원해주고, 그들이 집을 담보로 대출받은 대출금도 갚아주고 싶었다. 직원들이 자신의 삶을 성공적으로 완성할 기회를 주는 것이 나의 의무라고 생각했다.

2001년 중반의 어느 날, 나는 직원들을 모아 놓고, "이제 우리의 경쟁상대는 나이키입니다."라고 선언했다. 당시 겨우 연 매출 400만 달러에 불과하던 우리의 입장에서는 말도 안 되는 소리였다. 그나마 몇 명 되지 않는 직원들은 내 말을 듣고는 웃어야 할지, 못 들은 척해야 할지,

어떤 반응을 보여야 할지 당황해하는 모습이었다.

델라니 슈와이처는 다음과 같이 회상했다. "그 자리에 15명이 있었어요. 전 직원이 다 모인 것이지요. 칩은 우리가 북미 전역에 300개의 매장을 열 것이고, 나이키 이사회에서 우리 때문에 진지하게 대책 회의를 하게 만들겠다고 선언했어요. 당시에는 허무맹랑하게 들렸지만, 그래도 우리는 입을 모아서 '좋아요. 해 봅시다.'라고 외쳤어요."

델라니는 계속해서 말했다. "몇 년 후, 우리는 생산라인 담당자로 나이키 출신을 고용했어요. 그가 나이키 측에 회사를 그만두고 룰루레몬으로 가기로 했다고 말했더니, 나이키 쪽 사람들이 그를 둘러싸고 바로 회사 밖으로 내보냈다고 하더군요. 당시 나이키는 룰루레몬을 연구하고, 우리 매장을 파악하기 위해 별도의 분석팀을 운영할 정도로 우리에게 신경을 쓰던 때였어요. 하지만 그들은 아무리 연구해도 우리가 어떤 식으로 사람들과 관계를 맺고 채용하는지 파악하기 어려웠다고 했어요. 그가 룰루레몬에 출근하자마자 우리에게 '여러분, 나이키가 룰루레몬에 대해서 많은 연구를 하고 있어요.'라고 말한 것을 들으며 감격했지요. 칩의 선언이 현실이 된 것입니다."

비록 규모는 작지만, 우리는 나이키보다 더 나은 제품과 비즈니스 모델을 갖고 있다고 확신하면서 결속력은 더 강해졌다. 우리는 '승리'와 '남성'이라는 키워드로 대변되는 나이키로서는 공략하기 힘든 여성 시장을 공략하고 있었다. 우리는 너무나 잘하고 있지만, 사업을 빨리 확장하지 않으면, 나이키가 우리 비즈니스 모델을 모방할 것이고, 우리는 실패할 수밖에 없다고 생각했다. 내가 시드 베더의 제안을 받아들인 이유도 이 때문이었다. 브랜드가 이제 막 성장하려 할 때, 회사의 종말을 생각하며 정신이 번쩍 든 것이다.

나는 우리 직원들이 나 이상으로 룰루레몬의 성장에 적극적이라는 것을 알고 있었다. 당시 이미 거의 모든 직원이 회사로부터 참가비를 지원받아서 랜드마크 포럼 과정에 참석했고, 이전에는 느끼지 못했던 자신감을 느끼며, 과거와는 다른 방식으로 서로 소통하고 있었다. 이제 그들은 더 이상 평범한 삶에 안주하지 않고, 회사와 자신의 성장을 위해 헌신하는 사람이 되어 있었다.

사실 나이키를 경쟁상대로 삼느니 맥도날드가 했던 것처럼 룰루레몬 브랜드를 내세운 부동산개발 회사가 되면 어떨까 하는 생각도 했다. 우리 매장은 부동산 시장에서 충분히 프리미엄이 붙을 정도의 수익성이 있었다.

이처럼 가능성과 선택지는 무궁무진했다.

다락방 전시장

한편, 시드는 토론토 매장 개설 작업을 여전히 진행하고 있었다. 그의 열정 덕분에 토론토에서도 입소문이 나는 것을 보며 흐뭇했다. 2001년 6월, 그는 자신의 복층 아파트의 위층 다락방 같은 공간에 룰루레몬 제품 전시장을 마련했다. 판매 목적은 아니었고, 오직 홍보 목적으로 초대한 것이었는데, 아파트 위층의 전시 공간은 마치 2층에 있었던 우리의 최초의 매장과 느낌이 비슷했다. 입소문을 통해서 인맥을 타고 사람들이 찾아왔기 때문에 일종의 다단계 홍보 같은 느낌을 주었다.

시드는 다락방 콘셉트의 전시 공간을 운영하는 한편, 토론토의 요가 수련장을 상대로 홍보 활동을 벌였다. 그는 요가 수강자들이 직접 입어볼 수 있도록 옷들을 수련장으로 가져 갔다. 밴쿠버에서 우리가 효과를 보았던 풀뿌리 마케팅을 그곳에서 진행한 것이다.

8개월 후엔 2002년 2월 시드는 퀸 스트리트Queen Street에 룰루레몬 매장을 열었다. 매장을 열기 전에 이미 고객 기반을 구축해 놓았기 때문에, 매장은 열자마자 굉장한 매출을 올렸다. 토론토 사업도 성공 가도에 어렵지 않게 진입한 것 같았다.

토론토 매장의 성공을 바탕으로, 저렴한 비용으로 전시공간을 열고, 대중들에게 알리고, 요가 수련장과 관계를 맺고, 입소문을 통해 고객층을 확보하는 풀뿌리 마케팅은 룰루레몬 특유의 마케팅 방식이 될 수 있다고 생각했다. 이제 성공과 성장을 위한 확실한 공식이 수립되었고, 그것을 충실히 따르는 일만 남았다.

품질 관리

우리는 제품에 분명한 확신을 가지고 있었다. 그래서 세일이나 할인도 하지 않았다. 그러나 2002년에 품질에 문제가 생겼다. 원단의 보풀로 인해서 약 2천 벌의 요가 팬츠를 리콜한 것이다.

리콜을 결정하면 회사가 거의 망할 정도로 큰 타격을 받게 될 것을 알고 있었지만, 제품에 대한 신뢰 유지하기 위해서는 그러한 위험도 감수해야 한다고 생각했다. 나는 원단의 조직에 결함이 있음을 인정했다.

기능성 니트를 만들다 보면 문제가 생길 가능성은 수천 가지나 있다. 대부분의 원단 조직은 한 가지 정도의 결점은 있을 수 있고 그 정도는 넘어갈 수 있다. 그러나 문제점이 두 가지라면 좀 심각한 국면이라 할 수 있고, 세 가지라면 정말 큰 문제이다. 이 세 가지의 결함은 그 자체는 각각 별것 아니지만, 그것들이 서로 영향을 주면서 예상치 못한 문제점을 만들어낼 수 있기 때문이다.

이 사건을 수습하기 위해 나는 스스로 '루온의 왕King of Luon'이 되었다. 제품을 하나하나 확인하고, 나 혼자 다 확인할 수 없다면, 다른 직원들 몇 사람을 또 다른 왕이나 여왕으로 지명하여 일일이 확인했다. 루온의 품질에 우리의 생사가 달렸다고 믿었다.

문제가 된 요가 팬츠들을 모두 선반에서 꺼내 검품했고, 에듀케이터들을 통해서 매장을 방문하는 모든 게스트에게 이 사실을 알렸으며, 계산대에 공지문도 붙였다. 게스트들에게는 책임은 전적으로 우리에게 있음을 인정한다고 말했고, 문제의 원인을 알아냈다고 말했다. 그리고 이미 구입한 문제의 제품을 반품해 달라고 연락했다. 그리고 환불해 주거나 다른 제품으로 교체해주기로 했다. 덕분에 우리는 게스트들로부터 성실성을 인정받고, 품질에 대한 평판도 나빠지지 않았지만, 수천 벌의 불량품 요가 팬츠를 떠안게 되었다. 그것들을 냉정하게 살펴보면서, 우리의 높은 기준에는 살짝 못 미쳐 불량판정을 받았지만, 여전히 꽤 좋은 요가 팬츠라고 생각했다. 문제는 이것들을 어떻게 처리하는가 하는 것이다.

우리는 디자인 회의를 열었다. 회의 중에 많은 게스트가 우리 요가 팬츠를 입고 개를 산책 시키려 하면, 강아지 털이 루온 원단에 옮겨 붙어 불편하다는 불만을 제기하고 있다는 사실을 알게 되었다. 여기서 독특한 해결책이 나왔다.

보풀이 일어나 불량 판정을 받은 요가 팬츠 위에 헐렁하고 매끈한 나일론 바지를 더 만들어 결합한다는 것이다. 개털은 나일론에는 달라붙지 않는다. 표면에 결함이 있는 요가 팬츠를 재활용하기 위해 고안한 이 제품 덕분에, 룰루레몬의 역대급 베스트셀러인 겨울용 도그 워킹 팬츠dog walking pants가 탄생했다.

그즈음 한 여성이 웨스트 4번가의 우리 매장을 찾아왔다. 보풀이 생긴 요가 팬츠를 환불해 줄 것을 요구했다. 이 요가 팬츠는 앞서 언급한 불량 모델과는 다른 모델의 제품이었다. 그녀의 엉덩이 지갑에 있는 금속 버클이 요가 팬츠 특정 부분을 반복해서 건드리면서 그 부분에 보풀이 집중적으로 발생한 것 같았다. 그녀는 다른 게스트들이 보는 앞에서 언성을 높이며 나와 에듀케이터들에게 환불해 달라고 소리치고 있었다.

우리의 제품에 대한 자신감과 앞서 제품의 불량을 솔직하게 인정하면서 생긴 경험으로 이 여성의 환불요구는 받아들일 수 없다는 자신감이 생겼다. 나는 또한 룰루레몬의 브랜드 가치는 어떤 사람들에게 판매했는가 못지않게 어떤 부류의 사람들에게는 팔지 않는가에 의해 결정된다는 것도 알고 있었다. 우리는 우리만의 고급스러움에 대한 믿음이 있었다. 거짓말쟁이들, 사기꾼들, 그리고 자신을 사랑하지 않는 사람들이 우리 제품을 입는 것을 원하지 않았기 때문에 룰루레몬은 성장할 수 있었다.

· 17장 ·

또 다른 성장들

새넌과의 출장

2001년 8월, 나는 솔트레이크시티에서 열린 아웃도어 제품 전시회 The Outdoor Retailer Show에 세 번째로 참가했다. 기능성 원단과 아웃도어 의류를 전문으로 하는 이 전시회는 참가할 때마다 매번 우리에게 큰 영감을 주었다. 당시는 룰루레몬의 수석 디자이너였던 섀넌 그레이에게 함께 가자고 제안했다.

섀넌과 나는 거의 2년 동안 함께 일하고 있었다. 첫해에는 그렇지 않았지만, 두 번째 해에 접어들면서 그녀를 좀 더 알게 되었다. 나는 그녀의 직업윤리에 큰 존경심을 갖게 되었다. 디자이너이자 착용감 전문가로서 그녀는 탁월했다.

나의 디자인 감각은 그녀보다는 뒤떨어져 있었다. 또 이런저런 실험을 자꾸 하다 보니 종종 내 감각이 현실과 벗어날 때도 있었다. 내가 생각한 디자인 아이디어는 큰 홈런을 칠 때도 있었지만, 참담한 재앙으로 끝나는 경우도 많았다. 그러나 섀넌은 큰 매출로 연결되는 모양과 색상, 그리고 아이디어를 정확하게 찾아내는 특별한 능력이 있었다. 그녀의 대중적인 아이디어와 기술, 그리고 나의 독특한 아이디어가 어우러지면서 우리는 완벽한 팀이 되었다.

나는 그녀를 처음 만났을 때부터 그녀가 신축성이 큰 원단의 제품과 착용감 등에 관해서는 최고라는 것을 알아봤기 때문에, 그녀가 나와 함께 일하고, 제품의 디자인과 생산을 책임지고 있는 것에 감사했다. 그녀의 전문지식이 없었다면 룰루레몬은 그저 껍데기에 불과했을 것이다.

우리는 직장 동료로서 긴밀한 관계였지만, 서로 개인적인 관계를 맺는 데는 관심이 없었다. 솔트레이크 시티로 향하는 비행기 안에서 우리는 상사와 직원이 아닌, 인간 대 인간으로서 평소와 마찬가지로 편안한 대화를 나눴다. 그렇게 대화를 나눈 지 10분쯤 지나면서, 나는 그녀가 여성으로서도 훌륭하다고 생각하기 시작했고, 그녀를 이전과는 다른 눈으로 바라보고 있음을 깨달았다.

우리는 오후에 솔트레이크시티에 도착했고, 박람회 시작은 그다음 날이었다. 당시 우리는 자금 사정이 넉넉하지 않았고, 예산을 절감하기 위해 3~4명이 일행으로 간다고 가정하고, 침대가 여러 개 있는 방 하나만 예약하곤 했다. 출장 자체를 MT처럼 생각했던 것이다.

체크인하고, 짐을 방에 올려놓은 후, 시내 구경도 하고, 저녁 식사 전에는 무료 야외 공연도 관람했다. 함께 웃으며 대화를 나누고, 수영도 했다 이렇게 좋은 저녁을 보낸 후 방으로 돌아가 각자의 침대에 몸을 눕히고 TV를 켰다.

나는 그녀보다는 나이가 많았고, 그녀가 나를 이상형으로 생각하는지, 그저 상사로만 생각하고 있는지 알 방법이 없었다. 그녀는 책임감과 성실성, 그리고 신뢰 등 여러 면에서 가장 소중한 직원이었다. 그녀만큼 전문성을 지닌 사람을 다시 채용하는 것이 얼마나 어려운지 알고 있었기 때문에, 나만의 낭만적인 감정에 빠져, 동료로서의 관계를 망치고, 심하면 그녀가 회사를 떠날 수도 있는 위험을 감수하기에는 그녀는 너무 중요한 직원이었다.

내가 TV를 응시하는 동안 우리는 각자 자기 침대에 누워 있었다. 그러다 섀넌이 일어났다. 나는 그녀가 화장실에 가려고 한다고 생각했다. 그러나 그녀는 내 침대로 다가와 나를 잡아끌었다. 얼마 후 그녀는 내 가슴에 머리를 기대고 눈을 감고, 그렇게 잠들었다. 아침에 눈을 떴을 때, 우리는 새로운 인생을 시작하고 있음을 깨달았다. 전날 밤에 키스도 하지 않았지만, 모든 것은 변했다.

섀넌은 이렇게 말했다. "1999년 10월, 칩은 일자리를 구하던 저를 면접했습니다. 그날 그는 약속 시간보다 늦었습니다. 그가 셔츠도 입지 않고, 신발도 없이 주차장으로 가는 것을 봤습니다. 차 안에서 입을 만한 깨끗한 옷을 찾는 것이었습니다. 그게 제가 그를 처음 본 모습이었습니다. 그는 분주하게 셔츠를 집어 들고, 킁킁거리며 냄새도 맡아보고, 신발도 찾아 뒤적거리고 그랬죠. 그날 엄마가 면접 잘했느냐고 물으셔서 채용될지 잘 모르겠다고 대답했지만, 결혼까지 하게 되리라고는 꿈에도 생각 안 했지요."

나는 내가 이 놀라운 여성과 오래 함께 일하면서도 그녀가 어떤 감정인지도 눈치 못 채고 있었다는 것을 믿을 수 없었다. 어쨌든 솔트레이크시티의 한 호텔 방에서 모든 것이 바뀌었다.

어린 시절, 나는 조부모님을 보면서 두 분이 최고의 반려자 같다고 생각했었다. 서로 깊이 사랑하고 있었고, 거의 완벽한 호흡으로 함께 일하셨다. 나도 그 비슷한 가정을 늘 상상해 왔지만, 지금까지 그런 가정을 이루지 못했다.

섀넌과 함께 한 출장길에서 그동안 내가 찾던 것을 드디어 찾았다는 생각이 들었다. 이상하게 들릴지 모르지만, 그날 아침 나는 그녀에게 나와 결혼하고 싶으냐고 물었고, 그녀는 그렇다고 대답했다. 그리고 우리는 키스를 나눴다. 그렇게 멋진 키스는 아니었다. (이 점에 우리는 이견이 없다.) 우리는 미처 마음의 준비가 되어 있지 않았었다. 그래도 끌림은 강렬했다.

섀넌은 즉시 자신의 부모님께 결혼 생각을 말씀드렸다. 그들은 놀랐지만, 반대하지 않았다. 반면 나의 부모님과 동생들은 섀넌에 대해서 아는 바가 거의 없었기 때문에 좀 걱정을 했다. 잠시의 감정에 치우친 것은 아닌지, 과연 안정된 가정을 꾸릴 수 있을지 확신하지 못하는 것 같았다.

나의 두 아들, 제이제이와 브렛의 의견이 중요했다. 과거 아이들은 내가 몇몇 여성들을 집으로 초대하면 굉장히 불편해 했다. 자신을 낳아 준 어머니에 대한 애정 때문이었다.

하지만 내가 룰루레몬을 창업한 이후 아이들은 수시로 매장을 들락거렸고, 이미 섀넌과도 여러 번 만나고, 많은 대화를 나눴던 친한 사이였다. 이미 그녀는 아이들의 마음을 사로잡고 있었다. 제이제이는 자신만의 디자인을 만들어 내는데 관심이 컸고, 섀넌과는 대화의 공감대가 크게 형성되어 있었다. 제이제이는 겨우 13살이었고, 생모와의 관계 때문에 혼란스러워할지 걱정했지만, 오히려 우리의 결혼의 든든한 응원군이 되었다.

직장 동료와 결혼하거나 사랑을 나누게 되면 그것이 업무 중의 관계와 업무 환경에 영향을 미칠 것으로 우려하는 것이 당연하다. 그러나 우리 직원들은 모두 나와 섀넌이 명예를 얼마나 소중하게 여기는지, 그리고 룰루레몬의 성공이라는 큰 목표 앞에서 사적인 감정을 얼마나 잘 조절할 수 있을지 알고 있었다.

우리는 즉시 일상 업무로 돌아갔다. 하루 12시간 동안 함께 일하고, 출퇴근을 같이하고, 운동과 식사도 함께 하고, 잠도 같이 잤다. 섀넌은 항상 사업의 진행 상황을 잘 파악하고 있었기 때문에, 별도로 설명할 필요도, 사과할 필요도 없었다. 사업에 관한 무슨 설명이든 그녀는 쉽게 이해했다. 나는 그녀를 사랑했고, 우리가 이미 함께 만들고 있는 삶을 사랑했다.

나는 얼마 후에 섀넌의 손가락에 진짜 반지를 끼워 주겠다는 약속을 지켰다. 파리에서 열린 원단 전시회에서였다. 반지는 특별히 비싸지는 않았지만, 의미는 깊었다. 호텔 방에 놔두자니 혹시 분실할까 봐 겁이 나서, 결혼을 하자고 진지하게 이야기할 수 있는 완벽한 고백의 타이밍이 올 때까지 항상 가지고 다녔다.

당시 출장은 911테러가 발생한 지 1주일쯤 지난 시점이었기 때문에 곳곳에 보안이 엄청나게 강화되었다. 경고등이 울릴까 봐 걱정되어서 X레이 투시기를 지날 때마다 신경을 써야 했다. 운 좋게도 그런 일은 일어나지 않았고, 마침내 파리의 어느 작은 카페에서 청혼했다. 완벽했다.

처음에는 가능한 한 빨리 간단하게 결혼을 하자고 생각했다. "그냥 치안판사 앞에 가서 절차를 밟고, 아이들과 함께 어딘가로 여행을 가면 된다고 생각했어요."라고 섀넌은 말했다. 그러나 그녀의 친구 한 명이 우리를 위해 뭔가를 해주고 싶어 했다. "그 친구는 우리가 1주일 7일 동안 쉬지도 않고 일할 정도로 바쁘다는 것을 알고 있었어요. 그녀는 칩과 저는 일에만 몰두해도 되도록, 이듬해 봄에 집의 뒷마당에서 작은 행사를 준비해 주었어요."

결혼식은 2002년 4월 20일 토요일에 열렸다. 나는 평소처럼 웨스트 4번가 매장에 출근했다. 매장을 찾는 게스트는 꾸준히 늘고 있었지만, 그날따라 유독 게스트가 너무 많다고 생각하며 놀랐다. 나도 일손을 하나라도 덜기 위해 장내 안내를 도왔다.

매장은 시간이 갈수록 붐볐다. 내가 자리를 도저히 비울 수 없을 지경이었다. 시계를 계속 봤다. 판매실적이 어떨지 궁금하여 계속 지켜보고 싶었다. 게다가 일손도 부족했다. 뭔가 폭발하고 있는 느낌이었다.

별 의미 없이 정한 결혼식 날, 회사는 그때까지 역사상 최고의 일 매출의 두 배에 달하는 매출을 기록했다. 3만 달러였다.

가능한 한 늦게까지 매장에 머무르다가, 나는 급하게 매장을 뛰쳐나갔다. 모든 경험이 하나로 합쳐져 엄청난 결실이 만들어지는 것을 온몸으로 느꼈다. 갑자기 해야 할 일이 수십 가지쯤 떠올랐지만, 제일 먼저 섀넌에게 전화를 걸었다. 하필이면 그날 왜 그렇게 놀라운 일이 일어났는지를 논리적으로 설명할 수는 없다. 특별한 휴일도 아니었고, 그저 평범한 봄날이고 주말이었을 뿐이다.

오랜만에 처음으로, 완전하고 새로운 미래가 눈앞에 펼쳐지는 것처럼 느껴졌다. 이제는 죽도록 일하지 않아도 주택담보 대출금도 갚고 가족도 부양할 수 있다는 자신감도 생겼다. 앞으로 우리의 삶이 괜찮을 것 같은 느낌이 들었다. 나는 서둘러 집으로 돌아가 턱시도를 입고, 제이제이와 브렛을 신랑 들러리로 삼아 집 뒤뜰에서 친구들과 가족들에게 둘러싸여 섀넌 그레이와 결혼식을 올렸다.

4월의 그날은 섀넌과 나의 삶의 중요한 전환점이었다. 룰루레몬에도 마찬가지였다. 이제 우리의 매출은 엄청난 속도로 늘어나며 매주 신기록을 경신하고 있었다. 몇 년 전부터 나는 웨스트 4번가에서 가끔 우리 제품을 입은 여성들을 보았지만, 이제는 밴쿠버 전역에서 우리 제품이 눈에 띄고 있었다.

룰루레몬의 매니페스토

언젠가부터 우리의 디자인뿐이 아니라, 그 디자인에 담긴 정신도 퍼져나가 어디서나 흔하게 눈에 띄기 시작했다는 것을 문득 깨닫게 되었다.

우리의 쇼핑백이 곳곳에 보이기 시작한 것이다. 여성, 남성, 심지어 아이들까지 식료품 가방, 도시락 가방, 운동 가방, 신발 봉지 등 온갖 용도로 그 쇼핑백을 들고 다니고 있었다. 심지어 매장에 와서 아무것도 사지 않으면서도 쇼핑백을 얻을 수 없느냐고 문의하는 사람들까지 있었다. 룰루레몬의 문화가 널리 퍼진 데는 그 나름 이유가 있는 것이다.

1998년 나는 30분쯤 걸려서 소위 '룰루레몬의 매니페스토'라고 불리는 몇 줄의 글을 적어 보았다. 내가 지금까지 진정성과 성실성을 가지고 살아왔는지 생각하며 무작위로 적어 본 것이다. 그 가운데는 '친구는 돈보다 중요하다.Friends are more important than money', '매일 한가지씩 스스로 놀랄만한 일을 하라.Do one thing a day that scares you'라는 말도 있었다. 또 '아이들은 인생의 오르가즘Children are the orgasm of life'이라는 말도 있었다. 이러한 생각들의 대부분은 내 삶의 경험, 부모님, 변혁적 발전 훈련에 대한 나의 헌신, 그리고 룰루레몬에서의 경험으로부터 나온 것들이다.

이러한 내용을 현금 계산대 옆에 붙여 둔다면, 사람들이 줄을 서서 계산을 기다리면서 읽어볼 수 있을 만큼 충분히 흥미로운 내용이라고 생각했다. 실제로 여러 사람이 그것을 읽고 한 장 인쇄해 줄 수 없느냐고 문의했다.

나는 서핑과 스노보드의 그래픽 디자인을 주로 하는 친한 회사인 코위 앤 폭스Cowie & Fox에 작품처럼 멋지게 우리의 매니페스토를 디자인해 달라고 요청했다. 그리고 여러 장을 인쇄하여 현금 계산대 근처에 비치했다. 그리고 많은 게스트가 그것을 한 장씩 가져가기를 원하는 것을 확인하고, 아예 쇼핑백에 한 부씩 넣어주기 시작했다.

그로부터 얼마 후, 나는 아예 이 매니페스토를 쇼핑백에 넣어 주는 대신, 쇼핑백 겉면에 인쇄해 보면 어떨까 하는 생각을 하게 되었다. 개인적으로는 패션 매장에서 사용하는 종이 포장재나 쇼핑백과 각종 리테일 매장에서 사용하는 일회용 플라스틱이야말로 세계 최악의 환경

폐기물이라고 생각해 왔다. 한번 쓰고 버리는 쇼핑백 대신 사람들의 삶에 어떤 영향을 끼칠지도 모를 괜찮은 문구가 인쇄되어 있고, 여러 번 재사용이 가능한 쇼핑백을 만들고 싶었다. 나는 사람들이 자신이 비싸고 유명한 브랜드 상품을 살 수 있을 만큼 충분히 부유하다는 것을 과시하려는 듯, 명품 브랜드의 이름이나 로고가 박힌 가방을 들고 거리를 활보하는 것이 보기 싫었다. 항상 나는 기능이 우선이었다. 패션은 그 다음이었다.

나는 게스트들이 자동차나 지하철을 타고 가면서, 혹은 집에 앉아서 이 매니페스토를 10분 정도만 관심을 가지고 읽어준다면 좋겠다고 생각했다. 이 문구들이 어쩌면 사람들의 삶의 변화 동기로 작용할 수 있을지도 모른다고 생각했다. 내가 추구하는 삶의 방식을 대중들에게 당당하게 밝혔고, 적지 않은 사람들이 그 글귀들을 읽고, 나와 비슷한 삶의 방식에 동참하는 것을 확인했다. 이 문구들은 단순히 사람들에게 영감을 준 것을 넘어서 실제로 무언가를 행동에 옮기려는 열망까지 불어 넣었다.

몇 가지 사항을 검토한 결과 내구성과 방수성이 뛰어나고 재활용이 가능한 100% 폴리프로필렌 성분으로 쇼핑백을 제작할 수 있게 되었다. 우리는 크리스마스 전에 그 쇼핑백을 등장시키기로 하고 제작에 들어갔다. 이제 우리의 제품을 우리의 정신으로 포장하게 된 것이다. 내가 아는 한, 우리는 좀 비싸기는 하지만, 여러 가지 용도로 재사용이 확실히 가능한 쇼핑백을 도입한 최초의 기업이었다.

초대 총괄 매니저로 일했던 다렐 코프케는 그때를 이렇게 회상한다. "쇼핑백에 '오르가즘'이라는 단어가 떡하니 인쇄되고 나니 약간의 소동이 빚어졌습니다. 가방이 나온 지 얼마 되지 않아 한 고객으로부터 분노 섞인 전화를 받았습니다. 무심코 가방을 집에다 놔뒀다가 12살 난 딸에게 오르가즘의 단어의 의미를 설명해야 하는 지경에 이르러 난감했다며 분통을 터뜨렸어요. 저는 그녀의 말을 끝까지 인내심을 가지고 다 들어주고 나서 '별일 아니군요!'라고 한마디 해 줬지요. 그걸로 대화는 끝났습니다."

우리는 쇼핑백에 대한 고객들의 관심을 통해 우리 브랜드가 얼마나 대단한지 깨닫게 된다. 쇼핑백의 인기는 대단했다. 그로 인해 사람들의 대화거리가 생겨나고, 전 세계 어디에서도 알아볼 수 있었다! 그것은 우리의 개스트들이 북미 서부해안의 생활방식과 운동, 그리고 건강에 대해서 같은 철학을 우리와 함께 공유한다는 증거였다.

안타깝게도 룰루레몬으로부터 시작된 영감과 열정이 충만한 문구들은 훗날 쇼핑백에서 사라지게 된다. 결국, 미래의 경영진들이 우리의 게스트들과는 상관없는 어떤 사람들이 소셜 미디어에서 제기한 악성 댓글에 시달리고, 몇 건의 소송에 휘말리게 되었기 때문이다.

당시 쇼핑백 옆면에 인쇄되었던 최초의 '룰루레몬 매니페스토' (2003년)

- 코카콜라, 펩시콜라 등은 장차 담배의 역할을 대신할 것이다. 그러나 콜라는 물을 대신할 수 없다. 콜라는 광고를 통해 멋지게 포장된 또 다른 값싼 마약일 뿐이다.
- 가능한 한 신선한 물을 많이 마셔라. 물은 원치 않는 독소를 씻어주고,

우리의 뇌를 항상 최상의 상태로 유지해 준다.

- 사랑하라.
- 요가를 수련하라. 요가는 당신에게 찰나의 생명을 불어넣어 주고, 요가의 움직임은 근육에서 독소를 방출해 준다.
- 인생에 대한 당신의 생각은 당신이 자신을 얼마나 사랑하는지를 적나라하게 보여준다.
- 매일 한가지씩 스스로 놀랄만한 일을 하라.
- 햇볕이 피부에 흡수되는 것이 전혀 햇볕을 쬐지 않은 것보다 더 나쁠 수도 있다. 햇볕에 자신을 적절하게 노출해라.
- 듣고, 듣고, 또 들어라. 그런 다음 전략적인 질문을 하라.
- 인생을 살다 보면 항상 좌절할 만한 일이 있기 마련이다. 성공은 좌절을 어떤 식으로 처리하느냐에 따라 결정된다.
- 마음에서 우러나오는 칭찬은 타인의 정신을 고양하고, 그들은 또 다른 사람을 격려하게 된다. 격려의 도미노 효과이다.
- 1년에 4번씩 장단기 목표를 적어보아라. 하버드 대학교의 한 연구에 따르면 학생들 가운데 3%만이 목표를 직접 글로 적어 본다고 한다. 20년 후에 살펴보니 이들 3%가 소유한 부의 가치가, 나머지 97%의 부의 총합을 능가했다.
- 매일 매일 운동을 통해서 엔도르핀 분비량을 늘이면, 더 나은 결정을 내리고, 자신과의 관계가 평화로울 수 있다.
- 하루에 한번 씩 땀을 흘려라. 그래야 피부가 새롭고 건강하게 유지된다.
- 질투는 당신이 원하는 것과 반대 방향으로 당신을 이끈다.
- 하루 1시간의 유산소 운동은 엔도르핀 분비를 촉진하고, 세포를 재생

시키고, 스트레스를 줄인다.

- 당신 주변에 멋진 친구들이 있다는 것을 깨달아라.
- 소통은 복잡하다. 각자는 모든 단어에 대해서 서로 조금씩 다른 자기만의 정의를 가진 다른 가정에서 성장했다는 것을 기억하라. 각자가 만족할 만한 조건과 시간을 알아야만 합의가 가능하다.
- 친구는 돈보다 중요하다.
- 바다 근처에 살면서 물 위에 떠 있는 염분이 스며있는 공기를 호흡하라. 밴쿠버는 멋진 장소이다.
- 주방에서 세제를 사용하지 말라. 식초와 레몬을 사용하라. 나중에 누군가가 거기에서 샌드위치를 만들지도 모른다.
- 모든 질병의 99%는 스트레스와 관련이 있다.
- 노령연금이 당신의 노후를 해결해 줄 것이라고 생각하지 말라.
- 요가를 하면 나이가 들어서도 신체 활동이 가능하다.
- 물을 주기 전후에 식물을 관찰하고, 물이 몸과 뇌에 미치는 유익에 대해 알아보라.
- 당신 앞에는 여러 가지 선택의 가능성이 있다. 뇌는 한 번에 하나만의 의식 활동을 할 수 있다. 선택의 자유를 활용하라.
- 오르가즘을 느끼기 전에는 오르가즘이 무엇인지 몰랐던 것처럼, 자연은 아이를 갖기 전까지는 아이가 얼마나 위대한지 가르쳐주지 않는다. 아이들은 인생의 오르가즘이다.
- 룰루레몬 애슬레티카는 사람들이 더 오래, 더 건강하고, 더 재미있는 삶을 사는데 필요한 것들을 제공하기 위해 설립되었다. 우리의 제품이 사람들을 활동적으로 만들어주고, 스트레스를 받지 않도록 해 준다면,

세상은 더 나은 곳이 될 것이다.

- 지금 바로 시작하라. 세상은 너무 빠른 속도로 바뀌고 있다. 변화가 끝나기를 기다리면 두 단계쯤 뒤처진다.
- 잔이 반쯤 비어 있다고 생각하며 살 것인가, 잔이 반쯤 차 있다고 생각하며 살 것인가?
- 각종 비타민을 충분히 섭취하라. 어떤 작은 무기질 영양소가 건강의 영원한 병목현상을 해소해 줄지 알 수 없다.
- 자연은 우리를 안전과 번성을 위한 평범함으로 이끈다. 평균은 최고점보다는 낮지만, 최저점보다는 그만큼 더 높다.
- 춤과 노래, 치실, 그리고 여행
- 죽음을 맞이하는 마지막 순간을 시각화해 보라. 그것은 당신이 현재의 순간을 사는 데 놀라운 영향을 미친다.

프랜차이즈 계약서

시드 베더와 나 사이에 맺은 토론토 지역에 대한 프랜차이즈 계약은 그다지 최적의 조건의 계약은 아니었기 때문에, 나는 항상 사용 가능한 프랜차이즈 계약의 표준 모델 같은 것을 생각하게 되었다. 룰루레몬 제품에 대한 수요는 많았고, 프랜차이즈 계약이 꼭 필요한 것은 아니었다. 또한 브랜드를 스스로 관리하는 일을 포기하고 싶지도 않았다. 그러나 매출을 확장하려면 돈이 필요했고, 밴쿠버 본사의 직원으로는 턱없이 부족했다.

그래서 나는 프랜차이즈 계약에 담겨야 할 문화나 훈련, 그리고 리더십 등에 대해서 많은 생각을 하며 계약서 표준을 작성했지만, 가장 중요한 것은 자금과 관련된 부분이었다.

프랜차이즈 가맹업체는 60일 전에 월별 제품 구입비용의 50%를 선지불하고, 나머지 50%는 배송과 동시에 지불한다. 이는 가맹점이 일반적인 홀세일 비용의 절반만 지불한다는 것을 의미한다. 결과적으로 본사는 생산을 위한 비용을 일시적으로 차입할 필요가 없고, 제품 모델 당 생산량이 늘어나기 때문에 굉장히 빠른 속도로 매출이 늘어난다. 생산량이 늘어나면 생산 단가가 줄고, 매장은 더 큰 이익을 얻을 수 있다.

가맹업체는 매출의 25%를 로열티로 지불한다. 이것은 언뜻 보면 너무 높아 보이지만, 이 로열티는 제품이 팔려야만 지급하게 되어 있고, 가맹점은 본사로부터 물건을 받아올 때 통상적으로 홀세일 거래 시에 지불해야 할 금액의 절반만 지불했다는 점을 생각하면 결코 높은 로열티는 아니다. 우리는 매일 매일 판매 마감 후 금전등록기에 등록된 데이터를 근거로 정산했다. 우리는 이런 식으로 가맹점에 적정한 제품을 적기에 공급할 수도 있었고, 이것은 우리의 임무였다.

룰루레몬의 직원들은 우리 자체 매장 뿐 아니라, 프랜차이즈 매장에서 발생하는 매출에 대해서도 성과급을 받았다. 이를 통해 프랜차이즈 매장과 우리를 우리와 그들이라는 이분법으로 구별하고 다르게 생각하는 태도를 없애고, 모든 룰루레몬 매장을 똑같이 바라볼 수 있게 했다. 인간의 심리를 중시하는 우리의 철학을 존중하지 않고 재무적 관점만을 고려했던 일본과 호주의 프랜차이즈를 제외하고, 나머지 프랜차이즈 업체들은 이후 6년 동안 최소 800만 달러에서 최고 1,500만 달러의 이익을 얻었다.

캘거리

2002년 말, 나의 사촌인 루스 파커Russ Parker가 키칠라노에 있는 룰루레몬 매장을 보기 위해 캘거리에서 왔다. 매장을 둘러본 후 그도 프랜차이즈를 하고 싶다고 말했다.

루스는 말했다. "몇 가지 사업을 검토하던 상황이었지만, 룰루레몬의 운영 상황을 살펴보고 나니, 이것이야말로 정말 내가 하고 싶은 일이라는 생각이 들었습니다. 근무하는 직원들은 다른 회사의 사무실에서는 좀처럼 보기 힘든 개방적이고 정직한 방식으로 서로 소통하고 있었습니다. 나도 그 속에 뛰어들고 싶었습니다."

이번에는 유연한 바이아웃Buy Out 조항을 포함해서 제대로 된 프랜차이즈 계약서를 만들기로 하고, 도움을 줄 변호사를 고용했다. 바이아웃 조항은 우리가 가맹업체에 수익의 4배에 해당하는 금액을 지불하고 감가 상각된 차량과 물품과 재고품을 원가에 지불하도록 명시되었다. 이것은 협상이 필요 없는 사항이었다. 그들이 낼 수 있는 이익의 4배를 지불하면 그들에게 부여한 권리를 회수할 수 있음을 의미한다. 그리고 주식시장에 우리가 상장될 경우 나에게 10배의 이익을 안겨 줄 것으로 예측 되었다.

그것은 나에게도 대단한 일이었고, 루스에게도 대단한 일이었다. 그는 이후 5년 동안 약 1천만 달러를 벌 수 있을 것이라고 생각했다.

이렇게 해서 매장을 다섯 곳으로 늘려 원가를 낮추고 싶다는 목표도 달성했다. 시드 베더는 토론토에서 아주 활발하게 매장을 운영하고 있었고, 사촌 루스는 캘거리에 프랜차이즈 매장을 내자마자 순항하기 시작했다. 섀넌의 여동생과 처남은 빅토리아Victoria지역에서 성공적인 프랜차이즈 매장을 운영하고 있었다. 나는 이제 우리가 밴쿠버에 두 번째 매장을 열 수 있는 든든한 토대를 마련했다고 믿었다.

롭슨 스트리트의 누드 소동

모든 도시마다 최고의 상업지구가 있기 마련이다. 룰루레몬 매장은 키칠라노에 있었지만, 당시 밴쿠버의 최고의 상업지구는 롭슨 스트리트Robson Street였다. 롭슨 스트리트는 운동복보다는 고급패션을 지향하는 분위기였지만, 우리는 지금까지의 경험을 통해서 이 거리가 우리에게 수많은 새로운 가능성을 제시해 주고 있다고 생각했다.

당시 롭슨 스트리트는 오를 대로 오른 엔화 가치 덕분에, 몰려드는 돈 많은 일본인 관광객들로 인해 세계에서 가장 비싼 상업 지역 가운데 하나가 되었다. 우리는 그곳에 다른 고급패션 매장의 제품들과는 완전히 차별화된 제품으로 꾸며진 매장을 설치하고 싶었다. 명품 브랜드 사업이라는 것은 일반적으로 소수의 고급 고객들에게 상당히 높은 가격으로, 흠잡을 데 없는 고급 품질을 지닌 상품을 판매하는 것으로 정의할 수 있었다. 우리의 제품은 우리의 기능성과 착용감을 인정해 주는 이들이 충분히 지불할 수 있는 가격으로 판매할 수 있는 흠 잡을 데 없는 제품이라고 확신했다.

한편 명품 브랜드를 즐기는 고객들은 자신들의 삶에서 '시간'을 살 수 있었고, 그 결과 훌륭한 체형과 건강을 가진 사람들이다. 이들 부유하고 건강한 여성들이야말로 우리 브랜드의 확산에 도움을 준 유행 전도사들이었다.

넓은 스펙트럼의 반대쪽 끝에서 우리는 이미 요가와 운동으로 건강하게 단련된 젊은 여성들을 주 고객으로 하는 매장을 운영하며 그들에게 세계에서 가장 기능성이 훌륭한 운동복을 공급하고 있었다. 나는 사람들이 일단 최고의 품질에 익숙해지면 다른 것을 사용하는 것은 불가능하다는 점을 잘 알고 있었다.

우리는 롭슨 스트리트에 임차 계약을 체결하고, 그곳의 첫 매장을 오픈할 준비를 했다. 그리고 나는 매장 개점 이벤트로 쇼핑고객에게 알몸으로 매장을 방문하면 무료로 룰루레몬 운동복을 증정하겠다는 광고를 지역 주간지에 냈다. 예상치 못한 반응이 있었다. 너무 많은 고객이 몰려들어 누드 폭동이 일어나고, 우리 매장의 재고를 모두 무료로 나눠주어야 하는 것은 아닌지 걱정할 정도였다.

그래서 나는 신문에 다시 광고를 냈다. 선착순 30명의 나체 고객에게만 무료로 옷을 나누어 준다고 분명히 밝혔다. 순간 나는 밴쿠버 특유의 문화를 잊고 있었다. 기회만 있다면 도시 전체가 발가벗을 수도 있는 곳이었다.

개장 당일, 새벽 4시쯤부터 사람들이 매장 밖에 줄을 서기 시작했다. 10월의 신선한 아침이었지만, 오로지 우비 한 벌로 몸을 가린 사람들이 줄지어 늘어서기 시작한 것이다. 밖은 여전히 어두웠지만, 사람들의 숫자는 계속 늘고 있었다. 매장 안은 개점 준비로 여전히 분주했다.

줄이 꽤 길어지고 나니, 이번에는 방송 장비를 잔뜩 실은 트럭과 밴까지 몰려들었다. 동이 트자 군중들은 더 늘어났다. 길 건너편의 식당에는 고객들이 발코니에 가득 앉아서 식사하면서 맞은편에 길게 늘어선 군중들에게 무슨 일이 일어날지를 보기 위해 목을 빼고 있었다. 평소에는 과묵했던 우리 회사의 회계사조차도 이 진귀한 광경은 놓치고 싶지 않아 하는 눈치였다.

나는 매장을 열 준비를 하면서 매우 흥분했다. 내가 정문 옆에 모여 있는 사람들을 제대로 보기 전까지는 그랬다. 맨 앞에 서 있는 두 명의 고객이 14살도 안 되어 보이는 어린 소녀들이었다.

나는 급히 돌아서서 뒤에 있던 다렐 코프케를 찾았다. 수많은 군중들과 방송 카메라들, 그리고 그 앞에서 옷을 벗게 될 이 아이들을 생각하니 나는 거의 공황 상태로 빠져들고 있었다. 재미있자고 기획했던 축제가 홍보 대참사로 이어지기 직전이었다.

우리는 몇 분 동안 상황을 지켜본 후 나는 섀넌에게 나체 고객을 맞이하는 일을 도와달라고 부탁했다. 우리는 문을 열고 나가서 군중들에게 다가갔다. 나는 소리쳤다. "여러분들, 정말 멋져요. 와줘서 고마워요!" 그 순간 팽팽하던 긴장이 풀리고 환호성과 박수가 터져 나왔다. 우리는 매장 문턱을 넘어 나체로 입장한 사람들을 맨 앞에서부터 30명을 헤아렸다.

알고 보니 가장 앞에 서 있던 소녀들은 그들끼리 온 것이 아니었다. 그들은 자매였고, 똑같이 벌거벗은 어머니와 할머니가 동행했다.

그날은 온종일 잊을 만하면 수십 명의 고객들이 나체로 매장에 나타났다. 그저 자신도 벗고 동참했음을 인증하고 싶어 하는 것 같았다. 아침 일찍 도착한 벌거벗은 남성 세 명은 계속 돌아가지 않고 버티며 매장을 배회했다. 약간 소름 끼치는 일이기는 했지만, 우리는 그걸 활용하기로 했다. 경찰과는 아무런 마찰이 없었고, 나는 이 일을 계기로 밴쿠버를 더욱 사랑하게 되었다. 2002년 당시 북미 지역에는 이런 종류의 행사를 순조롭게 진행하기 어려운 도시들이 꽤 있었다.

문을 닫을 때쯤에는 그날 하루가 얼마나 성공적이었는지 분명해지고 있었다. 수백만 달러 이상의 홍보성과를 올렸고, 언론 보도를 보면, 당초 예상했던 것보다 훨씬 재미있는 하루였던 것이 분명했다.

이렇게 해서 롭슨 스트리트의 우리 매장은 첫날 이후 계속해서 매출이 늘어났다. 유동인구가 많은 덕분에 수많은 신규고객을 유치했고, 많은 사람에게 우리를 알렸다. 우리 매장은 내부가 훤히 들여다보이도록 설계되어 행인들의 관심을 훨씬 많이 끌 수 있었다. 우리는 거리로 열린 매장의 창을 단지 상품의 진열을 들여다보는 것 말고도 우리의 에듀케이터들의 헌신이 살아서 숨 쉬고 있음을 알리는 데 활용했다. 그들이 원하는 만큼 창의력을 발휘하도록 독려했다. 미리 정해진 인테리어에 따라 상품을 전시하는 다른 리테일업체들과 달리, 바깥의 행인들이 창 안을 들여다보면, 우리 매장이 해당 지역과 함께 호흡하는 기업가 정신을 가지고 있음을 알 수 있도록 하라고 독려했다.

롭슨 스트리트에 매장을 열기 전에, 나는 고급 매장이 즐비한 주변 환경 속에서 우리만의 영업 방식이 과연 성공할 수 있을지 걱정했었다. 최고급 명품이 진열된 매장을 기대하며 롭슨 거리를 찾은 사람들이 그들의 상상과 다른 우리 매장을 보고 놀랄지도 모른다.

여기에 매장을 열면서 에듀케이터 가운데 한 명인 제나 힐스Jenna Hills는 이렇게 말한다. "칩은 일주일에 몇 번씩 매장을 들렀어요. 그는 항상 몇몇 에듀케이터들을 선택해서 업무를 지도했어요. 결과는 금방 나타나지 않았어요. 그는 매장 안의 직원들에게 불필요한 긴장감을 주고 싶어 하지 않았어요. 시간의 가치는 크지요. 그는 명확하게 직원들의 업무를 지적하면서도 사랑이 넘쳤고, 관대했어요."

"제가 아직도 기억하는 일화가 하나 있어요. 월말 직원회의가 끝났을 때였습니다. 모든 직원이 폐점을 하고, 저녁에 웨스트 4번가 매장에 모였습니다. 나는 다른 직원들처럼 바닥에 앉았고, 칩은 그 방 안에 있는 우리 에듀케이터들이 없다면 회사가 성장할 수 없다고 말했습니다. 우리 중 누구라도 5년 안에 기업에서 일하는 변호사나 기업과 거래하는 회계사보다 더 많은 연봉을 벌 수 있을 것이라고 말했어요. 그것은 전적으로 우리의 노력에 달렸고, 회사는 우리를 필요로 한다고 말했어요. 나는 순간 그의 말속에 진심이 담겨 있다는 걸 알았어요. 실제로 5년 후, 제 연봉은 여섯 자리 숫자가 되었어요. 당시에는 시간당 10달러를 벌었지만 말입니다. 분명한 것이 있어요. 우리는 돈을 번 게 아니라 가능성을 만든 겁니다."

· 18장 ·

패밀리 비즈니스

빅 뉴스

2003년 초, 섀넌과 나는 우리에게 아기가 태어날 것이라는 사실을 알게 되었다. 소식이 전해지자 내 삶에 만족감이 밀려왔다. 섀넌을 파트너로 하여 우리는 무에서 시작하여 큰 성공을 일구었다.

섀넌은 룰루레몬을 이끌어가는 경이로운 수석 디자이너였다. 사실, 몇 달 전에 캐나다 전역에 150개의 매장을 보유한 소매점 기업인 루츠Roots의 사주가 우리 매장을 둘러본 뒤 디자이너가 누구냐고 물었다. 나는 "내 아내"라고 말했다. 나는 그녀가 자유롭게 선택하고 자신의 비전을 추구하기를 원했기 때문에, 그녀와 인터뷰 하고 싶다는 루츠의 사주의 제안을 막지 않았다.

브랜드 디자인의 연속성을 유지할 수 있었던 것도 섀넌 덕분이다. 그녀의 작업은 우리의 정신이 제품 디자인에 담기도록 도와준다. 아이를 낳고 회사를 운영하고, 성공의 공식을 완성해 가는데 그녀의 참여가 줄어들게 되었지만, 그녀 밑에서 오랫동안 훈련된 훌륭한 인재들, 특히 안드레아 머레이Andrea Murray, 카산드라 체Cassandra Tse 등이 있었기 때문에 그녀의 어쩔 수 없는 공백은 그럭저럭 잘 메워졌다.

룰루레몬은 여러모로 잘 운영되고 있었다. 기업가로서 회사가 어려워질 것에 대비해서 비상금으로 사용할 목적으로 별도의 금액을 따로 관리할 수 있을 정도로 성공했다는 것이 믿어지지 않을 때도 있다. 그러나 우리는 이제 그것까지도 가능하게 되었다. 이미 집을 담보로 얻은 빚은 다 갚았다. 섀넌과 내가 재정적 염려와 스트레스 없이 가정을 꾸려나갈 수 있다는 것을 의미했다.

프랭키 혼

한편, 룰루레몬의 콘셉트가 커뮤니티를 바꾸고 있었다. 캐나다의 5개 매장의 성공은 우리만의 사업방식으로 얼마든지 성공할 수 있음을 입증하고 있었다.

우리는 내 친구인 프랭키 혼과 그의 아내 엘키와 독점 생산계약을 체결했다. 그들의 밴쿠버 공장의 가동률은 항상 80% 정도여서 늘 힘들어했다. 나는 그들에게 제안했다. 단일 원단 제품의 100%를 그들 공장에서 생산하고, 50%의 이익을 보장한다는 것이었다.

제조업체의 이익이 50%나 된다는 것은 그들과 우리 사이에 어떤 중간 단계의 거래가 없다는 것을 의미한다. 프랭키나 엘키 같은 훌륭한 생산업자들이 일감을 찾느라 고생하지 않고, 일에만 집중할 때 효율성은 높아지고 놀라운 성과가 나온다. 우리는 결국 그들과 거래를 통해 이익을 연간 200만 달러 이상 늘렸고, 미래의 경쟁자들이 접근할 수 없는 철옹성을 굳혀 나갔다.

프랭키는 말했다. "우리는 처음에는 100개 정도의 소량 오더에서부터 시작했지만, 그 후 칩의 사업은 미친 듯이 번창했고, 칩은 우리에게 독점 하청계약을 제안했습니다." 오래전, 조세핀 테라티아노와의 관계처럼 혼과의 관계는 긴밀하게 발전했고, 지금까지도 그들은 나에게 가족 같은 존재이다. 우리가 자체 매장과 직거래하는 독점 제조업체를 확보하고, 판매와 생산 과정에서 중간 유통을 제거한 것도 룰루레몬의 엄청난 성장의 원인 중 하나였다.

프랭키와 협력 계약을 체결할 즈음 조지 초가스George Tsogas라는 사람이 컨설턴트로 와서 우리의 재고와 유통 및 물류 전반을 살펴보았다. 조지는 "내가 처음 이 사람의 사무실에 들어가니 기억나는 것은 서부해안에 어울릴 만한 덩치 큰 남자가 셔츠와 쇼츠 차림에 슬리퍼를 신고, 요가볼 위에 앉아 있는 모습뿐이었습니다. 그의 첫마디는 "당신은 너무 진지해요. 이제 이 사무실에서는 다시는 양복 정장을 입지 마세요"였습니다. 그것이 그가 만들어 놓은 독특한 문화의 첫 경험이었습니다."

당시 조지는 밴쿠버의 한 기술학교를 막 졸업한 직후였다. 그는 창고와 유통의 과정을 현대화하고, 신속하게 바꿔 놓은 젊고 유능한 인재였다. 조지는 창고에서 일하는 사람들에게 우리 기업 문화를 뿌리내리게 하고, 그들을 위한 피트니스 장비를 가져오고, 개인 트레이너 및 계발 코치까지 채용했다.

어느 회사이든 창고에서 일하는 직원들의 이직률은 꽤 높지만, 우리 회사는 장기간 근무가 일상화되었다. 직원 대부분을 시간제 계절노동자로 채울 수밖에 없는 다른 업체에서는 상상할 수 없는 일이었다. 이후 몇 년 동안 조지는 우리 회사의 핵심 인재가 되었고, 후에는 글로벌 물류 및 유통 담당 부사장의 직위까지 오르게 된다. 그는 우리 회사의 성장에 빼놓아서는 안 될 핵심 리더 가운데 한 사람이다.

토론토의 문제

모든 것이 순조롭고 폭발적으로 성장했지만, 한 가지 예외가 있다. 나는 토론토의 프랜차이즈 매장 운영에 대해 크게 걱정하기 시작했다. 시드 베더는 우리의 판매 방식을 이해하기는 했지만, 우리의 비즈니스 철학까지 수긍하지는 않았다. 우리가 기능성을 중시했던 것과 달리 그는 우리 옷을 입었을 때 고객의 외모에 관심이 있었고, 패션모델을 활용한 구식 홍보 방식에 애착을 보였다. 그는 자신의 방식대로 경영하고 있었고, 에듀케이터 양성과 활용에 투자하지 않고 있었다. 우리처럼 직접 직원들이 요가를 수련하면서 우리 게스트들과 어울리지 않으면 게스트들과 진정으로 소통할 수는 없다고 나는 생각했다.

시드는 우리 브랜드의 성공이 인재개발을 통해서 이루어졌다는 것을 간과하고 있었다. 룰루레몬의 가장 중요한 목표는 우리의 문화에 충실해야 한다는 것이었다. 직원과 게스트와의 소통 방식에 초점을 맞춘 우리의 문화는 우리의 모든 활동의 기본 토대였다. 우리의 핵심 철학을 지키는 것이 장기적인 관점에서의 성공을 가능하게 해 줄 것이다.

나는 기업에서 문화는 매우 중요하다고 생각했기 때문에, 회사를 이끌어갈 소중한 사람, 즉 직원의 훈련과 게스트에 대한 교육에 많은 노력을 하는 사람이 필요했다. 델라니 슈와이처는 이렇게 기억한다. "우리의 회사 운영의 가장 큰 초점은 탁월한 삶을 살도록 사람들을 훈련하는 것이었습니다." 그녀 자신이 이런 방식으로 크게 성공한 대표적인 인물이었기 때문에, 나는 델라니를 우리 회사의 첫 번째 교육 담당 책임자로 임명했다.

바이아웃

토론토의 프랜차이즈 매장의 매출은 ft²당 1,500~2,000달러로 밴쿠버와 비슷했다. 이는 다른 대부분의 리테일 매장의 매출과 비교하면 2~3배에 달하는 높은 매출이었다. 게다가 우리는 아직도 초창기였기 때문에 더욱 성장할 여지가 있었다. 그렇다면 토론토 매장 측이 우리의 비즈니스 철학을 구현해 낸다면 이보다 훨씬 높은 매출을 올릴 수 있다는 계산으로 이어졌다.

질 채우드Jill Chatwood는 토론토 매장이 개점할 때부터 일을 했던 에듀케이터 가운데 한 명이었다. 그녀는 말했다. "거의 모든 제품에는 여러 명의 구매 대기자가 있었습니다. 제품마다 그 제품의 도착을 기다리는 대기자 목록이 적힌 문서철이 따로 있었습니다. 우리는 그들에게 언제까지 제품이 도착할 것이라고 약속은 하지는 못했고, 물건이 도착하면 도착했다는 사실만 전화로 알렸습니다. 탈의실이 부족하다고 느껴질 때도 자주 있었습니다. 심하면 45분씩 기다리기도 했습니다. 우리 매장에는 재고를 한 아름 안고 매장 여기저기의 옷걸이에 걸어두는 일만 전담하는 직원이 따로 있어야 할 정도였습니다. 하루하루가 아메리칸 블랙 프라이데이American Black Friday나 박싱 데이Boxing Day 같았습니다."

그만큼 토론토의 영업은 만족스러웠다. 시드도 만족스러워하기는 마찬가지였다. 그러나 그는 룰루레몬의 옷을 팔아 돈을 벌고 싶었던 것이지 내가 의도하는 대로 교육을 통해 매장을 운영하고 싶어 하지는 않았다. 관리 문제에 있어서 호흡이 맞지 않았다. 대화도 끊어졌다. 우리는 생각이 근본적으로 달랐다.

그 대표적인 사례는 랜드마크 포럼 교육을 받기를 거부한 것이다. 이미 60대에 접어든 시드 입장에서는 사업과 성공에 필요한 것들은 이미 배울 만큼 배웠다고 느꼈을 것이다. 그의 비즈니스 파트너인 알렉산드라 모건도 이 과정에 대해서는 별 관심이 없었다. 두 사람이 자기계발에 솔선수범하지 않는다면, 그 밑에 있는 직원들도 우리 문화를 경험할 기회를 얻을 수 없는 것이 분명했다. 운동과 기능에 중심을 둔 서부 해안 스타일의 콘셉트와 패션을 중시하는 동부 지역 사이의 간극을 여기서도 경험한 것이다. 나에게 패션 중심의 비즈니스는 이미 오래된 개념이고, 죽은 개념이었다.

나는 우리 브랜드의 문화적 순결성을 보장하기 위해서는 그들로부터 매장을 되찾아와야 한다고 생각했다. 내 생각으로는 성실함과 진정성이 없다면 룰루레몬은 아무것도 아니었다. 해야 할 일이 분명했다.

시드로부터 매장을 사들여야 한다.

그들과 나 사이에 맺은 계약서를 자세히 살펴보면서 이와 관련된 조항이 없다는 것을 알게 되었다. 프랜차이즈 계약에 바이아웃 조항을 넣지 않은 것처럼, 나의 실수로 부실 계약서가 맺어진 것은 이번이 처음이 아니었다.

시드는 영리한 사람이어서 그와 합의점을 찾기에는 쉽지 않았다. 그 역시 내가 그의 매장 주변에 대여섯 개의 매장을 열어 버리면 자신은 당장 문을 닫아야 한다는 사실을 알고 있었다. 그러나 내게는 그것 말고도 해야 할 중요하고 좋은 일들이 더 많았다.

결국 우리는 250만 달러에 합의했다. 불과 2년 전, 나는 2만 5천 달러를 받고 프랜차이즈 영업권을 팔았었다. 결국 우리가 동의한 금액은 엄청나게 높았지만, 지금의 토론토 매장을 인수하고, 토론토의 다른 지역에 몇 개의 매장을 더 열 수 있다는 점까지 고려하면 충분히 감당할 수 있는 금액이라고 생각했다. 이제 돈을 구하는 일만 남았다.

여러 해 동안의 경험으로 나는 돈을 자꾸 빌려서, 부채가 회사가 감당할 만한 수준을 넘어설 때 사업이 얼마나 망가질 수 있는지에 대해 고달픈 교훈을 이미 얻었다. 웨스트비치에서의 경험으로 나는 빚을 지는 것을 극도로 꺼렸다. 그러나 금전적인 책임에 대해 꼭 필요한 것들을 배우는 시간이기도 했다. 또한 너무 원칙만 고수해서는 안 되는 경우도 있고, 상황에 융통성 있게 적응하는 것도 중요하다는 것도 배웠다. 시드 베더와의 상황도 그러한 때에 포함된다.

내 수중에 토론토 매장을 사들이는 데 필요한 자금은 없었다. 나는 웨스트비치 출신의 사모펀드 전문가인 돈 스틸Don Steele을 찾아갔다.

당시 그의 자녀 두 명이 모두 룰루레몬에서 근무하고 있었다. 나는 돈에게 룰루레몬의 지분의 30%를 250만 달러에 인수해 줄 것을 제안했지만, 그는 부담이 된다며 거절했다. 대신 룰루레몬의 현금 흐름을 고려할 때 은행으로부터 250만 달러를 빌려도 큰 문제가 없을 것 같다고 조언했다. 은행의 입장에서는 설립 된 지 고작 4년 밖에 안 된 기업에게 빌려주기에는 250만 달러는 너무 큰 금액이었다. 그러나 만일 빌릴 수만 있다면 토론토 매장에서 발생하는 이익만으로도 원금과 이자를 갚아내기에는 큰 무리가 없는 것으로 판단되었다.

과거에 집을 담보로 받았던 대출금은 이미 다 갚았고, 이제 새로 대출을 받는다면 유일한 방법은 다시 집을 담보로 내놓는 것뿐이었다. 나는 생각했다. '이런, 또 시작이군!' 그 집에는 나와 임신한 아내가 살고 있었기 때문에 마음이 영 불안했다.

큰 액수를 대출받기 위해 집을 담보로 내놓은 것은 부담스러웠지만, 과거 코앞에 닥친 위기를 넘기기에 급급해서 돈을 빌리던 때와는 다르다고 자신을 타일렀다. 돈을 빌리는 데 따른 위험도 없지 않지만, 그로 인해 얻게 될 잠재적 이득도 굉장했기 때문이다.

웨스트비치 시절에는 돈을 빌릴 때 심한 스트레스를 받았지만, 지금은 상황이 달랐다. 가장 큰 차이는 현금 흐름이었다. 룰루레몬 매장은 매일 엄청난 돈을 찍어내는 현금 제조기 같았다.

유리한 요소가 두 가지 있었다. 토론토 매장은 상당한 수익을 안겨줄 것이고, 토론토에 더 많은 매장을 설립할 수 있는 권리가 나에게 생길 것이다. 또한, 토론토 매장을 사들이려면 지금이 적기이며 더 늦어서는 안 된다는 것도 알고 있었다. 시간이 가면 갈수록 협상에 더 복잡한 조건이 붙을 것이고 금액은 더 올라갈 것이다.

해야 할 일이 무엇인지 분명해졌고, 일은 몇 개월 사이에 마무리되었다. 시드 베더의 매장은 우리가 인수했고, 토론토도 우리의 영토가 되었다.

브라이어 힐

토론토 북부의 브라이어 힐Briar Hill 지역은 우리의 게스트가 될 만한 사람들이 거주하는 지역이었다. 나는 브라이어 힐에 매장을 열면 100% 성공할 수 있다고 확신했다. 우리는 개점 계획을 세우는 한편 토론토 북부에 첫 매장을 낼만한 장소를 물색했다. 키칠라노의 첫 번째 매장이 그랬던 것처럼 이 매장 역시 상징성이 큰 매장이 되기를 원했다.

매장 이름을 밖에 크게 거는 대신, 눈에 잘 띄지 않는 로고만 넣었다. 나는 로고 하나가 이름 그 자체보다 브랜드 이미지를 알리는 데 훨씬 강력한 도구가 된다는 것을 이해하고 있었다. 나는 이후에도 매장에 룰루레몬의 이름을 크게 내 거는 것을 좋아하지 않았다. 마치 소비를 강권하는 방식의 마케팅처럼 보였다. 나는 슈퍼걸들이 우리 로고 속에서 느껴지는 건강한 확신 같은 것을 좋아한다는 것을 알고 있었다.

지금까지의 관행에 익숙하고 평범한 대부분의 마케팅 전문가들은 로고를 드러내는 방식의 마케팅의 효과에 대해 의문을 품고 있었기 때문에, 내 생각은 당시의 기준으로는 굉장히 파격적인 생각이었다. 나는 타성에 젖은 마케팅 담당자들이 게스트들의 가슴 속에 있는 사고방식을 찾아내야 할 필요성과 구매를 강권하는 것 같은 마케팅에 대한 대중들의 은근한 거부감을 이해하지 못하고 있다고 생각했다. 그러나 세월이 흐른 후, 로고 온리logo only라는 마케팅 콘셉트는 브랜드의 미묘함이 브랜드의 가치를 어떻게 높여주는지를 잘 이해하지 못하는 새로운 경영진이 들어서면서 보류되었다. 요즘의 룰루레몬 매장은 평범함과 결별하려는 룰루레몬만의 개성을 표현하는 대신 룰루레몬의 이름을 전면에 내걸고 있다.

토론토 매장의 기존 직원들은 지금이라도 룰루레몬 방식으로 재교육한다면 충분한 잠재력이 있다고 생각했다. 시드가 토론토 매장을 경영하던 시절, 본사와의 소통을 담당하는 직원으로 밴쿠버 출신의 카렌 와이더Karen Wyder라는 여성을 고용했다. 카렌 역시 완벽한 슈퍼걸이었고 자연스럽게 룰루레몬 문화를 받아들였다. 카렌의 도움으로 이후 몇 년에 걸쳐서 우리는 토론토 출신의 대단한 역량을 가진 직원들을 밴쿠버로 데려올 수 있었고, 그들은 회사가 강력한 힘을 발휘하는데 크게 기여했다. 이 대목에서 나는 에린 위스텔만Erin Westelman과 질 채트우드 Jill Chatwood, 줄리 볼Julie Ball, 그리고 카를라 앤더슨Carla Anderson에게 특별한 감사를 표하고자 한다.

브리 스탠레이크

그 무렵 나는 웨스트4번가의 에듀케이터 역할을 하고 있었다. 어느

날, 나는 다렐 코프케와 마찬가지로 밴쿠버의 브리티시 컬럼비아대학에서 MBA과정을 막 마쳤다는 젊은 게스트와 이야기를 나누다가 이렇게 말 했다. "그래요? 여기 취업하고 싶어요?"

브리 스탠레이크Bree Stanlake라는 이름의 이 슈퍼걸은 주저하지 않고 그렇다고 답했다. 다음날부터 그녀는 출근했다. 당시 우리는 변호사 자격을 가지고 있거나 MBA 이상의 교육을 받은 여성 고급 인력들을 상당히 많이 채용하고 있었다. 나는 브리가 꽤 특별한 여성이라는 것을 알 수 있었다. 서부 해안 특유의 신선하고, 넘치는 에너지를 보유하고 있었고, 확실히 똑똑했다. 그녀는 멋진 미래를 꿈꾸고 있었다. 룰루레몬은 특유의 영업과 마케팅을 기반으로 엄청난 현금을 벌어들이고 있었기 때문에, 이제 우리 직원들은 다른 회사의 직원들과는 비교가 안 될 정도로 많은 급여를 받는 단계로 접어들었다.

브리는 2012년에는 캐나다 전체를 책임지는 총괄 매니저 자리에 오르게 된다. 그녀는 말했다. "밴쿠버에서 처음 4개월 동안 에듀케이터로 매장에서 일했어요. 그러던 어느 날 칩이 '내일 오전 9시에 4번가 매장에서 긴급회의가 열려요.'라고 말했어요. 제가 회의장에 들어서자 그는 '자 이제 게임을 시작합니다. 내일 토론토로 갑시다.'라고 말했어요. 저는 칩과 섀넌, 그리고 다른 몇 사람들과 함께 프랜차이즈 문제를 해결하기 위해 그곳으로 갔고, 한동안 긴박한 시간을 보냈지요."

그녀는 말을 이었다. "당시 토론토에는 매장이 하나밖에 없었어요. 거기서 우리는 매장을 몇 개 더 열었어요. 저는 에듀케이터에서 토론토 지역 책임자로 승진했지요."

사람들에게 회사의 정신을 소개하는 것은 훈련의 중요한 과정이다.

나는 판매와 패션 등 실무에서 벗어나 토론토의 직원들에게 회사의 철학에 대해 교육했다. 나는 아직 랜드마크 포럼에 참가하지 못했거나, 회사가 정한 틀에 맞춰서 비전과 목표를 아직 작성하지 않은 사람들에게 모든 과정을 밟아 가도록 했고, 한편으로는 그들이 우리 회사에서 성공하는데 필요한 자질을 갖추고 있는지를 점검했다. 한 달 만에, 대부분의 직원은 내가 의도했던 대로 룰루레몬의 일부로 자연스럽게 녹아들었고, 모두 새로운 활력을 얻었다며 흥분했다. 그들도 삶을 목표를 향해 자신을 전진시키고, 공통의 공감대 안에서 공통의 언어를 사용하고, 크게 사고하며, 의욕에 넘쳤다. 토론토 매장은 크게 변했고, 그곳의 직원들은 앞으로 여러 해 동안 룰루레몬과 함께하게 될 것이다. 토론토 매장 프랜차이즈 계약의 바이아웃 과정을 돌이켜 보면, 이 책에 미처 다 밝히지 못한 것들도 많지만, 분명한 것은 많은 잘못이 있었다는 것이다. 그러나 결론적으로 바이아웃은 우리 문화의 중요성과 우리가 결코 타협해서는 안 될 것이 있음을 분명하게 밝힌 하나의 사례였다.

다렐 코프케는 말했다. "이것은 캐나다 의류 사업 역사상 중요한 성공사례입니다. 핵심은 '문화적 종족Tribe'입니다. 회사는 제품을 만드는 것이 아니라 문화적 차이가 있는 종족을 만들어 냈습니다. 문화적 종족이라는 토대는 확고했고, 그 결과로 생명력을 키웠습니다. 우리는 오랜 시간의 고통스러운 과정을 통해서 의도했던 대로 하나의 독특한 사업 영역을 창조해 냈습니다."

우리는 교육 수준이 높은 충분히 역량 있는 직원들을 유치하기 위한 매장 운영 모델을 수립했다. 각 매장의 매니저들은 독자적인 경영자였고, 그에 맞는 급여를 지급했다. 우리는 매니저급 이상의 직원들에게 2006년까지 매년 회사 전체의 재무 정보를 보냈다. 그들이 스스로 재무 용어를 이해할 수 있도록 교육하여, 완전히 분권화된 상태에 놓이더라도 그들이 독자적으로 결정을 내릴 수 있도록 했다. 매장 매니저들은 매장의 관리, 고용, 그리고 교육 등에 대해 절대적인 권한을 가졌다. 완전한 권한을 보장해주지 않으면, 그들이 그들 밑에서 일하는 똑똑한 사람들을 통솔할 수 없을 것이고, 그들은 금방 답답함을 느끼고 그만두게 되리라는 것이라는 것을 알고 있었다. 우리 브랜드의 힘은 매장 어디에서든 논쟁의 여지가 있는 정치적 사회적 이슈까지도 자유롭게 농담으로 주고받을 수 있는 자유스러운 매장 분위기에서 나왔다. 게스트들까지 대화에 참여하여 토론하는 과정에서 우리의 리테일 매출의 수준을 유지하고 영업지원센터를 효과적으로 운영할 수 있도록 강력한 동기를 만들어주는 등, 매장 매니저들의 지적 능력은 항상 빛이 났다.

이런 버티컬 리테일 영업은 수익성이 매우 높아서 경쟁사보다 2~3배의 급여를 그들에게 지급할 수 있었다. 우리는 기존의 업계의 저비용에 의지하는 홀세일 중심의 영업과는 정반대로 운영했다. 우리의 물건을 팔려면 고객들이 눈으로는 확인할 수 없는 우리 제품만의 장점을 에듀케이터들을 통해서 고객들에게 가르쳐야 했기 때문에, 업계의 일반적인 영업 방식으로는 성공할 수 없었다. 또한 우리의 메시지를 게스트에게 전달하고, 게스트들의 제품에 대한 안목을 자기 자신의 수준까지 끌어올릴 수 있는 탁월한 에듀케이터도 우리의 성공에 꼭 필요한 존재였다.

여기서 잠시 이야기를 다른 데로 돌려서 오랜 세월이 지난 후 떠올랐던 생각을 이야기해야 할 것 같다. 나는 지난 24년간 스포츠와 관련된 사업을 하면서 수많은 직원과 게스트들을 만났다. 게스트들은 대부분 10대 소녀들이었고, 20대 소녀들도 있었다. 직원들은 나를 바라보면서 45세쯤 된 아버지처럼 느꼈을 수도 있고, 내가 그들과 소통하는 방식으로 인해 동년배인 그들의 아버지와 완전히 다르게 느껴졌을 수도 있다는 것을 깨닫게 되었다. 이처럼 세대 간의 차이는 나의 의도가 잘못 해석되어, 의도했던 것과는 다른 영향을 줄 수 있다. 서로 다른 대화 스타일과 그것이 사람 사이의 관계나 문화 그리고 비즈니스에 미치는 영향을 이해하지 못한 것은 나의 잘못이다.

듀크

2003년 10월 중순, 섀넌은 출산을 위해 입원했다. 그날은 내가 밴쿠버에서 오래 살면서 한 번도 보지 못했을 정도로 세찬 비가 내렸다. 병원에 도착하자마자 모든 것이 의외로 빨리 진행되었다. 우리는 새로 태어난 아들 듀크가 첫 숨을 쉴 때까지도 아들인지 딸인지도 몰랐을 만큼 정신이 없었다. 나는 최대한 빨리 제이제이와 브렛을 학교에서 태워 병원으로 데리고 갔고, 그들은 병원에서 한 번씩 남동생을 안아보았다. 그 순간 나는 인생이 이보다 더 좋을 수는 없다고 느꼈다.

섀넌은 엄마라는 새로운 위치와 룰루레몬에서의 창의적 역할을 수행하는 것 사이에서 균형을 유지하고 싶어 했다. 그녀는 병원에서 듀크를 찾아올 때까지 며칠 동안도 일을 했고, 아이가 생후 10일쯤 된 후에는 매일 아기를 데리고 출근했다. 그러나 3주쯤 지나자 그녀는 사무실에서 일하는 것보다 더 많은 시간을 듀크와 보내고 싶다는 생각하기 시작했다.

"룰루레몬에서 디자이너로 일하는 것은 제게 더할 나위 없이 꿈같은 일입니다. 저에게 딱 맞는 일이었죠. 그 일을 그만 둔다는 것은 힘든 결정이었지만, 세심한 주의를 기울여야 할 또 다른 목표와 일이 생겼습니다. 칩이 사업에 관한 모든 것을 나와 함께 고민해 준 것은 고마운 일입니다. 그는 일에 관해서는 나에게 어떤 벽 같은 것도 만들지 않고 모두 공유했어요. 항상 열린 자세였지요. 그래서 결정을 내리기 전에 우리는 깊은 대화를 나눴습니다."라고 말했다.

나는 당분간 일선에서 물러나기로 한 그녀의 결정을 전적으로 지지했다. 섀넌에 대해서 말하자면, 나는 그녀가 세계 최고의 디자이너 가운데 한 명으로 인정받지 못한 것을 안타깝게 생각한다. 디자이너의 성공 여부를 수익을 기준으로 따지자면 그녀는 단연 세계 최고였다. 그러나 뉴욕의 패션 관련 미디어들은 운동복 디자이너를 '진정한 디자이너'로 추켜세우는 것을 싫어했기 때문에, 그녀는 어떤 언론의 관심도 받지 못했다.

가족이 한 명 늘어난 것 말고도, 2003년은 룰루레몬에 큰 변화가 일어난 해였다. 이제 캐나다에서는 더 이상 올라야 할 고지가 없을 정도로 높이 올라간 것 같았다. 우리는 새로운 시장을 개척하기 위해 필요한 체계를 갖추고 준비하고 있었다.

인재개발 프로그램 말고도 우리의 성장을 이끄는 데 꼭 필요한 주춧돌이 될 만한 생각의 상당 부분은 마이클 거버의 저서 『사업의 철학』

에서 나왔다. 기업가는 자신의 삶을 통제할 수 있을 것 같지만 실제로는 그렇지 않다고 그 책은 말한다. 그 책에 의하면 기업가 정신이란 한 번도 가동을 멈추면 안되는 기계처럼, 24시간 내내 깨어 있어야 한다는 것이다. 그러나 실제로는 불가능하다. 그렇다면 해결책은 창업 초창기부터 창업자 없이도 알아서 돌아갈 수 있는 시스템을 설계하는 것이다.

나는 품질 관리와 브랜드 관리, 디자인 개발, 인재개발, 매장 운영 등을 문서화하고 매뉴얼화 하는 데 세심한 주의를 기울였다. 첫 번째 매장이 잘 운영되었기 때문에, 5년 후의 훌루레몬의 모습을 구상하고 연출하는데 충분한 시간을 사용할 수 있었다.

이제 교육 수준이 높은 30대 초반의 여성 사이에서 요가를 비롯한 스포츠 붐이 거세게 일고 있었다. 나는 미국인들이 운동복을 선택하는 방식에 관한 변화를 받아들일 준비가 되었다고 믿었다. 서부해안 지방 특유의 기능성 의류와 멋을 과시하는 유럽식 디자인이 유기적으로 결합하여 세상 사람들 모두의 옷 입는 방식을 바꾸어 버리는 미래를 상상했다.

우리는 지역의 요가 수련장이나 커뮤니티와 소통하며 그들의 관심을 끌어내는 방법을 알고 있었다. 게다가 이제는 캐나다의 많은 사람에게 알려진 브랜드가 되었기 때문에, 새로운 시장에 진입하기도 한결 쉬워졌다.

어느 회사나 성장하는 과정에서 일종의 사이클 같은 것이 나타나기 때문에, 각각의 고비마다 경영자들은 어느 방향으로 핸들을 틀어야 할지 고민해야 한다. 지금 우리는 그러한 고비에 도달해 있다. 하나의 사이클이 어느 정도 완성되어 가고 있고, 이제 우리는 다음 목적지를 정해야 했다.

그러한 계획을 수립한다는 것은 스스로 매우 중요한 질문을 던지는 일이다. 우리는 누구인가? 룰루레몬이 어떤 회사이기를 바라는가? 그저 기발하고 독특한 아이디어로 커뮤니티에서 유명세를 떨치며, 특정 지역에서 만족하고 있는 회사인가? 아니면 세계적인 브랜드로 도약하기 위한 새로운 길로 진입하기 직전에 서 있는가?

우리의 다음 목적지는 어디냐는 질문을 마주했을 때도, 나는 우리만의 문화를 널리 전파하고, 사람들을 위해 투자를 하는 일은 계속 되어야 한다고 생각했다. 브리 스탠레이크는 회상했다. "믿을 수 없는 일이었습니다. 우리는 우리가 해야 할 일에 대해 진정한 확신을 가지고 있는 사람들로 뭉쳐진 회사였습니다. 우리 회사는 우리의 신념과 어디에 내놓아도 부끄럽지 않은 제품의 기반 위에 서 있습니다. 모든 직원은 제품의 질과 혁신, 그리고 우리의 신념의 실천에 광적으로 집착하고 있었습니다."

"우리는 모두 항상 우리 제품을 입고, 운동도 하고, 요가도 했습니다. 우리는 우리가 하는 일이 세상을 평범함에서 위대함으로 끌어올리는 일이라고 정말로 믿었습니다."

룰루레몬 문화

우리 회사의 기업 문화의 핵심은 가족이었다. 우리는 직원을 선발한다기보다는 새로운 가족을 받아들인다는 마음으로 새로운 직원을 뽑았다. 우리는 그들이 회사 안에서 완벽한 짝을 만나고, 자녀를 낳는 것도 좋은 일이라고 생각했고, 그 가족이라는 결속력이 새로운 에너지를 만들어 내기를 원했다. 직원들이 잘되고 그들의 가족이 잘 되면 회사도 잘 된다고 확신했다.

델라니 슈와이처가 이끄는 팀은 문화, 제품, 매장 운영, 커뮤니티, 재고, 그리고 게스트와의 대화나 게스트의 체험 등의 내용이 포함된 교육 훈련 매뉴얼을 만들어 냈다. 그 안에는 필요한 모든 것이 다 반영되어 있었다. 그들의 첫 번째 과제는 룰루레몬의 온보딩 프로그램 역할을 할 파운데이션Foundation이라는 교육과정을 만드는 것이었다.

롭슨 스트리트 매장의 에듀케이터 가운데 한 명인 제나 힐스가 델라니 팀의 일원이 되었다. 제나는 "우리는 모든 직원이 랜드마크 포럼 과정을 수강하도록 독려할 책임이 있었습니다. 랜드마크 포럼은 회사의 정규 기초교육 프로그램이나 마찬가지였습니다. 그 과정을 통해 우리는 공통의 언어를 익히고, 서로에게 진실해질 수 있었습니다. 책임감과 성실로 무장한 우리를 막을 자들은 아무도 없었습니다."라고 회상했다.

"우리가 사람들에게 각자가 자기의 삶에 대해서 100% 책임을 질 수 있도록 돕는 도구를 제공한다면, 그 이상 다른 것은 필요하지 않으리라 생각했습니다." 제나의 설명이다.

우리는 더 큰 문화적 변화를 만들어 내기 위해 비전까지도 변경했다. '사람들이 더 건강하고, 더 재미있는 삶을 오래 지속하는 데 필요한 것들을 제공한다'는 우리의 원래의 비전 보다 더 원대한 새로운 비전이 필요하다고 생각했다. 우리는 '세상을 평범함에서 위대함으로 끌어올린다'는 새로운 비전을 설정했다. 우리는 비전은 곧 사명이라고 생각했다.

이 비전은 우리가 주문처럼 늘 외우고 있는 '대가를 바라지 않고 베푼다'는 생각과도 잘 맞았다. 우리는 인재개발부서나 브랜드 관리팀 등 다양한 조직과 부서가 있었지만, 그 모든 것들에 앞서서 룰루레몬의 교육과 문화가 있었다. 교육과 문화 그 자체가 우리의 브랜드였고, 인재개발 통로였고, 이 모든 것이 하나가 되어 조화를 이루며 굴러갔다.

뉴욕 패션 미디어

우리는 회사가 성장하는 것만큼, 여성의 옷차림과 생활방식의 변화에 강력한 영향을 미치고 있었지만, 뉴욕의 패션 관련 매체들은 우리를 완전히 무시하고 있었다. 그들은 우리를 못마땅해 했다. 지금까지도 언론이 룰루레몬에 대해서 호의적이지 않은 것은 우리가 우호적인 기사를 써주는 대가로 유료 광고를 집행하는 이른바 상부상조 방식의 비즈니스 모델을 거부했기 때문이다.

2000년대까지도 대부분의 유력 패션업체들은 잡지가 제작되기 몇 개월 전에 홀세일 유통망을 통해 풀리게 될 상품 샘플을 각 잡지사에 보냈다. 홀세일 방식으로 영업하는 이들 기업은 18개월의 주기에 맞춰서 제품을 디자인하고, 구매자의 시선을 사로잡을 샘플을 제작했다. 홀세일 업체를 통해서 리테일에 제공될 이들 샘플들은 미디어 관련 잡지에도 보내어지고, 잡지사는 이를 사진 촬영용으로 사용하게 된다.

그러나 우리는 홀세일 중간단계와 최종 리테일업자를 따로 두고 있지 않고 우리 스스로에게만 책임지면 되기 때문에, 우리의 생산 주기는 9개월이었다. 우리 제품은 우리 매장에서만 판매되기 때문에 별도로 사진 촬영을 해서 다른 업자들에게 소개해야 할 필요도 없었다. 게다가 우리 제품의 가치는 옷의 촉감과 재질에 있으므로, 사진을 통해서는 제품의 장점을 게스트들에게 전달할 수 없었다.

9개월 주기의 생산시스템도 우리가 다른 업체들보다 앞설 수 있는 이유였다. 우리는 의류의 새로운 미래를 창조했고, 온종일 입을 수 있는 운동복이라는 새로운 개념을 만들어 냈지만, 패션 매체는 우리를 완전히 무시하고 있었다. 그들은 우리를 의류의 미래로 받아들이기보다는 잠시 존재하다가 사라질 일시적인 유행이라고 생각했다. 미국 의류 유통 업체인 제이 크루J Crew의 최고경영자인 미키 드렉슬러Mickey Drexler는 "제이크루는 운동복의 일시적인 유행에는 참여하지 않을 것"이라고 말한 것으로 유명하다.

지금 돌이켜 보면, 내가 일기를 통해서라도 룰루레몬의 초창기 이야기를 더 많이 기록으로 남기지 못하고, 사진도 많이 찍어 놓지 못한 것이 아쉽다. 샘플을 미리 만들어 돌릴 필요도 없고, 미디어 광고에 의존해 영업하지도 않았기 때문에, 제품 디자인 사진도 많이 남아 있지 않다. 문화, 곧 룰루레몬의 문화는 '우리를 좀 주목해 주세요.'라는 대중들을 향한 호소나 자기 과시용 홍보와 맞지 않았다. 이것이 소셜 미디어가 발달하면서 문제가 되었다. 우리가 체계적으로 기록해 놓은 역사가 없기 때문에, 언론이 우리 이야기를 자기들 입맛대로 각색한 것이 정설처럼 떠돌아다니게 된 것이다.

캐나다의 소셜 미디어 플랫폼 회사인 훗스위트Hootsuite의 라이언 홈즈Ryan Holmes가 쓴 『40억 달러 트윗The Four Billion Dollar Tweet』이라는 멋진 책이 있다. 이 책은 CEO와 기업, 정치인 그리고 개인이 고객이나 유권자에게 자기 뜻을 직접 전달하는 도구로 소셜 미디어를 어떻게 사용할 수 있는지 설명한다.

룰루레몬이 홀세일유통을 성공적으로 없애고 고객들에게 직접 다가간 것처럼 소셜 미디어를 적절하게 사용했더라면, 충성도 높은 소비자들과 직접 소통할 수 있었을 것이다. 그랬다면 자극적인 미디어와 우리에 대한 충성심도, 관심도 별로 없는 사람들에 의해서 작성된 소셜 미디어의 댓글에 대항하여 제 목소리를 낼 수 있었을 것이다. 불행히도 나는 시대의 변화에 제대로 적응하지 못했다. 여기에 대해서는 이 책의 뒷부분에서 이야기할 것이다.

불에 기름을 붓다

룰루레몬이 지속 가능한 성장을 계속할 수 있었던 것은 우리를 특별한 존재로 만들 수 있는 것들을 공유할 기회를 놓치지 않았기 때문이다. 우리가 성장한다는 것은 게스트와 에듀케이터의 수가 한 명 한 명 늘어난다는 의미였고, 그만큼 세상이 평범함에서 위대함으로 바뀌어 간다는 의미였다.

나는 우리가 건강을 파는 기업이 아니라는 점을 분명히 했다. 우리는 아픈 사람을 낫게 하는 따위에는 관심이 없었다. 우리는 사람들에게 최고가 될 기회를 제공하고 싶었다. 그들이 최선을 다함으로 인해 주변 사람들의 격도 높아질 것이다. 모든 사람이 이러한 생각에 열광하며 동참하려 했다. 사람들은 우리를 광신도 집단이라고 부를 정도였고, 직원들은 룰루레몬의 정신을 문신처럼 자신의 마음에 새기고자 했다.

다렐 코프케는 말했다. "룰루레몬도 2003년 11월에 거의 파산할 정도의 위기를 겪었습니다. 다른 모든 의류 업체들과 마찬가지로 현금 흐름이 문제였습니다. 매장이 2개에서 11개로 늘어나면서 충분한 재고를 확보하기 위해 생산에 많은 자금을 투자했습니다. 창고에는 옷으로 가득 차 있었는데, 제품 제조 비용을 바로 지급할 돈이 없었습니다. 그러나 우리는 제조업체에게 크리스마스 전에 모두 팔아서 생산비를 지급하겠다고 장담했습니다."

"12월 둘째 주쯤에 접어들면서, 우리는 룰루레몬의 전진은 누구도 막을 수 없다고 확신하게 되었습니다. 매출은 엄청나게 늘었고, 재고는 빠르게 소진되었습니다. 어느 매장은 회사 창립 후 최초로 단일매장의 월별 매출 100만 달러 돌파라는 엄청난 기록을 세웠습니다. 매장을 하나 열고나면, 3개월 만에 본전을 뽑아내는 엄청난 실적이었습니다."

대럴의 말이 맞았다. 우리는 실수를 즐기고 오히려 그 속에서 뭔가를 배우는 데 익숙했다. 직원들에게 권한을 과감하게 부여하고, 창의성과 새로운 아이디어를 발휘할 수 있는 환경을 조성한 것은 우리 성장의 중요한 비결이었다. 이러한 분위기 속에서 게스트들과 커뮤니티를 사로잡을 수 있는 탁월한 아이디어가 나올 수 있었다. 예를 들어 보자면, 우리는 창업 초기에 우리 매장을 찾기 위해 계단을 오르기를 주저하지 않는 고객 확보를 위해서 매장에서 요가 수업을 열기도 했었다. 그러다가 계단을 오를 필요가 없는 새로운 매장으로 이사를 하고 나서는 매장에서의 요가 수업을 중단했다. 매장이 워낙 유동인구가 많은 곳에 있어서, 요가 수업을 하지 않아도 이미 감당할 수 없을 정도로 많은 게스트가 우리 매장을 찾았기 때문이다.

얼마 지나지 않아 우리는 지역주민들로부터 매장 안에서 요가 수업을 다시 열어달라는 요구를 받았다. 나는 반대했지만, 직원들은 찬성했다. 그리고 그 결과는 환상적이었다. 직원들이 사실상의 오너처럼 권한을 행사하도록 허용한 것이 우리 회사의 성공의 중요한 공식 가운데 하나임을 다시 한 번 확인한 사례였다.

웨스트비치에서는 나도 다른 기업들처럼 회사 전체를 통제하고, 명령하는 방식으로 경영했었다. 그러나 룰루레몬에서 우리 특유의 문화를 만들었고, 그 문화를 충분히 반영하는 경영 원칙을 문서화하고 나서, 나는 직원들과 사람들을 교육하고 멘토링 하는 방식으로 회사를 이끌어가겠다고 마음을 먹었다. 우리는 거대한 미래를 꿈꿨고, 우리는 그것을 향해 담대한 여정을 시작해야 하기 때문에, 나는 직원들을 교육하는 데 열정을 다 했다. 멘토링 말고는 다른 것은 하고 싶어도 할 수 없을 정도로 적극적으로 권한을 아래로 위임하는 것이 내가 할 수 있는 유일한 경영활동이어야 한다고 생각했다. 그 어떤 미래도 실제로 현실화 되지 않는 한 미래가 될 수 없다. 이제 사상 처음으로 캐나다 밖에서 룰루레몬 매장을 설립하는 문제를 진지하게 생각해 볼 시점이 되었다.

· 19장 ·

미국 시장을 향해

빅토리아 시크릿

2004년에 나는 빅토리아 시크릿Victoria's Secret으로부터 룰루레몬 인수에 관심이 있다는 편지를 받았다. 나도 언젠가 그런 제안을 받게 될 날이 있을 것이라고 진작부터 생각하고 있었기 때문에, 가만히 앉아서 그 의미를 곱씹어 보았다. 빅토리아 시크릿 같은 직영점 중심의 업체가 우리에게 관심을 보였다는 것은 우리가 세상에 어떤 특별한 것을 전해주는 데 성공했다는 의미라고 생각했다.

나는 회사의 여러 직원과 그 편지를 놓고 대화를 나눴다. 솔직한 대화가 오갔지만, 회사를 매각하는 것은 모두가 원하는 바가 아니라는 결론에 도달하는 데 그리 오랜 시간이 걸리지 않았다. 그 편지는 우리가 이미 알고 있는 사실을 확인시켜주었을 뿐이다. 우리에게는 우리만의 성공 공식이 있다는 것이다.

빅토리아 시크릿이 우리의 콘셉트를 모방하여 독자적인 브랜드를 개발할지도 모른다는 생각이 들었다. 우리의 주력은 운동복이었고, 특히 운동복 하의였지만, 이 기회에 스포츠 브라도 만들어보고 싶다고 생각했다. 나는 2013년까지 우리가 스포츠 브라 부문에서 최고가 되지 않으면 결코 완전한 여성용 운동복 회사가 될 수 없다고 생각했다. 아직 9년이나 남아 있었다.

우리는 현재 상황을 검토해 보았다. 사업을 시작한 후 5년 사이에 많은 변화가 있었다. 우리는 시장에서 성공했고, 경쟁 업체가 쉽게 진입하기 어려운 나름의 방어벽도 구축해 놓았다. 우리 브랜드는 혁신의 대명사로 인정을 받고 있고, 이미 세계 주요 국가에 상표를 등록해 놓았다. 그리고 제품 매출이익률은 다른 업체에 비해 두 배 이상으로 큰 수익성을 누리고 있었다.

미국 기업으로부터 관심을 받고 있음을 피부로 느끼면서 성장 확대를 위해 국경의 남쪽에도 견고한 성장의 발판을 마련할 때가 되었다고 생각했다.

세계로

대부분의 캐나다 기업들이 미국 진출에 실패하는 데는 대체로 두 가지의 이유가 있다고 생각한다. 그들이 캐나다 시장에 너무 안주하는 바람에, 미국의 경쟁업체와 비교하여 규모 면에서 너무 뒤처지는 것이 그 첫 번째 이유이고, 캐나다에서 통하는 제품을 그대로 미국으로 들고 가서 사업 확장을 시도한다는 것이 두 번째 이유이다.

건강과 장수에 대한 열망은 어느 문화권이나 존재하기 때문에, 룰루레몬이 글로벌 기업으로 성장할 가능성은 충분하다. 또 혁신적인 인재발굴과 육성을 중시하는 우리의 철학이 우리를 혁신적인 국제 브랜드로 자리매김하게 할 것이라는 것도 알고 있었다. 그러므로 미국에서의 우리의 성공은 적절한 때에 맞춰서 얼마나 치밀하게 계산을 하고, 얼마나 용의주도하게 움직이는가에 달려 있었다.

분위기는 무르익었다. 우리 회사에 대해 미국에서는 꾸준한 관심을 보이고 있었다. 캐나다를 방문한 미국인들이 우리 제품을 많이 구입했고, 우리는 캐나다 시장에서 성공 경험을 충분히 쌓아둔 상태였다. 캐나다의 매장들은 글로벌 시장으로 사업을 확장하면서 겪게 될지도 모르는 위험을 충분히 견디기에 충분한 수익을 창출하고 있었다.

미국에 인맥이 있다면 미국 시장 공략에 분명히 유리할 것이다. 나의 남동생인 브렛은 캘거리에서 태어났지만, 어머니와 재혼한 양아버지가 덴버에서 석유사업을 시작한 10살 때부터 미국에서 자라났다. 나는 동생과 오랜 세월을 떨어져 지냈지만, 중요한 순간에 서로의 계획을 나누며 영향을 주고받고 있었다.

브렛과 수잔

90년대 후반, 브렛은 자신의 회사인 웨이브 레이브Wave Rave를 라이드 스노보드Ride Snowboards에 매각한 뒤, 그의 아내인 수잔과 함께 투 젯Two Jet이라는 소셜테크 회사를 창업했지만, 2001년 테크 산업의 거품이

꺼지면서 거의 모든 재산을 날려버렸다.

브렛과 수잔이 투 젯을 폐업한 직후, 나는 그에게 미국 최초로 룰루레몬 매장을 열 것을 제안했다. 그의 반응은 무조건 'OK'였다.

꼭 내 동생이어서 하는 말은 아니고, 나는 브렛을 인간적으로 신뢰할 만한 사람이라고 생각했다. 경영자 자질이 충분했고, 직영 매장을 운영해 본 경험도 많다. 그와 같이 경험이 풍부하고 신뢰할 만한 누군가가 미국에서 우리의 첫 번째 매장을 연다면, 밴쿠버 본사 사람들은 이 매장에 대해 어지간한 것들은 크게 신경을 쓸 필요 없이 믿고 맡겨도 된다. 이것은 프랜차이즈 매장은 아니다. 미국 최초의 매장의 소유권은 회사에 있는 것이고, 브렛은 임차, 내부 인테리어, 고용, 개점 등 관리 부분만 책임지면 된다.

미국 진출을 구체적으로 검토하면서 가장 중요한 문제는 위치였다. 전시 기능과 플래그십 매장의 의미를 모두 갖춘 소위 '하이브리드'형 매장을 설치하겠다는 내 생각은 잘못된 것이었다. 산타모니카의 번화가인 3번가에 세워져 마치 유명 기업의 호화로운 리테일 매장처럼 보인다면 우리 회사의 핵심 가치인 요가 문화와 잘 어울리지 않을 것 같다고 생각했다. 원만한 타협책으로 한 블록 떨어진 곳을 골랐다.

그렇게 해서 산타모니카 매장을 막상 열고나니 우리가 기대했던 것처럼 매출이 빠르게 늘지 않았다. 세계는 우리를 원했고, 지금도 원하고 있고, 우리는 세계가 정말 간절히 원하고 있는 제품들을 가지고 있었다. 룰루레몬과 견줄만한 것은 세상 어디에도 없다. 중요한 것은 룰루레몬을 번화한 거리에 등장 시켜 최대한 많은 사람에게 그 존재를 알려야 했다.

브렛은 이렇게 말했다. "우리가 산타모니카에 매장을 열었지만, 캐나다의 밴쿠버와 토론토에서 시작된 브랜드였고, 캐나다를 여행한 사람들의 일부 말고는 우리 브랜드를 아는 사람이 없었습니다. 일단은 미국에 발판을 마련했다는 것에 만족할 수밖에 없었습니다."

딘 슈와이처도 말했다. "산타모니카에서 기대했던 것만큼 성공을 거두지 못하면서, 저는 처음으로 회사의 미래에 대해 걱정을 하게 되었습니다. 산타모니카 매장의 위치와 크기가 잘못되었는지도 모르는 것입니다. 왠지 뭔가가 잘못되는 느낌이었고, 우리는 우리 브랜드와 우리가 만들어내는 것에 대해 확신하고 열광하는 에듀케이터들을 확보하기 위해 정말 고생했습니다."

브렛의 아내 수잔도 당시를 떠올리며 말했다. "커뮤니티에 브랜드의 뿌리를 내리는 것을 너무 쉽게 생각했어요. 결국, 과거 밴쿠버에서와 같은 방식으로 진행될 수밖에 없었어요. 천천히, 유기적으로, 그리고 입소문을 타고 알려지는 것 말이죠."

다행히 브렛은 그 공식을 고수했다. 그는 지역의 요가인 조직을 대상으로 풀뿌리 영업을 전개했다. 그 전략은 느리지만, 열매는 확실했다.

그래도 매장은 하나만으로는 부족했다. 미국에서 브랜드 인지도를 높이기 위해서는 매장을 몇 개 더 설치해야 한다는 것을 알고 있었다. 브렛은 산타모니카 매장에 이어 다음 해에 뉴포트 비치Newport Beach에 매장을 하나 더 열었고, 이어서 샌프란시스코의 카우 할로우Cow Hollow에 매장을 열었다. 카우 할로우 매장은 남부 캘리포니아를 벗어난 지역에 개설된 최초의 매장이기 때문에 그 중요성이 컸다.

캐나다 기업들이 미국에 진출하는 것이 얼마나 힘든지는 익히 알고 있었고, 룰루레몬도 쉽지는 않았다. 그러나 2004년이 지나면서 우리는 고비를 확실히 넘기고, 미국에 뿌리를 내린 것 같다는 느낌을 분명히 느낄 수 있었다.

티핑 포인트

나는 우리가 무명의 브랜드에서 시작했지만, 이제는 주류 사회의 모든 사람이 원하는 브랜드로 성장했다는 느낌을 드는 단계로 확실히 진입했다고 느끼기 시작했다.

이런 새로운 국면에 접어들면, 소비자들은 회사가 자신들에게 확신을 줄 만한 광고를 만들어 공개하고, 자신들이 원하는 제품을 만들어주기를 원한다. 소비자들은 시장에 무난하게 통하는 제품들을 사고 싶어 한다. 그렇지 않으면 마치 자신들이 주류에서 벗어난 것 같은 느낌이 들게 되기 때문이다.

내가 서핑이나, 스케이트보드, 스노보드 관련 브랜드 사업을 할 때부터 지켰던 기본원칙은 힘든 길을 가더라도 전략적인 고객이 아닌 사람들은 무시한다는 것이었다. 우리 브랜드의 고객이 누구인지를 명확히 인식하는 것이다. 이 전략은 룰루레몬에서 사용한 전략이기도 하다. 훗날, 이 개념을 새로 영입된 경영진이나 이사회 구성원들에게 알아듣게 설명하느라 많은 고생을 했다. 그들 중 대부분은 동부 해안 출신들이었기 때문에 서부 해안 지역의 보통 사람들의 스포츠 문화를 이해하기 어려웠다.

미국 시장에서도 룰루레몬이 안정적인 궤도에 진입했다고 느낀 것은 두 가지 현상 때문이었다. 일반 고객들이 친구들을 우리 매장으로 데려와서 마치 회사로부터 급여를 받는 에듀케이터라도 된 듯이 열심히 우리 제품을 설명하고 이해시키는 장면이 자주 목격되었다.

둘째로 매장이 너무 분주해져서 요가 수업 등 게스트들의 건강과 체형 관리를 위한 이벤트를 진행할 수 없게 되었다. 우선 공간도 협소해졌다. 자연스럽게 경영의 초점은 게스트에서 매장의 에듀케이터들과 그들의 가족, 그리고 그들이 속한 커뮤니티로 옮겨졌다.

나는 에듀케이터들을 커뮤니티의 주목을 받는 인사로 만들면 그 존재만으로도 게스트들에게 어떤 메시지를 던져 주리라 생각했다.

카테고리 킬러

비록 초창기에는 성장세나 확장세가 더디기는 했지만, 그래도 룰루레몬이 미국 시장에서 성공할 수 있었던 원인 가운데 하나는 우리가 카테고리 킬러Category Killer였다는 것이다.

카테고리 킬러라는 것은 한 회사가 해당 분야에서 고객들이 원하는 상품을 너무 많이 보유하고 있어서, 고객들이 찾는 거의 유일한 회사가 되는 상황을 말한다. 즉 경쟁 기업들을 모두 '죽인다'는 의미에서 유래한 말이다. 예를 들어 설명하자면, 나는 휘슬러의 한 스키 관련 점포를 떠올리면서 너무 평범하다고 생각하곤 했다. 그들은 다른 데서도 얼마든지 구할 수 있는 제품들을 취급하고 있었다. 그런데 어느 날, 그 점포에 가보니 가게 전체가 스키 장갑과 스노보드 장갑을 파는 장갑 전문매장으로 변신해 있었다. 얼마 지나지 않아, 장갑을 구하는 사람은 너나 할 것 없이 그 매장으로만 발걸음 하게 되었다.

나는 아무도 하지 않았던 일을 해보고 싶었다. 전체 취급 품목들 가운데 여성 의류의 비중이 80%나 되는 대형 스포츠 전문 매장을 만들어 보고 싶었다. 스타일별로 체형이나 사이즈, 색상의 구색을 고루 갖춘 100 종류 이상의 여성용 기능성 의류를 한 곳에서 구매할 수 있는 매장이 얼마나 매력적인지 시장은 아직 알아채지 못하고 있었다. 2000년 당시, 거의 모든 스포츠 매장이 여러 가지 브랜드를 함께 취급하다 보니 서로가 잘 어울리지 못하고 있었다. 내가 구상하는 매장은 고급 매장의 기준에 충족하면서도 색상 같은 것보다는 기능성에 중점을 두어 구성될 것이다. 그럴듯해 보이는 옷들과 적절한 색상으로 장식된 매장에 들어갔다가 맞는 사이즈의 옷을 구하지 못할 때 여성들은 짜증을 내고, 결국은 시간만 낭비하게 된다.

전체적인 구색을 갖춰 전시하는 대신, 룰루레몬 매장을 방문한 게스트는 요가 팬츠, 쇼츠, 브라 등으로 구별된 매장들을 순서대로 지나가도록 동선을 설계했다. 탈의실에는 옷걸이를 다섯 개나 설치해서 게스트가 손가방과 재킷, 겉옷 등을 충분히 걸 수 있다. 그리고 탈의실에서 다섯 개의 제품을 동시에 입어볼 수 있게 했다.

조명도 제대로 갖췄고, 방마다 삼면거울이 있어서 여성들이 모든 각도에서 옷을 살펴보고 구매 여부를 자유롭게 선택할 수 있게 했다. 옷을 입어 본 여성들이 입은 채로 탈의실에서 나와서 어차피 판매 실적에 따라서 성과급을 받는 직원에게 잘 어울리는지 물어보고 확인받도록 하는 것은 잘못이라고 생각했다.

이러한 매장에 대한 개념을 좀 더 확장하자면, 룰루레몬이 신축성이 큰 검은색 계통의 요가 펜츠에 관한 한 세계 최고였던 것처럼 당신도 무언가를 만드는데 세계 최고일 수도 있는 것이다. 그러나 카테고리 킬러가 되려면 가격도 중요하다. 그래서 품질에 차등을 두어, 품질에 따라 높은 가격, 중간가격, 그리고 낮은 가격의 3단계로 가격을 책정하기도 한다.

그러나 룰루레몬은 처음부터 저렴한 옷을 만든다는 생각은 하지 않았기 때문에, 그러한 가격 책정은 처음부터 하지 않았다. 또 가격을 할인하여 판매하거나, 인구통계 등을 고민하며 판매하지 않았다. (최근 스티브 잡스에 관한 다큐멘터리를 시청한 적이 있는데, 거기서 그는 "세계 최고의 제품을 만들어서 제값을 받겠다고 생각하면, 세계 최고의 고객들을 만나게 될 것이다."라고 말했다.) 나는 이러한 개념에 따라서 우리 제품의 판매 대상 계층을 선수 수준의 스포츠 애호가들로 정했다. 선수쯤 되는 사람들을 상대로 수익성을 고려해서 품질을 조금 떨어뜨린 중간가격대의 의류를 생산할 수는 없는 것이다.

3단계 가격 책정 모델은 처음부터 고려 사항이 아니었다. 대신 가격은 동일하지만, 모양은 서로 다른 16종의 팬츠를 만들었다. 예를 들자면, 길이가 긴 옷, 짧은 옷, 아주 짧은 옷, 그리고 헐렁한 옷 등 고객의 기호에 따라 자유로운 선택이 가능하게 한 것이다. 이는 우리만의 독특한 구색이었다.

이런 식으로 우리는 품질만 좋다면 요가 팬츠 한 벌에 90~100달러 정도는 지불할 수 있는 여성을 공략했다. 그녀들은 10개의 다른 회사의 제품을 하나씩 구입하는 대신, 우리가 선보인 10가지의 각기 다른 제품을 사면서 자신이 세계에서 가장 좋은 신축성 좋은 검은색 요가 팬츠들을 한몫에 구매하고 있다고 생각할 것이다.

이렇게 해서 룰루레몬은 확실한 카테고리 킬러로 다른 회사와 분명하게 차별화됐다.

쓰레기통 뒤지기

카테고리 킬러로서 상당한 수익을 올리기 시작하자, 나는 요가 시장에 대한 독점적 지위를 강화할 또 다른 방법을 생각해 냈다. 우리는 매장 내의 제품의 구색을 갖추기 위해 다른 회사에서 생산한 요가 매트와 요가용 끈, 블록 등을 판매하고 있었다. 요가복을 취급하는 업체에서 요가 매트 사업에도 눈을 돌리는 것은 당연했다.

요가 매트는 다른 회사의 제품과 차별성을 주기는 어려웠지만, 요가의 필수품이었다. 요가 매트에 어떤 첨단 과학적 차별성을 주기는 힘들었다. 그렇다면 요가 매트를 원가로 싸게 판매한다면, 그로 인해 더 많은 사람이 우리 매장으로 들어올 것이고, 그 덕분에 옷을 더 많이 팔 수 있다고 생각했다. 수만 개의 요가 매트를 판매하는 수백 개의 룰루레몬 매장을 상상해 보았다. 나는 사람들이 저렴한 비용으로 요가를 경험할 수 있도록 돕고 싶었다. 지금처럼 검색엔진이 등장하기 전이었기 때문에, 제조업체를 알아내기가 쉽지 않았다. 좀 짜증스럽기도 했다.

나는 생산 공장을 알아내야 한다고 생각했다. 어두워지기를 기다렸다가 매트 납품업체 주변의 골목의 쓰레기통을 뒤졌다. 아시아의 생산 공장의 주소가 인쇄된 판지 포장 상자를 찾아내면 된다고 생각했다.

결과는 성공이었다.

아시아의 생산 업체로부터 직거래로 들어오는 매트를 원가에 판매했다. 매트를 비롯한 요가 관련 액세서리 제품들을 노마진으로 팔았지만, 매장의 매출과 이익은 급증했다. 이렇게 해서 일단 시장을 확실히 장악한 후에는 매트 가격도 조금은 올렸지만, 다른 회사의 매장을 찾을 엄두도 나지 않을 정도로 낮은 가격을 유지했다. 이것은 우리의 성공을 굳히고 경쟁 업체의 접근을 허용하지 않기 위해 내가 구축한 여러 가지의 방어벽 가운데 하나였다.

또 남은 원단 쓰레기 조각들을 물끄러미 보다가 멋진 아이디어가 하나 나왔다. 해외 공장에서 많은 원단 조각들이 바닥에 떨어져 있는 것을 보다가 "맙소사. 이 쓰레기들 좀 보게. 이 조각들을 어떻게 이용할 방법이 없을까?"라고 생각했던 기억이 난다.

섀넌은 이렇게 회상했다. "제품의 밑단을 처리하는 과정에서 떠오른 아이디어죠. 재봉사 한 명이 재봉질 하다가 자꾸 자기 머리카락이 눈을 찌르니까 바지의 기장을 자르고 남은 원단을 헤드밴드로 사용했어요. 우리는 그걸 보고 '이거다! 바지 끝을 잘라내면서 생긴 자투리 원단으로 돈을 벌어보자.'라고 생각했죠."

나의 어머니가 오래전 어릴 적에 보여 주셨던 바느질 장면을 상기하며, 작은 원단 조각들을 작은 삼각형이나 사각형 조각으로 자르고 이것들을 재봉질로 이어서 모자나 헤드 밴드를 만들 생각으로 이어지는 것은 당연한 단계였다.

이렇게 만들어진 헤드 밴드가 같은 것이 하나도 없다는 것은 또 하나의 예상치 않았던 보너스 같은 것이었다. 그루브 팬츠 아래로 늘어지는 허리 밴드도 이런 식으로 만들었다. 여성들은 자신의 마음에 드는 허리 밴드에 맞는 색상 조합을 만들기 위해 20개 이상의 요가 팬츠를 뒤적이고 골랐다. 이렇게 해서 대량생산을 하면서도 소소한 소품의 변화로 인해 다양성을 줄 방법을 알게 되었다. 게스트들도 이러한 다양성을 좋아했다.

헤드 밴드는 다른 아이들과 똑같은 교복을 입고도 자신을 돋보이고 싶어 하는 어린 소녀들에게 특히 인기상품이었다. 이것들은 룰루레몬의 베스트셀러 가운데 하나가 되었다.

미래를 고민하다

2005년 들어서도 우리를 위협할 만한 마땅한 경쟁자는 나타나지 않았다. 대부분의 의류 업체들은 매장을 세우는데 비용이 많이 든다는 이유로 우리와 같은 직영점 체제의 영업을 하려고 하지 않았다. 누구도 룰루레몬을 독특하게 만든 성공 공식, 즉 독특한 디자인과 고품질의 루온 원단, 자유로운 밑단 처리, 그리고 플랫 심 기술 등을 포함한 말로 표현하기 어려운 우리만의 개성을 따라 할 수 없다.

그런데도 나는 브랜드의 성장 규모가 내가 감당할 수 있는 수준을 넘어서는 순간이 생각보다 빨리 올 수도 있다는 생각이 자주 들기 시작했다. 나에게 10억 달러 이상의 규모의 브랜드를 운영할 만한 전문성은 없다고 말하는 사람도 많았다. 내가 스스로 작성한 비전과 목표들에는 가족들을 최우선 순위로 놓고 있었고, 직원들과 룰루레몬에 초점을 맞추고 있었다. 제이제이와 브렛은 아직 어린 10대였고, 그들에게 최고의 아빠가 되어 주고 싶었지만, 시간은 늘 부족했다. 그 와중에 두 살짜리 쌍둥이 어린아이가 생긴 것이다. 나도 아이들의 학교 콘서트에 가고 싶었고, 아이들과 함께 키츠 비치Kits Beach로 함께 자전거를 타고 가고 싶어 했다.

이런 상황을 염두에 두고 다음 단계는 무엇일지 생각해 보았다. 내가 다른 대형 리테일업체와 동업 관계를 맺는 것이 좋을까? 경험 많은 CEO를 영입하는 것은 어떨까? 내가 가족을 평생 돌볼 수 있다고 어떻게 보장할 수 있을까?

나는 앞서서 빅토리아 시크릿의 제안을 거절했지만, 여전히 규모가 큰 상장 기업들과 사모펀드 회사 등으로부터 많은 제안을 받고 있었다. 모두 룰루레몬이 걸어가고 있는 경이로운 여정에 동참하고 싶어 하는 것처럼 보였다.

나는 내가 창업한 회사와 사업에 대해서는 잘 알고 있었지만, 다른 비즈니스에 투자하는 회사들과 그러한 회사를 운영하는 사람들의 투자 동기에 대해서는 너무 몰랐다. 그렇다면 누구에게 조언을 구해야 할까? 개인적으로 친한 친구들 가운데는 그만한 역량이 있는 사람이 없었다. 지금까지 나는 열심히 일했고, 성장 속도는 경이적이었다. 모든 단계마다 특별한 경험이었다. 그러다 보니 나의 미래에 관해 세심하게 조언해 줄 멘토를 구하는 데 관심이 없었다. 사모펀드 회사와의 제휴 문제를 상의할 만한 멘토링이나 조언, 혹은 친구의 필요성을 느꼈다.

참고로 당시에 나는 무하마드 알리의 전기 영화 제작을 지원했었고, 그는 영화 홍보를 위해 밴쿠버에 와 있었다. 나는 그에게 룰루레몬의 직원들을 대상으로 위대해지는 것이 무엇인지에 대해 강의해 달라는 요청을 했다. 무하마드 알리는 이때 '나는 가장 위대한 자I am the greatest'라는 명언을 남겼다. 이때가 내 인생의 최고 전성기였던 것 같았다. 그때의 나의 삶의 장면마다 지미 핸드릭스의 기타 연주가 배경으로 깔린다면 꽤나 명장면이 되었을 것으로 생각한다.

· 20장 ·

기업 가치

대기업이나 사모펀드와 어떤 제휴 관계를 맺으려면 먼저 우리의 기업 가치를 산정해 보아야 한다. 나는 대충 계산해서 2,500만 달러쯤 될 것이라고 생각했지만, 과학적인 근거로 정확하게 산출된 숫자는 아니었다. 나는 그 숫자조차도 스스로 낯설어했고, 실감을 못하고 있었다. 그러나 우리 회사의 총괄 매니저인 다렐과 재무 책임자인 브라이언은 회사의 정확한 기업 가치는 2억 2,500만 달러라고 평가했으니 내 생각의 10배나 되는 규모였다.

내가 스스로 생각해도 우리는 훌륭한 브랜드를 가지고 있었다. 수익률이 해마다 두 배씩 늘어나고 있었고, 그렇게 얻은 이익은 모두 회사에 재투자 되었다. 섀넌과 나를 위해서는 별도로 급여를 책정하지 않았고, 생활하는데 필요한 만큼만 회사에서 가져갔다. 지나고 나서 생각해보니 이 정도 규모의 회사를 가지고 있다면, 은행에서 4천만 달러 정도는 빌릴 수 있었으니 가족을 위한 평생의 안전장치를 만드는 데는 어려움이 없었다. 그러나 나는 이미 회사의 간부급 직원들에게 만일 우리 회사가 상장하게 될 경우 회사의 지분의 10%를 그들에게 주겠다고 약속한 바 있다. 나는 이 약속을 충실히 지켰지만, 이러한 약속은 그들이 회사의 이익보다 자신의 이익을 고려해 상장을 지지하는 부작용을 낳는 원인이 되었다. 그러나 당시에는 이러한 부작용까지 예상하지는 못했다.

나는 머지않아 두 살 미만의 아들을 셋이나 두게 될 것이고, 나의 우선순위는 좋은 아버지가 되는 것이었다. 그러면서도 나는 룰루레몬의 미래를 보장해 줄 완벽한 매장의 위치를 찾기 위해, 그리고 원부자재 업체와 제조공장을 관리하기 위해 아시아를 포함한 전 세계로 쉴 새 없이 출장을 다녀야 한다는 점을 잘 알고 있었다. 나는 경험 많은 조언자들을 꾸려 그들의 이야기를 경청할 만큼 빈틈없고, 영리하지는 못했다. 직관에는 어긋나는 것 같지만, 돌이켜서 생각해 보면, 사모펀드와 일을 해 본 경험이 있는 사람들로부터 많은 이야기를 들었어야 했다. 나는 CEO 지위를 유지하면서도 내 역할을 비즈니스의 우선순위를 정해 추진하는 것이나 룰루레몬의 지분의 일부를 매각하는 것을 결정하는 정도로 제한했다. 지분을 매각하면 동업자가 생기고 그들의 조언을 구할 수 있다. 그리고 재정에 대한 보다 철저한 관리가 가능해지고, 결과적으로 나는 최우선 순위인 가족에게 더 신경을 쓸 기회를 얻을 수 있다. 나는 가족을 선택했고, 그 선택을 후회하지 않는다.

총괄 매니저인 다렐 코프케는 이렇게 말했다. "우리는 전후방 모두에서 장점이 있었습니다. 최전방에는 높은 매출과 높은 수익성을 거두고 있었고, 후방에서는 시기적절하고 유용한 정보들이 모이고 있었습니다. 우리는 우리만의 경영시스템과 급여체계를 설계했지만, 회사가 성장하고 규모가 커지면서, 거기에 맞는 새로운 시스템들을 다시 설계하거나 보완해야 했습니다. 우리는 투자자를 유치함으로써 이러한 문제를 해결했습니다."

우리는 우리만의 운영 원칙, 높은 수준의 인재개발 체계, 탄탄한 직원 채용방식 (『사업의 철학』이라는 책으로부터 얻은 아이디어를 기반으로 한) 등 훌륭한 경영 기반을 가지고 있었기 때문에 비교적 회사를 쉽게 운영할 수 있었다. 힘든 작업은 어느 정도 완료되었고, 그 후에는 이미 구축된 체계를 성장하는 규모에 맞춰서 적절하게 보완하면 되는 상황이었다. 회사의 수익성과 현금의 흐름은 최고였다.

나는 스스로 대형투자와 관련된 거래를 책임지고 수행하기에는 내 역량이 부족하다고 느꼈다. 기업 금융이나 세무 등은 나에게는 취약분야였고, 나는 협상력이 탁월한 사람도 아니었다. 다만 우수한 제품을 만들고, 그것들을 제값 받고 파는 데는 세계 최고였다. (고객은 제품을 앞에 놓고, 외면하고 떠나거나 돈을 지불하고 사거나 둘 중의 하나의 선택을 한다는 것이 나의 지론이었다.) 나는 내가 무엇을 모르는지, 누구에게 도움을 청해야 할지 몰랐다. YPOYoung President Organization; 청년사업가회의에 가입하기에는 너무 많은 나이였고, 솔직히 그 당시에는 그런 단체가 있는지도 몰랐다. 협상과 제대로 된 기업가치 평가를 위한 전문적인 도움이 절실했다.

뷰티 컨테스트

나는 많은 이들이 추천한 밴쿠버 지역의 한 비즈니스 중개인의 도움을 받아보기로 했다. 룰루레몬에 대해 다양한 관심을 보낸 사모펀드와 소매유통업체에 보낼 우리 회사에 대한 종합 소개서를 만드는 데 한 달 정도 걸렸다. 여기에는 우리 브랜드의 콘셉트와 역사, 그리고 우리의 문화에 대한 충분한 설명이 담겨 있었다. 그들에게 우리 회사를 평가하고, 우리가 어떤 사람들인지 이해하는 데 필요한 모든 것을 거기에 담고 싶었다.

이것은 뷰티 컨테스트Beauty contest라고 부를 만한 과정이었다. 회사에 재무적인 해결책을 제시하거나, 회사에 투자를 할 수 있는 잠재적 투자자들에게 회사를 선보이는 과정이었다.

우리가 처음 만난 소매유통업체 가운데는 리즈 클레이본Liz Claiborne도 있었다. 오랜 역사를 가진 이 여성 의류 회사의 임원들은 다른 기업과의 어떤 거래와 관련한 기업 실사를 위해 밴쿠버에 왔다가 룰루레몬을 알게 되었다고 한다. 리즈 클레이본 측은 5년 동안 매년 1억 달러씩 모두 5억 달러를 투자하겠다는 제안을 했다. 대신 그들의 기업 운영 시스템 안에서 우리 브랜드가 운영되어야 한다는 단서가 붙었다. 그 말은 우리가 그들이 이미 수립해 놓은 재무, 배송, 물류 등 기술적인 체계를 따라야 한다는 의미였다.

우리는 고심 끝에 그들의 제안을 거절했다. 5년 동안 매년 1억 달러라는 돈은 그렇게 많은 돈도 아니고, 그들의 문화는 우리와 어울리지 않았다. 지금까지 함께 일했던 우리 회사의 직원들은 그 거대한 조직의

한 부분으로 편입되면 많이 힘들어 할 것 같았다. 여러모로 리즈 클레이본은 지나치게 방대했고, 관료적이었다. 이러한 문화적 격차는 극복하기에는 너무 버거웠다.

우리에게 접근한 또 다른 업체들 가운데는 갭Gap도 있었다. 그러나 그들이 투자의 대가로 무엇을 요구하는 것인지 정확히 파악하기 어려웠다. 상장기업인 갭은 협상 스타일이 너무 신중했다. 그들과의 모든 대화는 지나치게 비밀스러웠고 비생산적이었다. 그들과의 대화를 하다 보면, 단어 하나, 용어 하나를 선택하는 데도 굉장한 시간과 고민을 해야만 했다.

마침내 갭이 결정한 투자 규모는 2억 달러였다. 여러 사모펀드가 평가한 우리 브랜드의 가치와 비교하면, 우리 브랜드를 인수하겠다는 금액으로는 너무 적었다.

갭이 우리를 이 정도로 평가했다는 사실은 나를 불쾌하게 했다. 갭은 브랜드로서는 큰 성공을 거두지 못했다. 그것은 상품 그 이상도 이하도 아니었고, 판매실적도 저조했다. 그럼에도 모든 것이 지나치게 방대했다. 그들의 매장은 마치 볼링장 같았다. 나는 그들이 가지고 있는 가장 좋은 위치에 있는 전체 5천ft^2의 대형 매장에서 절반쯤을 들어내고 그 자리에 약 3천ft^2 규모의 룰루레몬 매장을 꾸미면 대성공을 거둘 수 있다고 생각했다. 갭은 자신들의 매장에서 '해당 분야 최고의 제품'을 집중적으로 팔 수 있고, 룰루레몬도 1년 안에 폭발적인 성장을 할 수 있을 것이므로 브랜드 파워도 훨씬 강해지리라 생각했다.

나는 갭 측에 그들이 어떤 생각을 해야 하는지 말해주고 싶었다. 나는 5억 달러 정도라면 룰루레몬을 그들에게 매각할 수 있다고 생각했다. 룰루레몬의 신속한 판매 속도와 회전율을 생각하면, 그 정도의 금액으로 룰루레몬을 사들일 수 있다면, 만루 홈런을 친 것이나 마찬가지였다. 그리고 룰루레몬은 그들의 기존 조직에도 신선한 영향력을 끼칠 수 있을 것이다. 그리고 나 개인이 그들 조직에 기여할 수 있는 부분도 별도로 생각해야 한다.

여러 해 동안 갭은 고객과 긴밀히 소통하는 대신 그들이 가지고 있는 데이터와 숫자, 그리고 지표를 기반으로 움직이고 결정했고, 그것이 갭이 고전을 면치 못한 원인이었다. 나는 그들이 최근 신설했다는 이커머스 부서가 그들의 데이터만을 바탕으로 어떤 동일한 스타일의 제품을 더 많이 만들어야 한다는 보고서를 경영진에게 올린 것이 아닐까 생각해 보았다.

나는 갭이 상품의 종류를 절반으로 줄이고 혁신에 집중해서 최고의 제품을 판매했어야 한다고 생각했다. 나에게 있어서 혁신이란 고객이 미처 필요성을 느끼지 않는 것들을 선제적으로 고객에게 전달하는 것이다. 갭이 룰루레몬만의 제품 개발과 구매 원칙, 그리고 매장 개념 등을 받아들인다면, 2012년까지 갭의 기업 가치는 200억 달러 이상으로 성장할 수 있다고 생각했다. 그러나 갭은 자신들이 어떻게 바뀌어야 하는지 몰랐다. 그들은 여전히 현실에 안주하고 있었다.

갭은 캐나다에서 쇼퍼 드러그 마트Shoppers Drug Mart를 운영했던 캐나다인 경영자 글렌 머피Glenn Murphy를 영입했다. 머피는 전자 상거래 및 카탈로그 기반 회사인 애슬레타Athleta를 인수하고 갭을 미래 지향적으로 변모시키는 등 갭에 많은 공헌을 했다.

나는 갭의 상품 중심적 사고방식이 애슬레타에도 영향을 미치리라고 생각했다. 갭은 디자이너가 아닌 영업 전문가들을 중심으로 운영되는 회사였기 때문에, 과거의 판매 지표가 지시하는 바에 따라 변동이 거의 없고, 비용에 민감하고, 치밀하게 대응할 필요가 없는 전통적인 시장 부문을 공략하려고 했다.

흥미로운 것은 글렌 머피가 2018년에 룰루레몬의 공동 의장으로 취임한 것이다. 이에 대한 이야기는 뒤에서 다루게 될 것이다.

사모펀드 심사

투자자나 동업자를 찾는 과정에서 기대 이익 못지않게 중요한 것은 우리에게 잘 어울리는 파트너를 찾아내는 것이었다. 그래야만 룰루레몬에 대한 나의 영향력도 계속해서 강력하게 유지 할 수 있고, 10억 달러 규모로 회사를 성장시키는 기본적인 토대를 제공해줄 수 있는 적합한 상대를 찾을 수 있다.

우리의 투자 파트너가 되려면 다섯 가지 조건을 갖춰야 한다고 생각했다.

1. 미국 부동산에 대한 전문 지식
2. 세계적인 수준의 인사들을 고위 임원으로 영입하기 위한 도움을 줄 수 있는가?
3. 그 회사의 지분 70%를 유지할 것
4. 룰루레몬이 앞으로 만날 가능성이 있는 역경을 순탄하게 넘기기 위해

갖춰야 할 것과 과정 등에 대한 조언

5. 내 아내와 가족들의 평생의 안전판 마련을 위해 2002년에 내가 필요하다고 산정한 금액인 4천만 달러를 별도로 내게 지급해 줄 것

2005년 여름부터 나는 이러한 조건에 맞는 사모펀드 투자자가 있는지 찾아보기 시작했다. 일반적으로 먼저 우리 회사에 관심을 가진 사모펀드의 책임자가 우리 회사의 상황을 살피고, 우리와 대화를 나누기 위해 밴쿠버를 방문하면서 협상이 시작된다. 나는 그들이 도착하면 시간적인 여유를 내서 그들을 그라우스 그라인드Grouse Grind로 데려갔다. 그라우스는 밴쿠버 지역에서는 유명한 스키 코스가 있는 산이며, 옆으로 그라인드라고 불리는 매우 인기 있는 하이킹 코스가 이어진다. 몸 컨디션만 괜찮으면 1시간 정도면 정상까지 올라갈 수 있다.

이것은 상대가 룰루레몬과 문화적 공감대를 형성할 수 있는지를 측정하는 훌륭한 방법이었다. 대개 그들은 양복 차림에 넥타이를 매고 정장 구두를 신고 우리 사무실에 나타난다. 서부 해안 출신이 아니거나, 실리콘 밸리의 인근의 서핑이나 스케이트보드, 또는 스노보드 문화를 이해하지 못하는 사람들은 정장에 넥타이를 매지 않으면 큰일 나는 줄로 안다. 그러나 서부 해안지역 문화에 익숙한 사람들은 정장과 넥타이를 고집하는 사람들은 자기의 삶을 스스로 가꾸어 나가지 못하는 사람이라고 생각한다.

내가 하이킹을 제안하면 적지 않은 방문자들은 굉장히 곤혹스러운 표정을 짓는다. 좋은 징조는 아니다. 그러나 반색하며 그라우스 그라인드를 방문할 기회를 얻게 된 것을 기뻐하는 사람도 있다. 누군가와

힘든 하이킹을 함께 하는 것은 그가 나와 함께 일하는데 적합한 상대인지를 평가하는 첫 번째 방법이다. 우리는 진실해야 한다. 사람들이 보통 골프를 함께 치며 상대를 파악하고 신뢰를 쌓아간다면, 나는 골프 대신 하이킹을 함께 한다.

나를 도와주었던 중개인인 션 모리슨Sean Morrison은 말했다. "사모펀드 쪽 사람들과의 첫 번째 만남의 장소에 칩은 슬리퍼를 신고 쇼츠를 입고 나타납니다. 나도 다른 사람이었다면 '재킷과 정장 바지 정도는 입는 게 어때?'라고 한마디 했을 겁니다. 그러나 칩은 그만의 방식으로 사람을 만난다는 것을 저는 알고 있습니다. 룰루레몬은 그 자체가 라이프스타일 브랜드였고, 당시는 이러한 라이프스타일 브랜드가 패션 시장의 핵으로 떠오르던 때였습니다. 나는 굳이 속 모습을 감추고 싶지 않았습니다. 이런 식으로 우리는 사모펀드를 물색하는 작업을 계속했고, 결국 괜찮은 업체를 몇 개 추려냈습니다."

우리는 밴쿠버로 우리를 찾아온 8개의 투자 업체로부터 제안서를 받았다. 그들이 써낸 투자액은 대개 2억 2,500만 달러에서 2억 7,000만 달러 사이였지만, 중요한 것은 액수가 아니라 기업 문화에 대한 이해였다.

톰 스템버그

이른바 뷰티 컨테스트를 한참 진행하던 도중 나는 톰 스템버그Tom Stemberg라는 사람으로부터 전화를 받았다. 그는 스테이플스Staples의 창업자였으며, 16년 동안 CEO와 이사회 의장직 등을 역임하면서 이 회사를 사무용품 리테일 유통 부문의 강자로 성장시켰다. 그는 동시에 하이랜드 캐피털Highland Capital이라는 투자회사를 이끌고 있었다.

톰은 스테이플스와 룰루레몬이 동시에 어느 리테일 관련한 경영대상 수상 후보에 올랐을 때 우리에 대해서 처음 알게 되었다고 한다. 결국 우리가 수상하자, 그는 우리 매장을 방문해 보기로 했다. 마침 그의 부인이 토론토 출신이었기 때문에, 그는 브라이어 힐의 매장을 방문했다. 그는 매장에 들어가자마자 북적이는 인파로 충격을 받았다고 한다. 그는 거기서 우리 고객들의 브랜드에 대한 충성도와 제품의 품질을 읽었다고 한다. 그의 아내는 우리 회사 제품을 여러 벌 구입하고는 디자인과 기능성을 극찬했다.

톰은 말했다. "매장의 분위기가 마치 좋은 옷을 서로 먼저 집으려고 고객들끼리 다투는 것 같은 분위기였어요. 매장 밖으로 나가보니 간판에는 브랜드 이름도 적혀 있지 않고 로고 디자인만 있었어요. 다른 매장을 가 봐도 마찬가지였어요. 나는 연구해 볼 가치가 있는 브랜드라고 느꼈습니다."

나는 그를 밴쿠버에서 만났다. 대화가 끝날 무렵, 그는 룰루레몬이 언젠가 상장을 하면 자신도 투자하고 싶다고 말했다. 그는 그것과는 별도로 자신이 룰루레몬의 이사 자리 하나를 얻는 조건으로 2천만 달러를 투자하겠다고 제안했다. 그가 투자한다는 것은 그가 미국의 부동산에 대해서 가지고 있는 모든 정보를 공유할 수 있음을 의미했다.

톰은 또 룰루레몬이 제대로 된 운영체계를 갖추기 위해 이사회를 구성할 필요가 있다고 말했다. 나는 이사회에 대해서는 웨스트비치의 이사회의 고문직을 맡았던 것 말고는 별다른 경험이 없었다. 당시 웨스트비치의 고문으로 일했던 경험은 나에게 큰 도움이 되었기 때문에 나는 그의 제안을 아주 좋게 생각했다. 모처럼 든든한 동맹군을 얻은 것 같았다.

어드벤트 인터내셔널

보스턴의 어드벤트 인터내셔널Advent International이라는 투자사는 우리가 보기에 가장 돋보이는 회사였다. 어드벤트는 1984년에 설립되었으며 수백억 달러의 자본금을 가진 투자사로 성장하며, 전 세계의 많은 기업의 성장과 구조조정에 기여해 왔다.

어드벤트는 룰루레몬의 가치를 2억 2,500만 달러 정도로 평가했다. 그 액수는 지금까지 우리가 받은 최고가의 제안은 아니었지만, 우리는 적절한 투자자를 물색하는 과정에서 돈의 액수 말고도 고려해야 할 다른 요소가 있다고 생각했다. 나는 어드벤트에 대해서 좋은 느낌을 갖게 되었다. 사모펀드 회사인 그들 입장에서도 우리의 존재에 매력을 느꼈을 것이다. 우리는 우리의 상표와 이름을 세계 주요 국가에 등록했고, 여러 나라에 매장을 내고 있으며, 세계 최고의 의류 업체라는 평가를 받고 있었다. 룰루레몬은 세계가 원하는 제품이었고, 대단한 현금 창출 능력을 가지고 있으며, 매우 예민한 기능성 니트 원단을 관리할 줄 아는 유일한 회사였다.

어드벤트의 업무 이사인 데이비드 무사퍼David Mussafer는 장기적인 안목에서 룰루레몬의 미래를 낙관하는 것 같았다. 데이비드를 포함한 어드벤트의 몇몇 관계자들은 그라우스 그라인드에서 나와 함께 하이킹을 하면서 우리의 문화에 대해서도 호평했다.

데이비드와 그의 동료인 스티브 콜린스Steve Collins는 룰루레몬에 대한 향후 운영 계획 수립을 마치고, 목표도 새로 설정했다. 나는 그들이 우리를 실사하는 과정과 우리를 이해하려고 노력하는 것을 보며 깊은 인상을 받았다. 그들은 우리에게 아주 좋은 조력자가 될 것 같았다.

우리는 보스턴에서 어드벤트와 함께 여러 가지 일을 하는 동안 톰 스템버그도 다시 만났다. 그는 여전히 룰루레몬에 투자하는 데 관심이 많았다. 그는 의욕이 너무 넘쳐서 내가 공모하는 지분의 25%를 자신이 운영하는 하이랜드가 인수하겠다고 나섰다.

반면 어드벤트는 톰에 대해서는 좀 더 신중하게 두고 보자는 입장이었지만, 그들이 왜 그렇게 생각하는지는 한참 더 지나서야 알게 되었다. 어쨌든 우리는 최종 합의에 도달했다. 남은 것은 하이랜드와 어드벤트가 룰루레몬에 대해 정확하게 실사를 한 후 그 결과를 바탕으로 최종 조건을 조율하는 것뿐이었다. 나는 중개인인 션 모리슨에게 내가 협상 전문가는 아님을 솔직히 밝혔고, 협상에 관한 한 션을 신뢰하기로 했다.

실사 과정은 몇 개월이나 걸렸다. 내가 예상했던 것보다는 훨씬 더 많은 시간이 걸린 것이다. 2005년 9월 말, 그러니까 우리의 최종 계약이 타결되기 직전이었고, 나의 쌍둥이 아들이 태어난 시점이었다. 쌍둥이 아들의 출산으로 나는 이번 거래를 반드시 완료해야 한다는 심한 강박을 무의식적으로 갖게 된 것 같다.

나는 어드벤트와 하이랜드가 실사를 의도적으로 지연했다고 생각한다. 그들은 실사를 통해 금액을 정했으면서도, 우리 쪽에 탁월한 협상력을 가진 협상 전문가가 없다는 사실을 눈치 챈 것이다. 매월 우리 제품에 대한 수요가 두 자릿수로 증가하고 있고, 회사의 가치는 나날이 높아졌기 때문에, 어드벤트와 하이랜드는 높아지는 가치에도 불구하고 같은 금액을 지불해야 한다면, 거래를 끌면 끌수록 유리하다고 생각한 것이다.

새년은 9월 말 어느 날 병원에 입원했고, 쌍둥이 토르Tor와 태그Tag는 자정 직전에 몇 분 간격으로 태어났다. 축하하거나 휴식을 취할 시간이 많지 않았다. 어드벤트와 하이랜드는 10월 초에 회의를 소집했다.

나는 합의는 이미 끝났다고 생각하고 편안한 마음으로 그 회의에 참석했다. 실사는 잘 진행되었으니 회의는 몇 가지 세부사항만 정리하면 되는 형식적인 과정이라고 확신하고 있었다.

그러나 내 생각은 완전히 틀렸다.

스티브 콜린스는 룰루레몬을 평가하는 데 사용한 자료들을 살펴보았다. 그는 지난달 룰루레몬의 매출이 작년 동월보다 낮다는 점을 우려하고 있다고 말했다. 그는 즉시 가격을 2억 2,500만 달러에서 2억 달러로 낮추려고 했다. 나는 기절할 뻔했다. 지난달의 판매가 부진했던 것은 그 전 2개월 동안 매출이 워낙 좋아서 재고가 동이났기 때문이었다는 사실을 그제서야 알게 되었다. 결과적으로 나는 이 회의에 아예 참석하지 말아야 했고, 그들을 상대하기 위한 훌륭한 협상가를 기용해서 사전에 미리 쟁점을 조율했어야 했다. 나는 협상을 깨도 좋다는 생각으로 즉시 전문 협상가를 고용했다. 그때 쯤, 나는 어드벤트가 회사의 지분을 50~51% 정도 차지하고 싶어 한다는 것을 알았다.

그제야 돌이켜 보면서 지금까지의 협상은 다 쇼였고, 그들의 속셈은 따로 있었다는 것을 알았다. 우리는 처음부터 협상할 필요가 없었다.

그날의 협상을 다시 떠올리면서, 내가 그 자리에서 일어서면서 그들과는 반대로 3억 5천 달러 정도로 올려야 한다고 생각한다고 말하고 회의장을 나왔으면 좋았을 것으로 생각한다. 결국 우리는 협상 능력이 그만큼 부족한 것이었다. 그러한 협상은 당시의 내 능력을 벗어나는 일이었다.

돌이켜보면, 내가 믿었던 중개인도 부동산 중개업자와 별반 다르지 않았다. 그들의 첫 번째 목표는 거래를 성사시키는 것이다. 의뢰인의 이익을 최대한 지켜주려고 하다가 거래 자체를 무산시키는 것은 중개인의 이익과는 맞지 않는다. 거래 자체가 무산되면 중개인이 얻을 수 있는 이익은 아무것도 없다. 중개인의 입장에서는 의뢰인의 이익을 위해서 거래 자체를 무산시킬 수도 있는 무리수를 두는 대신 어떻게든 거래를 성사시키려고 노력한다. 나는 훌륭한 협상가를 고용하고, 그에게 돈을 지불했지만, 그도 자신의 이익을 위해서 일하는 것이 당연했다. 나는 이 사건을 계기로 큰 교훈을 얻었다. 내가 바라는 것은 그들과는 전혀 달랐다.

결국 우리는 2억 달러에 합의했다. 남은 문제는 51%의 지분이었다. 스티븐 콜린스는 하이랜드와 톰 스템버그도 지분을 일부 갖게 되었기 때문에, 룰루레몬의 지분 51%가 필요하다고 주장했다. 나는 이를 거부했다. 나는 룰루레몬에서의 나의 영향력을 감소시키고 싶지 않았다. 원래 제안했던 30% 대신 48%를 매각하고, 여전히 내가 지배 주주로서의 위치를 유지하겠다고 주장했다. 어드벤트는 이에 동의했고, 거래 협상은 최종완료 되었다. 그러나 사모펀드 쪽은 철저히 자신들의 이익에 부합하는 의견만 나에게 해주었다. 내가 이 협상을 의뢰한 중개인이나 우리 회사의 법무 담당자 모두 51%의 소유권이 장기적으로 어떤 의미를 갖는지 제대로 파악하고 내게 조언해 줄 만큼 정통하지 않았다.

우리가 1억 1천만 달러의 매출을 올렸을 때, 많은 사람은 내가 2억 달러에서 10억 달러 규모의 회사를 혼자 운영하기는 어려우니 누군가의 도움을 받아야 한다고 조언했다. 나는 그보다 훨씬 전에는 1,500만 달러에서 1억 달러 규모의 회사를 운영하기는 어려울 것이라는 말도 들었었다. 그러나 나는 회사가 더 높은 단계에 오를 때마다, 그것에 맞는 우리만의 독특한 영업과 인재개발의 모델을 재창조해 냈으며, 우리는 기능성 의류의 직영 영업 모델을 이해한 세계 유일한 사람들이었다. 나와는 우선순위가 다른 외부인의 전문지식을 받아들이기 보다는 내부 직원들과 함께 훨씬 더 많은 것을 이루어 냈다.

이제야 나는 '자신이 아는 것이 없음을 스스로 인정할 줄 아는 사람이야 말로, 가장 최고의 전문지식을 쌓은 사람'이라는 말의 뜻을 이해하게 되었다. 실제로 특정 주제에 대해 더 많은 것을 공부하면 할수록, '자신이 아는 것이 의외로 많지 않다'는 것을 깨닫게 되는 경우가 종종 있다. 가장 많은 지식을 가진 사람들은 자신보다 더 연륜이 많거나 다른 분야에서 상당한 전문성을 가진 사람들 앞에서 이야기하기 꺼리는 경향이 있는 것도 이 때문이다.

이번 사건을 통해서 알게 되었듯이, 내가 조언을 구했던 사람들은 스스로 자신들이 전문가라고 생각했고, 이전에 그들이 익숙했던 비즈니스 모델에 관한 경험을 기반으로 엄청난 자신감을 가지고 결정을 내렸다. 이제야 나는 기업가들이 성공과 차별성에 대한 다양한 뉘앙스를 가지고 있다는 사실을 알게 되었고, 자아를 제쳐두고 새로운 비즈니스 모델을 활용하는 것을 도울 수 있는 사람들의 조언이 필요하다는 것을 알게 되었다.

어쨌든 결과는 만족할만했다. 어드벤트와 하이랜드는 자신들이 정통한 사업가이자, 훌륭한 협상가임을 입증했다. 앞으로는 톰 스템버그와 데이비드 무사퍼, 그리고 스티브 콜린스는 그들의 노련하고 무서운 협상력을 룰루레몬을 위해서 사용하게 될 것이다. 나는 약 1억 1천 달러의 매출을 올리는 회사를 처음 경영해 보는 것이 사실이고, 나는 그들이 나를 위해 그들의 전문성을 바탕으로 좋은 경영의 가이드라인을 설정해 줄 것이고, 동반자로서 내 손을 잡아 주리라 생각했다.

나는 지금까지 생존을 건 결정을 많이 내렸지만, 결코 부를 위해 중대한 결정을 내린 적은 없었다. 사모펀드에 회사의 지분을 매각하면서 나는 확고한 토대를 갖춘 철학과 개념, 그리고 생각들을 발전 시켜 이를 글로벌 현상으로 발전시켜 세계를 좀 더 나은 곳으로 만들고 싶다는 열망을 강하게 느꼈다.

결국 나는 무일푼에서 시작하여 이제는 1억 달러를 손에 쥐게 되었고, 그것 말고도 얻게 된 것이 또 하나 있었다. 이제 잠을 좀 푹 잘 수 있게 된 것이다. 또 아이들을 책임지기 위해 더 많은 시간을 보낼 수 있다고 생각하니 훨씬 마음이 편안해 졌다. 그러나 나와 섀넌은 불과 몇 년 전까지도 돈에 쫓기는 궁핍한 생활을 했기 때문에, 우리의 사고방식은 30년대 경제 대공황 시기의 구닥다리 경제관에서 머물고 있었다. 지금 누리고 있는 안락함은 언제라도 빼앗길 수도 있고, 한 순간에 물거품이 될 수도 있다는 생각으로 우리의 생활방식이 함부로 바뀌지 않도록 각별히 주의를 했다.

· 21장 ·

경영진 교체

배움들

지금부터 할 이야기는 기업을 상장하기 위해 사모펀드 유치를 실제로 추진하는 사람들이나, 꼭 그러한 일을 하지는 않더라도 이 분야에 관심 있는 사람들이 흥미롭게 읽을 수 있는 내용일 것이다.

협상을 시작할 즈음, 밴쿠버 지역의 변호사들은 우리가 성장을 계속하기 위해 외부자금을 필요로 하는 회사가 아니라는 사실을 몰랐을 것이다. 그들은 외부에서 상당한 액수의 자본을 유치할 필요가 있는 기업들을 고객 삼아 많은 일을 했던 사람들이다.

나를 도와 일했던 변호사들은 우리의 현금 흐름 현황을 보고 굉장히 놀라워했다. 주식을 매각하는 사람들이 자신들에게 무엇을 목표로 삼아야 하는지 조언을 구하는 상황에 직면해 본 적도 없을 것이다. 그래서 그들은 묻지도 않았고, 우리도 이야기하지 않았다. 아마도 우리 변호사들은 사모펀드 쪽 사람들이 이 거래의 주도권을 잡고 있었고, 거래도 그들이 주도하는 대로 이루어졌다고 생각했을 것이다.

나는 이 거래를 통해 내가 얻은 교훈이 앞으로 자신의 회사를 주식 시장에 상장시키기 위해 사모펀드의 투자를 유치하고자 하는 모든 기업인에게 도움이 되기를 바란다. 내가 얻은 교훈은 다음과 같다.

- 중개인은 자기의 이익을 위해 어떻게든 거래를 성사시키려고 한다. 거래가 무산됨으로 인해 수수료 수입을 포기해야 하는 방향으로 상황을 이끌어가지 않는다.
- 최소한 노련한 조언자 3명을 확보하라. 그들은 거래로 인한 이해관계가 없어야 한다. 변호사, 중개인, 회사 임원 같은 사람들은 내가 필요로 하는 높은 수준의 조언을 독립적인 입장에서 제공하기에는 적당하지 않다.
- 조언자와 자주, 가능하면 매일 이야기를 나누어라. 당장의 거래를 위해서도 필요하지만, 지혜로운 조언은 당신의 평생을 따라다니며 영향을 미친다.
- 최종타결이 되기 직전까지 계속 두 개 이상의 사모펀드를 경합시켜라. 당신이 원하는 단 하나의 사모펀드와 당신에게 유익한 최고의 결과를 얻기 위해 이들을 서로 경쟁시켜라.
- 사모펀드가 4년, 7년, 이런 식으로 오랫동안 당신과 함께하겠다고 하더라도 믿지 말라. 대신 가장 유리한 시기에 더 빨리 최대한 많은 수익을 창출할 수 있도록 협상하라. 사모펀드는 오로지 자신들을 위해 일할 뿐이다.
- 실사의 최종시한을 정하여 상대방의 실사작업을 압박하라. 그 사이에

회사의 이익이 늘어나면, 매각 가격을 올려라.

- 사모펀드가 당신과 손잡고 함께 하는 시간은 그리 길지 않다. 그들의 입장에서는 짧을수록 좋다. 사모펀드가 떠난 후에 회사를 어떻게 지배하고, 통제할 것인가에 대한 다양한 시나리오를 이해하고 준비하라.
- 사모펀드는 기업가와 그의 아이디어에 승인 도장을 찍어준다. 그러나 이러한 승인 행위가 재무에 관한 협상에 영향을 미치도록 해서는 안 된다.
- 내가 이사회에서 이루어지는 표결에 영향력을 미칠 수 없다면 회사의 지분의 51%를 소유한 것은 아무 의미가 없다. 사모펀드에 지분을 매각하고, 주식을 상장한 후 내가 이사회를 어떤 식으로 지배할 수 있을지에 대한 법적 검토와 장치가 필요하다. (우리가 기업을 공개한 후 몇 년 동안 무슨 일이 일어났는지를 생각해 보면, 나이키의 필 나이트Phil Knight나 언더아머의 케빈 플랭크Kevin Plank의 사례를 떠올리게 된다. 그들은 둘 다 차등의결권 주식dual class shares을 가지고 회사에 대한 통제력을 행사했다. 회사의 문화와 비전을 주도하려면 이사회를 지배해야 한다. 나이키는 결코 비전이 퇴색되지 않았고, 그 결과 오늘날의 나이키가 존재하는 것이다. 이사회를 어떻게 지배할지를 고민하지 않은 것은 내가 놓친 부분이었다.)
- 영입된 임원들을 위한 온보딩 프로그램을 만들어라. 그들에게 우리 회사의 문화와 비즈니스 모델을 이해하는 데 적합한 책 3~4권을 선정하여 읽게 하라. 그다음 하루 동안 매장에서 일하게 하고, 룰루레몬의 경우처럼 일반 직원과 동일한 교육 프로그램을 거치도록 하라. 비즈니스 모델이 작동하는 원리에 대한 이해, 회사의 추상적 언어에 대한 공감

대, 가치 및 매니페스토 등에 대한 이해 등 10가지 정도의 주제를 놓고 충분한 토론의 시간을 마련하라. 기업이 돈을 벌어야 하는 숨겨져 있는 무의식적인 이유를 완전하게 이해하는지 확인하라.

- 기업가는 이사진을 자신이 통제할 수 있어야 한다. 사모펀드 측이 초기에 협의가 이뤄진 것 이상의 새로운 이사진을 그들의 몫으로 영입할 수 없도록 해야 한다.
- 필요 이상의 많은 돈을 가지려고 하지 말라. 개인의 생활에 필요한 것 이상으로 많은 돈이 있으면, 남는 자금을 관리하기 위해 또 다른 비즈니스 아이디어를 찾으려고 골몰하기 마련이다. 그렇게 되면 현재의 사업이 덜 매력적이고 지루하게 느껴지기까지 하여, 결국 당신의 안정적인 캐쉬 카우가 흔들리게 된다. 룰루레몬은 나에게 가장 강력한 협상력을 제공하는 캐쉬 카우였다. 나는 항상 이 카드를 쥐고 있었지만, 함부로 사용하지 않았다.

거버넌스 모델

언젠가는 기업 공개를 해야 한다고 생각했기 때문에 이사회 설치는 필요한 일이었다. 이사회의 역할은 CEO를 선정하고, 회사의 고위 임원들이 장기적인 안목에서 회사의 가치를 키우는데 전념할 수 있도록 그들에 대한 보상체계를 수립하고, 관리하고, 경영의 승계에 대한 원칙을 제정하고, 전략을 수립하고, 회사의 준법 현황을 감독하는 것이었다.

나는 사모펀드 측의 몫으로 선임된 이사들에 대해서 제대로 파악해 가는 중이었다. 나는 그들을 동등한 파트너로 대우했고, 그들은 그만한 역동성을 보여주고 있었다. 나는 지금까지 회사를 놀라운 기세로 성장시켜 왔다. 그리고 그들은 내가 계속해서 복잡한 퍼즐을 제대로 찾아 맞출 수 있도록 도와주었다.

다만 눈에 띄는 변화는 분명히 있었다. 이사진들 가운데 단추가 정연하게 달린 셔츠에 주름진 카키색 바지를 입고 허리 벨트에 블랙베리를 걸어 마치 저격수처럼 보이는 나이 든 남성들이 포진한 것이었다. 룰루레몬에서는 좀처럼 보기 힘든 옷차림이었다.

어느 조직이든지 성공하기 위해서는 다양한 사고방식이 자연스럽게 조화를 이루며 어울리는 것이 중요하다. 의식적, 분석적, 구조적, 그리고 사회적으로 다양한 인간들이 적절한 조화를 모색하는 것은 조직 이론의 기본이다. 불균형한 상태가 지속하는 것은 어중간할 뿐 아니라 위험하다.

나 자신의 장점은 창의적이고 분석적인데 있다. 나는 새로 영입된 이사들이 경영진 채용에 관심을 두고 우리가 성장하는데 필요한 구조적인 과정을 설계해 주기를 바랐다.

어드벤트 쪽 사람들은 우리의 문화에 순응하여 우리의 직원교육 프로그램을 충실히 따라주었다. 나는 그들이 우리의 성공 원인을 알아내기 위해 노력하고, 그 과정에서 얻은 새로운 지식을 그들의 다른 투자에도 활용하려고 노력하는 모습에 만족했다.

내가 개인적으로 발굴해 낸 동료라고 할 수 있는 톰 스템버그는 이사회를 구성하는 방법에 대해 조언을 해주고 싶어 했다. 그러나 그는 자신이 이미 나름대로 자기만의 성공적인 삶을 성취했다고 생각했기 때문에, 랜드마크 포럼에 참여하고 싶어 하지 않았다. 그의 아내도 급격한 변화를 선뜻 받아들이려고 하지 않았고, 톰은 그 때문에 우리 문화를 받아들이는데 더 더뎠다. 그러나 나는 걱정하지 않았다. 나는 시간이 지나서 우리의 교육과 계발 프로그램이 우리의 성공에 얼마나 큰 영향을 미쳤는지 알게 되면 생각이 바뀌리라 생각했다.

어쨌든 톰은 이제 룰루레몬의 내부 사람이 되었고, 그도 우리의 미래 가치는 회사를 전문화하는데 달려 있다고 확신하는 것 같았다. 그는 전문화는 문화와 거의 무관하다고 생각했기 때문에, 그의 생각 속에서 문화는 뒷전일 수밖에 없었다.

밥 미어스

이사회가 구성되면서 어드벤트는 운영 파트너를 추천했다. 운영파트너는 사모펀드 측이 우리 회사 내부에 파견하는 대리인이라고 할 수 있다. 그의 임금은 회사가 부담하지만, 실제로는 자신을 파견한 사모펀드의 이익을 대변하여 일하고, 그들의 눈과 귀의 역할을 한다.

어드벤트는 리복Reebok에서 임원을 역임한 밥 미어스Bob Meers를 운영파트너로 추천했다. 그는 스포츠의류 부문의 1위 기업이었던 리복이 스텝 에어로빅 운동 교실을 무기로 여성 피트니스 시장까지 거머쥐려 하던 시절에 리복에서 일했던 사람이었다.

나는 자신들이 스스로 세계 최고라고 생각했던 여성 피트니스 사업에서 철수한 것은 리복의 패착이라고 생각했다. 그들은 남성용 피트니스 분야에서 대대적인 후원마케팅을 펼치기로 했지만, 그 시장은 아디다스와 나이키라는 두 강자가 빠르게 점유율을 잠식해 갔다.

내가 밥을 높이 평가한 것은 그가 실패를 통해서 무언가를 배우는 데 주저하지 않았다는 점이다. 그는 자신의 실수를 통해 배우고, 경험을 쌓았다. 그는 또 룰루레몬의 여성 피트니스 부문의 가치를 이해하고 있었다. 마침 어드벤트는 그를 강력히 추천했다. 더욱 중요한 것은 리복이 우리 못지않게 랜드마크 포럼 교육을 중시하고 있으며, 그 자신이 이미 대부분의 과정을 이수했다는 점이다.

나는 밥을 면담한 결과 그가 이사회의 일원으로서뿐 아니라, CEO로서도 아주 적합한 인물이라고 판단했다. 나는 이제 막 걸음마를 하는 아이가 세 명이나 딸린 아빠였고, 잦은 업무 출장에 지쳐 있었다. 여성복 시장의 미래를 제대로 꿰뚫어 보는 데다 랜드마크 포럼의 훈련까지 제대로 받은 사람을 또 어디에서 찾을 수 있을까? 내가 정말 꿈꿨던 대로 아빠 노릇을 제대로 해 보려면, 무엇을 어떻게 해야 할까?

보스턴에서 밥과 저녁 식사를 함께 하면서 CEO 자리에 관심이 있는지 물었다. 그는 바로 수락했다.

우리는 2005년 12월 8일, 보도자료를 통해 사모펀드의 대규모 투자를 받은 사실과 함께 밥 미어스를 CEO로 임명했음을 알렸다. 밥은 2006년 1월부터 정식 취임을 하기로 했지만, 준비를 위해 미리 밴쿠버에 도착했다. 나는 6개월 동안 그와 사무실을 함께 쓰며 그의 적응을 도왔다. 새로운 CEO를 영입했다고 해서 내가 회사에서 보내는 시간이 크게 줄지는 않았지만, 장거리 출장은 거의 가지 않게 되었다. 최소한 저녁과 밤 시간 만은 아버지와 남편로서 역할을 할 수 있게 된 것이다.

밥의 합류에 관해서는 기대와 우려가 함께 할 수밖에 없었다. 그는 가족처럼 운영되는 지금까지의 우리의 기업문화와는 크게 다른 매우 개인주의적인 기업문화에 익숙한 사람이었고, 서부 해안 지방의 여성 중심적인 회사를 운영하기에는 나이가 너무 많은 데다, 자신의 경력의 대부분을 동부 해안 지방에서 보낸 사람이었다. 나도 그 정도 문제는 예상했고, 기존의 직원들과 신뢰 관계를 형성하는 데는 시간이 걸리리라는 것을 알고 있었다. 내가 그와 6개월간 같은 사무실에서 동거하기로 한 것도 이 점 때문이다. 나는 그가 빨리 우리가 어떤 사람이고 어떤 조직인지 완전하게 이해할 수 있도록 돕고 싶었다. 밥에 대한 급여는 그가 몇 달에 걸쳐 직원들로부터 충분한 신뢰를 받게 된 뒤에 결정하기로 했다. 밥도 이 점을 자신의 급여 협상의 협상카드로 사용했다. 되돌아보면, 급여나 연봉을 결정하기 전에 업무부터 시작하도록 한 것은 큰 실수였다. 보스턴에서 일하던 그를 룰루레몬의 운영 파트너로 파견한 어드벤트도 그를 CEO로 강력하게 밀었고, 밥은 자신의 몸값을 높이기 위해 이 점도 충분히 이용했다. 어떤 면에서 우리뿐 아니라 어드벤트도 밥의 작전에 말려든 측면이 있다.

해외 시장

우리는 밥이 CEO로 합류하기 전부터 북미 이외의 지역에 진출하는 문제를 검토하고 있었다. 나는 당시 유럽에 매장을 여는 것을 꺼리고 있었다. 인력관리 문제가 캘리포니아주 못지않게 까다로웠기 때문이다. 고용, 해고, 점심시간, 휴가, 복지, 그리고 그 밖에 많은 법적 규정이 회사 운영에 우호적이지 않고, 이런 상황에서는 직원의 교육과 계발을 해나가는 것은 가능하지만, 두드러진 결과를 얻기는 어렵다고 생각했다. 나는 유럽이나 캘리포니아에서 탁월한 소매영업 전문가를 찾기가 힘든 것은 해당 지역의 과도한 규제들 때문이라고 생각했다.

다행히 우리는 다른 지역에 대한 진출 가능성도 타진하고 있었다. 카노 야마나카Kano Yamanaka는 웨스트비치 시절 일본 지역의 판매 책임자로 함께 했던 인연이 있었다. 우리는 그 인연을 계기로 계속 연락을 유지하고 있었다. 룰루레몬이 상당한 속도로 성장하면서 카노와 나는 일본에서 매장을 여는 문제를 논의해 왔고, 결국 카노를 내세워 일본에 프랜차이즈 매장을 열기로 했다. 카노는 이미 1년 전에 첫 번째 매장을 열었다. 입지 조건이 대단히 좋은 곳에 자리 잡은 것도 아니고, 규모도 그리 크지 않았음에도, 매장을 2층까지 확장했으니 결과는 나쁘지 않았다.

우리 브랜드의 콘셉트는 이미 여러 시장에서 검증된 바 있었기 때문에 일본 시장은 공격적으로 공략하기로 했다. 나는 룰루레몬이 일본에서 성공하지 못한다면 그것은 산타모니카에서 겪었던 어려움과 비슷한 이유 때문일 것이라고 예상했기 때문에, 처음부터 최적의 위치에 매장을 세우기로 했다. 마치 과학 실험을 하는 것처럼 나는 우리의 비즈니스 철학이 일본 시장에서 통할지를 검증하기 위해 모든 외부 변수를 제거해야 했다.

함께 일을 해 보니 카노의 자금력이 한때 스노보드 사업이 정점에 있었던 때만큼 넉넉하지 않다는 것을 알게 되었다. 그는 너무 오랫동안 현실에 안주해 있었던 것 같다. 카노가 자신의 능력 안에서 최선을 다하는 동안 나는 우리의 브랜드를 일본에 뿌리내릴 수 있을 만큼 자금력이 충분한 다른 사람을 물색했다.

그러던 중 우리는 데상트Descente로부터 사업 제안을 받았다. 일본의 대기업인 데상트의 CEO는 매우 현대적인 감각을 가진 사람이었고, 회사를 서구적으로 탈바꿈시키고 직원들에게 북아메리카 스타일의 리테일영업이 어떤 것인지를 가르쳐 주고 싶어 하는 사람이었다. 심지어 그는 회사 안에서 영어를 공용어로 사용해야 한다고 주장하는 사람이었다. 룰루레몬은 카노에게 충분한 대가를 지불하고, 일본의 프랜차이즈 영업권을 사들이고, CEO인 밥의 승인을 받아 일본에 3개의 매장을 추가로 여는 계약을 데상트와 체결했다.

내가 이전처럼 북미지역의 곳곳에 출장을 다녔다면, 밥이 채용한 학력은 좋았지만 능력은 별로인 새로운 임원들이 매장에 직접 나가서 일하기를 주저하는 모습을 눈으로 확인했을 것이다. 결과적으로 회사의 고위 임원들은 왜 우리 매장의 영업성과가 그토록 대단한지를 이해하지 못하는 사람들로 채워져 가고 있었다.

직원들의 관점에서 생각하면, 밥이 채용한 신입 임원들은 전문가 수준으로 운동을 즐기는 사람도 아니고, 어떤 상징성이 있는 인물도 아니었기 때문에, 그들이 매장에서 며칠 정도 일하고 안하고는 그렇게 중요한 것이 아니었다. 당시 우리는 체계화된 신입 임원 교육 시스템을 갖추지 못하고 있었다. (이것은 나의 책임이다.) 결국 우리의 신입 임원들은 진정한 에듀케이터가 되지 못하고 예전부터 그들이 익숙하게 수행해 왔던 세일즈맨의 역할을 하게 된다.

우리는 룰루레몬의 시스템 안에서 성장한 사람들과 외부에서 영입한 경험이 풍부한 경영진들이 어떻게 다른지를 확실히 이해하기 시작했다. 새로 영입한 전문가들은 사업 확장에 큰 역할을 한 것은 사실이다. 그러나 나는 우리의 독특하고 새로운 영업방식을 이해하는 전문가를 영입하기는 힘들다는 것을 알게 되었다. 룰루레몬에서 성장하고 잔뼈가 굵은 사람들은 타인을 위대하게 만드는 것을 일의 궁극적인 목표로 알고 있었고, 그들은 '리더를 만드는 리더'였다. 그들이 있었기 때문에 룰루레몬은 별다른 시행착오 없이 빠르게 성장할 수 있었다.

호주

룰루레몬의 첫 번째 호주 매장은 멜버른의 채플 스트리트Chapel Street에 열었다. 나는 3~4년 안에 호주 시장에도 확실한 뿌리를 내릴 것을 기대하고 있었다. 룰루레몬은 호주에 자연스럽게 어울리리라 생각한 데는 몇 가지 이유가 있었다. 북미 태평양 연안과 마찬가지로 호주 사람들은 야외활동이나 건강하고 활동적인 생활 습관에 대한 애정이 각별했다. 자신들의 자아를 실현하고자 하는 호주 여성들이 기능성 운동복에 대한 관심을 두는 것이 당연하다고 생각했다.

문제 해결의 관점에서도 호주는 좋은 시장이었다. 그동안 룰루레몬을 운영하면서 해마다 계절이 바뀌어 시즌이 종료될 때가 되면 적지 않은 재고를 소진하기 위해 할인 판매를 해야 하는 것은 큰 문제였다. 만일 호주 매장이 활성화되면 겨울 시즌이 끝나갈 무렵, 미국의 재고를 가을이 막 시작되려고 하는 호주로 옮길 수 있고, 그 반대의 일도 가능하다는 것을 깨달았다. 그렇게 되면 우리는 할인행사를 하지 않는 브랜드가 된다. 그야말로 정신이 번쩍 드는 생각이었다.

북반구 시장과 남반구 시장 모두 매번 새로운 시즌이 시작될 때마다 반대편에서 넘어온 재고와 새로 개발한 상품을 적절하게 구색을 갖추고 정가로 판매할 수 있다. 이월한 재고들은 손해만 보지 않고 팔아도 할인 판매를 하는 것보다는 훨씬 낫다.

우리는 호주에서 리테일매장과 함께 일주일에 며칠만 문을 여는 저렴한 전시장을 겸한 매장을 따로 운영하기로 했다. 이곳을 우리는 매장을 열기 전에 교육하고, 디자인 회의를 하고, 커뮤니티와 소통을 하는 공간으로 활용했다. 호주에서 이전과 마찬가지로 입소문 전략을 펼치고, 그것이 결과로 나오기까지 충분히 기다릴 수 있을 만큼 우리의 현금 흐름은 넉넉했다. 그동안 우리는 그들의 노동제도와 관세 관련 사항 등을 충분히 배울 수 있었다.

미국 진출

2006년 4월, 캐네디언비즈니스닷컴Canadianbusiness.com은 밥의 전략을 이렇게 분석했다. "미어스는 … 룰루레몬을 유비쿼터스 글로벌 브랜드로 구축하여 리복의 영광을 재현하기로 한 것처럼 보인다.… 미어스는 로스앤젤레스와 샌프란시스코, 그리고 시애틀에 연달아 매장을

열었다. 3분기에는 시카고에 새로운 매장을 열고, 뉴욕과 보스턴에도 몇 개의 매장을 새로 열 것이다."

이러한 계획을 추진하기 위해 밥은 애버크롬비 앤 피치Abercrombie & Fitch에서 미국 서부 지역을 총괄했던 셀레스테 킬리Celeste Keely를 영입해 영업을 책임지게 했다. 이사회의 멤버였던 톰 스템버그는 리테일 영업이나 부동산에 대한 전문지식이 없었기 때문에, 이사직 수행에는 한계가 있는 것이 분명해 보였다. 따라서 의류의 버티컬 리테일 방식의 영업에 관한 주변 지식이 풍부한 셀레스테 같은 사람은 꼭 필요했다. 나는 셀레스테를 영입한 것은 잘한 일이라고 생각했다. 원래 의류의 직영 영업을 담당할 임원은 영입하지 않는다는 것이 나의 단호한 생각이었다. 왜냐면 새로 영입된 사람들이 우리 회사에서 그들 자신에게 익숙한 영업 방식으로 일하는 것을 원하지 않았기 때문이다.

미국 시장에 대한 룰루레몬의 기본 전략은 부동산 중심의 확장이었다. 이는 밥이 CEO로 있는 동안 수립한 시장공략 전략이었다. 그것은 캐나다에서 이미 성공한 모델을 미국에서 그대로 구현하는 것이기도 했다. 이러한 확장 시도는 나쁘지 않았지만, 문제는 좋은 매장을 열려면 유명한 쇼핑몰에 입점해야 하고, 당연히 임차료나 매장 매입 단가가 높다는 것이 문제였다. 나는 도시의 노른자위 땅을 어떻게든 확보하고 매장을 내는 것이 옳은지, 아니면 지역 요가 관련 클럽이나 커뮤니티를 공략하고, 그들을 상대로 소통하며 네트워크를 구축하는 것이 옳은지 정확히 판단하기 어려웠다. 또 우리가 새로 내는 매장이 슈퍼걸들의 동선에 맞는지도 확인하고 싶었다. 나는 한편으로는 셀레스테가 요구하는 연봉 수준에 크게 당황하고 있었다. 그래도 나는 밥의 선택을 믿기로 했다. 그러나 돌이켜 보면, 셀레스테는 매장의 위치 선정 등에 대해서 밥의 말을 도저히 거역할 수 없는 예스맨이었다. 밥은 매장 수만 늘리면 매출은 늘어난다고 생각하는 것 같았고, 회사의 주가도 올라간다고 믿는 것 같았다. 밥은 자신이 CEO로 재직하는 동안에 사용할 게임 플랜 같은 것을 미리 짜 놓은 것 같았고, 회사가 위험에 빠질 경우 방어를 책임질 수문장으로서, 셀레스테의 능력은 미지수였다.

결국, 한동안 매장의 매출 실적이 저조함을 벗어나지 못하는 상황을 겪고서야 비로소 다시 깨달았다. 전시장 운영이나 홍보 이벤트, 그리고 커뮤니티와의 소통의 중요성을 이해하게 된 것이다. 우리는 우리 스스로가 발명해 낸 것들의 힘을 잘 알지 못하고 있었던 것이다.

우리는 다시 도약할 준비를 했다. 새로운 매장들로 인해 룰루레몬의 가치는 더 올라갈 것이고, 애널리스트들은 이를 기반으로 우리 회사의 실적을 전년도 보다 더 높게 예측할 것이고, 우리가 상장한다면 예상할 수 있는 주가 예측치를 더 높일 것이 분명했다. 신규 상장에 대한 생각은 여전히 나에게는 관념적이고, 실감이 나는 일은 아니었지만, 어드벤트와 하이랜드는 기회가 있는 대로 이 문제를 이야기하고 있었다.

나는 미국 시장에서 성공하려면 올바른 선택을 해야 한다고 생각했다. 경험 많은 CEO를 고용했고, 미국 부동산 시장에 정통해 보이는 톰 스템버그와 사모펀드 전문 기업인 어드벤트와 손을 잡았다. 나는 그들이 룰루레몬이 상장하기 위해서는 4~5년이 더 필요하다고 말했을 때, 그들의 말을 믿었다.

뉴욕

우리는 뉴욕의 첫 매장에 대한 임차 계약을 체결했다. 육상선수 출신이고, 룰루레몬의 캘거리 지역에서 앰배서더 역할을 했고, 온타리오주 오크빌에서 매장 매니저로 훌륭한 성과를 보여주었던 로리 제인 버드Lori Jane Budd를 맨해튼의 새로운 매장 운영자로 임명했다.

로리는 다음과 같이 말했다. "나는 칩에게 뉴욕에 매장을 연다면 내가 맡아보고 싶다고 말했어요. 그는 망설임 없이 '좋아요! 연봉은 8만 달러 정도로 하지요.'라고 대답했어요. 나는 그의 확실한 자신감에 압도되고 매료된 느낌이었지요. 그날 밤, 나는 남편과 함께 1년, 5년, 10년 후의 목표를 작성해 봤어요."

그녀는 말을 이었다. "저는 오크빌 매장을 1년 넘게 관리했어요. 그리고 그 매장은 룰루레몬에서 가장 실적이 좋은 매장 가운데 하나가 되었고, 내 밑에서 일한 많은 직원이 다른 매장과 지역의 책임자로 승진해서 나갔어요. 2006년 초, 마침내 맨해튼 매장에 대한 임차계약이 체결되었고, 저는 매장 매니저가 되었지요. 오크빌 매장은 부매니저가 승진해서 맡았고, 저는 뉴욕으로 이사할 준비를 시작했어요."

"뉴욕의 매장은 저의 예상을 모든 면에서 뛰어넘었어요. 우리는 도시 전역을 돌며 수많은 요가와 피트니스 수업을 참석하고, 강사를 만나고, 우리 브랜드에 관해 이야기를 했지요. 그들과 우리 사이에 어떤 중간 단계를 끼지 않고, 직접 접촉했어요. 사람들 대부분은 우리에 관해 들어본 적이 없었지만, 그들은 처음부터 우리에게 압도되었어요."

가수 프랭크 시나트라의 노래 'New York, New York'의 가사처럼 '그곳에 갈 수 있다면, 어디든 갈 수 있는 것if you can make it there, you'll make it anywhere'이었다. 다음 단계로 대규모의 시장 확대를 계획하면서 이 노래 가사가 내 마음을 때리는 것 같았다. 뉴욕은 세계 의류와 패션의 중심이었다. 어떻게 생각하면, 우리는 진작 뉴욕을 공략했어야 했다.

뉴욕에 매장을 내면서 은근히 신경 쓰인 것은 높은 임차료였다. 링컨 광장에 매장을 열고 보니, 우리가 사용할 수 있는 공간이 놀라울 정도로 협소했다. 뉴욕에 매장을 잘못 연다면, 물건을 꽤 많이 팔아도 임차료를 지불하고 나면 적자가 날 수 있다. 그럼에도 패션업체들이 뉴욕에 매장을 열고 싶어 하는 이유는 뉴욕이 가진 국제적인 상징성 때문이다. 그곳에 매장이 있다는 사실만으로 브랜드 이미지가 높아진다는 마케팅 전략이다. 어쨌든 매장의 크기는 작았지만, 운영은 그럭저럭 성공적이었다.

혹시 어떤 세계적인 물류 관리자들이 링컨 광장과 웨스트 에드먼튼 몰West Edmonton Mall에 위치한 가장 작은 매장인 우리 매장의 직원이 매장 관리하면서 겪는 문제를 어떻게 해결하는지 안다면, 그 직원을 연봉 50만 달러를 주고라도 스카우트했을 것이라고 나는 생각한다. 우리 직원들은 그만큼 훌륭했다.

미셸 암스트롱

한편, 기업 공개 문제는 날이 갈수록 무거운 숙제로 느껴졌다. 2005

년 어드벤트와 하이랜드로부터 사모펀드를 유치한 직후 프라이스워터하우스 쿠퍼스Pricewaterhouse Coopers가 룰루레몬에 대한 실사를 지원하기 위해 합류했다.

실사 책임자는 미셸 암스트롱Michelle Armstrong이라는 젊은 여성이었다. 우리는 그녀에게 깊은 인상을 받았고, 우리 재무 책임자인 브라이언 베이컨Brian Bacon을 보좌하도록 그녀에게 재무 이사직을 제안했다. 그때까지만 해도 나는 금융전문가를 채용할 필요성을 크게 느끼지는 못하고 있었다. 나는 매장에서 일하면서 다져진 경험 덕분에, 매장을 잠시만 둘러보면 회사의 이익과 현금의 흐름을 몇 %의 오차 범위 안에서 짐작할 수 있는 감각을 갖추고 있었다. 재무 책임자에게는 이러한 동물적인 감각은 없겠지만, 이제 매출액 1억 1천만 달러를 넘긴 회사를 감각만으로 경영할 수는 없는 일이었다.

놀랍게도 미셸이 룰루레몬이 합류한 지 몇 개월 만에, 룰루레몬의 기업 공개가 가능하다는 판단이 나왔다.

미셸은 말했다. "내가 룰루레몬에 합류하고 이야기를 나눠보니, 사람들은 우리가 기업 공개를 하려면 2~4년은 더 기다려야 한다고 말하더군요. 하지만 2005년 8월, 밥은 나를 자기의 사무실로 부르더니 '지금 즉시 추진해 봅시다.'라고 말했어요."

그 이야기를 듣고 미셸만 놀란 것이 아니었다. 모두가 놀랐다. 나는 당시 미셸이 나에게 기업 공개가 예상보다 빨라질 수 있다는 사실을 직접 알려 줄 수 있을 만큼, 그녀와의 관계가 편안했으면 좋겠다고 생각했다. 2006년 당시 세계의 자본시장은 유동성이 넘쳐나고 있었고, 기업 공개 시장에서도 많은 자금이 투자처를 찾고 있었다. 실제로 언더아머와 크록스Crocs가 모두 성공적으로 상장을 마쳤다. 데이비드 무사퍼와 스티브 콜린스, 그리고 톰 스템버그 등도 나에게 룰루레몬도 더 늦기 전에 서둘러야 한다고 조언했다.

나는 당시 어드벤트와 하이랜드가 룰루레몬에서 발을 뺄 궁리를 은밀하게 하고 있다는 사실을 알지 못했다. 나는 밥 미어스가 5년 정도는 우리와 함께하면서 우리의 성장을 도와주리라 생각했고, 당연히 회사의 모든 것을 그와 터놓고 상의하며 앞으로 맞닥뜨릴 여러 가지 가능성을 검토하고 있었다. 나는 그가 사모펀드의 이익을 얼마나 충실하게 대변하고 있는지 모르고 있었다.

이익의 충돌

나는 기업 공개를 마다할 이유가 없음을 분명하게 밝혔다. 기업을 공개하고, 주식시장에 기업을 상장하는 나의 경험을 통해 훗날 우리 아이들이 회사를 세우고 경영하며, 자신들의 기업을 상장하고 공개하려고 할 때 그들에게 멘토 역할을 해 줄 수 있다고 상상했다. (이 책을 쓰는 2021년에 아들 제이제이는 기능성 버섯 재배 회사인 옵티미 헬스Optimi Health를 상장한다며 나에게 고문직을 맡아달라고 의뢰했다. 정말 신나는 일이었다.)

상장되기 직전에 열린 이사회에서 톰은 장차 상장 후의 이사회의 이해관계와 나의 이해관계가 충돌하는 것을 막기 위해 이사회 내의 나의 인맥을 정리할 필요가 있다고 주장했다. 그의 요구를 구체적으로 살펴보면 세 가지이다. 첫째는 나의 처제인 수잔 콘래드를 이사회 고문으로 추대하는 방식으로 이사회에서 내보내라는 것이다. 그녀는 나의 처가 식구이기 때문에 이익 충돌이 벌어질 수 있다는 것이다. 그러나 수잔은 우리 회사의 문화를 구축하고 지탱하는 기둥과도 같은 인물이었고, 룰루레몬의 수익을 타사보다 월등히 높이는 데 크게 기여한 사람이다.

수잔은 그때를 이렇게 회상했다. “내가 칩의 가족이라는 시선 때문에 힘들었습니다. 회사가 상장되기 직전, 사임 요구를 받았습니다. 나는 계속 이사회에 남고 싶었습니다. 나는 그동안 이사로서 회사의 문화를 구축하는데 충분한 기여했다고 생각했습니다.”

비록 수잔은 이사회를 떠나야 했지만, 그녀에게 중책을 맡겨 회사에 남겨 두는 것은 매우 중요했다. 나는 그녀에게 이사급 대우를 해주면서 분기마다 회사 내의 고위층과 관리자급 직원들 100명 정도를 상대로 코칭 해주는 업무를 수행해 주기를 바랐다. 델라니 슈와이처가 이끄는 훈련 및 문화 전담팀에서 일하면서 수잔은 룰루레몬에서 가장 사랑받는 사내 연사 가운데 한 명이 되었다. 그녀는 지금은 라이트이어 리더십Lightyear Leadership으로 이름을 변경한 ‘이골루igolu’라는라는 포괄적인 셀프 리더십 방법론 교육과정을 개발했는데, 2007년부터 2017년 1월까지 수천 명의 룰루레몬 직원과 앰배서더들이 이 과정을 거쳐 갔다.

수잔은 당시를 이렇게 회상했다. “델라니와 저는 룰루레몬을 같은 생각을 하는 사람들이 함께 모여 운동하고 땀 흘리며, 인생의 고비를 유머와 사랑으로 극복하며 일할 수 있는 곳으로 만들기 위해 노력했습니다.”

수잔은 나와 이사회가 원했던 에너지를 갖고 있었고, 직원들의 지지를 받고 있었다. 그녀가 이사회를 떠난 것은 유감이었지만, 다행히도 몇 년 뒤에 그녀는 다시 이사회로 복귀하게 된다. 어쨌든 나는 수잔을 대신해 기업문화 혁신 전문 컨설턴트인 로다 피처Rhoda Pitcher를 신임 이사로 추천했다. 나는 로다가 앞으로 겪게 될 변화의 격랑 속에서 회사의 문화를 지켜내는 데 큰 역할을 할 것이라고 확신했다.

그들의 두 번째 요구는 상장 전에 내가 가지고 있던 생산 하청 업체의 지분 50%를 매각하라는 것이었다. 나는 룰루레몬이 그 지분을 사준다면 나쁘지 않은 일이라고 생각했다. 나나 룰루레몬이 생산 업체의 주식의 절반을 갖는 것은 생산 업체에 대한 수직적 관리를 위해 꼭 필요한 일이라고 생각했다. 그러나 톰과 수석이사인 마이클 케세이Michael Casey는 공장의 지배권을 내가 쥐고 있는 것이 위험하다고 생각했다. 그러나 그들은 제조업체를 직접 경영하는 것은 비즈니스의 전개에 오히려 방해가 된다고 판단해서, 회사를 통해 내 주식을 인수하고 싶어 하지도 않았다.

세 번째는 변호사이기도 하고, 나의 친구이기도 한 존 맥컬로우Jon McCullough를 회사의 법무책임자에서 해임하고 다른 사람으로 교체하라는 것이었다. 그들은 미국 법률 제도에 정통한 미국의 로펌에게 일을 맡겨야 한다고 주장했다.

이러한 과정이 하나하나 점진적으로 진행되었기 때문에 나는 중간에 이들의 움직임에 제동을 걸어야겠다고 생각한 적이 한 번도 없었다. 내가 어드벤트와 하이랜드의 의도를 전혀 알아차리지 못하고 있는 사이에 그들은 회사의 통제력과 장악력을 확보하기 위해 차근차근 움직이고 있었다. 어떻게 보면 나는 교묘한 술책에 휘말린 셈이지만, 그때까지만 해도 그들의 의도를 매우 순수하게만 받아들였다.

이커머스

신규 상장 전에 룰루레몬이 정리해야 했던 또 다른 하나는 이커머스였다. 나는 우리 회사가 한참 급성장하는 동안에는 이커머스에 투자할 필요성을 크게 느끼지 않았다. 매장에서 팔려나가는 물건을 채우기도 벅찰 정도로 생산이 판매를 따라가지 못하고 있었기 때문에 이커머스 영역까지 확장할 필요는 없었다. 그러나 나는 장차 이커머스가 유통의 대세가 될 것이고, 중간 유통단계가 없는 직거래가 가능하다는 점에서, 이커머스야말로 내가 추구하는 직영매장을 통한 거래의 완성이라고 생각하고 그 가치를 높이 평가하고 있었다.

2006년 당시, 나는 이커머스는 고객이 이미 충분히 파악하고 있는 상품에 대해서는 적합한 유통방식이라고 생각했다. 그러나 우리 제품은 고객이 직접 만지고 느껴야만 그 가치를 알 수 있다. 당시에는 이커머스 고객을 위해 제품을 교육하고 알려주는 동영상 같은 것이 흔하지 않았다. 우리 제품의 가치는 옷을 입었을 때의 겉모습이 아니라 촉감과 기능성에 있다. 디자인을 중시하는 패션 제품은 사진으로 충분히 홍보할 수 있지만, 룰루레몬의 가치는 이미지로는 알릴 수 없다. 요즘은 주문자에게 3~4벌의 옷을 보내고 그 가운데 하나를 고르게 한 뒤 나머지는 반품하도록 하는 방식의 거래도 이루어지지만, 2006년 당시의 이커머스 시스템에서는 이러한 거래도 불가능했다.

룰루레몬은 요가복 말고도 요가 매트와 요가 스트랩, 요가 벨트 등 몇 가지 요가 물품을 자체브랜드 상품으로 판매하고 있었다. 할인 판매를 하는 상품도 있었다. 그래서 처음에는 일단 이러한 요가 물품들과 할인 상품 위주로 온라인 판매를 하기로 하고 이커머스 업체와 계약을 맺었었다. 규모가 큰 계약은 아니었기 때문에 계약 파기 시 배상에 대해서는 구체적인 배상액을 명시하지는 않았다.

나중에 우리가 우리 제품의 온라인 판매를 완전히 통제하기 위해 그들로부터 이커머스 독점권의 회수를 결정하자, 그들은 바이아웃 조건으로 200만 달러를 요구했다.

나는 이 가격이 적절하다고 생각하지 않았기 때문에 거절했다. 조정이 길어졌고, 그들의 요구는 700만 달러로 뛰었다.

대개 이러한 조정은 양측이 주장의 중간의 어느 선에서 타결되기 마련이라고 생각했다. 그렇다면 350만 달러 언저리에서 타결되는 것이 자연스럽다. 나는 600만 달러를 낮게 불렀다. 그러면 타결점을 100만 달러 정도로 낮출 수 있다고 생각했다. 협상은 결렬되었고, 나는 개의치 않았다. 그러나 사모펀드 쪽 사람들은 내가 모르는 무언가를 자신들은 알고 있다고 생각하여, 어떤 가격이든 합의를 서둘러야 한다고 밥에게 압박을 가했다. 신규상장이 임박했기 때문에 그들은 하루빨리 크고 작은 문제들을 해소하기를 원했다. 결국 그 회사는 900만 달러를 챙기고 물러났다.

내가 이 사건을 이야기하는 것은 이커머스 계약에 대해 실무적인 부분을 이야기하려는 것이 아니다. 나는 더욱 성장하고 공부할 필요가 있었고, 보다 견고한 법적 장치를 미리 마련해 두는 법을 배웠어야 했다.

이사진 확대

신규상장 직전에 열린 마지막 이사회에서 톰은 상장기업의 요건을 갖추려면 이사회의 규모를 좀 더 늘려야 한다고 주장했다. 이미 여러 다른 기업에서 이사회의 이사로 재직한 경험이 많았던 톰의 주변에는 룰루레몬의 이사직을 탐내는 사람들이 많이 있었다. 그러나 내 주변에는 그런 사람들이 거의 없었다. 운동복 사업에 대한 나의 비전을 지지해 주고, 도와줄 적합한 사람을 찾아야 한다는 사전 조언조차 그에게 해줄 틈이 없었다.

톰은 상장을 추진하면서 가능한 한 많은 주식을 공모하는 것이 좋다고 말했다. 그러면 유동주식의 수도 많아질 것이고, 더 많은 기관이나 대형 투자자들이 주식을 사려고 할 것이고, 기관의 보유분이 증가하면 실제로 거래되는 주식 수는 줄어들어 주식에 대한 수요가 공급을 압도하여 주가가 올라간다는 논리이다. 이것은 적당한 때 보유하고 있는 주식을 높은 가격에 팔고 투자 자금을 회수하여 빠져나가는 사모펀드의 전형적인 전략이다. 그것은 돈은 굉장히 많이 가지고 있지만, 그 돈을 어디에 써야 할지를 결정하지 못하고 있는 나 같은 창업자에게는 끔찍한 조언이라는 것을 뒤에 알게 되었다. 특히 내가 세운 회사보다 더 좋은 투자처를 상상할 수 없었던 나에게는 더욱더 그렇다.

그러나 나는 국제적인 재무 관행이나 감사 등에 대해 잘 모르는 내

약점을 보완하기 위해서는 상장이 꼭 필요하다고 생각했다. 나는 상장기업에 대해서 표준화된 재무 관리 기준을 적용하는 것이 좋다고 믿는 몇 안 되는 사람 가운데 하나였다. 이러한 부분이 누군가에 의해서 잘 관리되면, 나는 온전히 브랜드 성장과 혁신, 문화, 그리고 제품에 집중할 수 있게 되리라 생각했다. 내가 비즈니스의 최일선에 서지 않아도 룰루레몬의 비즈니스가 잘 진행된다면, 그것이 룰루레몬에게도 좋다는 것이 나의 생각이었다. 내가 룰루레몬의 재무 관리의 부담에서 벗어난다면, 오로지 룰루레몬의 미래를 위해서만 전력을 다해 일할 수 있을 것이다.

그러나 이미 경험을 통해서 알게 되었듯이 회사의 미래를 그리는 사람은 한 명으로 족하다. 또 기업을 공개하는 과정에서 상장기업은 분기별로 회사의 실적과 현황을 보고서를 통해 공개해야 하므로 회사의 업무는 철저하게 3개월 단위로 진행되고, 급여가 높지 않고 경험도 충분하지 않은 CEO는 3년을 넘기기 어렵다는 사실도 알게 되었다.

· 22장 ·

주식 상장

상장을 통해 얻은 교훈

상장은 룰루레몬의 미래에 영향을 미친 중요한 사건이었다. 어쩌면 장차 나와 비슷한 상황을 겪을지도 모를 독자들을 위해 이때 배운 교훈을 공유하고 싶다.

- 이사를 선임할 때, 이사 후보자에게 회사가 성장하는 단계별로 어떤 유형의 CEO가 필요한지 설명을 하도록 요구해 보라. (회사를 운영하고 감독하는 방식은 매출 및 수익, 그리고 직원의 수 등 규모가 커짐에 따라 빠르게 변한다.)
- 나는 이사회를 내가 직접 통제하려 하지 않았다. 그러나 지금 생각해 보면 나의 뜻을 충실하게 반영할 수 있는 사람들로 이사회를 구성하고, 사모펀드 쪽의 이사회 개입을 최대한 막았어야 했다.
- 회사의 지분의 10% 이상을 보유한 나 같은 설립자는 '당연직 이사'가

된다. 다른 이사들은 '임명직 이사'로서 설립자이자 당연직 이사인 내가 회사의 의사 결정을 좌지우지 않도록 견제하는 역할을 한다. 이들 임명직 이사들은 표결 또는 합의를 통해서 수석 이사를 선임한다. 수석이사는 더 많은 표결권을 행사하기 때문에 대개 이사회 의장이 된다. 창업자에게 의장 직함을 주는 것은 말장난이나 눈속임에 불과하다.

- CEO와 설립자 사이에 기업의 운영이나 비전에 대한 시각이 다르면, CEO가 사외 이사들을 규합하여 설립자를 소외 시켜 이사회를 분열시키고, 사실상 회사를 장악할 수 있다.
- 매년 3명의 이사만을 재계약하거나 새로 선임하는 이사회의 구성으로는 세상의 변화 속도를 따라갈 수 없다. 이사회는 금방 신선함과 활력을 잃고, 부패와 연고주의가 자리를 잡을 수 있다.

미국 회사가 되다

상장 과정의 마지막 단계는 룰루레몬을 공식적인 미국 기업으로 만드는 것이다. 우리는 본사를 델라웨어로 정했다. 나는 이것이 왜 중요한지 이해하는 데 몇 년 걸렸다. 룰루레몬의 가치는 주식의 수요에 따라 결정된다. 이사회는 투자자들에게 룰루레몬 주식에 대한 확신을 심어 주어야 한다고 생각했다. 룰루레몬이 미국의 회사임을 내세우면 투자자들은 자신들이 미국의 법률에 따라서 주주로서의 권리를 제대로 보호받을 수 있다고 생각한다. 물론 이것은 나에게는 아무런 의미가 없다. 캐나다의 법인세는 항상 미국의 법인세보다 낮았다. (트럼프가 세법을 미국 기업에 유리하게 바꾸기 전까지는 그랬다.)

주식 상장

2007년 7월 27일 아침 9시 30분, 나는 뉴욕 나스닥NASDAQ 거래소 단상에 서 있었다. 내 옆에는 가족들과 회사의 핵심 직원들, 그리고 이사회 이사들이 함께 있었다. 나는 심호흡을 하고, 버튼을 눌렀다. 드디어 우리 회사의 주식이 거래되기 시작했다. 룰루레몬 애슬레티카가 상장된 것이다.

제이제이는 이렇게 말했다. “나는 항상 룰루레몬이 우리는 한 번도 가져보지 못한 자매 같다고 농담하곤 했어요. 자라면서 저는 항상 ‘음, 우리 아빠는 여성 운동복, 요가 관련 사업을 하셔요. 아빠가 매일 하는 일이 그거예요. 아빠는 회사에 가서 작고 신축성 강한 검은색 요가 팬츠를 만들어요.’라고 얘기했지요. 저는 그게 무슨 일인지 조금 더 나이가 들어서 이해했어요. 커가면서 룰루레몬은 나의 삶의 일부가 되었어요. 룰루레몬이 상장되었을 때는 내가 18살 때였어요.”

상장되던 날은 나에게는 엄청난 순간이었지만, 마치 과거에 비슷한 경험을 했던 것 같은 착각이 들었다. 기업가는 누구나 5년 혹은 10년 후의 미래를 구상하고 예측한다. 그들은 항상 현재가 아닌 미래를 바라보며 행동하는 사람들이다. 나 역시 룰루레몬의 미래를 나름대로 구상하고 있었다. 마치 디자이너가 된 것 같다고 생각했다. 디자이너가 일단 옷을 디자인하고 나면 실제로 그 옷이 생산되어 입고되는 것은 8개월 후이다. 그 사이에 디자이너는 또 다른 8개월을 내다보며 새로운 것들을 디자인한다.

주식시장을 개장하는 벨이 울리자 18달러에서 거래가 시작된 우리 회사의 주가는 순식간에 주당 25달러로 급등했다. 당초 협의된 대로 나는 회사의 지분의 30%를 소유하게 되었다. 우리는 그날을 기억에 남을 만한 방법으로 기념했다. 당국의 협조를 얻어 상장 당일인 2007년 7월 27일에 타임스퀘어의 교통을 차단하고, 광장 한복판에서 대규모 요가 시연 행사를 열었다.

요가 시연은 에릭 피터센의 아이디어였으며 완벽하게 진행되었다. 에릭은 훗날 이날이 회사에서 근무하는 동안 가장 자랑스러운 순간이었다고 말했다. "룰루레몬의 모든 사람이 이 행사를 위해 하나가 되어 움직였습니다. 한참 성장하는 회사에서는 내부에 보이지 않는 균열과 갈등이 있기 마련이지만, 우리의 경우를 보면 꼭 그런 것도 아닌 것 같습니다."라고 그는 말했다.

뉴욕시에 처음으로 연 매장의 책임자였던 로리 제인 버드는 당시 상황을 이렇게 말했다. "한 회사가 거대한 발걸음을 내딛는 순간 온갖 구설이 난무하기 마련인 뉴욕에 있는 유일한 매장을 관리하는 것은 대단히 흥미로운 경험입니다. 개장을 알리는 벨이 울리는 순간 짜릿함을 느꼈고, 매장 전체가 흥분했습니다. 기업 공개를 한 당일, 한 은행 직원은 64번가와 브로드웨이가 교차하는 지점에 있는 우리 매장에 들어와서 '당신들 도대체 누구요? 내가 당신들 덕분에 대박이 났어요.'라고 말할 정도였어요."

보답

나는 직원들을 위해서도 뭔가 해주고 싶었고, 타임스퀘어의 모든 전자 광고판 화면에 매장에서 일하는 모든 직원의 사진이 빙 둘러서 떠오르도록 했다. 당시 룰루레몬에서 일하고 있던 직원이라면 타임스퀘어 주변의 수많은 전자 광고판 중 한 곳에서 자신의 얼굴을 발견했을 것이다. 이러한 이벤트를 통해 나는 직원들을 다시 한 번 하나로 결집시키고 싶었다. 기업 공개는 몇몇 사람들의 노력만으로 된 것은 아니다. 그러므로 기업 공개라는 거대한 이벤트의 주인공은 직원 모두가 되어야 한다고 생각했다.

7월 27일은 또한 내가 몇 년 전, 직원들에게 했던 약속을 이행하는 날이기도 하다. 룰루레몬의 규모가 지금보다 훨씬 작았을 때, 나는 직원들을 모아놓고, 우리가 상장하면 회사 주식의 10%를 그들에게 주겠다고 말했다. 나는 그 약속을 지켰다. 이로 인해 30명 정도가 하루아침에 백만장자가 되었다. 대부분 여성들이었다. (훗날 이들 대부분은 독립하여 각자 창업을 했다.)

우리 직원들은 우리가 뉴욕에 입성하고 상장까지 하는 역사적인 순간을 함께 하고, 회사의 여러 주인들 가운데 하나가 되었다.

투자 시장에서는 우리의 낯선 사업 방식을 신뢰하는 것 같았다. 우리는 리테일 업체로서는 최고의 실적을 만들어낸 우리만의 공식을 가지고 있었다.

상장의 의미

나는 회사를 상장한다는 것이 나와 가족들에게 어떤 의미가 될지 전혀 몰랐다. 룰루레몬과 키칠라노 커뮤니티는 우리에게는 집이자 가족이었다. 내가 이후 몇 년 동안 선정적인 미디어들의 관심의 중심에 서게 될 것을 그때는 예상하지 못했다.

미디어 그리고 공매도

거의 비슷한 시기에 나는 미디어를 다루는 데 있어서 처음으로 (그러나 마지막은 아니었다) 큰 배움을 얻었다. 그때까지 항상 나 자신이 회사의 PR 담당자였고, 브랜드 관리자였다.

서핑이나 스케이트보드, 그리고 스노보드와 관련한 기능성 의류를 만들고, 몇 년 후에는 요가를 위한 운동복을 제조하게 되자, 언론은 이 시장에 대한 전문가의 의견이 필요할 때마다 나를 찾아왔다. 웨스트비치 시절에는 굳이 광고를 주지 않아도 관련 기사를 써주는 매체들이 많았다. 그리고 나와 관련한 보도들도 항상 좋은 내용들이었기 때문에, 나는 언론의 긍정적 보도에 익숙해 있었다.

그래서 나는 나의 말로 인해 언론을 통한 역풍이 불 것을 걱정하며 조심해 본 적이 없다.

기자들이 던지는 의도가 분명한 질문에 말려들어 그들의 의도한 대로 기사가 '만들어진' 것은 2007년에 처음이었고, 바로 룰루레몬이 상장된 직후였다. 우리는 당시 비타씨VitaSea라는 이름의 의류 제품을 생산하고 있었는데, 이 제품은 씨셀SeaCell이라고 불리는 해초를 활용한 친환경 기술을 이용하여 만들어졌다. 우리는 셔츠를 만들 때 씨셀 섬유를 이용하면, 냄새가 거의 나지 않고, 셔츠를 입은 사람의 피부에 수분감이 느껴진다는 것을 알게 되었다. 게다가 씨셀로 만든 셔츠는 입는 것만으로도 기분이 좋게 해주는 기능이 있었다.

「뉴욕타임스」로부터 씨셀 기술에 대해 인터뷰하고 싶다는 연락을 받았다.

"그렇다면, 테스트는 해보셨나요?" 여성 기자가 질문했다.

"독일에 있는 공급업체로부터 테스트 결과를 받았습니다. 우리는 모든 정보와 사양을 가지고 있습니다." 나는 그녀에게 답했다.

"그렇다면 그 내용이 실제와 맞는지는 어떻게 알 수 있나요? 어떤 테스트를 해보셨나요?"

"실제로 일상 속에서 입어보는 것 말고는 특별히 기술적인 테스트는 해보지 않았어요. 실제로 아내는 그 옷을 입고 나니 이전에는 나던 냄새가 더 이상 나지 않는다고 말해 줬어요. 제 느낌으로는 원단의 탄력도 아주 좋다고 생각합니다. 개인적으로 아주 마음에 드는 기술입니다."

나는 인터뷰를 할 때만 해도 그 내용이 어떤 식으로 각색될지 몰랐다. 인터뷰가 기사화되어 나왔다. 제목은 '해초 의류, 테스트도 거치지 않았다'로 뽑혔다. 기사를 간단히 요약하자면 이렇다.

룰루레몬 애슬레티카는 대나무, 은, 목탄, 코코넛 등 특이한 재료로 만든 비싼 요가복이나 기타 운동복의 인기를 바탕으로 올해 7월에 상장된 후, 월 스트리트에서 두각을 나타내고 있다. 그들의 대표적인 제품 중 하나가 비타씨인데 회사는 그것이 해초를 이용해서 만들었다고 주장하고 있다. 그러나 이 주장에는 문제가 있다. 이러한 그들의 주장의 일부는 사실이 아닐 수도 있다는 것이다.

-「뉴욕타임스」 2007년 11월 14일 기사

「뉴욕타임스」는 우리의 주장이 사기일 것이라는 의심을 깔고 기사를 썼다. 기사를 읽으면서 가장 먼저 들었던 생각은 비열해 보인다는 것이었다. 룰루레몬의 제품마다 인간에 대한 사랑이라는 기본 철학을 담고 있는데, 왜 누군가는 그런 식으로 기사를 쓰는지 상상이 가지 않았다. 혹시 부자를 무조건 적대시하는 '키 큰 양귀비 증후군tall poppy syndrome'은 아닌지 궁금하기까지 했다.

이러한 부정적인 기사를 통해 나는 주식시장에서의 공매도에 대해 배우게 되었다. 기사가 게재되었을 당시 룰루레몬의 세전영업이익EBITA: Erations Before Interest Tax And Amortisation이 거의 60배에 달했고, 주가는 엄청나게 올라 있었다. 이렇게 회사의 가치가 높은 평가를 받을 때는 사소한 악재가 발생해도 주가는 비록 일시적일지라도 크게 흔들린다. 공매도꾼들의 입장에서 보면 룰루레몬의 주가는 매우 높았다. 사람들은 그들만의 알고리즘을 통해 룰루레몬을 공매도 대상으로 포착했고, 이러한 기사가 뜨면 주가가 하락할 가능성이 80% 이상이라고 판단한 것이다. 이것이 그들만의 게임이다.

노련한 공매도꾼들은 확실한 수익을 챙기기 위해서 주가에 악영향을 미칠 만한 그럴듯한 루머를 만들어 낼 수 있다. 예를 들어서, 언론에 잘못된 정보를 제공하여 악의적인 소문을 퍼뜨릴 수 있는 것이다. 여러 언론들은 세간의 이목을 끌만하고, 회사에 피해를 입히고 주가를 떨어뜨릴 만한 기사를 써대고, 공매도자들은 소득을 챙긴다. 언론은 언론대로, 공매도꾼들은 공매도꾼대로 이익을 보는 구조인 것이다.

심지어 「뉴욕타임스」는 자신들이 공매도꾼들로부터 기사에 대한 힌트를 얻었다는 사실을 다른 기사를 통해 밝히기까지 했다. 「뉴욕타임스」는 룰루레몬의 주가가 하락한다는 쪽에 돈을 건 일부 투자자들로부터 테스트에 대한 제보를 받았고, 많은 사람들이 그 기사 덕분에 돈을 벌었을 것이라고 확신한다.

그러나 우리의 주가가 회복되기까지는 그리 오랜 시간이 걸리지 않았다. 우리의 실적이나 영업지표는 세계 최고 수준이었으므로 일시적인 하락은 큰 문제가 되지 않았다.

어드벤트의 소속으로 우리 회사 이사직을 수행하던 데이비드 무사퍼가 나서서 나쁜 평판을 관리하고 수습하는데 놀라운 실력을 보여주었다. 그는 이런 일을 여러 번 겪었었다. 그들은 과거에도 여러 상장기업에 투자를 한 적이 있었기 때문에 이번 사태의 본질을 잘 이해하고 있었다. 그는 이번 사태를 어떻게 받아들이고, 어떻게 대응하고, 언론을 어떤 식으로 대해야 하는지 잘 알고 있었다.

회사가 상장되고, 「뉴욕타임스」의 기사로 인한 소동을 겪으면서 나를 둘러싼 환경이 아주 크게 변했음을 실감했다. 언론이 독자들의 시선을 끌고 매출을 올리기 위해 선정적인 제목을 어떻게 뽑는지도 제대로 체험했다. 그럼에도 불구하고 언론을 대하는 나의 태도는 변하지 않았다.

이사회

기업 공개 당시 톰은 매우 경험이 풍부하고 탁월한 경력을 가진 사람 두 명을 이사로 새로 영입했다. 한 사람은 스타벅스의 전 CFO인 마이클 케세이였다. 또 한 사람은 미국 백화점 체인인 삭스Saks의 전 CEO인 브래드 마틴Brad Martin이었다. 나는 우리 이사회가 정말 탁월한 자질을 지닌 사람들로 채워지고 있다고 생각했다.

마이클 케세이는 사회 이사들에 의해서 수석 이사로 선출되었다. 나는 재정 등에 관해 독립적인 사고를 가진 8명의 이사진과 창의적이고 선구적인 안목을 가진 창업자인 나 사이에 훌륭한 균형을 기대했다.

마이클은 매일 같은 길을 따라 출퇴근하기 때문에 다른 생각 없이 그날 해야 할 일을 생각하는데 집중할 수 있다고 내게 말한 적이 있다. 그 말을 들으니 숨이 턱 막히는 것 같았다. 나는 매일 다른 길을 따라 출퇴근을 했다. 나는 항상 나를 둘러싼 세상 이곳저곳이 어떻게 변해가는지 보고 싶었다. 이처럼 그와 내가 사소한 것부터 전혀 다르다는 것이 그의 전문성과 나의 창의성 사이의 건강한 균형을 이루는 데 도움이 될 것이라고 생각했다. 이렇게 9명의 서로 다른 이사들로 건강하고 일관성 있는 이사회가 구성되었고, 나는 업계의 분석과 5~7년 후를 바라본 비전, 그리고 룰루레몬을 차별화하고 특별하게 하는 것이 무엇인지를 좀 더 깊이 연구할 수 있게 되었다고 생각했다.

밴쿠버로 귀환

뉴욕 증시에 성공적으로 상장한 후, 우리는 밴쿠버로 돌아왔다. 회사의 분위기는 믿을 수 없을 정도로 희망적이었다. 모두가 타임스퀘어의 전자 광고판에 떠있는 자신의 얼굴을 보았고, 그들 대부분은 급성장하는 회사의 지분을 소유하고 있었다. 이것은 혁신의 성과였고, 상장기업으로서의 룰루레몬의 역사가 막 시작되었다.

시간이 지나면서 성장을 거듭했지만, 우리가 처음에 가지고 있던 비즈니스 모델 가운데 일부는 사라지고 있었다. 나는 룰루레몬의 조직문화를 지키고, 더욱 공고히 하기 위해 여러 가지 방안을 강구해 왔다. 그 가운데 하나가 '불꽃의 소유자Holder of the Flame'라는 상을 제정하여, 변혁적 리더십을 구축하는데 공이 큰 직원들에게 시상하고 격려하는 일이다. 또 모든 직원들에게 랜드마크 포럼 교육을 받도록 한 것도 중요한 일이었다. 나는 훗날 이 상을 폐지해버린 이사회 이사진이야말로 룰루레몬을 그렇고 그런 회사로 만들어버린 주범이라고 확신한다. 이사회가 이 상과 랜드마크 포럼 교육의 의무를 없앤 조치야말로 룰루레몬과 룰루레몬의 문화의 몰락의 시작이었다.

밥 미어스와 그가 이끄는 팀이 회사를 한 단계 도약시켰고, 기업 공개를 통해 다시 한번 나에 대한 신뢰를 선언했을 때, 나는 그들이 정말로 나를 신뢰하고 있다고 느꼈다. 그러나 나는 어느 부분이 잘못되고 있는지 찾아보아야 했다.

밥이 훌륭했던 점은 그가 룰루레몬에서 일하는 것을 정말로 즐거워하고 흥분한 것처럼 보였다는 것이다. 그는 흡인력이 탁월한 강력한 리더였다. 그는 매년 30~40%씩 매출을 신장시키면서 고질적인 생산능력 부족을 해결해야 할 과제로 인식하고, 실제로 해결해 냈다는 것이다.

밥이 생산능력 부족 문제를 해결하기는 했지만, 그가 우리의 문화에 완전히 녹아들었다고 말할 수는 없었다.

딘 슈와이처는 이렇게 말했다. "우리는 밥이 회사를 이끄는 방식, 그가 고용한 사람들, 그리고 그가 어디에 돈을 지출하는지를 보면서, 회사의 미래에 대한 의심이 생기기 시작했습니다. 가끔 장기적인 안목이 아니라, 단기적으로 활용에 적합한 사람들을 데리고 오기도 하고, 엉뚱한 사람들을 고용하기도 했고, 이상한 곳에 돈을 쓴다는 생각도 들었습니다. 모두가 '내가 얼마나 오래 이 회사에서 일할 수 있을까?'라고 생각하기 시작했습니다."

브리 스탠레이크는 당시의 상황을 이렇게 말했다. "칩은 CEO로서 굉장한 속도의 성장을 이끌어냈을 뿐 아니라, 매우 자유분방했고, 진정한 의미에서 기업가라고 생각했습니다. 그러나 밥이 데리고 들어온 사람들 가운데는 우리 문화에 전혀 어울리지 않는 사람들이 많았습니다. 돈을 벌기 위해 들어왔고, 때가 되면 떠나겠다는 생각으로 들어온 것 같았습니다. 별것 아닌 것처럼 들릴지 모르겠지만, 그들이 정말 이질적으로 느껴졌습니다. 예를 들자면, 그들은 함께 규칙적으로 운동하는 일을 그렇게 중요하게 생각하지 않았습니다. 그러나 건강하게 사는 것, 그리고 건강을 유지하는 것은 룰루레몬의 핵심 가치이고 문화입니다."

직원들의 만족도도 흔들리기 시작했다. 회사는 MBA 출신의 경험 많은 경영진을 영입하고, 기존의 동급의 다른 임원들보다 급여를 50~100%나 더 책정했다. 그러나 우리는 어디서도 전례를 찾을 수 없는 독특한 비즈니스 모델을 따라 운영되는 회사였기 때문에, MBA 학위나 다른 곳에서의 경험은 크게 중요하지 않았다. 때문에 기존의 젊은 직원들이 오히려 새로 영입된 고액 연봉을 받는 간부들을 가르치는데 많은 시간을 할애해야 했다. 능력과 보상의 불평등이 생겼고, 인사 담당 부서는 과도한 스트레스에 시달리게 되었다.

밥과 나 사이의 관계는 여전히 좋았고, 나는 늘어나는 문제들을 충분히 관찰하고 연구하고 나서, 그와 마주 앉았다. 우리는 지난 1년 반 동안 신뢰와 의사소통, 그리고 기업 문화가 어떻게 악화되었는지에 대해 이야기를 나눴다. 그는 CEO였고, 나는 그가 스스로 문제를 풀어낼 기회를 주고 싶었다. 나는 지금과 같은 상황이 계속되어서는 안 된다고 분명하게 이야기를 했고, 그는 우리가 지금 막 주식을 상장했고, 주가가 치솟고 있는 과도기라며, 문제점을 잘 조정해 낼 수 있다고 장담했다.

기내 언쟁

그로부터 또 몇 달 후, 나는 밥 미어스와 어드벤트의 데이비드 무사퍼 등과 함께 전용기를 타고 하늘을 날고 있었다. 대화를 나누던 중, 어느 순간부터 밥과 데이비드의 언성이 높아졌고, 데이비드는 밥에게 복도에서 따로 얘기하자고 요구했다. 큰 비행기가 아니었기 때문에 나는 그들이 복도에서 나누는 대화를 들을 수 있었지만, 예의를 지키려고 노력했다. 그들은 밥이 룰루레몬에 오기 전부터 서로 아는 사이였기 때문에, 나는 그들의 언쟁이 그들 두 사람 사이의 사적인 논쟁일 것이라고 짐작했다. 그러나 실상은 그렇지 않았다.

비행을 마치고 착륙하자마자 밥은 빠른 시간 안에 룰루레몬을 떠나겠다고 말했다. 나는 큰 충격을 받았다. 나는 밥이 최소한 5년간 회사를 맡아 경영하며, 고성장을 계속 이어주기를 바랐었다. 왜 갑자기 떠나려고 하는지 이해할 수 없었다.

조금 더 시간이 지나면서 밥은 내가 생각했던 것보다 훨씬 전부터 퇴사를 고려하고 있었고, 후임자도 마음속에 정해 두고 있었다는 것을 알게 되었다. 그는 우리에게 크리스틴 데이Christine Day라는 여성을 한 번 만나 달라고 말했다. 밥은 로다 피처로부터 그녀를 소개받았다고 한다.

크리스틴은 스타벅스의 아시아 태평양 사업 부문을 책임지다가 2006년 말쯤 회사를 떠난 후 1년 정도 쉬고 있었다. 그녀가 스타벅스에서 글로벌 사업을 맡아 일한 기간은 3년 반 정도였다. 그녀는 이 거대한 커피 왕국에서 20년 동안 일하면서 수많은 문제들을 도맡아 해결했고 아시아 시장을 성공적으로 개척한 인물이다. 그녀는 가족과 더 많은 시간을 보내고 싶다며 회사를 떠났었다. 2007년 9월 당시는 1년쯤 푹 쉬던 그녀가 다음 행보를 모색하고 있던 때였다.

우리는 10월, 그녀가 다른 결정을 하기 전에 급하게 면담을 요청했다. 내가 크리스틴을 처음 만난 것은 시애틀의 한 식당에서였다. 이사회 이사이자 같은 시애틀 출신인 로다 피처가 동석했다.

대화를 나누면서 크리스틴은 자신이 룰루레몬에 대해 여러 가지 면에서 매력을 느끼고 있다고 말했다. 그녀는 우리의 제품과 비즈니스 철학이 매우 독창적이라는 것을 알고 있었다. 그녀는 또 스타벅스에서 일하면서도 룰루레몬이 직영 매장을 통해 영업을 전개하는 것이 얼마나 수익성을 더 높일 수 있는지도 이해하고 있었다. 고객들의 체험은 필수적이라는 것을 알고 있었고, 우리와 고객 사이에 존재하는 서로에 대한 높은 충성도에 깊은 인상을 받고 있었다.

나도 그녀가 오래 몸담았던 스타벅스의 기업 철학과 기업의 지명도, 그리고 직원들과 임원들에 대해서도 알고 있었기 때문에 그녀를 영입하게 된 것이 기뻤다. 나는 그녀가 룰루레몬과 잘 어울릴 것이라고 생각했다. 그럼에도 불구하고, 룰루레몬을 책임지는 최고위층 가운데 운동을 즐기는 사람이 없다는 것은 심각한 고민이었다.

나는 밥이 그토록 룰루레몬을 떠나고 싶어 했다는 사실을 뒤늦게야 알게 되었다. 그럼에도 오랫동안 적합한 후임자를 찾지 못해 생각보다 빨리 떠나지 못한 것뿐이었다. 밥도 크리스틴을 COOChief Operations Officer, 최고운영책임자로 영입하는데 의욕적이었다. 그녀는 2008년 1월부터 룰루레몬에 합류하기로 했다.

크리스틴은 일단 COO로 들어와 어느 정도 시간을 보낸 후 CEO 자리를 넘겨받기로 했다. 그녀는 이전에 CEO로 일해본 적이 없었고, 우리 회사를 파악할 시간도 좀 필요하다고 생각한 것이다. 어쨌든 여성을 주요 고객으로 삼는 회사에 실력파 여성이 최고 경영자 그룹에 합류한 것은 좋은 일이었다.

· 23장 ·

밥 미어스가 떠난 후

코카콜라와 펩시콜라

밥이 룰루레몬을 완전히 떠나기 바로 직전인 그해 1월, 그는 회사의 매니페스토를 수정하고, 그것이 인쇄된 쇼핑백에서 첫 번째 조항을 삭제해야 한다고 주장했다.

"코카콜라, 펩시콜라 등은 장차 담배의 역할을 대신할 것이다. 그러나 콜라는 물을 대신할 수 없다. 콜라는 광고를 통해 멋지게 포장된 또 다른 값싼 마약일 뿐이다."

브랜드가 특정 계층으로부터 반감을 사는 것을 극도로 꺼리고, 이러한 방식의 마케팅을 극구 피하려고 하는 것은 비즈니스맨들의 전형적인 특징이다. 그러나 우리는 다르게 생각해 왔다. 룰루레몬을 입는 사람들이 코카콜라나 펩시콜라를 마실 리 없고, 마셔서는 안 된다고 생각했다. 심지어 콜라를 즐기는 사람들이 우리 브랜드를 입는 것이 브랜드 이미지에 도움이 되지 않는다는 것이 우리 생각이었다.

70년대 이후 구체적인 연구결과가 나오기 전부터 나는 폐암과 담배 사이에 분명한 인과관계가 있다고 생각했다. 웨스트비치 시절부터 나는 매장에서 흡연을 금했다. 매장 흡연자를 냉정하게 내쫓는 것이 오히려 핵심 고객들로 하여금 브랜드를 더욱 신뢰하게 했다.

80년대부터 나는 코카콜라와 펩시콜라가 미국인들의 비만과 관련이 있다고 믿고 있었다. 콜라 회사들은 스스로 아메리칸 드림을 내세웠지만, 콜라가 미국인들의 비만의 중요한 이유라고 생각했다. 그리고 절대적인 정직성을 앞세우는 회사라면 이들의 거대한 마케팅에 맞서야 한다고 생각했다.

우리는 우리의 게스트인 슈퍼걸들에게 룰루레몬이 탄산음료를 마시는 사람들을 위한 브랜드가 아니라는 것을 알리고 싶었다. 우리가 슈퍼걸로 상징되는 건강한 게스트들과 연대한다면 전 세계가 우리의 뒤를 따를 것이라고 확신했다.

사실 우리가 매니페스토에 이 조항을 첫 번째 조항으로 내걸자 양대 콜라 회사들은 소송을 통해 룰루레몬을 질식시키겠다며 공공연하게 공격하고 있었다. 그러나 나는 룰루레몬은 그 자체가 건강한 사회를 위한 실험이라고 생각했다. 그리고 우리가 사회 건강의 원동력이 될 수 있다고 믿었다. 나는 진정성이라는 기반이 있다고 믿었고, 비록 아직 완전히 과학적으로 입증되지 않았다 하더라도 사회를 향해 목청을 높여야 할 의무가 있다고 믿었다.

딘 슈와이처는 말했다. "우리는 분명한 신념이 있었습니다. 우리가 그렇게 주장하기 전에 나름 많은 조사와 실험을 하고, 법적인 검토도 충분히 했었습니다. 당시 우리는 주식 상장 작업을 진행하고 있었습니다. 우리는 칩과 뜻을 같이하며 우리가 진실이라고 믿는 것에 집중하겠다고 다짐했습니다. 우리는 우리의 주장을 뒷받침하고 입증하려고 노력했고, 실제로 우리가 옳았음을 완전하게 확인했습니다."

밥은 사람들이 이제 콜라의 해로움을 알만큼 알고 있다며, 오히려 첫 번째 조항이 우리의 매니페스토의 신선함을 떨어뜨릴 수 있다고 말했다. 이제 콜라의 해악을 경고하기 위한 우리의 역할은 할 만큼 했다고 말했다. 클린턴 대통령이 미국 전역에서 탄산음료 자판기를 없애려고 노력했기 때문에, 혹시 대통령의 결정에 우리의 매니페스토가 어떤 역할을 했을지도 모른다고 혼자 생각하기도 했었다. 내가 '클린턴 글로벌 이니셔티브Clinton Global Initiative'라는 행사에 참석하기 전까지는 그랬다. 공교롭게도 이 행사는 코카콜라가 후원하는 행사였다.

나는 룰루레몬이 신선하지 않은 이미지로 비치는 것은 정말 싫었다. 그러나 이 문제는 밥에게 위임했고, 결국 이 조항은 우리의 매니페스토에서 삭제되었다. 지금 생각해 보면 이렇게 되도록 상황을 방치한 것은 나의 큰 실수였다.

문구 가리기

쇼핑백에 우리 비전선언문인 매니페스토를 인쇄하는 독창적인 마케팅 방식은 엄청난 성공을 거두었고, 나는 이를 한 단계 더 발전시키고 싶었다. 작은 쇼핑백 겉면에 수십 개의 문장을 인쇄해 놓으니 전체를 한눈에 읽기는 어려웠다. 그래서 나는 내가 갖고 있는 건강에 대한 생각들을 따로 정리하기 시작했다.

이렇게 해서 매니페스토 대신 건강철학이 2008년부터 쇼핑백에 인쇄되자, 밥은 대중들이 이를 못마땅하게 여기고 부정적인 의미에서 유명세를 탈 것이라고 생각했다. 그는 쇼핑백 전면을 바닐라 색으로 덮어버리라고 지시했다. 이 일로 온라인에서도 네티즌들끼리 많은 토론이 있었지만, 당시는 SNS 초창기였다. 고객의 건강을 옹호한다는 명분으로 논란의 여지가 있는 문구와 발언을 거침없이 내는 일에 밥과 이사회는 큰 부담을 느끼고 있었다.

새 CEO

CEO 직을 자연스럽게 인수인계하기 위해 밥은 크리스틴이 합류한 후에도 가을까지 회사에 머무르고, 가을이 되면 크리스틴이 CEO로 취임하기로 했다.

2008년 초, 크리스틴은 가족과 함께 밴쿠버로 이사했고, 랜드마크 포럼 과정도 마쳤다. 그녀는 공식화된 문화 교육 과정을 제대로 이수한 최초의 외부 영입 임원이었다.

크리스틴이 합류하고 몇 주 지나자 밥은 자주 행방불명 상태가 되었다. 급여는 여전히 수령하고 있으면서도 부재중이고, 소재가 파악되지 않은 일이 너무 자주 일어난 것이다. 그가 회사에 대해 이처럼 불성실한 이상 조기 해고하는 것이 당연했다. 일하지 않는 사람에게 급여를 지불해야 할 이유가 없었다.

그러나 이사회는 그를 해고하려고 하지 않았다. 그들은 상장한지 얼마 되지 않았다는 사실을 고려해야 한다고 주장했다. CEO를 해고하고, 한동안 공석으로 두는 것이 주식 시장의 투자자들에게 좋지 않은 메시지를 줄 수 있다는 것이다. 회사에 대한 투자자들의 신뢰도에 영향을 줄 수 있고, 애널리스트들과 주식 투자 자문사들이 룰루레몬의 주가에 대해 나쁜 전망을 발표하게 할 수 있다는 것이다. 즉 밥을 해고함으로 해서 잃는 것이 많다는 것이 그들의 생각이었다. 결국 회사는 모든 것을 감수하고 울며 겨자 먹기 식으로 그에게 급여를 지불해야 했다. 이사회는 회사에 불리한 뉴스를 감추기 위해 진실성을 포기한 것이다. 이것이 나를 정말 힘들게 했다.

어쨌든 우리는 밥이 회사를 떠나는 과정을 외부에 어떻게 알릴지를 놓고 매우 신중했다. 6월 말, 그가 CEO 자리에서 사임했다는 정도의 발표만 했다. 나는 비공식적이기는 하지만 CEO의 역할을 대신하며 밥을 퇴진시키고, 흔들리는 회사를 바로잡았다. 마치 신선한 공기를 다시 들이마시는 것 같았다. 밥과 함께 한 시간이 유익했다면, 그것은 우리가 원하지 않는 것이 무엇인지 배울 수 있었다는 것이다.

나는 밥이 왜 갑자기 회사를 떠나려고 했는지 궁금했다. 그것에 대해 생각하다가 나는 밥과 내가 데이비드 무사퍼와 함께 전용 비행기를 탔던 날의 언쟁을 생각해 냈다. 밥과 데이비드는 자기들끼리 따로 이야기하겠다며 복도로 나갔지만, 그들의 언성이 더 높아지면서 대화 내용의 일부를 들을 수 있었다.

그때 밥이 이렇게 말했었다. "내가 해 냈잖아? 내가 해냈다고. 두 달 사이에 주가를 이만큼 띄웠잖아. 이제 당신들이 나한테 약속을 지킬 차례야."

나는 그제야 주가가 2개월 내에 어느 수준 이상 도달하면 어떤 대가를 받기로 하는 이면 계약이 밥과 어드벤트 사이에 있었을 것이라고 생각하기 시작했다. 아마도 양측은 이 약속을 문서화했을 것이다. 그러나 내가 참석한 이사회에서는 결코 이 문제가 거론되지 않았다. 이럴 줄 알았다면 내가 사소한 의사결정까지 세세하게 지켜봤어야 하는 것이 아닌가 하는 생각이 뒤늦게 들었다. 이것은 어드벤트가 룰루레몬의 주요 주주였지만 룰루레몬의 이익이 아닌, 그들의 이익에만 관심이 있었다는 것을 짐작하게 하는 명백한 사례이다.

2008년 2월 마켓워치MarketWatch는 어느 날의 상황을 다음과 같이 요약했다. "미어스가 해야 할 일은 룰루레몬의 주가가 전일 비 0.04% 상승하여 목표한 수준에 도달하면, 사모펀드 투자자들의 주식을 매도할 수 있도록 작업하는 것이다.… 이는 경영진의 관심이 모든 주주의 이익보다는 사모펀드의 이익에 있었음을 말해준다." (마켓워치 2008년 2월 25일)

이와 비슷한 다른 분석도 나왔다. 그 분석 글은 이러한 종류의 거래가 "경영진이 잘못된 의도를 가진 주주 그룹들, 즉 현금화하려는 사람들의 이익에 관심을 갖고 있어 위험이 도사리고 있다."라고 말하고 있다. 내가 바로 이어서 '진정으로 헌신적인' 이사의 이익과 갈등에 대해서 이야기할 예정이기 때문에, 이 분석 글을 특별히 기억해 둘 필요가 있다.

나는 밥이 자신의 위치에서 할 수 있는 모든 노력을 경주하여 주가를 최대한 끌어올려 이면 계약에서 약속된 별도의 인센티브를 챙기고 빠져나가려고 했었다는 것을 알게 되었다. 그가 신중한 검토 없이 신규 매장들을 연 것은 이런 목표를 달성하기 위한 가장 손쉬운 방법이었을 것이다.

나는 밥이 룰루레몬의 지속적이고 장기적인 성장에 전혀 관심이 없었다는 것을 깨달았다. 단기적인 성과로 사모펀드의 데이비드 무사퍼와 톰 스템버그는 큰 이익을 얻었다. 주식 가치가 극대화된 시점에서 자신들의 주식을 현금화했기 때문이다. 그리고 밥은 인센티브를 챙겼다.

다렐 코프케의 표현을 빌자면 이렇다. "나는 기업 공개 과정에서 늘 룰루레몬과 함께 했었습니다. 밥 미어스는 자신의 이익을 지키기 위해 자기 사람을 대거 데리고 들어왔습니다. 오직 이기심만으로 자기 이익을 위해 회사를 가지고 논 것입니다. 그로 인해 커뮤니티의 건강을 증진시키는 것을 최대 가치로 여기던 회사가 몇몇 사람들의 이익을 위해 주가 올리기에만 혈안이 된 회사로 바뀌었습니다. 나는 자신들이 가진 주식이 수익성이 매우 높은 우량주로 보이도록 결산을 통해 적절하고 부드럽게 포장하는 것을 보고 혀를 내둘렀습니다."

대중의 주목을 끌기 위해 매 분기마다 각종 재무 지표를 월 스트리트의 애널리스트들에게 보고하는 것이 나에게는 시간 낭비로 보였다. 애널리스트들은 기능성 의류 관련 산업의 특성을 전혀 모르면서도 오랫동안 익숙한 외출복 업계의 지표를 이용해서 우리를 평가하려고 들었다. 예들 들어서 이야기하자면, 우리 회사는 업계의 다른 회사들과 비교해서 직원 교육과 계발 비용이 매우 높은 회사였고, 이사회와 경영진은 이러한 교육의 결과로 매장 단위 면적당 매출액이 업계 최고를 유지하고 있다는 점에 대한 깊은 통찰이 없이 무조건 교육훈련 예산을 깎으려고만 들었다.

애널리스트들은 이익이 늘어나는 것은 보지도 않고, 이익률이 떨어졌다는 이유만으로 우리를 거세게 비난했다. 그러나 시장을 장기적으로 지배하기 위해 어느 특정 시장의 점유율을 확보할 필요성이 있으면 과감하게 가격을 낮추는 것은 내가 자주 활용하던 전략이었다. 그러므로 상장기업의 CEO는 매출이 증가하면서 이익률이 떨어지는 이유를 설명하고 싶었을 것이다. 그러나 우리는 대중들에게 공개적으로 밝힐 수 없는 우리만의 전략을 여러 가지 가지고 있었다.

밥은 주가 상승으로 3천만 달러나 벌었다. 그는 더 이상 CEO 직에 관심이 없음을 공공연히 밝히고 그냥 자리를 비워버렸다. 결과적으로 크리스틴의 CEO 승진은 예정보다 당겨졌고, 그녀는 밥의 경영 체제 안에서 회사를 충분히 살펴볼 기회를 잃었다. 훗날 크리스틴이 기용한 여성 중역들의 경우도 이와 비슷했다.

어쨌든 밥 미어스와 함께 일하며 많은 것을 배웠다. 특히 단기 이익을 극대화하기 위해 회사의 겉모습을 멋지게 치장하는 기술을 제대로 배웠다.

크리스틴 데이, CEO가 되다

룰루레몬은 2008년 6월 열린 주주총회에서 크리스틴 데이를 CEO로 정식 선임했다. 「포브스Forbes」와 같은 매체들이 그녀의 CEO 임명에 대해 회사에 새로운 생명의 숨결을 불어 넣었다고 묘사한 것은 투자자들의 신뢰를 얻는데 큰 도움이 되었다.

그러나 이미 다 알고 있다시피, 당시 미국 경제는 전반적으로 고전하고 있었고, 우리도 매출 목표를 달성하지는 못했다.

우리가 가장 먼저 한 일은 단기간에 크리스틴에게 우리 회사의 기반이 되는 것들을 전수하는 것이었다. 크리스틴은 스타벅스에서 오래 근무하면서 특히 부동산 쪽 경험이 풍부했으며 좋은 거래가 어떤 것인지 잘 알고 있었다. 그녀는 관련 거래 조건을 검토하고 다시 거래 기준을 수립하였고, 회사의 경영을 정상화했다. 또 매장을 정상화하기 위해 거리와 사람들이 많이 모이는 곳들을 돌며 사람들의 옷매무새도 살폈다. 또 커뮤니티 주민들을 매장 직원으로 고용하고 교육에도 투자했다.

밥이 우리의 매니페스토 가운데 코카콜라와 펩시콜라 관련 문구를 문제 삼았던 것과 마찬가지로 그녀도 CEO가 되자마자, 우리의 매니페스토 중의 하나를 없애고 싶어 했다. '오르가즘을 느끼기 전에는 오르가즘이 무엇인지 몰랐던 것처럼, 자연은 아이를 갖기 전까지는 아이가 얼마나 위대한지 가르쳐주지 않는다. 아이들은 인생의 오르가즘이다.' 우리는 그녀가 특정 용어를 가지고 농담을 하고 있다고 생각했다. 사람들이 룰루레몬에 열광했던 가장 큰 이유 가운데 하나가 바로 매니페스토의 이 조항이었다. 그러나 이내 그녀가 이 문제에 매우 진지하다는 사실을 알게 된 후, 우리는 이것이 브랜드가 성장하고 대중들의 마음을 얻어 가는 원리를 가르쳐 줄 좋은 기회로 사용하기로 했다.

우리는 다양한 문화적 도구를 사용하면서, 진실하지 않은 것들 앞에서 진실해지는 법을 배워왔다. 우리는 우리가 누구이며 우리 자신을 스스로 어떻게 지켜나가는지를 공개적이고, 공격적인 방식으로 보여줄 새로운 방법을 찾았다. 이러한 이해와 훈련은 우리로 하여금 우리가 진실하지 않은 모습으로 되돌아가려는 순간 서로를 가르치고 일깨워 바로잡을 수 있게 해 주었다.

크리스틴은 우리의 슬로건으로 인해 상처받은 누군가의 항의 전화를 받았다. 그녀가 이 문구의 삭제를 지시한 것은 그녀의 능동적 선택이 아니라, 고객의 반응과 두려움에 기반을 둔 행동이었다. 그녀에게 우리 문화는 매우 생소했겠지만, 그녀는 어쨌든 새로 영입된 임원들을 위해 마련된 모든 교육 절차를 착실히 소화했다. 이 과정을 마치고 돌아오자마자 그녀는 자신의 지시를 철회했다.

세계적인 불황

세계적인 불황으로 번진 2008년의 경기 침체는 크리스틴이 CEO로 취임하고 불과 몇 개월 지나지 않아 시작되었다. 20년대 대공황 이후 최악의 주식시장의 폭락을 가져온 이 불황은 2007년 미국의 서브프라임 모기지 위기에서부터 시작되었다.

상황은 점점 악화되고, 9월에 리먼 브라더스Lehman Brothers 은행이 파산하면서 절정에 달했다. 정부가 대규모의 구제 금융을 단행했음에도 불구하고 피해가 컸고, 모두가 큰 타격을 입었다. 다우지수는 500포인트나 하락했고, 월 스트리트에서는 대규모 투매가 이어졌다.

하룻밤 사이에 18달러에 상장되었던 우리 회사의 주가가 45달러에서 5달러로 폭락하는 것은 끔찍한 체험이었다. 달러 단위로 거래되던 거의 모든 회사가 센트 단위로 거래되기 시작했고, 상장을 통해서 이룩했던 모든 성과가 사라져 버렸다. 전 세계의 모든 이들이 내일도 오늘 일하는 일터에 출근할 수 있을지 불안해하는 상황이 되었다.

우리도 몇 개월 동안 힘든 시간을 보냈다. 다행히 많은 직원을 해고하는 지경까지는 가지 않았지만, 신규 고용이 상당히 지체되었다. 일본의 매장은 닫았고, 휴가 시즌의 특수는 느껴보지도 못했다.

그러나 룰루레몬은 이때의 폭풍우를 잘 견뎌낸 편이었다. 최악의 불황 속에서 우리의 뿌리가 어느 누구보다 튼튼하다는 것을 확인했고, 다른 회사처럼 회사를 살리기 위해 영혼까지 팔아야 할 필요는 없었다.

불황이 닥치면 도박과 마약에 대한 의존도가 높아지는 것으로 알려져 있지만, 우리가 만나는 새로운 세상에 사는 사람들은 운동을 통해 발생하는 엔도르핀으로 스트레스를 관리한다는 생각이 들었다. 매출이 다시 치솟으면서 내 생각이 옳았음이 입증되었다고 생각했다.

이커머스 재검토와 랩 컨셉

경기 침체로 재고가 예상보다 쌓이면서 우리는 이커머스에 투자를 했고, 이커머스를 위한 플랫폼을 2009년 4월에 세상에 선을 보였다. 이커머스를 활성화하기 위해 우리는 신제품이 나올 때마다 우리의 게스트들에게 대규모의 안내 메일을 보냈다. 이커머스 진출은 매우 성공적이었다. 이커머스를 통해 판매할 수 있는 제품은 제한적이었지만 생산된 제품이 창고에 새로 입고되는 것보다 훨씬 빠른 속도로 제품이 팔려나갔다.

나는 항상 내가 개발한 버티컬 리테일 방식의 영업 모델이 기존의 홀세일 중심의 유통 시장에 강력한 도전이 되었던 것처럼, 매장 운영비용 자체가 필요 없는 이커머스 방식이 지금까지 지켜온 룰루레몬의 토대를 무너뜨릴 수 있다는 점을 우려해 왔다. 이사회의 구성원들은 과거 자신이 이사로 몸담았던 다른 회사에서 이커머스를 통한 영업이 성공적이었다는 이유만으로 이커머스를 적극적으로 지지했다. 당시 만일 내가 이커머스와 제품의 직접 제조 가운데 하나를 선택하라는 강요를 받았다면 나는 제조를 선택했을 것이다. 그러나 당시는 금융위기로 인해 창고의 재고가 늘어나고 있는 특별한 상황이었다.

돌이켜 보면 당시의 불황은 룰루레몬 창립 후 최고의 위기였다. 우리는 성장을 멈추고, 우리의 전반적인 운영 과정을 점검하며 성장기반을 다시 정비했다. 그것 말고는 우리가 할 일은 없었다. 경기 침체 중에도 미국의 우리 매장은 1ft²당 1,000달러의 매출을 달성한 반면, 캐나다 매장은 3,000달러 이상을 유지하고 있었다. 참고로 이 때 당시 리테일 매장의 1 ft²당 평균 매출은 약 650달러였다.

나는 키칠라노에서 처음 열었던 매장에서처럼 랩 매장lap shop; 연구 공간을 겸한 매장을 재현해 보고 싶었다. 우리에게는 밴쿠버에 사용하지 않는 땅이 있었고, 여분의 원단과 지퍼 등 부자재도 100만 달러어치나 재고로 쌓여 있었다. 우리는 이 과다 재고를 현금화하는데 크게 어려움을 겪지는 않을 것이라고 자신했지만, 이것을 새로운 디자이너들을 테스트하는데 활용하고 싶었다.

우리는 3개월마다 새로운 디자이너를 고용하고 일부를 교체하고 있었다. 우리는 여분의 원단과 직물을 새로 지은 건물의 바닥에 자유롭게 방치해 그들로 하여금 기능성 원단을 활용한 외출복을 창의적으로 만들어보도록 했다. 새로 고용된 디자이너들은 매우 불확실한 시기에 창의력과 자유로움을 마음껏 발휘하여 브랜드에 큰 역동성을 불어 넣어 주었다.

내 경험으로 미루어볼 때, 나의 아내 섀넌과 같은 멋진 디자이너 한 명을 찾아내려면 15명 정도의 디자이너를 겪어 보아야 하고, 또 다른 훌륭한 디자이너인 섀넌 사비지Shannon Savage 정도의 디자이너를 만나려면 적어도 4~5명은 거쳐야 한다. 1년에 네 번씩, 여러 가지 새로운 아이디어를 지속적으로 창출할 수 있는 섀넌 윌슨이나 섀넌 사비지 같은 독창적인 사람이 CEO나 CFO보다 수익창출에 훨씬 큰 역할을 한다.

우리는 뉴욕시의 소호Soho에 새로운 랩 매장을 열었고, 밴쿠버의 개스타운Gastown에도 또 하나의 랩 매장을 열었다. 그것은 매우 불확실한 시기를 극복하고, 스포츠 디자인에 재능을 가진 커뮤니티의 인재를 키우는데 큰 역할을 한 또 하나의 혁신이었다.

경기 침체의 영향

크리스틴은 부동산 거래 부문에서 놀라운 능력을 발휘했으며, 성공을 위한 공식을 만들어내기 위한 전략을 근본적으로 재설정했으며, 이커머스에 투자를 했고, 고객들과 소통을 통한 세부적인 정보 수집과 재정 관리 면에서도 훌륭한 솜씨를 보여주었다. 현금 흐름이 원활해졌고, 막대한 현금 수입을 올리면서 불황에서 완전히 벗어났다.

2009년 3월 9일, 상장 직후의 가격보다 훨씬 낮은 2.25달러를 기록한 룰루레몬의 주가는 다시 상승세로 돌아서서 2013년까지 꾸준히 상승했다.

뉴욕에 본사를 둔 기업 정보 전문 회사인 톰슨 로이터Thomson Reuters의 분석가들은 우리의 성과와 시장에서 룰루레몬의 위치의 독특함에 깊은 인상을 받은 것 같다. 톰슨 로이터는 "캐나다 리테일 업체 중 국경 남쪽으로 확장하면서 이런 성공을 거둔 예는 거의 없었다."라고 평가했다.

크리스틴은 회사를 위해 정말 열심히 일했고, 그로부터 2년은 그녀에게나 회사에게나 황금기였다.

우리는 인재개발이나 품질 관리, 매장 위치나 사회적 변화 등에 대한 대응이 필요하면, 그때마다 내 생각에 따라 '즉흥적'으로 대응하는 편이었기 때문에, 별도의 마케팅팀이나 브랜드 관리팀이 없었다. 그럼에도 우리가 열심히 하는 만큼 브랜드는 성장하고 있는 것처럼 보였다.

우리는 최고의 혁신을 이루고 놀라운 제품을 생산해 내고 있었다. 아내와 나는 기능성 요가복에 여성스러움을 더하기 위해 안토니아 이아마르티노Antonia Iamartino라는 디자이너를 고용했다. 이 아이디어는 경쟁 업체보다 4년은 더 앞서가게 해주었다.

혁신의 관점에서 우리는 2013년까지 세계 최고의 운동용 브라 제조업체가 되는 것을 목표로 설정했다. 우리는 맨체스터대학교University of Manchester와 계약을 맺어 여성 가슴의 움직임을 연구하도록 했다. 룰루레몬은 모든 의복에 전파 접합 심, 레이저 벤팅Laser venting 기술을 적용하고, 휴대폰 주머니를 달았다. 박테리아를 죽이고 악취를 없애기 위해 은사를 옷에 섞어 넣었다.

홈런 디자인회사 이익 창출에 가장 큰 기여를 한 디자인은 스쿠버 후디Scuba Hoodie였다. 서핑, 스케이트보드, 스노보드 사업을 몇 년 동안 운영하면서 나는 후디가 대세가 될 것이라고 생각했고, 아내 섀넌이 2001년에 테스트 버전을 만들었다. 나는 세계 최고의 후디를 만들고 싶었다. 유통단계가 제거된 직영 영업의 매력은 우리가 다른 누구도 감당할 수 없는 것을 만들어 낼 수 있다는 것이었다. 나는 엘키 혼과 힘을 합쳐서 지금까지 만들어진 어떤 후디보다도 훨씬 부드러우면서도 두꺼운 면 원단을 개발했다. 스쿠버넥에 2인치 너비의 후드 밑단과 이 원단을 결합하여 그야말로 새로운 명품을 개발해 냈다. 마지막으로 앞쪽 심에 우리 로고가 부착된 이 제품은 2009년 크리스마스 시즌의 스쿠버 후디 매출의 20%를 점유하게 된다. 5년을 입어도 완벽하게 느껴질 정도로 혁신적인 이 옷의 핵심 기술은 옷에 지퍼를 달기 전에 미리 물에 여러 번 빨아서 수축을 시키는 것이었다. 이 방법을 사용하면, 구입 후 여러 번 세탁을 해도 지퍼가 절대로 변형되지 않는다.

오프라 윈프리 효과

그 무렵 우리는 오프라 윈프리 쇼에서 '오프라가 좋아하는 것Oprah's favorite things'이라는 코너를 준비하는 사람들로부터 전화를 받았다. 섀넌과 나는 청중석에 서서 팬츠를 나눠주기 위해 시카고로 날아갔다. 우리의 주가는 즉시 10달러나 올랐다. 우리는 미국에 75개의 매장을 가지고 있었지만, 갑자기 수백만 명의 미국인이 오프라 덕분에 룰루레몬이라는 이름을 처음 듣게 되었다.

솔직히 말하자면, 나는 연예인을 통한 홍보를 좋아하지 않았다. 그러나 유명 인사의 영향력이 세상의 여러 방면에서 점점 커지고 있다는 사실을 무시할 수는 없었다. 사실 나는 개인적으로 어느 연예인이 입었다고 해서 그것에 열광하는 것을 도저히 이해할 수 없었다. 마치 나이키가 유명 선수들을 활용하는 것처럼, 그들 연예인들은 옷을 입어 주는 대가로 돈을 받는 것뿐이라고 나는 생각했다. 그것은 우리가 하고 싶은 방식의 홍보는 아니었다.

사실 어떤 유명 인사가 캘리포니아에 있는 어느 매장에 걸어 들어왔다면, 매장 측은 공짜로라도 자신들의 의류를 그에게 입히기를 원하는 것이 보통이다. 그러나 나는 이에 반대한다.

우리는 항상 기본을 지켰고, 그렇게 미국에서 성공했다. 주가를 올리기 위해서 입지 조건도 제대로 판단하지 않고 아무 데나 매장을 여는 일은 하지 않았다. 대신 전시장을 겸한 매장을 좀 더 많이 열고, 시장을 철저하게 조사하고, 인재를 개발하고, 교육에 집중했다. 시간은 걸렸지만, 우리가 어느 지역 시장에 진출하면, 우리가 노력한 만큼 그 커뮤니티도 우리에게 마음을 열어주었다. 이것은 지금까지 지켜온 우리의 중요한 원칙이었다.

2009년 말이 되었을 때 업계에서 우리의 지위는 누구와도 비교할 수 없을 정도로 확고했다.

나는 누구인가?

2008~2010년 사이의 룰루레몬의 전성기는 개인적으로도 엄청난 일이 일어난 기간이었다. 이 기간을 지나면서 나의 마음은 온통 혁신에 대한 생각으로 가득 차게 되었기 때문이다.

혹시 누군가가 나라는 사람을 이해하고 싶다면 우선 내가 굉장히 까다로운 사람이라는 것을 알아야 한다. 나는 옷의 모든 것에 관하여 생각하고 고민한다. 만일 내가 여생을 스피도Speedo에서 보낼 수 있다면, 아마 나는 기꺼이 그러한 삶을 선택했을 것이다. 나는 대부분의 의복의 원단이나, 심, 모양, 색상 등을 보면서 짜증을 느낀다. 제대로 기능을 발휘하지 못하는 옷들을 바라보는 것만으로도 괴로움을 느낀다.

나는 내 옷이 나의 몸에 딱 맞아야 한다고 생각한다. 나는 완벽한 인체공학적 디자인을 활용하여, 어떤 운동을 할 때, 내 몸이 어떻게 움직이는지 정확하게 알고, 나의 운동능력에 도움을 주는 옷을 만들고 싶다. 심지어 주머니의 길이와, 각도까지도 철저하게 계산되어야 하고, 두 개의 고리를 달아 스마트 폰을 걸고 다닐 수 있어야 한다. 또 이어폰을 꽂아 놓을 수 있어야 한다. 내가 메고 다니는 배낭은 다양한 물품들을 넣을 수 있는 여러 개의 주머니가 구비되어야 하고, 칫솔과 손전등, 태블릿PC, 입술용 크림, 카드, 선글라스, 컴퓨터 코드, 펜, 비타민 등을 3초 이내에 꺼낼 수 있어야 한다.

젖은 옷을 두고 냄새나는 신발까지 넣고 다니려면 공기도 잘 통해야 한다. 지퍼의 위치도 세심하게 고려하여 모든 지퍼를 한 손으로 열 수 있도록 해야 한다. 옷의 통기성이 좋아야 하고, 공기가 앞과 겨드랑이, 그리고 아래로 흐르고, 뒤로 빠져나가야 한다. 땀과 외부의 어떤 날씨도 감당할 수 있는 고도의 기능성 의류를 디자인하고 싶다.

내가 운동선수로 활동한 경험이 없었다면 룰루레몬은 존재할 수 없었다. 나는 수영선수 생활을 할 때는 물이 내 몸의 열기를 식혀주는 자연 냉각시스템 역할도 한다고 생각했다. 수영선수 생활이 끝나고, 달리기와 자전거, 스쿼시 등을 해보니 몸의 열기를 식히는 데 45분이나 걸렸다. 하루에 세 번씩 운동을 하는 사람으로서 옷깃이 달린 신축성이 전혀 없는 면 셔츠를 입고 넥타이를 매고, 그 위에 재킷까지 입는다는 것은 생각만 해도 끔찍스러웠다. 그것은 나로서는 상상할 수 없는 옷차림이었고, 나의 생활방식이 아니었다. 나는 내가 그런 고통스러운 옷차림을 고집할 이유가 없다고 생각했다. 양복은 보기는 좋을지 몰라도 입는 느낌은 아주 나쁜 옷이라고 생각한다.

서부 해안 지역의 문화는 동부 해안 지역의 유니폼 같은 패션이 어울리지 않는다. 특히 익스트림 레저 스포츠 분야로 들어가면 그런 현상이 분명하다.

나는 기능성 의류를 연구한 과학자이다. 나는 모든 사람들의 몸의 움직임을 자세히 관찰하고, 기록하고, 추론하고, 이러한 정보를 바탕으로 어떤 알고리즘 같은 것을 실행한다. 나는 10살 때부터 이런 일을 해 왔다. 나는 신체를 보고, 그 사람의 성별과 나이, 좋아하는 운동, 지방, 키, 인종, 열정, 그리고 옷 색상과 연관 지어 생각해 왔다.

완벽한 옷을 만들고자 하는 열망을 달성하기 위해 나는 머릿속에서 인체를 분자 수준까지 해체한다. 각 스포츠마다 어떤 종류의 신체가 가장 잘 맞는지 정확히 알고 싶어 했다. 키 작고 근육이 탄탄한 체조 선수와 키 큰 마라톤 선수의 몸의 움직임이 어떻게 다르며, 운동복은 어떻게 다르게 입어야 각 종목에 맞는 최적화된 기능을 발휘할 수 있을지를 정확하게 알고 싶었다.

나는 남성이 자전거를 오래 타거나 오래 앉아 있을 때 고환이 압박을 받는 문제를 해결하는데도 많은 연구를 했다. 여성의 다양한 가슴 크기가 종목별로 어떤 영향을 미치며 운동의 완성도를 높이기 위해서 어떻게 그 문제를 해결해야 할지 알고 싶었다. 나는 각 체형 별로 겨울과 여름에는 각기 어떤 원단이 운동에 가장 적절한지도 궁금했다. 이것이 내가 해야 할 일이라고 생각했고, 실제로 그런 일을 했다. 미크론100만분의 1m을 다투는 올림픽 무대에서 경쟁자를 이기려면 어떤 운동복을 입어야 하는지 분석하는 일이 즐거웠다.

나는 의류의 기술로 먹고 숨 쉬고 살아가고 있었다. 2008년을 전후한 불황 직후의 기간에 나는 그 어느 때보다 자유롭게 이런 일에 몰입할 수 있었다.

내 마음은 항상 미래를 향하고 있었다. 그러나 직감적인 믿음을 넘어서는 확고한 데이터가 없는 상황에서 머릿속에 맴도는 모호한 수준의 미래 지향적 아이디어를 정확하게 표현하는 데는 어려움을 겪고 있었다.

나는 유머감각이 넘치는 여성과 결혼하고 싶었고, 실제로 아내는 언제나 나를 웃게 해 주었다.

올림픽

당시의 우리 회사의 입장에서 밴쿠버에서 열린 2010 동계 올림픽은 매우 중요한 행사였다. 7년 전인 2003년에 밴쿠버의 올림픽 개최가 결정되었다. 이것은 룰루레몬에게 아주 좋은 마케팅의 기회였고, 우리 에릭 피터슨의 창의력을 최대한 발휘할 수 있는 기회이기도 했다.

나와 마찬가지로 에릭은 소위 정석이라고 불리는 틀에서 벗어난 마케팅 기법을 생각해 내고 실천에 옮기는 사람이었다. (타임스퀘어에서 요가 시연회를 벌인 것이 그 대표적인 사례이다.) 나는 그에게 과연 IOC가 존경 받을 만한 권위가 있는지 의심스럽다고 말한 적이 있다. IOC가 아주 훌륭한 대형 스포츠 이벤트를 만드는 조직인 것은 알고 있지만, 코카콜라나 맥도날드 같은 기업의 스폰서를 받는 것은 자신들의 존재 이유와 역행하는 처사라는 것이 내 생각이었다.

밴쿠버의 올림픽 개최가 결정된 직후, 오랫동안 캐나다를 대표하여 IOC 위원으로 활동해온 존 퍼롱John Furlong이 2010 동계올림픽의 조직 위원장으로 임명 되었다. 그는 내가 오랫동안 마음으로 존경해 온 영웅 가운데 한 명이었다. 나는 한 사람이 나라와 조직을 위해 그렇게 작은 일을 통해 그렇게 큰 영감을 주는 것을 본적이 없었다. 나는 그를 도울 수만 있다면 어디라도 달려갈 수 있다고 생각했다.

나는 2004년에 존을 만나 룰루레몬이 캐나다 선수들의 유니폼 업체로 선정되기 위한 입찰에 참여할 것이라고 말했었다.

단지 캐나다팀을 후원하기 위해 입찰에 나선 것은 아니다. 후원사로서 자신들의 제품을 제공하려면 IOC의 관련 규정을 모두 준수해야 하고, 그만큼 창의력과 창작의 자유가 제한된다. 내 목표는 모든 사람들에게 우리가 올림픽 후원사가 되기 위해 상당한 액수를 지불하고 있다는 사실을 알리고, 그것을 통해 유니폼 공식 후원사인 루츠 애슬래틱스가 지나치게 과대평가되었다는 사실을 알리고 싶었다. 우리가 지출한 금액은 밴쿠버 올림픽 조직위원회가 올림픽을 성공적으로 개최하는 데 도움이 될 것이고, 궁극적으로 앞으로 몇 년에 걸쳐 밴쿠버 전체에 도움이 될 것이다.

루츠는 30년 동안 캐나다의 올림픽 대표 선수들에게 유니폼을 제공했지만, 그들의 제품은 고기능성 의류와는 거리가 멀었다. 고기능성 의류는 그들의 핵심 사업이 아니었음에도 불구하고, 어느 업체도 그들의 아성에 도전해 볼 생각조차 하지 않았기 때문에 그들은 캐나다 대표 팀 유니폼 공급을 독점하고 있었다. 나는 입찰가로 200만 달러를 써넣기로 했다. 루츠가 유니폼 공급 업체의 지위를 계속 유지하고 싶다면 이보다 더 높은 가격을 써야 할 것이다.

그런데 허드슨 베이Hudson's Bay Company가 캐나다 대표팀 유니폼 공식 공급업체 지위와 함께 세 번째로 올림픽 공식 후원사가 되기 위해 1억 달러를 제안했다. 나는 그들이 이렇게 엄청난 입찰가를 써낸 것은 내가 지금까지 본 것 중 가장 어리석은 의사 결정이라고 생각했다. 지금까지의 모든 유니폼 후원과 마찬가지로 이번에도 캐나다 국가대표 선수들은 평범한 품질의 유니폼을 입고도, 마치 그 유니폼에 만족하는 듯 반응을 보일 수밖에 없게 되었다고 나는 생각했다.

한편 올림픽에 맞춰서 올림픽에 후원하는 공식 후원 업체를 보호하고, 특별한 법적 지위를 보장하는 법이 통과되었다. 밴쿠버, 2010, 올림픽, 게임, 겨울, 금, 은, 동, 스폰서, 휘슬러, 메달 등과 같은 단어를 사용할 수 있는 권한을 공식 후원사에게만 부여하는 내용의 법이었다. 이러한 법이 도입된 이유는 공식 후원사가 아닌 기업이 올림픽과 관련된 내용을 광고에 사용하는 이른바 앰부시 마케팅Ambush marketing을 막기 위한 것으로 추측된다.

우리는 IOC 규정을 자세히 분석하고, 그 의도를 조롱할 계획을 세웠다. 2009년 12월에 공개된 룰루레몬의 광고는 올림픽이라는 단어를 사용하는 대신 '2009년부터 2011년 사이에 브리티시 컬럼비아에서 열리는 세계적 규모의 스포츠 대회'라는 용어를 사용했다.

우리는 가장 많은 관람객이 찾을 것으로 예상되는 캐나다, 미국, 독일, 노르웨이, 스웨덴을 상징하는 색상을 조합하여 후드 스웨터 셔츠와 털실 방울 모자, 그리고 티셔츠를 만들고 그들 제품의 안쪽 라벨에 그 문구를 새겨 넣었다. 그리고 캐내디언 후디Canadian hoodies에는 금색 지퍼를 달았다.

밴쿠버 올림픽조직위원회는 IOC의 후원 업체를 보호해야 할 법적인 의무가 있었기 때문에 우리가 하는 일에 대해 강력하게 항의하는 서신을 우리에게 보냈다. 그러나 강력한 항의 편지에도 불구하고 우리는 법의 한계를 절묘하게 피했기 때문에 그들은 아무 것도 할 수 없었다.

그들이 할 수 있는 일이라고는 대중들도 우리에게 실망할 것이라는 정도의 유감을 표명하는 것뿐이었다.

조직위원회의 디지털 저작권 관리 책임자인 빌 쿠퍼Bill Cooper는 우리가 스포츠맨십에 위배되는 일을 했다고 비난했다. 쿠퍼는 또 허드슨베이가 취급하는 실제 상품까지 강조하여 알렸다. 그러나 우리에게 그것은 별로 중요하지 않았다. 그러한 소동이 오히려 언론의 관심을 불러왔고, 결과적으로 우리는 무료로 광고를 하는 효과를 누렸다. 손익에 대한 판단, 혁신적 아이디어, 그리고 논란의 여지가 있는 마케팅으로 우리는 또다시 승리를 거뒀고, 나는 그 이상 행복할 수 없다고 생각했다.

직영점 영업의 승리

직영점 영업에 대해서는 이전의 성공사례도 없었고, 우리도 비즈니스 모델에 대한 명문화된 매뉴얼을 가지고 있지 않았다. 우리가 성공한 것은 우리가 매일 새로운 생각을 해내고 그것을 실천했기 때문이다. 우리가 동부 해안 특유의 정형화된 라이프 스타일 리테일 산업을 뛰어넘을 수 있었던 것은 우리가 많은 것을 재창조를 하고, 그것을 토대로 또 다른 재창조를 해 냈기 때문이었다.

나는 매일 걸어서 사무실로 출근하면서 스스로에게 물었다. "만일 내가 룰루레몬과 경쟁을 해야 한다면 무엇을 해야 할까?" 이 질문을 통해서 나는 미래의 가장 좋은 결과를 만들기 위해 현재 작동하고 있는 것들을 해체하고 완전히 새로운 것을 계속해서 다시 만들어 냈다. 나는 이런 식으로 다른 업체들이 감히 도전을 할 수 없을 정도의 방어벽을 구축하면서 스스로 열광했다. 그러나 언제부터인지 모르지만, 더 나은 미래로 나아가기 위해 지금은 잘 작동하지만 머지 않아 걸림돌이 될 수 있는 프로세스나 제품을 제거하는 일이 점점 어려워졌다. 경영진들이 단기적 목표에 인센티브를 내걸었고, 이로 인해 1년간의 지표에 영향을 미칠 수 있는 장애물이 만들어졌다.

우리는 또한 서로의 약점에 대해 개방적이고, 변명하지 않고, 불평하지 않으며, 정직하지 않은 모습을 발견할 때마다 서로 지적해 주고 바로잡아주는 문화를 가지고 있었다. 우리는 서로의 성공을 원했기 때문에 서로에게 피드백을 주는 것을 즐겼다. 이것은 단지 회사 구성원들 사이에서만 작동하는 문화가 아니었다. 우리는 게스트와 서로 교감을 했고, 게스트는 커뮤니티와 교감을 나눴다. 앰배서더를 기용하고, 커뮤니티와의 관계 구축한다는 우리의 비즈니스 공식은 우리가 세상을 '평범함에서 위대함'으로 끌어올리기 위해 일관되게 노력했다는 증거이다.

룰루레몬의 모든 총구는 불을 뿜고 있었다.

창업자와 CEO

크리스틴은 2008년부터 2010년까지 나와 함께 일했다. 서로의 다름을 인정하면서, 시너지 효과를 냈고. 모두가 행복해하는 멋진 결혼생활 같았다. 그녀는 우리가 높은 수준의 성장세를 유지하고, 계속해서 매장을 새로 개설하기 위해 무엇을 어떻게 준비해야 하는지 정확히 아는 순수한 운영자였다. 그리고 나는 브랜드를 구축한 전략가이며, 제품 혁신자이며, 문화의 창시자였다. 나는 시장이 어디로 향하는지 알고 있었고, 크리스틴은 우리를 그곳에 데리고 가서 견고한 집을 지어줄 줄 아는 사람이었다.

금융위기는 금방 끝났다. 우리 사업의 피해는 매우 가벼웠기 때문에 룰루레몬의 위기는 더 빨리 끝났다. 우리 회사는 캐쉬 카우로서의 면모를 잃지 않았고, 부채는 없어야 하고, 항상 풍성한 현금을 은행에 보유하고 있어야 한다는 나의 원칙은 깨지지 않았다. 나는 기회가 다시 올 것이라고 확신했기 때문에, 미리 은행에 충분한 실탄을 쌓아 두고 싶었고, 그 덕분에 미래를 향한 경쟁에서 앞설 수 있었다.

우리는 창립 이래 해마다 계속해서 매출과 이익을 놀라울 정도로 크게 늘려나갔다. 우리는 우리가 해야 할 일을 계속했고, 전문성을 더 높여야 했다. 2010년의 끝자락에 올 때까지 우리는 이렇다 할 경쟁자를 만나지 못했다.

우리의 주식 가치는 놀라울 정도로 극적으로 상승하고 있었고, 그 혜택은 여러 사람들에게 골고루 돌아갔다. 우리 모두는 마치 유토피아에서 살고 있는 것 같았다. 그리고 스스로 슈퍼걸인 중간 관리자들이 회사의 중추를 이루며 회사를 이끌고 있었다. 그들은 배려하는 마음이 풍부하고, 성실하고, 똑똑하고, 책임감이 있었으며, 항상 장기적인 안목에서 모든 결정을 내릴 능력이 있는 사람들이었다.

이때쯤부터 나는 주식 분석가들을 상대로 분기별로 여는 기업 설명회를 중단했다. 진실성과 투명성이라는 관점에서 본다면, 우리 회사에 대해 관심 있는 분석가들의 질문과 정보 요청에 어떤 것도 숨기지 않고, 최대한 개방적으로 응하는 것이 옳다. 그러나 실제로는 부드럽고 우호적인 질문에 대해서는 자세하게 답변한 반면, 어려운 질문에 대해서는 애써 묵살해 왔다. 우리가 정말 개방적이고, 정직하다면 숨길 것이 없어야 하고, 묵살할 만한 어려운 질문이란 없어야 하는 것이 당연하다. 나의 진정성은 경쟁자들에게 부당한 정보를 제공하는 것이 아니다. 우리가 우리의 최악의 부분에 대해서 솔직하게 이야기해도, 그들이 우리를 최고라고 믿게 하는 것이야말로 나의 진정성이라고 생각한다.

변호사와 법적 문제 등이 지배하는 대화를 나누느니 차라리 사무실에서 일하는 것이 회사를 위해서도 유익하다고 생각했다.

돌이켜보면 분석가들에 대한 정보 제공의 기회를 내가 스스로 끊은 것은 실수였다. 시간이 흐르면서 분석가들은 크리스틴에 관하여 그녀가 전에 받아본 적이 없는 찬사를 쏟아내면서 그녀와 밀월 관계를 형성했고, 그로 인해 그녀도 자신에 대한 인식을 바꾸기 시작했다. '좋은 기업을 넘어 위대한 기업으로'에서 이야기하는 자신이 아닌 경영을 성공을 중요시하는 5단계 리더가 사라져가고 있었다.

· 24장 ·

크리스틴과의 갈등

잃어버린 기회들

우리는 최고의 역량과 성공을 구가했고, '세계 최고'의 비즈니스 성공사례로 기록될만한 성취를 이루며 2010년을 마감했지만, 그로부터 7년간 룰루레몬은 중대한 변화의 시기를 맞게 된다. 그리고 안타깝게도 이 기간 동안 많은 좋은 기회를 놓쳤다.

그러한 일들을 이야기한다는 것은 결국 '교활하기까지 한' 일부 직원들이 어떻게 회사에 그냥 남아 있을 수 있었는지, 그리고 그들이 이사들로 하여금 하지 않았어야 할 행동을 하도록 유도했는지를 이야기하는 것이다. 독자 여러분들의 이해를 돕기 위해 하버드 비즈니스 리뷰 Harvard Business Review에 실린 도미닉 바튼Dominic Barton과 마크 와이즈만 Mark Wiseman의 글「이사회가 작동하지 않는 경우Where Boards Fall Short」의 일부를 소개하고자 한다. 나는 독자들이 이 글 전체를 읽어 보기를 권한다.

이 글에서 바튼과 와이즈만은 대부분의 이사회들이 잘 작동하지 않는다고 말한다. "엔론 사태 이후 대대적인 규제 개혁의 바람이 분 지 10년이 지났고, 국제 기업 거버넌스 네트워크International Corporate Governance Network 같은 독립적인 감시 기구가 제시한 감시 지침에도 불구하고, 대부분의 기업 이사회들은 장기적인 가치를 창출하기 위해 최선을 다해 경영진에 대한 강력한 감독과 전략적 지원을 해야 할 의무를 제대로 수행하지 않고 있다."

이 글에 따르면, 주요 기업의 이사 700명을 대상으로 설문 조사를 실시한 결과 그들 중 34%만이 회사의 전략을 이해하고 있었고, 기업이 가치를 창출하는 방법을 이해하는 이사들은 그보다 훨씬 적은 22%에 불과했다.

이러한 충격적인 조사 결과가 사실이라면, 어떻게 이사회가 그들이 이끄는 회사에 공헌을 할 수 있을까? 바튼과 와이즈만이 말한 것처럼 그 대답은 바튼과 와이즈만의 글에 나오는 이사들의 경영에 대한 항목별 체크리스트가 아니라, 앞으로 내가 몇 년 동안 룰루레몬의 이사회에서 보게 될 여러 가지 모습에서 찾아야 한다.

바튼과 와이즈만은 우선 회사의 모든 사람들이 이사의 의무가 무엇인지를 잘 이해하는 것이 중요하다고 제안한다. 법적으로 이야기하자면, 이사의 의무란 회사의 이익을 최우선으로 하는 충성심과 가장 적절한 사업적 결정을 할 수 있는 적절한 세심함과 기술, 그리고 근면성을 포괄하는 신중함을 발휘하는 것이다. 이사는 오로지 자신의 의무를 성실하게 수행할 뿐 단기적인 재정적 이득을 우선시해서는 안 된다. 또 필요하다면 결과를 보기까지 몇 년 이상 걸릴 장기적인 기업 전략을 경영진에게 강력하게 요구해야 한다.

바튼과 와이즈만이 주목한 또 다른 중요한 문제는 상장기업의 이사회가 올바른 전문지식을 갖추기 위해 혹은 전문지식을 갖춘 사람들을 영입하기 위해 충분히 노력하지 않는다는 것이다. "진정으로 장기적인 관점에서 사고하고 행동하는 것이 중요하다는 것을 인식한다면, 전문인력을 끌어들이기 위해 무슨 일이든 하려고 할 것이다." 룰루레몬의 이사회도 적절한 사람들을 찾아내는 데 관심이 없었다. 더 쉽게 이야기하자면 제대로 된 CEO를 새로 선임해야 한다는 그들의 최우선의 임무를 수행하는 데 관심이 없었다.

이사회는 장기적인 관점에서 앞을 내다보고 생각할 수 있는 경험이 풍부한 인물을 이사로 영입하기 위해 노력했어야 한다. 그러나 불행하게도 그렇게 하지 않았다. 이사회가 구성되는데 내가 상당한 역할을 했기 때문에 이 문제에 대한 책임은 전적으로 나에게 있음을 인정하지 않을 수 없다. 사람은 누구나 자신과 뜻이 맞는 사람들을 선호하기 때문에, 단기적인 안목에 집중하는 이사들은 단기적인 안목을 기반으로 생각하는 또 다른 인사들을 새로운 이사나 CEO로 영입하는 경향이 있다. 마찬가지로 "직원과 주주들에게 정직하지 못한 이사들은 또 다른 거짓말쟁이를 이사로 끌어들이고, 진실성이 부족한 사람을 CEO로 세울 것이다." 이사들은 무의식적으로 자신들의 자아를 지지해 주고 생존에 도움을 주는 사람들로 주변을 채우려고 한다.

책상 이동

2010년 말 크리스틴 데이는 셰리 워터슨Sherri Waterson을 생산 책임자로 영입했다. 나는 셰리를 좋아했지만, 그녀는 주로 패션의 관점에서 디자인을 중시했다. 나는 그녀가 자신의 진가를 드러내려면 시간을 좀 더 주어야 한다고 생각했다.

크리스틴은 또 컨설팅 회사에 용역을 주어 우리가 제품을 디자인하고 시장에 내놓는 과정을 전면 재검토하려고 했다. 그러나 이 컨설턴트들은 우리처럼 기능성 제품을 직영매장을 통해 판매하는 영업 사례를 처음 접해본 사람들이었다. 우리는 그들에게 무려 200만 달러나 지불했지만, 거꾸로 우리의 사업 시스템을 그들에게 가르치는데 많은 정력을 소비해야 했다. 그들은 컨설팅 보고서를 통해 우리에게 홀세일 방식의 영업을 하는 대부분의 기업들의 사례들 가운데 '최고의 사례'를 참고하고 받아들이라고 권고했다. 나는 왜 이런 컨설팅을 받아야 하는지 이해하지 못했지만, 우리가 그동안 세계 최고라는 평가를 받았던 우리의 비즈니스 방식에서 서서히 벗어나고 있다는 것을 느끼기 시작했다.

이들 컨설턴트들은 얼마 후 직영점 방식의 영업은 어떤 식으로 경영해야 하는지를 세계에 알리는 '전문성이 상당히 높은 논문'을 내놓았다. 룰루레몬을 관찰하면서 알게 된 우리의 영업 비밀이 룰루레몬의 비즈니스 모델을 최고라고 인정하는 인정하는 컨설턴트들을 통해 세상 모든 사람들에게 공개 되었다는 것은 정말 실망스러운 일이었다. 나는 최고의 컨설턴트는 나 자신이라고 자부하고 있었지만, 우리 이사들은 패션의 홀세일 영업 전문가들인 동부 해안 지역의 의류업 컨설턴트들로부터 더 나은 업무 과정 설계를 맡기고 정보를 얻어내야 한다고 믿었다. 이제 나는 더 이상 이들에게 해 줄 이야기가 없다고 생각했다. 크리스틴과 이사회는 이해할 필요가 없는 것을 이해하기 위해 컨설턴트들을 고용하지 말았어야 했다. 경영진들에게 왜 룰루레몬이 이렇게 잘 돌아가는지 묻지 않은 것은 컨설턴트들이 경영진들보다 몇 수 아래에 있음을 말해주는 것이었다. 어쩌면 크리스틴은 룰루레몬에서 성장한 사람 대신 그녀에게 도전하지 않을 인물로 이사회를 채울 필요가 있다는 말을 컨설턴트들로부터 듣고 싶었는지도 모른다.

우리가 가장 중요하게 여기는 운영 원칙 가운데 하나는 '스토어와 이커머스의 에듀케이터야말로 회사에서 가장 중요한 사람'이라는 것이다. 그들은 우리의 기술적 우위와 브랜드의 이름을 고객들에게 전달한다. 에듀케이터 다음으로 중요한 사람들은 관리자이고, CEO나 이사회, 그리고 주주들은 그 다음이다. 중요한 인물들을 순서대로 적어본다면 창립자인 내 이름은 맨 아래에나 등장하게 될 것이다. 만약에 회사가 주주에게 놀라운 가치를 선물하기를 원한다면, 나는 그들의 이익을 최일선에서 창출해주는 사람들, 즉 에듀케이터들을 우대하고 존중해주어야 한다고 믿는다.

어느 날 이상한 일이 일어났다. 이사회가 디자이너들의 공간에 자리 잡고 있는 내 책상을 다른 곳으로 옮겨달라고 요구한 것이다. 그들은 의사전달 체계가 이원화됨으로 인해 발생하는 혼선을 막고, 나의 간섭 없이 디자인 파트를 관리하고 책임질 수 있도록 하는 조치라고 설명했다.

나는 이것이 다음 단계로 나가기 위한 최선의 방안이라고 받아들였다. 경영진이 실적을 내지 못하거나 보너스를 받지 못하는 변명거리로 이용당하고 싶지는 않았다. 대신 나는 6개월의 시간을 달라고 말했다. 나를 대신할 적임자를 찾는데 시간이 필요했기 때문이다. 나처럼 의류에 관해 까다로운 사람, 기능성 외출복과 관련한 아주 세밀한 기술적 사항에 대해서까지 사랑을 품은 사람이 필요하다는 말이다. 크리스틴은 6개월은 너무 길다고 생각한 것 같다. 결국 나는 어느 구석에서 싸워야 하는 상황이 온 것을 받아들였다. 상황이 이렇게 되기까지 놔둔 내가 정말 어리석었다고 생각한다.

돌이켜보면, 내 책상을 디자인 공간 바깥으로 옮긴 것은 큰 실수였다. 나를 대체할 만한 적절한 인물을 찾지 못했고, 룰루레몬의 제품은 예전에 비해 혁신성이 훨씬 떨어지기 시작했다.

하버드 비즈니스 스쿨

그 무렵 크리스틴은 나에게 하버드 경영 대학원이 룰루레몬에 찾아와 사례연구를 하고 싶어 한다며 가능한지 물었다. 그들이 룰루레몬의 역사와 모든 것을 조사하고 기록하고 싶어 한다는 것이다. 사실 우리는 우리의 역사를 세세하게 기록하고 정리할 시간이 없었기 때문에, 하버드와 우리 모두에게 좋은 것 같다고 생각하여 동의했다. 솔직히 말하자면 나는 사례연구가 정확하게 무엇인지를 전혀 몰랐고, 동의하기 전에 정확히 확인해 보려고 하지도 않았다. 어쩌면 사람들의 의도를 무조건 선하게 해석하여 겪었던 몇 차례의 실패담이 다시 반복되고 있었던 것이다.

하버드의 교수들은 매장의 현황과 과거의 실적, 그리고 역사를 자세히 살폈다. 나는 그들을 그라우스 그라인드로 데리고 다녔고, 밥 미어스에서 크리스틴 데이에게 CEO 자리가 넘어가는 과정에 대해서도 설명했다. 나는 당연히 그렇게 해야 한다고 생각했고, 다른 생각은 하지 않았다.

이들이 연구한 결과는 2010년 12월, 비즈니스스쿨의 수업에서 발표할 수 있도록 각각 3~4분 분량의 동영상 20편으로 제작되었고, 정식 출판되었다.

나는 정식 출판된 동영상을 시청하면서 가슴이 철렁 내려앉았다. 이 동영상은 우리의 독특한 문화와 경영 방식, 성공을 가능케 했던 원칙, 그리고 기업의 운영 원리 등에 대해서는 절반 정도만 대충 소개했다는 느낌을 받았다.

오히려 이 동영상은 크리스틴이 2008년에 회사에 합류하고, 최악의 경기 침체기에 모든 것을 하나하나 재정비하는 모습에서부터 시작되고 있었다. 거기서 크리스틴은 이렇게 말했다. "조직 전체가 너무 느릿느릿했습니다…. 조직이 전혀 정비되지 않았던 상황이었습니다."

이것이 전혀 공정하지도 정확하지도 않은 설명이었다. 우리가 세계적인 경기 침체에도 불구하고 드물게 성공을 경험했다는 사실을 완전히 무시하고 있었다. 실제로 금융위기는 우리에게 긍정적인 작용을 했다. 우리는 금융위기를 계기로 성장을 조금 늦추는 대신, 우리가 발을 딛고 설 수 있는 견고한 기반을 구축할 수 있었다.

일단 견고한 토대가 자리 잡고 나면 그다음에 할 일은 더 많은 매장을 열고 성공의 공식을 그대로 준수하고 실천하는 것뿐이다. 어떤 운영자라도 이정도 일은 할 수 있다. 내가 가끔 말한 것처럼 '우리가 굳건한 기초와 토대만 만들어 놓으면 막대기만 꽂아 놔도 룰루레몬을 경영할 수 있다.' 결국 하버드의 사례연구는 크리스틴이 자신의 이미지를 구축하기 위한 일종의 예행연습처럼 보였다. 게다가 우리의 성공의 공식이 이런 식으로 공개되어 경쟁사에 넘겨진다면 우리는 그 결과를 수습하기 위해 수십 억 달러의 비용을 들여야 할 것이다.

나는 룰루레몬의 역사를 제대로 정리하지 못했던 나의 부족함을 자책했다. 역사는 승자의 기록이라지만, 하버드가 알고 있는 진실은 진실이 아니었다.

나는 하버드를 방문하여 사례연구 내용에 대한 문제를 제기했고, 그들은 나의 의견을 수용했다. 그들도 자신들이 알고 있는 내용이 부정확하다는 사실을 알고 당혹스러워했고, 내용을 보완하기 위해 두 개의 동영상을 추가 제작하도록 조치했다. (그러나 나는 한참 후인 2016년에 밴쿠버에서 이 사례 연구 동영상을 시청했는데, 추가 제작된 두 개의 영상은 포함되어 있지 않았다.)

하버드 입장에서는 이 동영상을 정식 출판하기 위해서는 사례 연구 내용에 대한 룰루레몬의 고위 임원의 서면 승인이 필요했고, 그것은 크리스틴의 승인이 필요하다는 의미였다.

비용 절감, 가격 인상

크리스틴은 비용은 최대한 줄이면서도 우리가 제품에 대하여 할 수 있는 상한선에 도전함으로써 룰루레몬의 주식 가치를 올리고 있었다. 나는 이렇게 해서 늘어나는 이익이 '나쁜 이익'이라고 믿었다. 그러나 회사의 우선순위는 주식 분석가들의 분기별 주가 예측치를 높이는 쪽으로 옮겨가고 있었다.

처음으로 크리스틴과 내가 같은 방향을 향해 가고 있는가 하는 의문이 들기 시작했다. 제품 가격을 인상하고, 비용을 줄이려는 이유가 합당해 보이지 않았다. 장기간 회사의 주식을 보유하고 있는 주주로서 나는 우리에게 붙는 '시장 최초'라는 수식어와 비교우위를 계속 유지하려면 품질을 계속해서 개선하면서도 경쟁사가 넘볼 수 없을 정도로 제품 가격을 낮추는 것이라고 나는 생각했다. 아무도 우리의 버티컬 리테일 영업 방식을 이길 수는 없었다. 나는 우리가 이러한 전략을 계속 유지하면 결국 기능성 의류 시장의 점유율을 50% 이상 유지하고, 1조 달러에 달하는 스트리트웨어 시장의 10% 이상 점유할 수 있다고 확신했다.

그러나 품질이 떨어지거나 가격이 너무 자주, 빨리 인상하면 우리는 평범한 회사로 전락하고 말 것이다. 가격을 올리면 경쟁업체들이 시장에 더 쉽게 진입하여 시장 점유율을 잠식할 것이고, 우리는 결국 손해를 보게 될 것이다.

어드벤트는 이미 자신들의 지분을 정리하고 떠났다. 그들은 그렇게 해서 번 돈으로 또 다른 투자처를 찾을 것이다. 그들은 우리를 떠나면서 우리에게 마지막 인사로 가능한 한 빨리 세계 시장에 진출할 것을 주문했다. 그들은 우리가 세계적인 제품을 생산하고 있으며, 세계 시장에서도 1위의 점유율을 차지할 필요가 있다고 말했다. 전시장과 운동시설을 겸한 매장이라는 개념을 처음 선보인 우리는 유럽이나 아시아 시장에 진입하여 별문제 없이 손익분기점을 넘길 수 있었다. 우리는 북미에서 굉장히 많은 돈을 벌었기 때문에, 다른 지역에서 천천히 그러나 확실하게 브랜드를 구축하기 위한 시간 싸움을 견딜 수 있는 충분한 유동성을 보유하고 있었다. 적어도 5년 동안은 수익을 내기 어려운 시장에도 미래의 성장을 위해 투자할 수 있다는 이야기였다. 그러나 이사회의 나머지 구성원들은 사모펀드 측이 회사를 떠나면서 던진 충고를 받아들이지 않았다. 단기적으로 재무제표에 좋지 않은 영향을 줄 수 있다는 이유 때문이었다.

갭 애슬레타, 나이키, 언더아머

2010년에 들어서 다른 브랜드들이 우리의 영역에 도전장을 내밀기 시작했지만, 우리는 애슬레저 부문에서 독보적인 위치를 유지하고 있었다. 갭은 2008년 신생 온라인 경쟁사인 애슬레타를 1억 5천만 달러에 사들이고 애슬레타 브랜드 매장을 새로 열기 위해 많은 투자를 벌였지만, 여전히 허우적거리고 있었다.

애슬레타는 다른 모든 브랜드들과 마찬가지로 디자인에 집중하는 모습이었고, 우리와 그들을 굳이 비교하자면, 애플과 마이크로소프트 정도의 차이가 있다고 생각했기 때문에 별로 신경 쓰지 않았다. 룰루레몬과 애플은 각자 자신의 사업 영역에서 디자인과 기술, 제품, 그리고 브랜드 이미지까지 숫자로 표현할 수 없는 대단한 가치를 가지고 있었다.

애슬레타가 시장에 진입하든 말든 나는 상관할 것이 없었다. 갭은 우리처럼 고객의 반응을 즉각적으로 생산과 판매에 반영하는 대신, 매장의 구매 담당자가 과거의 판매 데이터를 기반으로 생산과 판매에 관한 중요한 결정을 내리는 방식으로 비즈니스를 전개했다. 나는 이런 방식의 경영이 시장에서 두 가지의 큰 허점을 보여줄 것이라는 것을 알고 있었다. 더 오래되고 더 큰 규모의 서비스가 부실한 시장 덕분에 애슬레타가 나름대로 그들의 입지를 만들었다. 그러나 나는 그들의 소비자는 브랜드를 견인해 가는 역할을 하지 못하는 사람들이며, 애슬레타는 결코 시장을 선도하는 브랜드가 될 수 없다고 확신했다.

일반적으로 나는 사람들이 나이가 들수록 헐렁한 옷을 선호하고, 젊은이들보다 체형이 커진다는 사실을 알고 있었다. 이것은 그들을 위한 옷을 만드는 사람들은 룰루레몬에 비해 이익은 적게 보면서도 원단을 30~40%쯤 더 소모해야 한다는 것을 의미한다.

또한 홀세일 중심 영업으로 크게 성공한 나이키와 언더아머도 염두에 두어야 했다. 2010년 당시 나이키는 의류 시장에 본격적으로 뛰어들 것을 고민하는 신발회사였고, 언더아머는 감수성 높은 10대 소년들과 다소 여러모로 불안정한 남성들을 대상으로 커다란 로고가 박힌 의류를 만드는 회사였다. 나는 홀세일업자들이 박리다매를 각오하고 경쟁에 뛰어든다면 나름 괜찮은 경쟁자가 될 것이라고 생각했다. (햄버거

시장에서 맥도날드가 구사했던 것과 비슷한 영업 전략이다.) 그들이 엄청난 양의 물량을 발주한다면 룰루레몬은 원단과 생산 공장을 확보하는데 어느 정도 애를 먹게 될 것이다.

기업 공개 후 몇 년이 지나고 나서 룰루레몬의 기업 가치는 언더아머의 약 두세 배 정도로 평가되었고, 매출의 85%는 여성 고객에 의해 발생했다. 반면 언더아머의 고객은 거의 남성이었고, 그들의 제품 가운데 여성에게 먹힐 만한 것은 없었다. 만일 언더아머가 룰루레몬과 비슷한 철학을 장착하고 나이키와 남성 시장을 놓고 경쟁을 벌였다면 굉장히 흥미진진한 싸움이 벌어졌을 것이다.

2008년, 언더아머는 케빈 플랭크Kevin Plank를 CEO로 영입했는데, 그의 마초에 가까운 사고방식은 슈퍼걸과는 어울리지 않았다. 룰루레몬은 둥근 모서리와도 같은 부드러움을 대변하는 브랜드이며, 요가 등을 통한 마음챙김, 그리고 모두가 승리하는 세상을 추구한다. 언더아머는 어떤 대가를 치르더라도 승리하겠다는 남성우월주의를 표방하며, 다른 모든 패배자들은 먼지 구덩이에 처박아두어도 된다는 생각을 담은 브랜드이다. 나는 그런 브랜드 이미지에는 관심이 없었다.

어쨌든 우리는 그들과 달리 직접 비용을 투입하여 리테일 매장을 세우고, 운영하는 회사였기 때문에 나이키와 언더아머는 나의 당장의 관심사가 될 수는 없었다.

2010년이 끝나갈 무렵, 나는 미디어를 이용한 전통적인 광고 전략에 대해 그 어느 때보다 많은 생각을 하게 되었다. 과거에 광고를 하지 않았다고 해서, 미래에도, 특히 중대한 변화의 고비에 서 있는 시점에서도 광고를 해서는 안 된다고 고집할 필요는 없었다. 룰루레몬은 고객과 직원들(그리고 경쟁업체들)에게만 알려진 비주류 강소 브랜드였을 뿐, 대중들에게는 여전히 낯선 브랜드였다.

만일 나이키가 전 세계에 펼쳐진 그들의 영업망을 활용한다면 아시아나 유럽 시장에서 금방 여성 스포츠 의류 부문의 선두 자리에 올라설 것이다. 나는 전 세계에 손익분기점을 쉽게 맞출 수 있는 작은 규모의 요가 스튜디오를 겸한 매장을 300~400개 정도 마련하고, 광고비가 과도하지만 않다면 기존의 광고미디어를 통한 광고를 통해 시장의 점유율을 높이고, 이커머스를 세계적으로 확대해야 한다고 생각했다. 우리는 요가 스튜디오를 겸한 매장을 운영한 경험을 충분히 가지고 있다. 이제 남은 일은 실행에 옮기는 것뿐이다.

안나 윈투어와 자끄 레비

그 무렵 섀넌과 나는 보그의 안나 윈투어Anna Wintour와 그녀의 뉴욕 사무실에서 회의를 가졌다. 그녀와 우리 사이의 다리를 놓아준 사람은 삭스의 전 CEO를 지낸 우리의 이사 브래드 마틴Brad Martin이었다. 우리는 그녀에게 서부 해안의 기능성 중심의 운동복이 어떻게 패션시장의 중심에 서게 되었는지 설명해 주고 싶었다.

나는 그녀에게 고급 여성 의류에 대한 이해를 돕기 위해, 신축성이 좋은 원단에 항균과 악취 제거를 위해 은색 실을 사용하고, 통기성까지 갖춘 웨딩드레스를 만들어 입는 미래를 상상해 보라고 말했다.

착용하는 모든 옷에서 편안함과 기능성을 중시하는 소비자들의 수가 빠르게 늘어나고 있었지만, 뉴욕의 패션계는 아직도 이러한 거대한 패러다임의 변화를 포착하지 못하고 있었다. 패션계는 항상 주기적으로 순환하는 모습을 보여주었다. 매년 같은 언론이 같은 광고주의 광고를 싣고, 같은 디자이너를 다루고 있었다. 패션 관련 매체들의 입장에서 룰루레몬은 돈이 되는 광고주가 아니었다. 우리는 뉴욕이나 파리의 여성복 디자이너들에게 뭔가를 알리는 대신 훨씬 빠르게 소비자들에게 직접 새로운 패션을 제안하고 있었기 때문이다. 아마도 그들은 우리의 존재에서 위협이나 불편함을 느꼈을 것이다.

지난 12년간 나는 의도적으로 회사 안에서 패션에 관한 주제를 의제로 삼지 않았다. 뉴욕의 미디어가 하는 이야기들이 서부 해안의 운동복 시장의 판도에 영향을 미치지 않는다고 생각했기 때문에, 패션을 중요하게 생각하지 않는 것이 당연했다. 뉴욕 사람들의 입장에서 볼 때 운동복은 유행이나 패션과는 거리가 먼 상품이었다. 그들이 운동복에 대해서 가끔 이야기를 하는 것은 마치 아기를 보고 예쁘다고 말하는 정도의 입버릇 같은 립 서비스에 불과했다. 결국 우리의 스트리트닉이나 애슬레저라는 개념은 뉴욕의 패션 전문가들에게는 미스터리 그 자체였다.

안나는 우리와 대화를 나누면서 대중 소비자들은 룰루레몬에 대해서 아는 것이 아무것도 없고, 우리들의 성공은 우리들만 알고 있고, 우리 마음속에만 존재하는 사실 같다고 솔직하게 말해주었다.

그러면서 그녀는 우리에게 광고에 비용을 상당히 많이 지출할 필요가 있다고 말했다. 더 많은 경쟁자들에 의해서 룰루레몬의 독창성이 더 희석되기 전에 보다 많은 대중들에게 룰루레몬을 알려야 한다고 말했다. 실제로 나는 과거 서핑이나 스케이트보드, 스노보드 관련 사업을 하면서 시장에 과포화 되었을 때 우리의 독창성이 빛을 잃는 경험을 한 적이 있었다. 나는 룰루레몬이 스트리트닉 사업의 창시자로 알려지기를 바랐고, 세계적으로 인정받기를 원했다. 우리가 스포츠 의류 회사 최초로 전통적인 미디어에 상당한 양의 광고를 올리면, 바로 이어서 수많은 매체들이 우리에 관한 기사를 쓰게 될 것이고, 우리의 매출도 기하급수적으로 늘 것이라고 생각했다. 엄청난 기회가 눈앞에 있었고, 나는 그 기회를 잡게 된 것이 기뻤다.

나는 처음에는 안나의 제안이 자신의 매체에 광고를 유치하기 위한 영업의 일환은 아닌가 하는 의구심을 품기도 했었지만, 그녀의 말은 충분히 설득력이 있었고 부정할 수 없었다.

한편 2011년 초에 자끄 레비Jacques Levy가 이사회에 합류했다. 그는 세계 최대의 화장품 편집숍 업체인 세포라Sephora에서 CEO로 재직했으며 고급 리테일업계에서 25년의 경험을 가지고 있다. 불행히도 그는 우리 회사에서 오래 일할 수 없었다. 1년도 안되어 암 판정을 받고 투병을 위해 회사를 떠났다. 그런데 기억에 남는 것은 그가 우리와 합류하면서 안나가 했던 말과 똑같은 말을 했다는 사실이다. 광고를 통해 보다 많은 대중들에게 우리의 메시지를 전하라는 것이다.

내가 중요하게 생각하는 원칙 가운데 하나는 각기 다른 사람들로부터 같은 말을 세 번 이상 들으면 그것을 마치 신의 계시처럼 여기고 받아들이고 실천하라는 것이다. 처음에는 안나에게, 두 번째로 자끄로부터, 그리고 세 번째로 변화하는 시장을 고려한 내 잠재의식으로부터 광고에 대한 이야기를 듣고 있었다. 나는 CEO와 이사회에게 우리가 지금까지 브랜드 기반을 구축하는데 활용했던 고객들과의 진정한 소통 방식은 오랫동안 큰 효과가 있었지만, 이제는 절반으로 줄일 필요가 있다고 말했다. 커뮤니티와의 소통을 통한 브랜드 구축은 앞으로도 계속 추구해야 하겠지만, 이제는 광고를 통해 보다 빠른 속도로 브랜드를 확산시켜야 한다고 말했다. 경쟁자들이 과거 우리가 성장 과정에서 무엇을 어떻게 했는지 알아가고 있고, 그들도 서서히 시장의 한 부분에 자신들의 입지를 만들려고 노력하는 상황이기 때문에, 아직도 우리를 알지 못하는 세계의 곳곳에 우리가 어떠한 존재인지 알릴 필요가 있다고 생각했다. 미래를 소유하기 위해 또 다른 과감한 투자를 결정할 때가 온 것이다.

소극적인 이사진

풀뿌리 네트워킹이라고 살 수 있는 입소문을 통한 홍보는 지난 10년 동안 큰 효과가 있었다. 또 회사의 경이적인 성장에 큰 기여를 했다. 우리는 전체 매출의 2%를 마케팅 비용으로 지출한 반면, 홀세일 중심 영업을 하는 업체의 마케팅 비용은 매출의 10%나 되었다. 그러나 나는 이사회에 미래를 위해 돈을 쓰자고 설득하는데 실패했다. 이사회와 CEO 모두 그동안 우리의 브랜드 전략이 처음부터 어떻게 그리고 왜 효과를 만들어 냈는지 이상할 정도로 이해를 하지 못하고 있었다.

나는 그들에게 광고가 분명히 효과가 있을 것이라는 것을 입증할 방법이 없어서 낙담할 수밖에 없었다. 나는 내가 항상 회사의 미래를 위해 새로운 일에 도전할 시기를 정확하게 포착하는 능력이 있다고 스스로 생각하고 있었다.

룰루레몬은 나름대로 이사회를 갖추고 있었고, CEO도 따로 있었다. 나름대로 소유와 경영의 조화를 이루어내고 있었다. 나는 회사의 주식의 30%를 소유한 대주주였고, 그 주식의 가치는 20억 달러 정도였다. 나는 30%의 지분을 가지고, 브랜드와 비전과 혁신에 관한 목소리를 이사회를 향해 낼 수 있었다. 다른 이사회 구성원들은 감사와 인센티브 지급, 경영에 관한 목소리를 내고 크리스틴을 대변했다.

수석 이사인 마이클 캐세이는 내게 다음과 같은 입장을 정리했다. '내가 알 수 없는 미래를 미리 입증할 수 없다면, 광고의 타당성 역시 조금도 인정할 수 없다'는 것이다.

나는 뭔가 잘못되고 있다는 것을 느꼈다. 나는 마이클 캐세이가 수석 독립이사로서 재정에 관한 한 굉장한 권한을 가지고 있다는 것을 알고 있었다. 또 룰루레몬이 은행에 쌓아둔 엄청난 돈을 관리하고, 그 잔고를 늘리는 것이 그의 임무라는 것도 알고 있었지만, 나는 그 돈을 장래에 우리 주주들에게 큰 이익을 가져다주는 방향으로 사용하고 싶었다. 나는 마이클의 신중한 입장을 인정한다. 이사회가 다양성을 갖추고, 균형을 유지하기 위해서는 그런 사람도 필요하다고 생각했다. 그러나 불현듯 정말 이사회가 다양한 사람들로 구성되어 있을까 하는 의구심이 들기 시작했다.

수석 이사와 CEO가 모두 안전제일주의에 빠져 있다면 회사가 시너지 효과를 내며 역동적으로 성장할 수 없을 것이라는 생각이 들었다. 광고를 늘리지 않기로 한 결정으로 2010년부터 2015년까지 룰루레몬의 미래 시장 가치는 50억 달러에 머물 것이라고 생각한다.

존 골트는 누구입니까?

"회사는 두려움과 거짓말보다 사랑과 성실로 결속될 때 더 강하다."

- 칩 윌슨

룰루레몬 이사회가 대형 광고에 대한 투자를 거부한다고 해서 최고의 브랜드 자산을 내부적으로 활용할 수 없다는 의미는 아니다. 우리는 세상에 하나의 강력한 질문을 던질 것이다. " 존 골트는 누구입니까?"

존 골트는 2011년 초에 12명의 임원들과 우리 CEO인 크리스틴 데이와 함께 한 창의적인 브랜드 미팅에서 내가 제기한 아이디어였다. 그날의 회의는 룰루레몬의 쇼핑백에 대한 새로운 투자를 논의하기 위한 자리였다. 쇼핑백은 수년 동안 우리의 정신을 성공적으로 보여주었지만 이제는 새로운 것을 생각할 때가 되었을 것이다.

나는 19살 때 송유관 건설 현장에서 일하면서 읽었던 아인 랜드의 『아틀라스』를 50살 때 다시 읽었다. 몇 십 년 만에 다시 읽으면서 그 책이 나에게 얼마나 큰 영향을 끼쳤는지 뒤늦게 깨달았다. 양질의 제품을 만들고자 하는 사람들의 끝없는 탐구, 직원에 대한 사랑, 그들의 열정, 그리고 다른 사람을 기만하여 돈을 벌기를 단호하게 거부하는 모습까지 모두 마음에 다시 담았다. 나는 개인의 이익과 세상을 향한 기여를 조화롭게 구현해 나가는 모습에 매료되었다.

이 특별한 독서가 있기 얼마 전, 나는 크리스틴과 함께 공동 기자회견을 가졌다. 이 회견을 하면서 우리는 한번 크게 웃을 일이 있었다. 함께 저녁을 먹고 싶은 작가가 누구냐는 한 기자의 질문에 우리 둘 다 아인 랜드라고 답변했기 때문이다.

나는 2011년의 한 회의에서 『아틀라스』가 룰루레몬의 문화적 토대를 마련하는 데 중요한 영향을 끼친 책이라고 언급했다. 나는 이 책이 우리의 '슈퍼걸 철학'을 완전하게 대변한다고 생각했다.

나는 우리의 쇼핑백에 『아틀라스』의 메시지를 담아보자고 제안했다. 나는 미묘한 메시지를 담은 브랜드 마케팅을 좋아했다. 우리가 쇼핑백 측면에 "존 골트는 누구입니까?"라는 문구를 넣으면 슈퍼걸들처럼 교육 수준이 높고, 독서량이 많은 사람들만 그 질문의 의미를 이해할 것이다. 다른 회사에서는 엄두도 내기 힘든 마케팅이었다. 브랜드 마케팅팀도 동의했다.

1991년에 미국 의회 도서관의 이달의 책 클럽이 실시한 조사에 따르면 『아틀라스』는 미국에서 성경 다음으로 영향력이 큰 책이었다. 2007년에 실시된 또 다른 설문조사에 따르면 미국의 성인 8.1%가 이 책을 읽었다고 했지만, 공교롭게도 우리 회사에서 일하는 젊은 여성들 가운데는 누구도 1957년에 출간된 이 소설을 읽은 사람이 없었다. 나는 정말 놀랐다. 비즈니스에 관한 위대한 영감을 줄 수 있는 소설 속의 여성 주인공을 찾으려 한다면 이 책의 주인공 대그니 태거트 만한 사람이 없다고 생각했기 때문이다.

크리스틴도 쇼핑백에 그러한 '질문'을 인쇄하는 아이디어에 찬성했다. 몇 달 후, 드디어 새로 제작된 쇼핑백들이 모든 매장에서 유통되기 시작했다. 나는 이것이 브랜드 전략이고, 대중들과의 철학적 대화의 시작이라고 생각했다. 또한 이 질문의 의미를 이해하는 사람들이 우리의 핵심 고객이 되면서 충성스러운 고객층을 두텁게 하는 데도 도움이 되었다.

쇼핑백의 메시지를 보완하기 위해 우리의 블로그에 약간의 설명을 올려놓았다. "많은 사람이 자신도 모르는 사이에 평범함을 택합니다. 왜 그럴까요? 우리 사회가 평범함을 장려하기 때문입니다. 평범해지는 것은 위대해지기보다 훨씬 쉽습니다. 우리 가방은 누구나 자신이 사랑할 만한 삶을 살고, 평범함에 안주하고자 하는 전염병을 이겨낼 수 있다는 것을 시각적으로 상기 시켜 줍니다. 우리 모두에게는 우리를 응원하는 존 골트가 있습니다."

나는 아인 랜드의 작품을 좋아했지만, 미국에서는 정치적 입장에 따라 그녀에 대한 반응이 극명하게 갈린다. 2012년 미국 대선이 임박하자 우파에 속한 사람들은 『아틀라스』를 그들의 사고를 대변하는 시금석으로 여기는 것 같았다. 이러한 움직임으로 인해 좌파적인 경향이 있는 사람들은 이 책뿐 아니라 랜드의 다른 작품에 대해서도 비판적인 입장을 드러냈다. (아마 그들은 이 책을 제대로 읽어보지도 않았을 것이다.) 많은 사람들이 요가의 영향을 받은 브랜드와 랜드의 객관주의가 어울릴 수 없다고 지적했다.

그러나 나는 그렇게 생각하지 않았다. 룰루레몬의 철학은 사람을 세우고 주변의 모든 사람이 위대해지도록 영향을 주는 것이며 세상을 한 차원 높이는 것이다. 『아틀라스』의 대그니 태거트는 30대의 의욕적이고 전문성을 갖춘 여성이었다.

나는 또한 위대함을 추구하지 않거나 비범한 일을 하려고 싸우지 않는 사람들이 오히려 더 많은 불평을 늘어놓는다는 것을 알게 되었다. 그런 사람들은 우리의 고객의 일반적인 이미지와는 정반대였으며, 평범한 사람들이 우리의 제품을 구매하는 것은 장기적인 관점에서 우리 브랜드에 이로운 일이 아니라고 생각했다.

브랜드 이미지를 제대로 구축하려면 먼저 속칭 룰루레몬'족'이라고 불릴만한 사람들이 아닌 사람들이 소셜 미디어를 통해서 드러내는 강력한 저항이 오히려 브랜드 가치를 구축하는 데 도움이 된다는 것을 CEO와 이사들에게 먼저 이해시켜야 했다. 핵심 고객들은 시끄러운 반대자들과 어울리고 싶어 하지 않으며, 그들의 시끄러운 반대가 오히려 그들의 충성심을 공고하게 만들 뿐이다.

언론들도 우리 쇼핑백에 대한 다양한 분석을 내놓았다. 글로브 앤 메일Globe & Mail은 한바탕 세상을 시끄럽게 한 쇼핑백 열풍 덕분에 '생동감 있는 대화'가 대중들 사이에 있었다고 인정했고, 슬레이트Slate와 포브스는 아인 랜드가 티파티Tea Party; 미국의 보수지향적인 민간 정치 운동의 주요 인물 가운데 하나라는 사실을 지적했다.

나는 우선 우리가 화제의 중심에 선 것은 좋은 일이라고 생각했지만, 그만큼 소셜 미디어의 영향력이 커졌다는 사실도 인정할 수밖에 없다. 컴퓨터를 가진 사람들은 누구나 모든 것에 대해 전문가 행세를 하는 시대가 되었다. 난데없이 정치적인 논쟁이 벌어지기는 했지만, 우리는 일을 제대로 하고 있었다. 우리로 인해서 대중들 사이에 많은 논쟁거리와 대화의 주제가 만들어졌고, 우리만의 독특한 방식의 브랜드 마케팅은 이번에도 성공을 거두고 있었다.

그러나 이사들 가운데 상당수는 우리의 브랜드 마케팅 방법이 자신들이 학교에서 배웠던 것과는 전혀 다른 방식이었기 때문에 애써 외면하고 싶어 했다. 우리의 브랜드 마케팅의 기반은 논란을 기꺼이 즐기면서 서핑과 스노보드, 그리고 스케이트보드 분야에서 성공을 거두었던 나의 개인적인 경험이다. 나는 과거에도 다른 사람들이 모방하고 싶어 하는 새로운 사회적인 움직임을 만들어내는 '충성고객'들을 확보했었다. (이는 자발적으로 명품 브랜드를 홍보하고 싶어 하는 이른바 'MA세대'들과 다르지 않다.) 이것이 『티핑포인트』에서 말하는 입소문 마케팅에 의한 브랜드 구축의 묘미이다.

그러나 이러한 결과에 대해 크리스틴이 의외의 반응을 보였다.

그녀는 이사회 회의석상에서 자신은 쇼핑백을 본적도 없고, 승인한 적도 없다고 말했다. 나는 크게 당황했다. 나는 내가 있지도 않은 성공담을 꾸며낸 것은 아닌지 자기검열을 하는 시간을 가져야 했다.

우선 브랜드팀에게 혹시 내가 미친 것은 아닌지 물어보고 확인을 받아야 한다고 생각했다. 나는 수석이사인 마이클 케세이와 따로 만나서 크리스틴이 거짓말을 하고 있다고 설명했지만, 그도 내 말을 믿지 않는 것 같았다.

나는 개인의 신뢰도에 상처를 입었고, '존 골트 쇼핑백'은 매장에서 사라져버렸다.

나는 우리의 슈퍼걸 게스트들이 뭔가 잘못되고 있고, 혼선이 빚어지고 있음을 눈치 채게 될 것이고, 결국 브랜드 이미지에 타격을 입게 될 것이라고 생각했다. 창의적인 고객들은 왜 내가 자신들의 편에 서지 않는지, 그리고 크리스틴이 왜 자신들 모두를 희생시키고 있는지 궁금해했다. 그러나 당장 나 자신부터 이 상황이 이해가 가지 않았다.

그러나 이 사건에 대한 크리스틴의 입장은 확고했고, 창업자인 내가 어디로 튈지 모르는 사람임에도 불구하고 회사를 안정적으로 이끌고 있는 CEO라는 찬사를 받았다. 상승하는 주가에만 열광하고 있는 이사회는 이 문제를 그리 대수롭지 않게 생각했다. 그녀는 이후에도 몇 달 동안 이사회에서 자신의 입장을 철저하게 고수했다. 그녀는 쇼핑백 변경이 자신의 승인이나 정식 합의 절차 없이 이루어진 잘못된 것이라고 주장했다.

이 사건으로 룰루레몬의 문화는 크게 바뀌었다. 회사의 문화는 논란을 회피하고, 자기의 이익을 먼저 챙기고, 평범함에 안주하며, 그 이상의 무언가에 도전하는 것을 기피하는 방향으로 바뀌었다. 크리스틴은 우리 직원들이 이사회에 대들 수는 없을 것이라고 확신하고 있었고, 이사들은 건설적인 지배 구조를 유지한다는 명목으로 불필요한 논란을 일으키지 않으려고 했다. 나도 이사회의 일원으로서 직원들의 입장을 대변하고 있었지만, 나의 영향력을 급속하게 잃어가고 있음을 느낄 수 있었다. 우리만의 진취적인 문화는 심각한 타격을 입고 있었다.

이제부터 독자들은 이 책을 계속 읽으면서 연달아 일어나는 수많은 재난을 보기 시작할 것이다. 전체적으로 보면 적합하지 않은 사람들을 이사회로 끌어들인 나의 책임이 크며, 그 대가도 내가 치러야 한다고 생각한다. 그들의 영입을 우려하는 사람들을 안심시킨 사람도 나 자신이다. 어느 순간, 크리스틴이 CEO로 더 이상 적임자가 아니라는 것을 알고도 그를 해고하지 않은 것이 끝없는 도미노 효과를 만들었다고 생각한다.

· 25장 ·

이사회와의 마찰

3대 직물 업체

2011년까지 스트리트닉 시장은 급격하게 성장하고 있었다. 이것은 사람들이 옷을 입는 방식이 아주 빠른 속도로 변하기 시작한다는 것을 의미한다. 경쟁사들의 움직임을 다시 살펴보면서, 단순히 대형 광고 투자 이상의 전략적인 판단이 필요하다고 생각했다.

룰루레몬 초창기의 나의 가까운 친구이기도 한 프랭키 혼과 그의 아내 엘키가 운영하는 생산업체인 차터 링크의 지분의 50%를 내가 소유하고 있었다. 직영 영업을 하는 우리의 입장에서 시장의 즉각적인 요구와 변화하는 디자인을 생산에 즉시 반영할 수 있는 좋은 경영 방식이었다. 차터링크 입장에서도 좋았다. 우리는 충분한 원단을 공장 야적장에 안심하고 쌓아 놓을 수 있었고, 그들은 일감 걱정을 하지 않아도 되기 때문에 우리와 그들 모두 많은 돈을 벌 수 있었다.

이들 부부는 매우 창의적이고 부지런했다. 우리는 그들을 상대로 임가공비 협상을 할 때는 시장을 함께 살펴보면서 그들의 이익도 최대한 보장하면서도 생산 규모를 최대한 늘릴 수 있는 합리적인 선에서 모든 것을 결정했다.

더 나아가서, 아마도 가장 중요한 것은 내가 차터 링크의 지분의 50%를 가지고 있는 실질적인 소유주였기 때문에 경쟁업체가 그 업체에 생산을 발주하는 일을 차단할 수 있다는 점이다. 만일 경쟁업체들이 그 공장을 사용하게 하면 나와 그들 부부는 돈은 더 벌 수 있었을 것이다.

그러나 2011년에 접어들면서 변화하는 환경과 경쟁자들의 움직임을 바라보면서 제조와 관련된 자산과 전략을 전면 재검토해야 한다는 생각을 하게 되었다.

당시 나는 세계 3대 직물 업체가 모두 대만에 있다는 것을 알고 있었다. 그들은 우리가 필요로 하는 원단을 만들어낼 능력을 충분히 가지고 있었다. 이 세 곳의 대만 업체 가운데 에클랏 텍스타일Eclat Textile이 가장 혁신적인 원단을 생산해 낼 수 있는 업체였다. 에클랏은 제조업체이기도 했지만, 증시에 상장된 무역회사이기도 했다.

2011년 당시 룰루레몬은 거의 10억 달러의 이익을 냈고, 이 돈은 딱히 적절한 투자처를 찾지 못하고 은행에 쌓아두고 있었다. 이 돈을 풀어 에클랏의 주식을 사들이면 지분의 50%를 확보해 실질적인 소유주가 될 수 있을 것 같았다. 이렇게 해서 에클랏을 우리 것으로 만들면 나머지 두 개의 업체와도 우호적인 관계를 맺을 수 있을 것 같았다. 그렇다면 우리는 기능성 원단의 생산 시장 주변에 누구도 쉽게 접근할 수 없는 방어벽을 구축할 수 있었다.

불행하게도 이사회는 내 생각에 동의해 주지 않았다. 그들은 생산 분야에 수십억 달러를 투자하는 것은 중요하지 않다고 생각하는 것 같았다. 그들은 한동안 우리에게 도전할 만한 다른 경쟁자가 나타나지 않을 것 같다고 안심하고 있었다.

나는 과거 서핑보드와 스케이트보드, 그리고 스노보드에서 독보적인 위치에 있던 웨스트비치가 경쟁사가 앞을 다투어 시장에 진입하면서 얼마나 고전했는지를 그들에게 이해시키지 못했다는 사실에 좌절했다. 자신들이 똑똑하다고 믿는, 실패를 모르고 살아온 이사진들은 자신들이 룰루레몬을 잘 안다고 느끼고 있었다. 그러나 나는 세상이 우리를 맹렬하게 추격하려고 하고 있음을 동물적으로 느끼고 있었다.

제조 공장 주변에 다른 경쟁자들의 접근을 막을 방어벽을 세우는 것이 싫다면, 제품을 다양화하는 것이 어떨까? 룰루레몬의 경쟁자들도 제품을 다양화하고 있었다. 예를 들어서 오랫동안 독보적인 신발업체로 인식되고 있던 나이키가 의류를 생산하기 시작한 지 오래였고, 언더아머도 비슷한 시도를 하고 있었다.

나도 우리의 제품의 구색을 보완하기 위해 신발 시장에 진출하는 문제를 오랫동안 고민했다. 그러나 룰루레몬의 성장세는 너무 빨랐기 때문에 기존 제품의 늘어나는 수요를 충족시키기 위한 생산시설을 늘리기도 힘들어하고 있었다.

다변화를 추진하려면 아직 요가복 시장이 급팽창하기 전인 2년 전이 적당했다고 생각한다. 그러나 2011년은 그러기에는 너무 바빴다. 그러나 언젠가는 그 시점이 올 것이다. 회사가 저지를 수 있는 최악의 실패는 필요가 발생한 후에야 비로소 계획을 세우는 것이다. 제대로 된 회사라면 필요가 발생하고, 수요가 일어나기 전에 미리 준비해야 한다.

나는 신발에 대해서 한 번 더 생각해 보았다. 운동화가 매장에 걸리면, 고무나 플라스틱, 접착제 그리고 가죽 등의 냄새로 남성 중심의 구식 스포츠 용품점 분위기가 날 것이라고 생각했다. 신발 냄새가 나면, 산업용 조명으로 대충 인테리어를 꾸민 남자들만 우글거리는 별로 청결하지도 않은 스포츠 용품 매장의 탈의실이 떠오른다. 이것은 여성 고객을 맞아들이고, 그들의 기호에 맞추기 위해 매장 인테리어에 특별한 신경을 써온 룰루레몬 매장과는 어울리지 않는다.

나이키는 신발의 디자인과 생산에는 큰 신경을 썼지만, 신발에서 나는 화학적인 냄새에 대해서는 크게 신경 쓰지 않았다. 나는 유독성 접착제의 냄새를 없앴다. 룰루레몬이 신발 시장에서 경쟁하려면 새로운 기술을 개발하고, 나이키가 가장 잘한다고 생각하는 부문에서 그들보다 앞서야 한다. 당시는 룰루레몬이 기존 제품의 수요도 따라가기 힘들 정도로 바쁜 시기였기 때문에, 신발 시장을 준비하는 일은 아주 불확실한 도박처럼 보였다. 게다가 신발 매장과 의류 매장은 구조 자체가 달랐다. 신발은 매장 공간의 전면 30%는 매장으로 사용하고, 나머지 70%는 창고로 사용하지만 의류는 그 반대이다.

나의 전략은 우리가 사실상 완전히 장악하고 있는 요가 시장을 공략하자는 것이었다. 나는 우리가 요가의 분야에서 세계 최고라면, 우리의 요가 고객들이 우리에게 다른 분야로 진출할 수 있는 기회를 열어줄 것이라고 생각했다. 밴쿠버의 경우 요가를 수련하는 사람들은 대개 10km 정도는 쉽게 뛸 수 있을 정도로 달리기를 즐기기 때문에 신발 등 달리는데 필요한 장비는 그들에게 쉽게 먹힐 수 있다.

2008년 당시 달리기를 즐기는 여성들이 입을 만한 쇼츠 운동복은 나이키에서 만든 것 하나밖에 없었는데 우리 디자인팀은 그 제품을 나이키 기저귀 쇼츠라고 불렀다. 이 쇼츠는 미국 중서부인들의 감성은 그럭저럭 충족시켰지만, 결코 매력적이라고까지 말할 수는 없었다. 나는 아내의 요가용 쇼츠 디자인을 응용해서 허리 밴드가 있는 쇼츠 러닝복을 만들고 싶었고, 나는 내가 아는 최고의 디자이너 중 한 명인 섀넌 사비지에게 이 제품의 디자인을 맡겼다. 섀넌은 그야말로 인상적인 디자인을 완성했다. 내가 유일하게 추가한 것은 후면의 통기부를 따라서 재봉을 보강했을 뿐이다. 그리고 우리는 그 아이디어를 우리만 영원히 사용할 수 있도록 특허 등록을 했다.

우리는 또한 겨울 재킷을 포함한 계절별 외출복 분야 진출도 검토했다. 웨스트비치에서 외출복을 만들던 시절부터 나는 이 분야의 전문가라고 생각했다. 나는 우리의 비즈니스 모델이 산악 지형에서의 생존을 위한 기능성 의류에 적합하다는 사실도 알고 있었다. 그러나 나는 지구 온난화로 전반적으로 온도가 올라가고, 이로 인해서 두터운 외투는 항상 할인 판매의 대상이 된다는 점을 생각했다.

글로벌 기후변화로 12월이 되면 한쪽 해안은 너무 따듯한데, 반대쪽 해안은 쌀쌀한 기이한 현상이 자주 일어났다. 인구밀도가 높은 동부해안이 따듯하면 겨울 재고의 30~40%는 팔지 못하게 된다. 그러나 가을부터 늦봄까지 팔 수 있는 간절기 의류에 관한한 룰루레몬은 세계 최고라고 나는 생각했다.

내가 아프레 요가Après Yoga:요가 후라는 뜻라고 부르는 옷, 즉 요가를 하면서 땀을 흘릴 때뿐 아니라 그전과 후에도 계속 입을 수 있는 옷은 아직도 시장의 비중을 상당히 확대할 만한 여유가 있었다. 때문에 신발이나 외출복 등으로 사업을 다각화하는 대신 핵심 제품의 디자인을 지속적으로 개선하고 혁신하는 것도 고려해 볼 필요가 있다는 생각도 강하게 들었다.

우리가 룰루레몬을 요가 관련 기업이 아닌 다른 기업으로 성격 규정을 하고 싶지 않다면 말이다.

정상과 내리막

나는 과거 서핑보드나 스케이트보드 그리고 스노보드 관련 사업을 하면서 정상에 이은 내리막을 경험했었다. 웨스트비치도 다른 기업들처럼 오르막과 내리막이 파도와 같이 반복 되었지만 근본적으로는 큰 변화가 없었다. 문제는 룰루레몬의 경우는 어떠할 것이냐 하는 것이다. 우리는 또다시 이렇게 반복되는 패턴 속에 갇힐 것인가? 요가의 상승세가 끝나기 전에 이러한 흐름이 반복되는 것을 미리 막을 수는 없을까?

회사가 생존하려면 끊임없이 진화해야 한다. 수백 명의 경쟁자들과 함께 뛰어든 시장에서 승자로 남으려면 브랜드는 미래를 향해 끊임없이 강화되고 진화하여야 한다. 잘못하면 파산하거나 다른 기업에 헐값에 인수될 수 있다.

나는 내가 처음으로 요가 수업을 들었던 요가 수련장의 비즈니스 모델을 좋아한다. 론 잘코는 한시도 가만히 있지 않는 사람이었다. 그는 항상 진화했고, 그 덕분에 밴쿠버 사람들은 피트니스에 관한 새로운 트렌드를 계속해서 접할 수 있었다. 그는 경쟁자들도 계속해서 일하고 있기 때문에, 자신만의 방식에 갇혀 있어서는 안 된다고 말했다.

유행을 앞서 나가면, 그 수련장은 도시에서 가장 멋진 공간이 되어, 항상 고객들이 모여들고, 그 가치는 높아진다. 운동을 즐기는 멋진 사람들은 미래에도 지금과 같은 만족감을 얻기를 원한다.

고객의 반응이 새로워지면, 제품의 시장은 전 세계로 넓어질 수 있다. 나는 룰루레몬이 어떻게 진화할 수 있을지 궁금했다. 나의 일관된 전략적 목표는 다른 업체가 우리와 경쟁을 할 생각조차 할 수 없을 만큼 완전히 다른 방식으로 비즈니스를 펼쳐가는 것이었다. 나는 상품 시장이 특별한 의욕이 없는 저임금 노동자들에 의해 유지되는 것이 싫었다. 그것은 우리의 사업 모델과는 맞지 않는 일이었다. 특별할 것 없는 상품은 기업이 창조적이지 않고 관료적인 사람들에 의해 지루하게 운영된 결과이다.

나는 요가도 수영이나 사이클 등과 비슷한 길을 걷게 될 것이라고 믿었다. 결코 사라지지 않을 것이고 곧 주류 레저 종목이 되겠지만, 언제까지나 미래형 레저 종목으로만 머물러 있지는 않을 것이다. 우리는 단순한 의류를 만드는 대신, 대중들, 고객들, 그리고 에듀케이터들 모두에게 특별한 의미를 갖는 새로운 미래를 만들어 감으로써 성공했다. 우리는 사람들이 이전에 갖지 못했던 것을 갖게 해주었으나 이제는 다른 많은 회사들도 이 대열에 뛰어들려고 하고 있다.

그렇다면 룰루레몬은 사람들에게 완전히 새로운 의미를 창조하는 방향으로 진화해야 할 것이다. 그렇다면 그 의미가 무엇인지 파악해야 한다. 수영선수로서의 나의 과거의 삶, 그리고 룰루레몬의 매니페스토, 아버지가 내게 주문을 걸듯이 했던 말, 그리고 요가에 뿌리를 둔 룰루레몬의 모습 등에서 그 답을 찾아야 했다.

'마음 챙김' 제안

나의 경우, '마음챙김'은 운동을 통해 극한의 지경에 다다를 때, 격렬한 신체의 활동과 함께 그 순간에 느끼는 정신적인 느낌이 어울릴 때 나타나는 엔도르핀의 분비를 경험하는 데서부터 시작되었다. 현대의 가정에서 가장이 느낄 수 있는 모든 책임이 나를 누르고 있었다. 그럼에도 불구하고 건강과 심리적인 평안함을 위해 하루 두세 시간씩 운동을 하려고 했다. 마침 스마트 폰이 막 등장하고 있었기 때문에 어디서나 업무를 보는 것도 가능하게 되었다.

오로지 현재만 생각하고 미래에 대한 온갖 생각을 완전히 내려놓을 수 있는 유일한 순간은 소변을 보고 있을 때뿐 이었다. 화장실에서 소변을 볼 때는 눈을 감고, 마음속으로 어떤 검은 점 같은 것을 응시하곤 했다. 그렇게 나는 60초쯤 오로지 그 점만 바라볼 뿐 아무것도 생각하지 않는 시간을 보내곤 한다. 그러면서 나는 완벽한 어떤 상태를 경험했다고 느끼면서 화장실을 나온다. 나는 그 순간을 약간 이상하게 작동하는 전화기나 하드 드라이브 디스크 같은 뇌를 빠르고 효율적으로 작동하도록 하기 위해 로그아웃 했다가 재부팅하는 시간이라고 생각한다.

특히 새로운 천년이 시작되는 시점을 살아가면서 나는 '마음챙김'이 사람들의 삶의 가치를 훨씬 높여줄 수 있다고 생각했다. 밀레니엄 세대를 살아가는 젊은이들은 자신들이 헤엄치고 있는 물을 제대로 볼 수 없다. 그들은 디지털이 없는 삶이라는 용어 자체를 이해하지 못할 것이다. 밀레니엄 세대들은 자신들이 멀티태스킹이 가능한 세대라는 사실에 자부심을 느끼겠지만, 나는 이것이 착각이라고 믿는다. 우리의 매니페스토에도 명시되어 있듯이 '뇌는 한 번에 하나만의 의식 활동을 할 수 있다.' 그들의 중심을 잡아줄 만한 적절한 도구가 없다면, 밀레니엄 세대들은 스스로를 벼랑 끝으로 밀어내고 말 것이다.

2011년 들면서 나는 룰루레몬이 이러한 콘셉트를 가질 수 있을까 하는 생각이 들었다. 나는 우리가 세상 사람들에게 마음의 안정감을 가져다주고, 그것에 대한 진정성을 유지하며, 새로운 세대들이 우리의 브랜드를 통해 자신의 삶의 새로운 의미를 찾을 수 있도록 도와줄 수 있을지 궁금했다. 룰루레몬이 요가와 같은 정도의 수준으로 '마음챙김'을 이해하고 있다고 생각해보라. 나는 넘어야 할 벽들이 있다는 것을 알았다. 웨스트비치에서도 서핑과 스케이트보드 관련 사업을 하다가 스노보드로 업종을 전환하려고 할 때 내부 저항이 엄청났었다. 내가 요가복을 처음 만들려 할 때 30살 이상의 사람들은 모두 내가 멍청하다고 생각했다. 내가 어떻게 살아왔는지 아는 사람이라면 나의 새로운 아이디어를 믿어줄 것이라고 생각했다.

요가를 비롯한 핵심 제품을 포기하자는 것이 아니었다. 퍽Puck; 아이스하키에서 공과 같은 역할을 하는 납작한 동전 모양의 고무이 어딘가에 도달하고 나서 그것을 쫓아가지 말고, 그것이 도달할 지점에 미리 가 있자는 것이다.

룰루레몬이 대중들이 자신의 마음을 챙길 수 있도록 도울 수 있다면, 그것으로 인해 우리 브랜드를 둘러싼 또 하나의 아우라를 만들고, 경쟁자가 우리에게 접근할 수 없도록 또 다른 방벽을 세울 수 있고, 결국 브랜드의 가치는 더욱 높아질 것이라고 생각했다. 브랜드의 가치가 높아지면, 수요는 증가할 것임으로 할인을 할 필요가 없어지고, 수익성은 더욱 높아진다.

나는 서핑보드나 스케이트보드, 스노보드, 그리고 요가 관련 사업에서 과거에 성공했던 것처럼, 사람들의 마음을 챙기는 일을 돕는 데 성공할 수 있다면 우리의 시가총액은 50억에서 100억 달러는 더 상승할 것이라고 나는 생각했다.

열매를 맺는 데 몇 년이 걸릴지는 모르지만, 미래를 준비해야 한다. 새로운 콘셉트를 만들어내지 못하면 브랜드의 위상은 스스로 붕괴된다.

'마음챙김'을 비즈니스화하는 것을 넘어서, 나는 '마음챙김'을 자기계발의 마지막 개척지라고 생각했다. 35분 정도의 격렬한 유산소운동의 끝에서 정신적 극한 상태에 이르면 도파민의 분비가 크게 늘어난다. 도파민이 분비되면 마음속에서 과거의 기억이 제거 되고 우리는 현재에 몰입하게 된다.

시간이 지나면서 사람들은 반드시 격렬한 운동을 통해서 도파민을 분비시키지 않고도 현재에 몰입할 수 있다는 사실을 깨닫게 되었다. 단순히 현재를 선택하여 집중함으로써 운동의 극한을 통해 얻을 수 있는 마음의 상태에 다다를 수도 있다는 것이다. 이렇게 현재를 선택하는 일을 다른 말로 하면 마음을 챙기는 것이다. 이 사실을 이해한다면 우리는 '마음챙김'을 하루에 천 번씩도 실행할 수 있게 된다.

나는 2010년까지 '마음챙김' 콘셉트를 회사의 새로운 지향점으로 삼는 방안을 크리스틴과 논의하고 2011년 11월의 이사회에 정식으로 제안했다. '마음챙김'을 우리의 새로운 지향점으로 삼는다면, 당장 우리 매장에서부터 구체적으로 그것을 실천할 수 있다고 나는 말했다.

나는 이러한 제안을 하면서 지금보다 빠른 오전 9시 50분에 매장을 열고, 직원들과 일찍 도착한 게스트들이 함께 10분간 리더의 인도에 따라 명상에 빠지는 모습을 상상했다. '마음챙김' 이 전 세계적으로 주목을 받기 시작하고 있었고, 사람들이 요가에 열광하는 것 못지않게 이것에 주목하고 있다는 것을 나는 알고 있었다. 좀 더 세월이 지나면, '마음챙김'을 배우고 실제로 실천하는 수련장을 따로 열 수도 있겠지만 당장은 매장에서 10분간의 수련부터 시작할 수 있다고 생각했다.

재정적인 관점에서 보면 새로운 활동에 대한 입소문을 내려면 약간의 광고비가 필요할 것이다. 또 300 여개의 매장을 10분 일찍 여는데 따른 추가 비용도 발생할 수 있다. 또 그전에 최소한 우리 직원들이 게스트들 앞에서 '마음챙김'의 인도자가 될 수 있도록 전문가와 강사들을 초빙해서 직원들을 훈련시킬 필요도 있었다.

나는 2012년 예산에 이러한 일련의 활동에 필요한 예산 80만 달러 정도를 책정하면 된다고 생각했다. 이것은 룰루레몬의 재정 상태를 감안하면, 아주 적은 비용으로 마음챙기기를 룰루레몬의 새로운 트레이드마크이자 대표 상품으로 사용할 수 있다는 말이 된다. 나는 준비 작업을 4월부터 착수하자고 정식으로 제안했다.

또 내 제안의 타당성을 입증할 수 있는 모든 지표를 이사회에 제공했지만, 실제로는 현재의 데이터를 가지고 미래에 기대되는 모습을 지표화하려고 하니 충분하게 지표를 제공할 수 없었다. 나는 이사회에 이러한 나의 제안이 최소한 나쁜 결과는 나오지 않을 것이라고 주장했다. 오히려 충분한 지표를 확보할 수 있었다면, 그것은 마음 챙기기를 우리의 대표 상품으로 삼기에는 너무 늦었다고 생각할 수도 있었다.

실망스럽게도 이사회와 고위 경영진은 또다시 신중한 입장에 섰다. 그들은 80만 달러의 예산을 확보해 달라는 나의 요청에도 불구하고 25만 달러만 책정해 주었다.

이러한 예산 책정은 그들이 나의 제안을 일고의 가치도 없다고 거절한 것이나 마찬가지였다. 나는 25만 달러는 마음 챙기기를 어느 다른 기업보다도 앞서서 선점하기에는 너무 부족한 예산이라고 생각했다. 크리스틴과 이사회는 이 새로운 사업에 돈을 쓰고 싶지 않았던 것이다. 마이클 케세이의 입장은 분명했다. 룰루레몬은 안전제일주의로 운영해야 하고, 웬만하면 현금은 은행에 쌓아놓고 풀지 않겠다는 것이다.

저명한 기업가이자 작가인 피터 디아만디스Peter Diamandis는 "무언가 돌파구를 찾기 전까지는 항상 미친 생각 취급을 받는다."라고 말했었다. 아이디어를 정량화할 수 있다면 진작 실천에 옮겨졌을 것이다. 아무도 변화를 원하지 않는다. 그래서 변화는 어렵다. 그러나 변화는 성공을 위한 유일한 상수이며, 오늘날의 변화의 속도는 그 어느 때보다 빠르다. 그러나 이사회는 평범한 것 이상을 원하지 않았고, 그 결과 당장은 회사에 아무런 해로움을 끼치지 않는 것 같았지만, 결과적으로는 좋지 않은 영향을 오랫동안 미쳤다.

나는 기회를 놓칠 때마다 우울해졌다. 미래를 시각화하려면 특별한 사람들이 필요하다. 유전적으로 모험을 싫어하고, 위험을 회피하려는 사람에게 증명할 수 없는 미래에 대해서 묻는다면 그들은 항상 고개를 가로저을 것이다. 특히 자신의 책임이 돈을 지키는 것이라고 생각한다면 더더욱 그러할 것이다.

이 글을 쓰면서 돌이켜보면, 지난 몇 년 동안 '마음챙김'에 대한 관심이 폭발적으로 증가해 왔음을 확인할 수 있다. 요즘은 온라인을 통해서까지 많은 사람들이 명상에 접근할 수 있다. 구글Google, 제너럴 밀스General Mills, 타깃Target, 버진Virgin 그리고 인텔Intel과 같은 회사들은 모두 직원들에게 '마음챙김'을 수련하는 프로그램을 제공하고 이를 위해 많은 비용을 지출하고 있다. 나는 룰루레몬이 미래의 사회적인 흐름의 상징적인 리더가 될 기회가 있었다고 생각하며, 그대로 되었다면 회사의 가치가 두 배는 높아졌을 것이라고 생각한다.

70년대의 디트로이트 시의 자동차 회사 경영진들은 매일 같은 길을 따라 출퇴근하면서, 가는 곳마다 디트로이트 산 자동차가 굴러다니는 것을 보고 사업이 잘 되고 있다고 확신했다는 이야기를 들었던 기억이 난다. 그들이 만일 캘리포니아나 다른 지역의 교통을 유심히 살폈다면, 작은 크기의 일본 자동차들의 위협을 실감했을 것이다. 결과적으로 일본 자동차들 때문에 디트로이트는 수천억 달러에 이르는 손해를 보고 말았다.

· 26장 ·

지표로 입증할 수 없는 것

나는 회사 안에서 나의 역할이 애매해졌다고 느꼈다. 나의 생각은 항상 이사회에서 제동이 걸렸다. 회사는 품질관리에 투자하는 돈을 줄였고, 결과적으로 품질은 과거의 우리의 기준보다 훨씬 떨어지고 있었다. 우리는 가격을 올려도 괜찮을 것이라는 생각만으로 가격을 인상했고, 당장의 이익을 위해 미래를 희생한다고 느꼈다. 월 스트리트의 주식 분석가들에게 듣기 좋은 이야기들을 계속해서 제공해 주는 동안 우리의 기초가 흔들리고 있었다.

이사회는 그들이 옳다고 생각하는 일을 하고 있었다. 이사회는 각자 자신이 가장 똑똑하다고 믿는 사람들 9명으로 구성되어 있었고, 1년에 네 차례 정도 정식으로 만나서 회의를 했다. 그들은 항상 모든 상황이 완벽하게 돌아가고 있다고 말했다. 그들은 나에게 "당신은 큰 회사들이 어떻게 운영되는지 잘 모릅니다. 당신은 가만히 계시는 게 회사를 돕는 것입니다."라고 말했다.

2011년쯤 나는 회사가 주가를 끌어올리기 위해 미래를 위한 재투자까지도 포기하고 있다고 생각했다.

품질에 관해서 무엇이 문제인지 이사회에 정확하게 말로 이야기하기는 어려웠다. 그러나 나는 30년간 (룰루레몬과 웨스트비치에서) 매일 원단을 만지고 느끼고 보고, 신축성을 살피고, 바느질을 검사해 왔다. 평범한 사람들에게는 아주 작아서 전혀 눈에 띠지 않은 실수가 나에게는 큰 문제였고, 품질 저하를 확인해 주는 지표였다.

시간이 지나면서 이러한 작은 결함들이 쌓일 것이다. 경영진들이 품질 관리를 위한 투자를 할 생각이 전혀 없는 상황에서 크리스틴에 의해 해고당할 것을 각오하면서까지 품질 관리의 깃발을 앞장서서 치켜들 직원은 없었다.

새로 품질 관리를 책임진 사람은 회의를 늦추기 일쑤였고, 간부의 행동이 직원들의 청렴성에 미치는 영향을 지적하는 충고에 귀를 닫았다. 그녀는 늘 지각했고, 그것은 일반 직원들에게 지각을 해도 좋다는 잘못된 메시지를 주었다. 대부분의 회의는 10~20분 정도 늦게 시작했고, 제시간에 도착한 나머지 사람들은 그녀가 나타날 때까지 기다렸다. 나는 디자인 회의가 늦어지면 그다음 단계의 일들이 순차적으로 늦어지고, 결국 직원들이 제품을 매장에 걸기까지 진행되는 수천 번의 중간 단계도 차례로 늦춰진다고 생각한다. 매장으로 배송이 늦어지면 그 제품을 해당 시즌에 판매할 수 있는 기간이 그만큼 줄어든다. 시즌이 끝나면 그만큼 재고가 더 남게 되고, 남겨진 재고는 제값을 받지 못하고 세일을 통해 처리해야 한다.

1달러를 할인할 때마다 회사의 가치는 10달러씩 제거 된다. 할인 판매가 일상화되면 그만큼 돈이 부족해지기 때문에 수준 낮은 직원을 고용하게 되고, 직원들의 이직률도 높아진다. 이직률이 높아지면 인적 자원을 관리하는 비용과 교육 비용이 높아지고, 관리 전반에 문제가 누적된다. 이직률이 높을수록 일관된 관리 체계를 개발할 인력이 줄어들게 된다. 그 결과 청렴도가 떨어진다. 그래서 나는 생각한다. "회의는 제때 시작해야 한다."

탄산음료

룰루레몬의 직원들은 자신들이 말로 주장해온 것을 몸으로 실천하도록 교육받았다. 오랫동안 우리 매니페스토에 담았던 문구가 말해주듯 코카콜라나 펩시콜라, 그리고 모든 탄산음료가 미래에 담배와 마찬가지의 역할을 할 것이라는 점은 불변의 진실이다. 룰루레몬은 영업지원센터에서든 매장에서든 정크푸드나 탄산음료를 먹고 마시는 사람을 볼 수 없는 회사였다. 2010년 초반까지는 그랬다.

2012년 말, 딘과 델라니 그리고 나는 크리스틴과 함께 사무실을 떠나 룰루레몬의 문화와 미래를 점검하는 시간을 갖기 위해 휘슬러로 갔다. 지금은 회사를 떠나 컨설턴트로 일하며 회사를 돕고 있는 수잔 콘래드도 함께 갔다.

휘슬러에서 우리는 룰루레몬이 지난 몇 년 동안 겪었던 변화와 앞으로의 일들에 대해서 많은 이야기를 나눴다. 어느 날 저녁, 가끔 사무실 주변에서 코카콜라나 펩시콜라 캔 용기가 발견된다는 사실에 대해서 이야기를 나눴다. 우리는 이 문제를 어떻게 다뤄야 할지, 어떻게 하면 룰루레몬의 핵심 문화와 기본 정신으로 되돌아갈 수 있을지에 관하여 토의했다.

사람들의 책상 위에서 탄산음료 용기가 놓여 있다는 것은 우리가 미국의 보통 사람들과 전혀 다르지 않다는 것을 의미했다. 나만 그것을 본 것이 아니었다. 딘과 델라니 두 사람 모두 그런 것을 본 적이 있다고 말했다. 그 자체는 작은 문제일 수 있지만, 우리의 건강 문화의 기본을 흔드는 문제였다. 우리가 정말로 흐트러지지 않을까 걱정이 되었다.

우리가 생각해 낸 해법은 간단했다. 콜라에 관한 조항을 다시 우리 회사의 매니페스토에 넣자는 것이었다. 이 매니페스토는 우리 회사를 안내하는 신호등이나 마찬가지였다.

그러나 그날 밤 크리스틴은 우리가 탄산음료를 더 이상 폄훼하지 않겠다는 내용의 협정을 양대 콜라 회사와 체결할 준비를 하고 있다고 말하면서 그 조항을 다시 매니페스토에 넣는 것은 불가능하다고 말했다.

이 말을 듣고 정말 놀랐다. 나는 그런 움직임을 전혀 모르고 있었다. 나는 크리스틴에게 정말 그런 것을 추진하고 있는지 재차 물었고, 그녀는 분명히 그렇다고 대답했다. 하루인가 이틀인가 지나서 밴쿠버로 돌아온 나는 구체적인 내용을 알고 싶었기 때문에, 회사 법무 담당 부서에서 일하는 에린 니콜라스Erin Nicholas에게 협정서 사본을 요청했다. 에린은 그런 문서나 협의는 존재하지 않는다고 말했다. 그날 오후 늦게 마이클 케세이의 전화를 받았다. 그는 내게 모든 것을 다 내려놓으라고 말했다. 그가 바보인지, 아니면 그도 크리스틴 데이의 거짓말에 속고 있는 것인지 궁금했다. 둘 다 가능성 있었다.

재무 이사를 지냈던 미셸 암스트롱은 이렇게 말했다. "갑자기 칩과 크리스틴 사이에 경쟁이 벌어졌습니다. 크리스틴의 마음에는 칩이 머무를 자리가 없어 보였습니다. 거기서부터 우리의 내리막길이 시작되었습니다. 나는 그들이 의견의 일치를 보지 못할 때마다 '왜 그녀는 저렇게 생각하지? 칩은 회사 전체를 위해 아이디어를 내놓고 있잖아?'라는 생각이 들었습니다."

이 시점부터 나는 마이클 케세이나 크리스틴을 전혀 신뢰하지 않게 되었고, 모든 주주들 앞에 책임을 지기 위해 무엇을 해야 할지 생각하기 시작했다.

이사회 회의

룰루레몬 이사회가 나아가는 방향에 대해서 나도 책임을 질 것이 있다고 생각한다. 그들 못지않게 나도 미숙했다. 이사회의 복잡한 내면이나 그들 한 사람 한 사람의 동기, 권력에 대한 그들의 욕망을 잘 이해하지 못했다. 내가 가장 크게 실수한 것은 이사회가 의제를 결정하고, 그것들에 대해 토의할 때 마이클 케세이와 크리스틴이 많은 권한을 행사하도록 방치한 것이다. 나는 이사회는 당연히 그래야 하는 것이라고 착각했고, 나는 전체 이사회의 일원으로서 한 사람의 팀 플레이어가 되어야 한다고 생각했으며, 그들이 귀중한 시간을 낭비하는 것을 방치하고, 그들의 야망에 굴복하고 있다고는 생각하지 못했다.

나는 경험이 풍부한 룰루레몬의 이사진들이 자신들의 시간을 낭비하는 것을 원치 않을 것이고 그들이 충분히 알아서 이사회와 회사를 효율적으로 이끌어 갈 것이라고 생각했다.

룰루레몬의 이사회가 시작되면, 참석자들이 안건을 쉽게 파악하는 것을 돕기 위해 미리 작성된 유인물이 배포되고, 이어서 10분간의 질의응답시간을 가졌다. 이어서 이사회 안에 따로 구성된 감사위원회를 다시 열며 귀중한 시간을 흘려보냈다. 이사회 안에 위원회를 두는 이유는 위원회로 하여금 미리 세부적인 내용들을 충분히 조사하고 모든 이사회 구성원들에게 10분 내의 분량으로 요약해서 보고하기 위한 것이었다. 이것은 수많은 예시 가운데 하나이다.

나도 그동안 많은 경험을 쌓았고, 나이도 좀 들었기 때문에 크리스틴이 문서상으로 보고 된 지표 이외에는 회사에 대해서 거의 모르고 있다는 것을 뒤늦게 알게 되었다. 그러나 그녀는 이사들에게 자신들 돋보이기 위해 자신의 약점을 가리고, 강점을 부각시킬 수 있는 방향으로 회의를 이끌었다.

최고의 보수를 받는 유능하고 늘 시간에 쫓기는 10명의 이사들로 구성된 이사회는 가장 시급한 3대 이슈에 대해 토론하는 데 대부분의 시간을 보내야 한다. 이러한 문제들은 보통 민감하고 의견이 풍부하며 사실관계를 분명히 따지기 어려운 것들이다. 회사는 이런 논의를 이사회에 위임하는 것이 당연하다. 경영 지표를 다루고 분석하는 문제는 이사회가 아니라 경영진이나 특별한 위원회에 맡기면 될 일이지 이사회가 할 일은 아니다.

크리스틴과 마이클이 주재하는 이사회는 애널리스트들에게 넘길

분기별 보고서를 놓고 토론을 하는 등 이사회 구성원들의 소중한 시간을 낭비하고 있었다.

선제적인 고용 정책

룰루레몬의 비즈니스 모델이 거의 완성되는 1998년 당시 우리 직원들의 평균 연령은 22세였다. 당시 우리 회사에서 일하고 싶어 하는 남성들은 거의 없었다. 우리 제품의 90%가 여성용 제품이기도 했고, 대부분의 남성들은 우리 회사가 추구하는 자기계발이라는 것이 남성적이지 않다고 생각했기 때문이기도 하다.

직원들의 90%가 여성이었기 때문에, 나는 전체 직원의 10~15%가 동시에 출산휴가에 들어가는 비상상황도 염두에 두고 대비해야 했다. 당시 미국에서는 이 문제가 좀 덜 심각했지만, 캐나다와 유럽의 경우 출산휴가 기간은 최소 1년이다.

나는 대개 여성들이 자녀들 사이의 터울을 두지 않고 단기간 안에 연달아 두어 명의 자녀들을 출산할 것이라고 생각했다. 결국 한 사람이 한참 일할 나이에 2~3년 동안 연달아 자리를 비울 수도 있다는 이야기였다. 룰루레몬은 보통 기업과는 다르다. 회사는 빠르게 성장하고 있었다. 우리는 모든 직책에 있는 모든 직원들의 능력을 총동원해야 했다. 어느 위치 어느 직원의 업무 차질이 발생하면 회사 전체가 병목현상에 빠질 수 있었고, 우리는 일 그 자체를 즐겼고, 회사도 많은 이익을 내고 있었기 때문에 스트레스를 느낄 틈조차 없었다.

우리의 혁신적인 계발 프로그램의 근본적인 모토는 '리더들이 리더를 키운다'는 것이다. 룰루레몬이 차질 없이 굴러가려면 출산과 출산휴가를 생각하는 모든 여성들은 자신의 출산과 휴가 일정에 대해 관리자들과 충분히 대화를 나누면서 그들이 휴가로 자리를 오래 비우더라도 그 자리를 대신하여 맡을 수 있는 대체 인원이 확보되어 있어야 한다는 것이다.

우리가 회사 안에서 어떠한 방해요소도 없이 개방적인 대화를 나눌 수 있다는 사실에 대해 외부인들은 종종 충격을 받고 우려의 목소리를 내기도 한다. 부작용이나 반발 없이 이런 대화를 나눌 수 있다는 사실이야말로 우리 직원들이 회사에 대해 확고한 주인의식을 갖고 회사를 키워가고 있다는 것을 입증하는 것이다. 우리는 모두 하나로 뭉쳐 있었다. 지금까지 어느 다른 회사에서는 볼 수 없었던 독특한 인력 구성 분포를 가지고 있었다. 출산휴가 시 업무를 다른 직원이 자연스럽게 승계하여 휴가로 인한 공백을 무리 없이 메우는 것이 불가능하다면, 여성 중심의 회사는 쉽게 파산할 수밖에 없다.

이런 경험들을 바탕으로 우리는 다음과 같은 운영 원칙을 개발했다.

'정규직원은 필요한 시점으로부터 6개월 전에 고용한다. 우선 리테일 매장에서 파트타임으로 일하게 하고 경험이 쌓이면 정규직으로 승격시켜 영업지원센터로 이동 배치한다.'

우리는 우리 문화를 옹호하고, 우리의 비즈니스 철학을 이해하고, 우리의 공통의 언어를 기반으로 하여 비즈니스 결정이 서로에게 전달

되는 과정들을 충분히 숙지할 수 있게 되기를 바라기 때문이다. 앞으로 2~5년 정도는 이러한 적극적인 고용 정책을 펼쳐야 할 것이다. 우리의 미래는 원대하다. 단기적인 이익에 연연해서는 안 된다. 우리는 우리의 비즈니스 철학을 잘 구현해 낼 사람들을 키우기 위해 적극적으로 투자한다.

회사는 직원들에게 충분한 출산휴가를 제공하면서도 성장을 멈추지 않기 위해 필요한 인력은 6개월 이상 먼저 고용하는 정책을 펼쳤다. 그러나 디지털 공간에서 세상은 너무 빠르게 변하고 있었다. 여성들이 1년 이상 출산휴가를 마치고 회사에 돌아와서 그전에 자신이 맡았던 역할을 그대로 다시 수행하기는 어려운 것이 현실이었다. 게다가 세상이 변하는 속도보다 회사의 성장 속도는 더 빨랐다! 출산과 육아휴직을 끝내고 돌아온 직원들은 아무리 열심히 노력을 해도 업무에 완전히 다시 적응하려면 3~4개월은 걸렸다. 유럽이나 캐나다에 비해 출산휴가가 짧은 미국이나 아시아의 경쟁업체들과 제대로 경쟁을 할 수 있을지 두려웠다. 우리는 우리의 시스템이 차질 없이 작동하게 하기 위해 비슷한 다른 회사에 비해 인건비를 10~15% 정도 더 지출했다.

만일 CEO가 6개월 전에 미리 채용하는 정책을 철회하면 인건비는 크게 줄고 회사의 단기적 이익은 크게 늘 것이고, 주가도 오를 것이다. 그러나 회사는 장기적으로 많은 어려움을 겪을 것이다. 우리의 운영 원칙에는 결코 이해하기 어려운 내용이 없다. 그러나 언젠가부터 고용이 조금씩 늦어지고 있음을 느낄 수 있었다. 나는 이 문제를 이사회에 제기했지만, 미국 출신 이사들은 캐나다의 1년이라는 긴 출산휴가 규정과 우리 비즈니스 모델의 중요한 특수성을 무시하고 싶어 하는 것 같았다. 주가는 계속 오르고 있었고 그것은 그들이 이 문제에 관한 논의를 피할 수 있는 충분한 구실이 되었다.

나는 오랜 사업 경험으로 사업에는 결정적인 고비가 주기적으로 찾아온다는 것을 알고 있었다. 내 경험으로 미루어 볼 때 그러한 고비가 5년 정도에 한번 씩 찾아온다. 이전처럼 서핑, 스케이트보드, 스노보드, 요가, '마음챙김', 우리의 약점을 보완할 수 있는 기술을 보유한 회사 인수 등 새로운 아이디어나 트렌드가 등장했을 때, 인력풀이 충분하지 못하면, 이런 일을 맡아서 미래를 준비할 인력을 따로 확보하여 별도의 부서를 편성하는 것이 불가능하다. 룰루레몬은 현금을 너무 많이 은행에 쌓아두고 있었는데 (보통 약 10억 달러) 이는 회사가 이익을 어떻게 재투자해야 하는지 잘 모르고 있다는 의미이다.

룰루레몬은 시장을 주도하고 있었고, 우리는 미래에 충분히 선제적으로 대처할 수 있는 역량을 가지고 있었다. 또한 기능성 의류 시장은 이제 막 성장하기 시작하고 있었다. 적시에 인력을 확보하지 못하면 이로 인해 추가 비용을 지출해야 하고 병목현상에 시달릴 것이다. 이를 방지하려면 미리 인력에 투자해야 한다. 이것이 나의 지론이었다.

2020년, 룰루레몬은 미러Mirror라는 온라인 구독 비즈니스 업체를 5억 달러에 인수했다. 나는 미러를 인수한 것은 잘한 일이라고 생각한다. 그러나 나는 이사회가 스포츠 관련 사업으로 먹고살고 숨 쉬는 사람들로 구성되었다면, 비슷한 업체를 2년 먼저 2천만 달러 정도에 인수할 수 있었을 것이라고 생각한다.

레벨 5 리더십

나는 룰루레몬을 설립할 때부터 정신적 토대로 삼았던『좋은 기업을 넘어 위대한 기업으로』를 포함한 짐 콜린스의 여러 글들을 또다시 떠올려 보았다. 콜린스의 생각 가운데는 개인의 겸양과 직업적인 의지를 통합하여 큰 성과를 구축해 대는 5단계의 리더십이라는 개념이 있다. 짐 콜린스에 의하면 리더십에는 다섯 단계가 존재하며 아래의 네 단계에는 각각 (1) 능력이 뛰어난 개인, (2) 합심하는 팀원, (3) 유능한 관리자, (4) 유능한 리더가 자리한다. 그리고 이들 위에 5단계로 분류될 수 있는 사람이 임원 자리에 앉지 않으면 결코 그 기업은 위대한 기업이 될 수 없다는 것이다. 5단계에 속하는 리더의 가장 중요한 특징은 항상 적절한 일꾼을 선정하고, 교육하고, 준비시켜 적절한 때가 되면 자신의 자리를 승계할 수 있도록 한다는 것이다.

이러한 인수인계를 위해 항상 적임자를 미리 세워두는 시스템은 출산 휴가로 인한 공백을 원활하게 메울 뿐 아니라, 회사의 급성장으로 인해 발생하는 인력 수요를 혼란 없이 메울 수 있는 기본 토대였다.

우리는 회사를 시작하던 초창기부터 함께 하여 3단계 리더, 즉 중간 관리자 수준까지 성장한 슈퍼걸이라고 하는 인적 토대를 가지고 있다. 그러나 델라니 슈와이처 정도를 제외하고는 이들이 4단계에 해당하는 직급으로 승진한 사람이 없었다. 그들처럼 효과적으로 일을 처리할 줄 아는 유능한 관리자들을 다음 단계로 끌어올리지 못한 것은 우리의 실책이었다.

크리스틴은 외부 인사를 영입해 고급 관리자로 고용했지만, 내가 보기에는 그들은 기껏해야 평범해 보이는 정도의 수준이었다. 딘 슈와이처의 말처럼 '크리스틴을 둘러싸고 있는 간부급 관리자들은 슈퍼걸이 아니라 운동에는 취미가 없는 나이 든 여성들이었다.' 나는 궁금했다. 왜 그랬을까? 당시 룰루레몬은 상장 기업 가운데 가장 두드러지는 기업이었다. 원한다면 최고의 직원을 얼마든지 발굴하여 고용할 수 있었다.

크리스틴이 고용한 간부급 관리자들은 언젠가 자신을 대신할 후계자들을 발굴해 훈련하는 데 관심이 없어 보였고, 룰루레몬을 초창기부터 성장시키고 중추를 형성해 온 슈퍼걸들은 더 이상 성장할 수 없었다. 그들은 이미 오래전부터 일하고 있던 중간관리자급 직책보다 더 높이 오를 수 없었다. 결국 크리스틴이 영입한 4단계 리더들, 즉 간부급 관리자들은 슈퍼걸들과 회사 자체가 발전할 수 있는 기회를 막고 있었다.

나는 크리스틴이 일부러 그런 것은 아닌지 궁금했다. 그녀는 자신과 룰루레몬의 다음 세대 지도자들 사이에 장벽을 구축하고 싶었는지도 모르겠다. 만일 그렇다면, 그녀는 가까운 장래에 자신의 아성에 도전장을 내밀만 한 내부 인사가 없다는 점에서 성공한 것이다.

2010년, 나는 혹시라도 크리스틴이 스스로 회사를 그만두거나 갑작스러운 교통사고 등으로 자신의 직무를 수행할 수 없는 경우에 대비하여 즉시 그녀의 위치를 승계할 수 있는 누군가를 준비해야 한다고 이사회에서 분명하게 말했다. 크리스틴은 1년의 시간을 요구했고, 만일에 대비한 2인자를 지명하고 준비시키기 위해 구성된 위원회를 맡은 마이클 케세이는 이 문제를 놓고 그녀를 압박하기를 주저했다. 또 보상

위원회를 이끄는 톰 스템버그는 승계 절차에 따른 크리스틴에 대한 보상 방안을 내놓기를 주저했다. 이사회는 한참 시간이 지난 후에야 이른바 '크리스틴의 유고'가 발생하면 델라니 슈와이처를 잠정 CEO로 임명하기로 확정했다.

내가 보기에 우리 회사의 4단계 리더 그룹이라 할 수 있는 간부급 관리자들 가운데는 두 명의 우수한 인재가 있었다. 한 사람은 캐트린 헨리Kathryn Henry라는 갭의 고위직 출신 여성이었다. 우리는 2010년에 그녀를 회사의 정보 관리실의 최고 책임자로 영입했다. 그녀는 룰루레몬에 합류한지 불과 몇 개월 사이에 사내 전산 인프라를 완전히 바꿔놓았다. 두 번째 인재는 말할 것도 없이 룰루레몬의 가장 밑바닥에서부터 시작해 가장 높이 올라온 델라니였다. 그녀는 우리의 첫 번째 매장의 관리자 가운데 한 명이었으며, 스스로의 많은 노력의 결과로 후에는 세계적인 리테일업체로 성장한 우리 회사의 전무이사의 자리에 올랐다. 그녀는 리테일 시스템 운영, 전자 상거래, 매장의 문화 등 회사의 이익과 관련된 모든 것에 정통했다.

그러나 크리스틴은 캐트린과 델라니도 자신의 후임으로는 부적격자라고 단호하게 말했다. 내가 보기에는 크리스틴은 이들에게 위협을 느끼고 있어서 오히려 그들의 입지를 약화시키고 그들의 무능함을 보여주기 위한 작고 미묘한 이야깃거리를 의도적으로 만들어 내는 것 같았다.

한편 3단계리더라고 할 수 있는 중간관리급에 있는 대부분의 여성 직원들은 황금수갑golden handcuffs:기업의 핵심 기술이나 내부 사정을 잘 알고 있는 임직원에게 그들의 이직을 막기위해 제공하는 높은 급여나 인센티브에 묶여 있었다. 밴쿠버에서 그들에게 룰루레몬보다 더 많은 급여를 줄 수 있는 회사는 없었기 때문에 이직할 기회는 많지 않았다. 그들 가운데 누구도 굳이 옳은 소리를 했다가 해고되거나 그만두고 싶어 하지는 않았다.

우리 회사에서 직장 생활을 시작한 슈퍼걸들은 이제 35세 전후의 주택을 담보로 대출을 받고 아이들을 사립학교에 보내는 나이가 되었다. 그들이 이직을 생각한다면 어디로 가야 할까? 밴쿠버에서는 아리치아Aritzia, 아크테릭스Arc'Teryx, MEC 정도를 제외하고는 그들을 받아줄 만한 곳은 없었다. 다른 도시에서 일자리를 찾을 수도 있겠지만, 밴쿠버에 오래 살아본 사람이라면 웬만해서는 다른 곳에서 살고 싶어 하지 않는다.

이사회 소속 이사들 가운데는 브래드 마틴이 페덱스FedEx로부터 이사직을 제의받고 회사를 떠났다. 그는 작별 인사와 함께 이사회가 지난 2년 동안 크리스틴에게 했던 말을 다시 하고 떠났다. 그는 크리스틴에게 인재 육성과 역량 있는 고위급 직원을 육성할 책임이 있는 룰루레몬의 임원들이 모두 'B급'이라고 말했다. 그는 회사를 한 단계 더 끌어올릴 사람이 없다고 덧붙였다.

이런 경고에도 불구하고 크리스틴은 인재 육성 부서의 책임자를 해고하지 않았고, 이사회도 크리스틴을 해고하지 않았다. 이사회가 회사의 최고 경영자의 문제를 알고도 아무런 조치를 취하지 않았다면, 누구라도 그 이사회를 무능하다고 할 것이다.

서바이벌 모드의 CEO

나는 크리스틴이 자신의 몇 차례의 거짓말을 사람들이 눈치 챘음을 알고, 안정적으로 자신의 자리를 보전하고, 평판을 조작하기 위해 재빠르게 움직였다고 생각한다. 나도 성장하는 과정에서의 경험으로 생존이 급선무인 상황에서 무엇을 어떻게 해야 했었는지 알고 있었다. 크리스틴이 바로 그러한 상황에 있다고 생각되었다.

크리스틴은 마이클 케세이와 그녀가 직접 지명한 최고위급 여성 임원들, 그리고 CFO인 존 커리John Currie를 제어할 능력이 있었다. 그녀는 회사를 '든든하게 성장시키기'를 포기하고 단지 재무 상태를 끊임없이 개선하여 주가를 띄우는 방향으로 완전히 선회한 것 같아 보였다. 어쩌면 그녀는 자신에게 맡겨진 CEO로서의 시간이 얼마 남지 않았다고 생각했는지도 모른다.

주가를 띄우는 가장 손쉬운 방법은 관리 기준을 낮춰 관리에 필요한 지출을 줄이고 가격을 단계적으로 인상하여 단기적으로 매출을 띄우고 브랜드 파워도 높이는 것이다. 델라니 슈와이처를 제외한 모든 간부급 사원들이 그녀의 통제 아래 있었기 때문에 그녀는 이런 구상을 쉽게 실행에 옮겼다. 많은 직원들은 상장기업의 직원으로서 받는 높은 급여에 만족하며 회사가 위기에 노출되는 위험을 감수하려고 했다.

『좋은 기업을 넘어 위대한 기업으로』에 정의된 5단계의 리더는 자신의 아래에 있는 사람들을 모두 우군으로 만든다. 반면 그러한 우군을 제대로 확보하지 못한 크리스틴은 이사회에 더 많은 권한을 주는 대신, 이사회와의 공생관계를 구축하려고 했다.

2011년 한 해는 언론이 크리스틴에게 아낌없는 찬사를 보내준 해였다. 글로브 앤 메일은 그녀를 올해의 CEO로 선정했는데, 여성이 선정된 것은 그녀가 처음이었다. 그렇다면 오직 그녀만의 문제였다고 말하기도 어렵다는 생각도 든다.

개인적인 생각과 결정

어쩌면 내가 문제일 수도 있다. 내가 개인의 책임과 진정성을 강조한다 해도 모든 사람이 다 그러할 수는 없다는 점을 고려했어야 했다.

나는 이사회의 이사들이 우리 회사에 필요한 경험과 지식을 꾸준히 제공해 주고 있다고 믿었다. 그들은 모두 룰루레몬보다 더 큰 회사에서 임원을 역임했거나 경영을 한 경험이 있는 사람들이었다. 그들 중 상당수는 미국의 산업계에서 상징적인 인물로 추앙받는 인물들이었다. 그들은 기업 공개의 의미를 누구보다 잘 알고 있었고, 우리가 미국의 법률 시스템에서 소송을 피할 수 있는 방법을 알고 있었다. 마이클 케세이나 마르티 모피트Marti Morfitt, 에밀리 화이트Emily White, 로다 피처, 톰 스템버그, 로안 코스틴RoAnn Costin 등 이사들은 룰루레몬은 당장 변화가 필요 없는 회사라고 말했다.

우리가 할 일은 지금까지 하던 대로 계속하는 것뿐이었다. 마이클은 나에게 우리의 CEO는 최고라고 말하면서, 4단계 리더들을 굳이 차기 혹은 예비 CEO로 양성할 필요가 없다고 주장했다. 그는 크리스틴의 임기가 끝날 때까지 유능한 COO를 높은 보수를 주며 2인자 위치에 두는 것은 너무나 비용이 많이 드는 일이라고 생각했다. 돌이켜보면 이것은 매우 부실한 기업 지배구조였고, 나는 이사회가 급속하게 성장하는 회사에서 불의의 재난 상황이 발생하는 것을 미연에 방지하기 위해 투자하기를 꺼리는 모습을 보고 슬펐다.

나는 내가 옳다고 믿는 일을 감행하기로 결심했다. 이사회를 향해 솔직하게 말했다. "크리스틴은 CEO 자리에 어울리지 않는 사람이고, 지금 회사를 서서히 무너뜨리고 있습니다. 직원들은 그녀에게 의존하려고만 하고, 스스로 목소리를 낼만큼 강하지 않습니다. 우리는 품질을 높이기 위한 투자를 전혀 하지 않고 있어서 언젠가 큰 위기를 겪을 것입니다. 직원들은 전혀 만족감을 못 느끼고 있고, 크리스틴은 당신들과 직원들 사이에 소통을 가로막는 벽을 쌓아 놓았습니다. 당신들은 직원들과 소통이 단절되어 있습니다. 우리가 지금 크리스틴을 물러나게 할 수 없다면 문제는 크리스틴에게 있는 것이 아니라 이사회에 있는 것입니다. 우리의 최우선 과제는 장기적인 안목에서 기업의 가치를 높일 수 있는 사람을 새로운 CEO로 영입하는 것입니다. 현재의 CEO는 황금알을 낳는 거위의 목을 조르고 있습니다. 여러분들이 이 점을 볼 수 없다면, 회사를 망치는 공범자가 되는 것입니다. 그렇다면 룰루레몬을 위해서 사임해 주시기 바랍니다."

안타깝게도 이사진들은 나의 말에 동의하지 않았고 아무것도 바뀌지 않았다.

룰루레몬의 주가는 계속 상승했다. 우리의 주식의 시가 총액은 120억 달러를 향하고 있었지만, 나는 실제 가치가 100억 달러 정도일 것이라고 생각했다. 나는 의류 시장이 신발 시장보다 훨씬 규모가 크다고 믿었지만, 회사의 흐름은 폭발적인 성장을 하고자 하는 우리의 발목을 잡는 방향으로 흘러가고 있었다. 나는 우리가 서 있던 굳건한 기반이 무너지고 있고, 나이키를 따라잡을 만한 동력은 갖고 있지 않다는 것을 알고 있었다.

내가 어려서 수영 100m 배영 종목의 캐나다 기록을 보유하고 있을 무렵, 캐나다 올림픽 수영 감독인 하워드 퍼비Howard Firby가 나를 찾아왔었다. 그는 내 영법을 보고는 세계 최고의 수영선수들이 사용하는 영법으로 바꿔주었다. 그러나 영법의 교체의 결과가 신통치 않았기 때문에 나는 하워드의 생각이 잘못되었다고 생각하게 되었다. 내가 그들보다 더 어린 나이에 최고의 선수들이 세웠던 기록을 깼다면 그들이 내 영법을 모방하는 것이 맞지 않을까?

이러한 나의 개인적인 경험을 룰루레몬에 적용해 보자. 우리가 의류 분야에서 최고의 지표를 생성해 냈다면 사람들이 우리의 성공의 원인을 파악하고 그것을 배우려고 해야 하지 않을까? 외부에서 경력자가 새로 영입될 때마다 그들은 우리의 것을 이미 그들에게 익숙했던 것들로 바꾸려고 했다. 오히려 그들이 우리와 한배를 탔다면 우리의 것을 배우려고 했어야 하는데 실제로는 그 반대였다.

스테이플스의 창립자이며 명예회장인 톰 스템버그는 나에게 룰루레몬의 명예회장 직에 오르는 방식으로 일선에서 퇴진할 것을 제안했다. 이 이름만 그럴듯한 직책은 톰에게는 의미가 있는지 모르지만, 나에게는 아무런 의미도 없었다. 톰은 스테이플스를 떠나면서 그런 명예가 필요했겠지만, 나는 전혀 그렇지 않았다. 나는 그가 스테이플스를 떠나면서 얻은 손실을 만회하기 위해 룰루레몬에 대한 영향력을 높이고 싶어 한다고 생각했다. 그렇다면 그의 제안은 동기부터 순수하지 못하기 때문에 올바른 제안이라고 볼 수 없다.

남성용 ABC 팬츠

그 사이에 나는 남성 시장을 겨냥해서 ABC팬츠라는 것을 구상했다. 옷은 입었을 때와 안 입었을 때, 느낌의 차이가 가능하다면 없어야 한다는 것이 나의 평소 지론이었다. 모든 남성들의 생각이 다 그러하지는 않겠지만, 적지 않은 남성들이 바지를 가장 불편한 옷으로 느끼고 있었고, 우리는 모두 그 이유를 알고 있었다.

우리는 여성들을 위한 놀라운 신축성을 가진 요가 팬츠를 만들어 이미 큰 성공을 거두었다. 남성을 위한 신축성 높은 바지를 못 만들 이유는 없지 않은가? 우리는 몸의 움직임에 맞추어 반응하는 고탄력의 바지를 원한다. 하루 종일 책상에 앉아 있거나, 8시간 넘게 비행을 해도 고환에 불편함이나 압박을 느끼지 않기를 원한다. 그래서 우리는 날실 니트 원단을 개발하고 그것으로 고환보호바지The Anti-Ball-Crusher Pant라는 팬츠를 디자인 했다.

브랜드 관리 책임자는 이 팬츠의 디자인에 즉각 반발했다. 그녀는 크리스틴이 P&G로부터 데려온 로라 클라우버그Laura Klauberg였는데 우리가 가진 최고의 문화에 적합한 사람은 아니었다.

결국, 누리꾼들이 소셜 미디어를 통해서 명칭에 시비를 걸 것을 두려워한 나머지 이 팬츠의 이름은 ABC팬츠로 바뀌었다. 우리는 남성들이 완벽하게 이해할 수 있는 독창적이고 도발적인 명칭을 사용할 기회를 놓친 셈이다. 5년 후 룰루레몬은 ABC팬츠를 다시 안티 볼 크러셔 팬츠라고 부르기 시작했다. 룰루레몬은 2019년에야 이 이름을 상표로 등록하려고 했지만, 변호사는 검토 결과 명칭이 너무 서술적이어서 상표로 등록할 수 없다는 의견을 제시했다. 2019년, 룰루레몬은 킷앤에이스Kit and Ace에게 우리가 이미 상표권 등록 신청을 했다며 이 용어를 사용하지 말라는 공격적인 편지를 보내기도 했다. (용감하지만 너무 늦은 시도였다.)

당시 남성복 시장의 디자인은 남성적이고 역동적인 욕구를 충족시키는 것과는 거리가 멀었다. 룰루레몬이 보다 남성복에 적절하게 집중했다면 2021년까지 룰루레몬의 가치는 100억 달러 이상 늘어났을 것이다. 내가 앞서 말했듯이 룰루레몬은 2011년, 여성 요가 시장의 90%를 장악하고 있었으나, 2018년에 이르러서는 10%로 감소했다. 반대로 남성 운동복에 디자인을 가미하려는 업체가 없었기 때문에 룰루레몬은 전 세계 남성 운동복 시장의 30%를 차지할 수 있는 기회를 얻을 수 있었다.

2010년대 초반, 나는 룰루레몬을 입는 남성들은 어떤 사람들인지 정의해 보고 싶었고, 그래서 다음과 같은 메일을 작성했다.

> 우리가 대변하는 남성은 괜히 으스대거나 특별히 대단한 사람은 아니다. 그는 애써 자신을 선전하거나 홍보할 필요가 없다. 그는 신사답게 게임의 규칙을 준수하면서 깨끗한 경쟁을 벌여 이기고 싶어 한다.
>
> 그는 자신에 대해 많은 이야기를 늘어놓을 필요가 없다. 그는 이미

자신이 괜찮은 사람이라는 자신감을 가지고 있으며 다른 사람들이 좋든 나쁘든 그에 대하여 이야기해 줄 것이라는 것을 알만큼 똑똑하다.

우리의 고객들은 자신의 도덕적 기준을 바탕으로 목표를 정하고, 자신과 싸우기 때문에, 마약 따위에 의존하려 하지 않는다. 그는 멋진 가족과 친구를 갖고 싶어, 하고 건강한 사업을 영위하고 싶어 한다. 그는 결코 스포츠를 과도하게 즐기다가 부상을 당하거나 장애를 입게 되는 상황을 만나는 것을 원하지 않는다.

그는 대가를 바라지 않고 남을 도움으로써 궁극적으로 승리하는 품격을 가지고 있다. 그의 도움을 받은 사람들은 그가 없는 자리에서 그를 높이 평가하는 말을 하고, 그와 한 팀이 되어 무언가를 함께 하고, 그가 인생에서 성공하는 것을 돕기 위해 모든 것을 희생할 것이다.

그는 성실하고 겸손하기 때문에 사람들은 그에게 비즈니스의 기회를 주고 싶어 할 것이다.

스포츠에 관해서는 좀 나이가 든 영국인 또는 캐나다인 같다. 굳이 누군가를 예로 들자면 스티브 내쉬Steve Nash; 캐나다의 농구 선수이자 스포츠 행정가 정도라 할 수 있다. (그가 모든 면에서 깨끗하지는 않지만) 좀 더 자세히 설명하자면, 가장 크거나 빠르지는 않지만 확실히 가장 똑똑하다. 그는 모범적으로 팀을 이끌고 결코 자신을 내세우는 말을 하지 않는다.

럭비 선수, 전통방식의 하키 선수들, 수영선수, 또는 터프 머더Tough Mudder: 진흙 속을 달리며 장애물을 돌파하는 이색 스포츠참가자들 등, 우리는 이런 도전적이고 개성 넘치는 스포츠를 즐기는 사람들을 대변한다는 점에서 나이키나 언더아머와는 다르다.

관심을 밴쿠버 남성에게로 돌려 보자. 우리는 하키를 잘 안다. 우리는 북미의 다른 어떤 지역보다도 럭비를 잘 알고 있으며 수영선수의 심리를 안다.

나는 우리와 터프 머더와 그 경기에서 요청되는 협력 수준, 운동 능력, 팀워크 등과 룰루레몬을 추종하는 남성 고객 사이에 연결 고리가 있다고 믿는다.

우리는 새로운 터프 머더의 콘셉트가 나올 때까지 이러한 생각들을 연구해야 하고, 그것을 완전히 자기 것으로 만들 만큼 충실해야 한다.

우리는 운동을 즐기는 사람들의 심리를 파악하고, 생산 직원부터 에듀케이터들에 이르기까지의 모든 시스템을 이끌 남성복 디자인 책임자가 필요했다.

이들 중에 어떤 것도 별개로 떨어져서는 안 된다.

여기에 대해 어떻게 생각하는가?

우리는 위의 생각들을 활용하여 이 사람을 정의할 수 있다. 스포츠에서 룰루레몬은 남성다움을 보여줘야 하지만, 나이키와 언더아머가 보여주는 것과는 다른 모습을 보여주어야 한다.

중견 직원의 이직과 품질 저하

2013년에 여성용품 담당 상무가 된 딘이 말했다. "칩이 회사의 일상업무에서 조금씩 배제되고 있다는 느낌을 받았지만, 이사회에 대한 그의 영향력은 남아 있다고 느꼈습니다. 저는 칩이 하는 일을 항상 존중했습니다. 그의 비전이 무엇이든, 옳든 그르든, 저는 항상 그를 따라야 한다고 느꼈습니다. 그와 크리스틴 사이가 나빠지고, 그가 회사의 일에서 조금씩 멀어지면서, 저는 회사 안에서 나의 미래는 어떨까 생각하기 시작했습니다."

글로벌 업무 담당 전무로 일했던 델라니는 말했다. "새로운 CEO는 새로운 고위급 관리자들과 함께 룰루레몬의 다음 단계를 만들었습니다. 제 생각에는 완전히 다른 회사가 되었다고 생각합니다. 룰루레몬을 처음 시작할 당시의 사람들을 생각하면서, 저는 새로운 경영진이 제시한 룰루레몬의 새로운 비전이 그들의 가치와는 맞지 않았다고 생각합니다. 그들은 결국 룰루레몬을 떠났습니다."

임원들의 매장 체험

룰루레몬에 입사하는 모든 사람들은 교육 과정 중에 반드시 여러 매장을 돌면서 8시간씩 근무하도록 되어 있다. 이 경험을 통해서 그들은 게스트들이 옷을 입었을 때의 표정과 몸짓, 그리고 말투만 보고 듣고도 게스트들이 옷에 대해 무슨 생각을 하는지 알 수 있게 된다. 또 탈의실에서 그들이 무엇을 느끼는지도 알 수 있다. 이런 것들은 서류상에 정리된 각종 지표로는 알 수 없는 일들이다.

그러나 외부에서 새로 영입된 고위직 임원들이나 간부급 직원들은 일정 시간 매장에서 일하는 전통을 지켜가고 싶어 하지 않았다. 결국 적지 않은 이들은 매장에 가본 적조차 없었다. 급기야 수석이사인 마이클 케세이가 새로 영입된 고위 경영진이 며칠 사이에 10개 정도의 매장을 방문하는데 필요한 전세 비행기를 띄우는 제도를 폐기했고, 이로 인해 매장과 본사 간의 유대감이 약화되었다. 회사의 모든 업무가 유기적으로 잘 작동하는지 점검을 하거나, 높은 연봉을 받으며 많은 일을 해야 하는 고위급 임원들의 건강관리를 위해 투자하는 것보다 단기 비용 절감이나 외부의 시선을 더 중요하게 여기게 되었다.

그러나 나는 매장에서 일하는 것을 좋아했다. 에듀케이터의 역할을 해보고, 일주일에 한 번쯤 탈의실에서 일하기도 했기 때문에, 나는 제품을 만져보고, 눈으로 보기 만해도 품질을 판단하는 감각을 유지했다.

특히 탈의실에서 일하면서 미묘한 변화를 감지하기 시작했다. 옷을 입어본 게스트들의 표정이 예전같이 밝지 않았고, 거울에 비친 자신의 모습을 다른 사람들에게 보여주기 싫은 듯 제품을 입은 채로 탈의실 밖으로 나오는 경우가 크게 줄었다. 어쩌면 허리 밴드의 고무줄의 성능이 예전만큼 좋지 않을 수도 있고, 원단의 신축성이 전보다 못하다고 느꼈는지도 모른다.

현금 계산대에서도 예전과는 다른 느낌이 분명히 들었다. 예전에는 게스트들이 한 번에 세 가지 이상의 품목을 한꺼번에 구입하는 경우가 흔했는데, 지금은 잘해야 두 개 정도 구입하는 것이 보통이었다. 게스트들이 가격을 부담스러워하거나, 품질이 전 같지 않다고 느끼는 것이 분명했다.

문제는 내가 오로지 감과 본능에 의지하여 이러한 미묘한 변화를 감지한 것이기 때문에, 이것을 이사회에 논리적으로 설명할 방법이 없었다는 것이다. 나는 무슨 일이 일어나고 있는지 정확하게 느끼고 있었지만, 우리 회사의 주가는 여전히 상승 추세를 이어가고 있었기 때문에 이사회에서의 나의 발언은 힘을 잃었다.

내가 처음으로 이사회에 이 문제를 제기할 때는 지금 벌어지는 상황을 가능한 한 적극적이고 긍정적으로 이해하려고 노력했다. 나는 2012년 9월, 마이클 케세이에게 장문의 편지를 썼다. 나는 그에게 우리만의 독특한 기업문화와 품질 관리 등에 대한 여러 가지 문제를 지적했다.

나는 우리가 또다시 '루온의 왕, 또는 여왕'이 되어 보자고 제안했다. 루온은 우리가 판매하는 모든 제품의 75%를 차지하는 중요한 원단이다. 나는 같은 제안을 크리스틴에게도 했지만, 그녀는 나의 건의를 또 한 번 묵살했다.

나는 여전히 우리 회사에 루온 원단에 대한 특별한 애착을 갖고 루온만 생각하며, 먹고, 숨 쉬고 살면서, 루온만 면밀히 관찰하고 연구하며, 사내에서 세 번째로 높은 급여를 받는 사람이 꼭 필요하다고 믿었다.

호주로 떠나다

아마도 나는 새로운 사업 영역을 개척할 운명을 타고난 것 같다. 반면 어느 정도 궤도에 오른 회사의 운영에 최적화된 사람들도 따로 있을 것이다. 창조적인 창업자는 천성적으로 조직을 파괴하고 분열을 조장하는 사람들일까? 룰루레몬의 비즈니스 철학은 회사의 규모가 커지면 통하지 않는 것일까? 룰루레몬 이사회의 모든 이사진들이 한목소리로 내가 틀렸다고 말한다면, 나는 좀 더 옆으로 비켜서서 크리스틴이 장기적인 관점에서도 자신이 옳았음을 입증할 기회를 주어야 할 필요가 있을 것이다.

나는 더 이상 직원들과 눈을 마주칠 수 없었다. 나는 내가 그들에게 강조했던 청렴성과 개방성의 문화를 지켜내는데 실패했다는 것을 알고 있었다. 나는 그들을 보호하는 것이 나의 일이라고 말했지만, 그 말을 지키지 못했다. 우리의 비전을 성취할 힘을 어떻게 잃어버렸는지 혼란스러웠다. 나 자신도 나의 잃어버린 영향력을 다시 회복할 방법을 알지 못했다.

나와 섀넌은 아직 아이들이 어렸기 때문에, 호주의 시드니로 이사하기로 결심했다. 룰루레몬 이사회는 '마음챙김'을 미래의 가치를 높일 새로운 브랜드로 키워보자는 아이디어를 거부했지만, 나는 여전히 그것을 포기하고 싶지 않았다. 어쨌든 나는 룰루레몬에 대한 꿈은 잠시 접어두고 가족에 집중하기로 했다. 크리스틴이 회사를 훌륭하게 운영하고 있는 상황에서 나의 간섭이 방해가 된다는 이사회의 말이 옳다면 내가 멀리 떨어져 있는 것이 우리 모두에게 이익이 될 것이다.

반면에 사람과 과정에 대한 투자가 느슨해지고 재앙이 임박했다는 내 생각이 옳다면 그 역시 시간이 입증해 줄 것이다.

· 27장 ·

속이 비치는 요가 팬츠

호주에서

2012년 여름까지 나는 가족과 함께 호주에서 살고 있었다. 섀넌은 그 시간을 되돌아보며 이렇게 말했다. "이렇게 사는 게 즐거운데 뭘 바라겠어요? 호주에서 살아본 경험은 우리가 지금까지 했던 어떤 일보다도 멋진 일이었습니다." 호주에서의 삶은 비즈니스라는 것을 잊고 오로지 아빠로만 살 수 있는 기간이었다. 섀넌과 나는 아들들이 서핑 강습을 받게 하고, 숙제를 도와주고, 책도 읽어주었다.

당시 회사의 가치는 120억 달러 정도로 평가되었으므로 나의 개인 순자산은 약 40억 달러 정도였을 것이다. 나는 여전히 룰루레몬의 이사회의 의장이라는 직함을 가지고 있었다. 게다가 주식이 1달러 오르고 내리면, 내 개인 재산이 4천만 달러씩 오르고 내리는 상황이었기 때문에, 룰루레몬의 경영 상황에 관하여 관심이 없을 수 없었다.

그럼에도 불구하고 호주로 떠나온 후 섀넌과 나는 회사의 일로부터 상당히 멀어졌다. 룰루레몬의 경영에 전혀 참여하지 않으면서 오로지 관찰자의 시각에서 그 안에서 벌어지는 갈등을 지켜볼 수 있었다.

그동안 단기적인 결과에 따른 인센티브에 집중하는 경영진과 50년 후를 내다보는 장기 지분 소유자로서의 나의 입장은 줄곧 충돌했었다. CEO가 자신의 재산을 불리려면 자신이 가지고 있는 주식의 가치를 최대한 끌어올려 높은 가격에 팔아넘기고, 그러한 성과를 바탕으로 다음 직장에서 좋은 대우와 보수를 받을 수 있도록 협상할 수 있어야 한다. 크리스틴과 밥은 둘 다 그러한 일에 성공했다. 다만 그 과정에서 밥은 매우 투명했다. 그러나 나는 크리스틴도 그런 욕심을 가지고 일했다는 사실을 알아차리지 못했다. 그만큼 방심한 것이고, 내가 받은 상처는 컸다.

『좋은 기업을 넘어 위대한 기업으로』에서 짐 콜린스는 업무 체계가 변할 때마다 회사를 움직이는 수레바퀴는 점점 늦게 돈다고 말한다. 룰루레몬은 책 제목과는 반대로 위대한 기업에서 좋은 기업으로 변하면서 전체적으로 위축되었다. 룰루레몬 정도의 규모의 회사는 수천 단계의 내부 과정을 거쳐 운영된다. 회사 안의 업무 과정이 하나 바뀌면 세 가지의 부분이 거기에 맞춰서 변경되어야 한다. 만일 CEO가 20개의 업무 체계를 변경한다면, 각각의 변화에 대응하여 세 가지의 세부적인 부분이 변경되지 않으면 시스템의 작동 자체가 중단된다.

가상의 스토리

지금부터 하려는 이야기는 실제로 일어나지 않은 상상 속의 이야기이다. 만일 실제로 이런 일이 일어난다면 법적 파장이 엄청날 것이기 때문에, 결코 일어날 수 없는 이야기이다.

창업자가 품질관리 시스템에 중대한 문제를 발견했다고 가정해 보자. 그 문제는 하나의 제품을 생산하는 전체 생산과정을 완전히 무용지물로 만들 수 있는 중대한 문제이다. 이미 생산되어 시장에 풀린 제품은 전부 수거될 것이고, 그 결과 전년도의 재무제표는 완전히 바뀔 것이다. 회사는 이미 생산된 의류를 모두 폐기해야 하고, 경영진에 대한 보너스는 회수될 것이고, 감사위원회는 어디가 잘못되었는지 확인하여 주식 시장에 공시해야 할 것이다.

발견된 문제에 대해 제대로 조치를 하지 않아, 같은 문제가 또다시 CEO에게 보고되는 상황이 오면 어떻게 될까? CEO가 별다른 조치를 하지 않은 사실을 알게 된 창업자가 이 사실을 증거까지 갖춰서 감사위원회 위원장에게 알리면 어떻게 될까? 감사위원장이 이 문제를 정식 안건으로 다루기보다 창업자를 비방하여 뭉개기로 마음을 먹게 되면 어떻게 될까?

상황이 이렇게 되면 창업자는 자신이 오지의 바위틈에 끼어 있는 듯 사면초가에 몰렸다는 느낌이 든다. 만일 창업자가 이 문제를 증권거래 위원회에 보고하면 보통 5년 전후의 긴 법정 소송이 진행되고, 수시로 법정에 나가 공방을 벌여야 한다. 법적 문제를 처리하기 위해 많은 시간을 쓰고 재판에 출석하기 위해 수시로 장거리 출장을 한다는 것은 가족과 많은 시간을 떨어져 지내야 하고, 회사의 발전을 위해 사용해야 할 시간이 그만큼 줄어든다는 의미이다.

창업자는 시간만 엄청나게 잡아먹는 지루한 공방에 빠지는 것을 피하기 위해 자신과 회사의 진실함을 입증하기를 포기해야만 할까? 그럴 수도 있다. 창업자가 자신의 회사의 문제점을 공개적으로 드러내는 것 자체가 정당하지 못한 행위일까? 물론이다.

내가 이러한 가상의 비극적인 시나리오를 이야기하는 이유는 어느 기업에서든 설립자들과 주주들 사이에 이와 비슷한 일이 일어날 수도 있다는 사실을 알아주기 바라기 때문이다. 그러나 허구는 어디까지나 허구이다.

다가오는 위기

2012년에서 2013년으로 넘어가고 나니 매출은 또다시 전년 대비 30%나 늘어났다. 세계적으로 운동복의 수요는 공급이 쫓아갈 수 없을 정도로 빠르게 늘어나고 있었다. 매출의 급증으로 인해 속히 해결해야 할 근본적인 문제들이 모두 덮였다.

2013년 3월 중순 대중들 사이에서 우리 품질에 관한 문제들이 제기되었다. 2013년 3월 18일 자 「월 스트리트저널」의 기업 정보 면에는 '룰루레몬의 요가 팬츠에 문제가 있다'라는 제목의 기사가 실렸다. 같은 날 「비즈니스 인사이더Business Insider」는 "룰루레몬의 검은색 팬츠가 속이 훤히 비친다는 이유로 대거 반품되고 있다."라고 보도했다. 얼마 후

「CBCCanadian Broadcasting Corporation」가 이 기사를 받아서 "룰루레몬 제품이 너무 심하게 비쳐 대거 리콜 했다."고 보도했다.

「내셔널 포스트」, 「글로브 앤 메일」, 「데일리 메일」, 「블룸버그」, 「포브스」 등에서도 비슷한 기사가 실렸다. 실제로 우리는 속이 너무 심하게 비친다는 문제로 인해 우리의 대표 상품인 여성용 루온 팬츠의 대규모 리콜을 발표해야 했다. 여성용 루온 팬츠는 전체 생산 제품의 17%를 차지했고, 리콜로 인해 6천만 달러의 매출 손실이 발생할 위기에 직면한 것이다.

토론토 매장의 에듀케이터인 질 채트우드는 이렇게 회상한다. "저는 출산 휴가 중이었고 남편과 아이들과 함께 호주를 여행했습니다. 우리는 칩과 섀넌이 렌트해서 살고 있던 집을 방문하기 위해 들렀습니다. 저는 칩이 품질 관리 문제를 대하는 회사의 방식에 적지 않게 우려하고 있다는 사실을 알고 있었습니다. 저는 회사가 과거처럼 품질 문제를 중요하게 생각하지 않는다고 솔직히 말했습니다. 저도 걱정되었기 때문이었습니다."

"실제로 확인되었어요. 그 대화가 있은 후 몇 주 만에 우리의 주력 원단인 루온의 품질과 견고한 안정성이 예전보다 떨어졌다는 것이 사실로 확인되었습니다. '비치는 팬츠'로 인해 비상사태가 발생한 것입니다. 어떻게든 최고의 재무제표를 만들어야 한다는 압박이 품질에 대한 우리의 고집을 압도한 결과입니다."

탄력이 아주 좋으면서도 속이 비치지 않는 검은색 팬츠를 제작하는 방법을 연구해 낸 평생의 성과가 한순간에 무너져버린 것이다.

크리스틴은 우리에게 가장 많은 원단을 공급하는 업체로 성장한 에클랏 텍스타일Eclat Textile을 비난하고, 품질관리를 담당한 수석 책임자를 해고했다. 누군가에게 책임을 전가하는 방식으로 위기를 돌파하려고 한 것이다.

크리스틴은 속이 비치는 원단의 책임이 에클랏에게 있다고 생각한 것이다. 아주 명백하고 단순한 논리이다. 나는 룰루레몬에 정말 실망했다. 비치지 않는 원단을 개발하겠다는 것은 1998년에 내가 룰루레몬을 창업한 이유였다. 어쨌든 이러한 소란 속에서 내가 이전부터 제기했던 품질에 대한 다른 큰 문제들에 관한 대화는 완전히 사라졌다.

비슷한 시기에 나는 스타벅스의 법률 고문인 루시 리 헬름Lucy Lee Helm으로부터 이메일을 받았다. 이 메일은 루시가 크리스틴에게 보낸 것이었고, 나는 마이클 케세이와 함께 수신 참조자였다. 이 메일은 크리스틴이 불과 몇 주 전에 「ABC」방송의 케이트 커릭Katie Couric과 나눈 최근 인터뷰에 대한 스타벅스의 우려감을 표명하고 있다.

친애하는 크리스틴에게,

저는 스타벅스를 대표해서 전국 네트워크를 통해 전국에 방송되는 TV 프로그램인 케이티Katie Couric쇼의 <유리천장을 깬 사람들Breaking the Glass Ceiling> 코너에서 당신이 발언한 내용에 깊은 우려를 표명하고자 합니다. 당신이 인터뷰에서 당신이 실제로 겪었다고 이야기했던 내용과 스타벅스의 인사 관행은 사실과 다릅니다.

당신은 커릭과의 인터뷰를 통해 스타벅스에서 겪었던 많은 일을 이야기했고, 특히 회사가 '회사 안에서 아무도 해결할 방법을 모르고 있는' 일을 당신에게 맡겼다는 말과 함께 당신이 임신을 하자 회사가 당신을 업무에서 배제시켰다고 말했습니다. 당신은 회사 안에서 자신이 다른 남성 동료들과 다르게 대우를 받고 있다는 것을 인식했다고 말하면서 실제 경험 사례를 언급했고, 여기에 커릭이 '늘 일어나는 일'이라는 당신의 말에 동감을 표명했습니다. 당신의 그 발언은 당신이 스타벅스에서의 성차별로 인해 당신의 성취와 업무의 성과가 제한을 받을 수밖에 없었다는 의미를 함축하여 담고 있습니다.

과거의 상황에 대한 이러한 규정은 부정확하고 거짓일 뿐 아니라 스타벅스의 주주들을 폄훼하는 것입니다. 스타벅스는 당신이 회사에서 일하는 동안 기여한 것에 대해 크게 감사하고 있습니다. 실제로 당신은 행정보조원으로 입사해서 20년 만에 고위 임원까지 승진하는 등 회사로부터 상당한 기회를 제공받았습니다. 당신은 리더로서 많은 역할을 했고, 당신도 조직 생활을 통해 많은 것을 배우고 발전할 기회를 얻었습니다.

스타벅스가 당신을 성별을 이유로 차별하여 대우했다거나 당신의 계획을 수용하지 못했다고 말하는 것은 사실을 심각하게 왜곡하는 것입니다. 또 스타벅스와 주주들, 그리고 스타벅스의 진보적 인사 관행의 전통에 대한 평가를 심하게 훼손한 것입니다. 당신의 말은 당신이 룰루레몬에서 굉장한 위치에 오르게 되는데 발판이 되어준 스타벅스에서의 경력의 의미를 심하게 왜곡한 것입니다.

스타벅스는 당신의 발언에 대해서 당신과 진지하게 대화하거나 논쟁하고 싶지는 않습니다. 그러나 우리는 회사와 주주, 그리고 구성원들에 대해서 부정확하게 묘사하고, 노골적으로 명예를 훼손하는 내용을 담고 있는 발언을 그냥 지나칠 수 없음을 알려드립니다.

진심을 전합니다.

루시 리 헬름

부회장, 법률 고문 및 비서실장

수신참조: 하워드 숄츠

칩 윌슨

마이크 케세이

나는 마이클 케세이도 이 편지를 받았을 것이기 때문에, 이제는 그도 크리스틴을 이전처럼 지지하지 않을 것이라고 생각했다. 나는 이 시점에서 이사회가 반드시 해야 할 일은 새로운 CEO를 영입하고, 차기 CEO에게 경영권을 혼란 없이 인수인계할 수 있는 안정적인 승계 방안을 모색하는 것이라고 생각했다. 물론 CEO를 해임할 경우 룰루레몬의 주가에 단기적으로 미칠 영향과 이사들에 대한 평판이 나빠질 것을 이사회가 우려할 수도 있다고 생각했다.

이사회는 시드니에서 우리와 만났고 나에게 문제 해결을 도와달라며, 캐나다로 돌아와 달라고 요청했다. 생산 담당 책임자가 공석인 상황이었기 때문에 룰루레몬 생산관리팀도 아내 섀넌에게 다시 회사로 돌아와 달라며 전화하는 상황이었다.

이사회가 우리 부부에게 돌아와 줄 것을 요청한 것은 크리스틴이 이사회에 그러한 지시를 내렸기 때문이었다. 그녀는 자신들이 직면하고 있는 위기에서 벗어나기 위해 회사에 우리를 위한 공간을 마련해 주어야 한다고 생각한 것이다. 섀넌과 나는 이사회의 요청을 즉시 받아들였다. 당연히 돌아가야 한다. 우리는 룰루레몬을 가장 열성적으로 응원하는 응원단 아닌가?

그러나 크리스틴은 내가 돌아온 후에도 자신의 입지를 보전하고 내가 회사의 일에 너무 깊이 개입하는 것을 막기 위해 나의 역할과 위치를 명시한 서류를 이사들과 함께 만들었다. 그 문서는 다음과 같다.

창업자의 역할에 관한 기본 원칙(초안) 2013년 7월 16일

칩 윌슨(이하 창업자)은 룰루레몬의 창업자이다. 그의 핵심 역할은 회사의 조직문화에 관하여 자문하고, 지원하며 브랜드의 성장과 생산 그리고 회사의 운영 원칙에 관하여 창업 초창기의 운영 취지에 맞게 직원들을 교육하는 것이다. 이에 따라 창업자는 아래의 내용에 근거하여 CEO의 요청에 따라 수시로 고위 경영진들을 상대로 자문 활동을 한다.

1.0. 창업자는 '초장기의 창업 정신'이 품고 있는 비전, 그리고 회사의 역사와 그의 경영철학을 주요 구성원들과 공유하여야 한다.

이유: 룰루레몬을 성공으로 이끈 독특한 가치들과 원칙들이 세월이 흐르면서 많은 사람들을 새로 채용하면서 사라지거나 희석되고 있는 것은 아닌지 확인하기 위함이다.

1.1. CEO가 이끄는 회사 행정 책임 부서는 창업자가 회사의 모든 부서와 직원들과 효과적으로 회합할 수 있도록 일정을 조정하고 지원한다.

1.2. 창업자가 '초창기의 창업 정신'을 직원들에게 교육하는 행사를 1년에 두 차례 키칠라노 사이언스 센터에서 진행하며 이는 이사회 소속

이사진들을 포함한 핵심 관리 직원들과 새로 채용된 직원들을 위한 행사이다.

1.3. 매장 직원 중 잠재력이 큰 직원들은 그라우스 그라인드에서 창업자와 별도의 회합을 갖는다.

1.4. 연례 리더십 컨퍼런스에 창업자를 초빙한다.

2.0. 창업자는 매년 화이트 스페이스 워크숍White Space Workshop에 참석하여 장기적인 비전과 새로운 아이디어 창출을 위한 조언을 한다.

이유 : 창업자가 세상을 바라보는 방식에 근거한 창의적 시각과 아이디어가 새로운 방식의 수용과 사고를 위한 건설적인 과정의 시작임을 확인하기 위해서이다.

2.1. 이 워크숍은 전략기획을 위해 필수적인 과정임을 감안하여 개최하도록 한다.

3.0. 창업자가 본 문서 이외의 이유로 회사 직원들과 접촉하는 것은 이사회 구성원으로서 그의 의무를 다하는데 필요한 정보를 얻기 위한 것으로 한정하며, CEO와 조율되어야 한다. 모든 사외이사진들과 마찬가지로 창업자는 어떤 종류의 회의석상에서도 직원들에게 직접 지시를 내려서는 안 된다. 직원들에게 지시를 내리거나 의사를 전달할 필요가 있다면 CEO를 통해서 하여야 한다.

이유: CEO는 이사회 전체에 대하여 책임을 지며, 지시사항을 회사의 장기적인 비전과 전략에 일치시켜 해석하는 일이나, 고위 경영진을 채용하고 육성하는 일, 우선순위를 선정하는 일, 자원을 배분하고, 위기 극복

과 일상적인 업무 수행을 관리하는 일에 책임을 지기 때문이다.

3.1. 창업자는 매주 월요일에 생산과 운영에 대한 의견을 제공한다. 이를 통해 그가 회사에 전달한 내용은 지시사항이 아닌 조언과 의견 제시로 간주된다. 그 내용은 CEO에게 전달되며 고위 임원 회의에서 검토될 것이다. CEO는 창업자의 조언과 의견의 적절성을 판단하고, 그 판단 결과에 따른 후속 조치를 취할 것이다.

3.2. 제품과 생산에 대한 창업자의 아이디어는 매 분기별로 열리는 비전과 전략 조정 회의 30일 전에 평가될 것이다. 그 평가 내용은 CEO와 담당 전무이사, 그리고 디자인과 상품기획 담당 부서에 전달된다. 이 경우에도 그의 생각은 조언으로 간주되며 CEO와 담당 전무이사, 그리고 상품기획 부서는 창업자의 조언을 반드시 받아들이고, 행동에 옮겨야 할 의무는 없다.

3.3. CEO나 CEO에게 직통으로 보고를 하는 운영팀의 요청이 있을 경우, 창업자는 구체적인 질문이나 문제에 대한 조언과 자문을 제공할 수 있다. 이 역시 구속력 없는 조언으로 간주되며 최고경영자나 운영팀에 대한 지시로 인정되지는 않는다.

4.0. 창업자는 비상임 의장으로서 다른 이사회 구성원들과 동일한 의무와 책임을 갖고 이사회의 일원으로서 역할을 다한다. CEO의 특별한 요청이나 본 문서 2.0항에 명시된 이유가 없다면, 이사회의 일원으로서의 활동 범위를 벗어난 회사의 일상적인 운영이나 비전과 전략을 조정하는 일 등에는 참여하지 않는다.

이유: 이사회의 책무는 주주들의 이익과 이해관계를 대변하여 회사

를 감독하고 회사의 경영진들에게 지시를 내리는 것이다. 이사회의 구성원이면서 회사의 경영진이 아닌 창업자의 역할은 모든 주주들과 이사들의 회의에 참석하는 것이고, 그 외의 경우에는 전체 이사회와 CEO 그리고 회사의 전략을 지원하여 모든 주주들의 이익이 보호될 수 있도록 이사회를 운영하는 것이다. 이사회와 주주총회에서 의장의 역할을 하는 것 외에는 다른 이사들과 동일한 책무와 역할을 인정받는다.

5.0. CEO 와 고위 경영진들의 책임과 역할을 존중할 것

이유: 이사회는 CEO에게 회사의 다른 고위 임원들과 협력하고, 회사의 규정과 이사회가 정한 특별한 계획과 결정, 그리고 방향에 입각하여 회사의 경영을 할 수 있는 권위와 책임을 위임하였다. 회사의 기업 활동을 운영하는 것은 경영진의 역할이고, 경영진의 역할 수행의 결과가 만족할 만한지를 판단하는 것이 이사회의 역할이다. CEO는 회사의 전략 수립과 운영, 그리고 실행의 결과에 대한 일체의 책임을 진다. 전략과 비전을 수립하고 실행하는 일은 고도의 전문성과 각 부서와 기구의 기능의 복합적 통합이 요구된다. 최고 경영자는 이 성과를 이사회 전체에 보고하고 결과에 대해 궁극적인 책임을 지고, 최고 경영진과 긴밀하게 협력한다.

5.1. 창업자가 회사를 방문하고자 하면 CEO 직속의 경영지원실을 통해 관리되고 검토 후 승인을 받아야 한다. 직원들이 창업자와의 만남을 원할 경우에도 경영지원실을 통해 조율되어야 한다.

5.2. 창업자는 회사의 관리 부서에 대하여 어떤 지시도 내릴 수 없다.

5.3. 창업자의 조언이나 자문을 기반으로 CEO가 결정한 사항은 담

당 직원이나 부서에 전달되어 책임지고 집행되어야 한다.

5.4. 본 문서의 내용은 매년 이사회에 의하여 검토되고 수정 보완될 것이다.

밴쿠버에 돌아오다

다시 현장으로 돌아오고 나니 현황을 파악하는 데만 몇 주일이 소요되었다.

나는 지난 30년간 전 세계의 다양한 의류 샘플을 수집하고 분석해 왔다. 각 제품마다 그 제품에 맞는 단추나 지퍼, 그리고 각종 기능성 부자재가 달리기 마련이다. 이런 샘플들은 디자이너에게 시각적인 영감을 준다. 이렇게 모은 샘플들은 박물관 하나를 채우고도 남을 분량이다. 그러나 우리가 다음 해의 제품들을 위한 디자인에 착수하려는 시점에서 이 샘플들이 굉장히 많이 없어졌다는 사실을 알게 되었다. 나는 이 사실을 감사위원장인 마르티 모피트에게 알리면서 심각한 절도 사건으로 간주하고 조사해 줄 것을 요청했다. 그러나 그녀는 감사위원회가 조사할 정도로 심각한 문제는 아니라며 조사를 거부했다. 그러나 당시 그녀는 내 눈을 똑바로 쳐다볼 자신은 없어 보였다. 우리가 호주에 있는 동안 크리스틴이 여유 공간을 확보한다는 이유로 샘플의 95%를 처분한 사실을 뒤늦게 알고 가슴이 철렁 내려앉았다.

그래도 일단 돌아오고 나니 좋았다. 우리만 그런 것은 아닌 것 같았다. 회사를 진정으로 이해하고 있는 장기근속자들은 우리를 보고 반가워했고, 우리도 그들을 만나 기뻤다. 디자인 부서는 회사가 예전처럼 판매 중심 경영에서 디자인 중심 경영으로 바뀔 수도 있다는 희망으로 흥분하고 있었다.

미셸 암스트롱이 말했다. "나는 그저 현상 유지에도 급급했기 때문에 칩과 섀넌이 돌아온다는 사실도 몰랐습니다. 저를 포함해서 우리 팀 사람들은 그들이 우리를 돕기 위해 다시 사무실에 나타났을 때 믿을 수 없을 정도로 감사했습니다. 우리 제품기획팀은 칩 윌슨으로부터 회사의 뿌리가 된 그의 경영 원칙을 직접 배울 수 있다는 사실에 매우 흥분했습니다. 우리 직원들 상당수는 입사한지 얼마 되지 않는 사람들이었고, 칩이 우리 팀을 직접 이끌 당시를 경험해 보지 못한 사람들이었습니다. 섀넌은 회의 때마다 우리가 귀담아들어야 할 의견들을 만들어내는 놀라운 재능을 보였고, 우리는 그녀의 감각과 관점을 아주 높이 평가했습니다."

딘 슈와이처는 말했다. "우리가 그에게 전화를 걸어서 우리를 대표하는 상징적인 원단에 심각한 품질 문제가 발생했다고 말하자, 그도 회사가 엉망이 되어 가고 있음을 직감하고 가능한 한 빨리 돌아와서 바로 잡아야 한다고 생각했을 것입니다. 책임감과 의무감으로 충만했던 기업 문화는 사라지고, 이제는 여기저기서 손가락질을 받는 수준으로 전락해 버렸습니다."

"당시 저는 여성용품 담당 상무라는 직책을 맡고 있었습니다. 칩과 섀넌이 다시 돌아왔을 때 저는 그들만 한 전문가가 없기 때문에 정말 잘 돌아왔다고 생각했습니다. 그들은 모두 우리의 디자인 회의에 참석했고, 다시 룰루레몬의 제품의 기반을 다지는데 함께 했습니다. 섀넌은 또한 디자이너들과 함께 디자인을 최종 완성하는데 참여했는데, 이 또한 큰 도움이 되었습니다."

"안식년에 들어가기 전, 칩은 회사를 위한 운영 원칙을 직접 작성해서 발표했습니다. 많은 직원들은 그와 함께 일한 적이 없었지만, 그의 발표 내용에 열광했습니다. 제품 디자인팀과 생산팀은 굉장히 고무되었습니다."

"문제는 그 내용 중 어느 한 조항도 크리스틴과는 어울리지 않는다는 것이었습니다. 칩이 경영진의 일원으로 다시 복귀하자 칩과 크리스틴 사이에 보이지 않는 팽팽한 긴장감 같은 것이 느껴졌습니다. 아무도 말하지 않았지만 회사는 양분된 듯했고, 저는 칩이 이끄는 조직의 일원이 되어 있음을 느꼈습니다. 당시는 스트레스를 많이 받던 시기였습니다."

질 채트우드는 말했다. "고위 경영진이 칩과 섀넌의 현장 복귀를 달갑지 않게 생각한 것이 분명했습니다. 그러나 이것은 결국 크리스틴 시대의 종말의 시작이었습니다. 누구는 자신이 칩의 사람이라고 생각하고, 누구는 크리스틴의 사람이라고 생각했습니다. 여기도 저기도 속하지 않은 중립적인 직원들도 존재하는 어색한 분열이 있었습니다. 생산팀 안에서도 그러한 분열이 있었고, 그것은 업무에도 영향을 미쳤습니다. 지시와 업무 방향이 매일 바뀌면서 현장의 혼란은 계속 되었습니다."

며칠 후인 2013년 4월 중순 어느 날, 나는 크리스틴과 대화를 나눌 기회가 있었다. 원래 계획에 있었던 만남은 아니었다. 어쨌든 하루 일과가 끝날 무렵인 5시쯤, 그녀와 나는 그녀의 사무실에서 마주 앉았다.

나는 어떻게든 그녀와의 갈등을 봉합하고 싶었다. 우리는 서로에 대한 감정과 오해를 풀 필요가 있었다.

어떤 면에서는 참 힘들고 말도 안 되는 대화를 꽤 오래 나눴다. 우리는 한때 서로의 강점을 존중하며 훌륭하게 협력을 했던 사이이다. 그러나 그 이후로 많은 것이 변했고, 그것들을 다시 해소해야 할 때가 된 것이다.

많은 이야기를 나눈 끝에 나는 그녀를 바라보고 말했다. "크리스틴, 당신이 룰루레몬을 위해서 많은 일을 했어요. 그러나 회사에 대한 긴 안목의 비전이 없는 것 같아요. 3개 년 정도의 운영이나 전략을 수립한 것 말고 우리가 뭘 했나요? 우리가 속한 업계의 경쟁은 날로 치열해지고 있어요. 우리가 다른 회사와 무엇이 다르다고 생각하나요?"

"당신은 COO로서는 세계 최고의 수준입니다. 그러나 CEO로서의 당신의 수준은 끔찍합니다."라고 말하면서 대화를 마무리했다.

그녀는 돌아서서 울음을 터뜨렸다. 그녀의 그러한 반응은 프로답지 못하다고 생각했다. 어쩌면 의도된 연극인지도 모른다는 생각이 들었다. 나는 그녀의 사무실을 나서서 집으로 돌아갔다. 솔직히 말해서 그녀의 감정이 어떤 상태였는지는 잘 모르겠다. 어쩌면 그녀는 압박감이나 위기감을 느낄 때마다 감정에 호소하여 위기를 돌파했는지도 몰랐다.

다음 날, 크리스틴은 사임을 발표했다.

· 28장 ·

충격 수습

CEO 사임

그녀가 사의를 표명하자 이사회는 크게 술렁거렸다. 승계 준비가 전혀 되어 있지 않았기 때문에, 이사회는 후임자를 찾는데 시간이 필요하다며, 월 스트리트에 부정적인 메시지를 주지 않도록, 당장 사임하지 말고 일정 기간 동안만이라도 좀 더 머물러 있어 달라고 그녀를 설득했다.

나는 오히려 그녀가 빨리 물러나야 회사의 품질 관리 문제를 빨리 극복할 수 있다고 생각했지만, 이사회의 생각은 달랐다. 나는 델라니 슈와이처 정도면 지금 당장 CEO 직을 맡아도 충분하다고 생각했다. 그녀를 CEO로 선임하고 그녀를 훌륭히 보좌할 만한 탁월한 COO를 영입하면 된다고 생각했지만, 이사회는 이 생각을 받아들이지 않았다.

또 다른 해결책은 새로운 CEO가 확정될 때까지 내가 임시 CEO 직을 맡는 방안이었다. 사실 지금 상황은 밥 미어스가 갑자기 잠적하다시

피 회사를 떠났던 당시와 비슷했다. 하워드 슐츠Howard Schultz; 스타벅스의 창업자가 스타벅스로 돌아왔을 때 월 스트리트의 분석가들은 크게 당황했다. 그들이 익숙한 지표를 기반으로 바라보면 하워드는 전혀 세련되지도 않았고, 즉흥적인 사람인 것이다. 나도 마찬가지였다. 이사회는 독불장군 같은 창업자가 복귀할 경우 월 스트리트가 어떤 반응을 보일지 두려워했다.

일이 어떤 방향으로 수습되든 이사회는 곤란한 입장에 처할 것이다. 그들은 그것을 알고 있었다. 그렇다고 한동안 CEO의 자리를 공석으로 두어 자신들의 명성에 흠집이 생기는 일은 막고 싶었기 때문에, 크리스틴을 좀 더 잡아 두려고 무진 애를 썼다.

그러나 상황은 나아지지 않았고, 결국 크리스틴은 1분기 컨퍼런스콜 직전인 6월에 열린 이사회에 맞춰 사직서를 제출했다.

크리스틴은 짧은 성명과 함께 "이것은 나의 개인적인 결정이었습니다."라고 밝혔다. 그러나 그녀는 사임하고 몇 개월이 지난 후, 포천Fortune지와의 인터뷰에서 자신과 나와의 비전이 맞지 않았기 때문에 룰루레몬을 떠났으며, 내가 혼란과 충돌을 즐겼다고 말했다.

크리스틴은 이사회가 후임자를 찾을 때까지는 자리를 지키겠다고 약속했지만, 그녀가 공개적으로 나를 함께 일하기 힘든 사람이라고 말한 것으로 미루어 봐도 알 수 있듯이 그 약속은 지켜지기 어려웠다.

나는 앞으로 2~5년 사이에 사람들이 옷을 입는 방식에 역사상 보지 못한 극적인 변화가 일어나겠지만, 룰루레몬은 현재의 상황에서는 이 변화 속에서 기회를 잡을 준비가 되어 있지 않다고 생각했다. 회사는 최고위 임원 5명의 갑작스러운 유고 상황에 대비한 비상 승계 계획도 없었고, 회사의 골간을 튼튼하게 만들기 위한 투자에도 인색했다.

크리스틴이 사임을 발표한 당일 아침 주가는 사상 최고치를 찍었지만, 그 후 10~15% 정도 하락했다. 대주주인 나는 10B-5-1 신탁계좌로만 내가 가진 주식을 매도할 수 있다. 이 계좌는 내가 보유 주식을 어느 가격에 몇 주를 매도할지를 1년 전에 미리 공표하는 계좌였다. 나는 항상 룰루레몬의 장래를 낙관했고, 당장 큰돈이 필요하지도 않았기 때문에 항상 목표가격을 높게 설정해 놓았다. 운 좋게도 내 계좌의 신탁관리자는 크리스틴이 사임을 발표하기 직전 소규모의 주식을 매도했다. 그러나 남들이 보면 나만 알고 있는 내부정보를 이용해서 주식을 매도하는 것처럼 보였다. 마이클 케세이는 자신에게 미리 알려주지 않았다며 노골적으로 화를 냈다. 마치 나의 주식 매도 행위로 인해 룰루레몬에 대한 시장의 이미지가 악화되었다며 나를 비난하는 것 같았다. 이로 인해 법적인 송사가 발생했고, 결국 나에게는 아무 혐의가 없는 것으로 송사는 종결되었다.

그날 내가 얼마나 많은 주식을 얼마의 가격에 매도했는지는 기억나지 않지만, 총 매도액이 4천만 달러라고 가정해 보자. 마이클 케세이에게는 그 금액이 커 보일 수도 있다. 그러나 그것은 나의 전체 재산과 주식 규모와 비교하면 무시해도 될 만큼 소량이다. 내 계좌의 운영을 맡은 브로커가 오랜 기간 동안 나의 주식을 조금씩 꾸준히 매도했지만, 나는 그 규모가 너무 미미했기 때문에 한 번도 그것을 제대로 확인해 보지도 않았고, 신탁계약이 만료될 때까지 궁금해하지도 않았다.

재검토된 혁신

우리가 호주에 거주하는 동안 섀넌은 기능성 캐시미어라는 원단을 기반으로 몇 가지 디자인 아이디어를 개발했다. 이 디자인의 콘셉트는 느낌은 캐시미어 같지만, 운동복으로서의 기능을 다하는 의류를 만들자는 것이다.

섀넌과 나는 대부분의 사람들이 운동을 하지 않을 때는 더 부드러운 원단을 선호한다는 것을 알게 되었다. 그녀의 꿈은 세탁기의 뜨거운 물이나 건조기에 넣어도 수축이나 보풀이 일어나지 않는 캐시미어 기반 원단으로 일상적으로 착용할 수 있는 옷을 만드는 것이었다. 고급스러운 느낌이 들면서도 운동을 할 때 입어도 전혀 이상하지 않고, 구입 당시의 품질을 5년 이상 유지할 수 있는 옷을 만들어보고 싶었다.

이것은 룰루레몬의 사업의 흥미로운 확장이었고, 회사에 필요한 혁신적인 아이디어였다. 룰루레몬은 2010년 이후 이렇다 할 혁신적인 변화가 없었고, 경쟁자들의 추격에 위협을 받고 있었다. 2013년 8월 디자인 및 창의성 담당 부사장인 딘 슈와이처와 서신을 교환하면서 캐시미어 기능성 원단 제품의 개발을 제안했다. 나는 이 같은 혁명적인 혁신은 회사 주식의 시가총액을 20억 달러 이상 높일 수 있다고 생각했다.

섀넌의 유일한 우려는 이 원단을 기반으로 한 디자인이 책임자들이나 CEO에게 보고가 된 후 더 이상 다음 단계로 나아가지 못하고, 서류 창고에 처박히는 상황이었다. 그래서 섀넌은 자신을 드러내지 않는 것이 좋겠다고 생각했다. 다만 딘과의 서신에서 룰루레몬이 이 원단 제품 개발을 하고 싶어 하지 않을 경우, 자신이 그 아이디어를 사용할 권리를 보유하고 싶다고 말했다.

환영받지 못하는 새로운 디자인

10월에 섀넌은 크리스틴으로부터 회신을 받았다. 그녀는 '자발적'으로 룰루레몬의 제품 디자인을 도와준 섀넌에게 감사를 표했다. 이어서 그녀는 섀넌이 썰크 디자인Cirqq Designs; 섀넌이 그녀의 지적 재산권을 보호하기 위해 설립한 회사을 계속 운영하는 것이 두 회사 사이의 이해 충돌로 이어질 수 있다고 말했다.

크리스틴은 "우리는 당신이 자발성을 기반으로 룰루레몬을 돕고자 하는 활동을 계속하는 것은 더 이상 적절하지 않다고 생각하며, 그러한 협력관계를 정식으로 끝내고자 한다."라고 덧붙였다.

크리스틴은 혁신이나 섀넌이 고안한 새로운 원단과 디자인에 관심이 없었을 뿐 아니라 섀넌을 그저 자원봉사자 정도로 보고 그마저도 거부한 것이다. 만일 섀넌의 제안이 결코 나쁜 것이 아니었다면, 룰루레몬의 지적 재산에 대한 얄팍한 위협 같은 것을 느꼈는지도 모른다. 크리스틴이 몇 달 전에 사임 의사를 표명했음에도 아직도 이런 정도의 영향력을 가지고 있다는 사실에 우리는 크게 실망했다.

1주일 후, 섀넌은 변호사의 조언을 얻어 답신을 보냈다. 그녀는 자신의 의도가 이해충돌로 비치는 것에 유감을 표했다.

섀넌은 또 자신의 활동은 룰루레몬을 위한 순수한 봉사이며, 어떤 비용과 의무도 요구하지 않고 썰크 디자인이 개발한 원단을 아무런 대가를 받지 않고 룰루레몬이 사용하도록 제안했다는 사실도 강조했다. 그리고 크리스틴은 이러한 제안도 거절했다는 사실을 상기시켰다.

"우리 가족은 내가 룰루레몬에게 줄 모든 것에 대한 대가를 이미 얻었습니다. 마찬가지로 내가 제공한 어떤 것으로 인해 룰루레몬이 손해를 입는다면 우리도 그 손해를 함께 입을 것입니다." 내가 앞에서 말했듯이 룰루레몬의 주가가 1달러만 상승하거나 하락해도 내 재산은 4천만 달러나 늘어나기도 하고 줄어들기도 한다. 마음속에 다른 속셈이 있는 사람이 아니라면 섀넌의 순수한 의도가 이해 충돌로 이어질 수 있다고 말할 수는 없을 것이다.

섀넌은 이렇게 말했다. "그동안 정말 감동적이었습니다. 위대한 기업을 위해 일하고, 기업을 위대하게 만들기 위해 일하는 사람들이 있었고, 칩이 회사를 돕기 위해 돌아왔을 때 크게 흥분하고 고무된 사람들이 있어서 좋았습니다. 그동안 회사가 너무 많이 바뀐 것이 속이 상했습니다. 기업의 문화가 변질되고, 많은 사람들이 떠났습니다. 그리고 룰루레몬의 품질에 치명적인 오점이 발견되고 있었습니다."

윌슨의 가족이라는 이유 만으로

룰루레몬에서 더 이상 환영받지 못한 것은 섀넌과 나뿐만이 아니었다. 내 아들 제이제이도 영향을 받았다. 2012년 제이제이는 윙스+혼스Wings + Horns라는 남성복 회사의 마케팅 부서에서 일하기 시작했다. 그에게는 꿈의 직업이었고 자신의 정체성을 확인하는 일이었다. 제이제이는 "윙스+혼스에서 내가 맡은 일을 사랑했습니다. 저는 룰루레몬과 윌슨 가족이라는 울타리와 상관없이 저만의 영역을 따로 만든 것입니다."라고 말했다.

그런데 그가 이 꿈의 직장에서 일을 시작한 지 얼마 되지 않아, 룰루레몬은 그에게 남성복 디자인팀에서 일해 달라고 요청했다.

룰루레몬의 정신은 우리가 요가와 처음 인연을 맺었던 것에서 비롯되었다. 원래 요가를 즐기는 남성들은 대개 몸집이 작고 마른 편이다. 룰루레몬의 요가복이 원래부터 여성용 원단을 사용하다 보니 느낌과 디자인이 더욱 여성스러워졌다. 우리는 2008년부터 이 틀에서 벗어났다. 우리는 남성 시장이 차세대의 먹거리라고 확신했고, 2011년까지 남성용 제품의 매출을 10억 달러까지 올릴 수 있다고 확신했다. (실제로 남성 제품에서 10억 달러의 매출을 달성한 것은 2020년이다.)

우리 제품의 책임자는 남성 시장에 익숙하지 않았기 때문에 빠른 성장의 기반을 구축하기 위해 무엇을 어떻게 해야 할지 몰랐다. 나는 룰루레몬의 남성용 제품은 극도로 남성적인 이미지를 갖춰야 한다고 주장했다. 나는 브랜드 책임자에게 남성 제품은 프로 아이스하키 선수나 럭비 선수들에게 초점에 맞춰서 개발해 보라고 조언했다. 우리가 남성 제품 시장을 공략하려면 우리가 잘 알고 있는 익숙한 스포츠와 연계해야 한다고 생각했다. 나는 디자인 책임자에게 서부 해안 지역의 서핑이나 등산, 혹은 스노보드 관련 기업의 디자인 책임자를 남성 제품 디자인 책임자로 영입하라고 충고했다.

그러나 생산 책임자는 뉴욕의 패션 산업에 익숙한 남성을 디자인 책임자로 고용했다. 필요와는 정 반대로 일한 것이다. 그 결과 너무 패션 지향적이고 기능성은 떨어지는 부적절한 제품이 나오게 되었다. 그 결과 우리의 남성용 제품은 시장의 주목을 받지 못했고, 결과적으로 룰루레몬은 5년 동안 남성 의류 분야에서 정체를 면치 못했고, 주식의 시가총액은 수십 억 달러나 감소하게 되었다.

제이제이가 룰루레몬으로부터 합류 제안을 받았을 때 룰루레몬의 남성 의류 관련 사업의 상황은 이러했다. 그러나 그는 룰루레몬의 제안을 거절하기 어려웠고, 룰루레몬에 대한 애착도 있어서 수락했다.

제이제이는 이렇게 말했다. "저는 룰루레몬이 무엇이든 할 수 있는 회사이기 때문에 꿈의 직장을 그만두고 돌아왔습니다. 그러나 1년 후 인사팀은 저에게 이렇게 말했습니다. '당신은 칩 윌슨과 일가이기 때문에 더 이상 우리의 일부가 될 수 없습니다.'"

· 29장 ·

치명적인 인터뷰

'마음챙김' 개념

새넌과 나는 룰루레몬의 일상적인 경영에서 또다시 손을 뗐다. 우리는 1분 명상훈련을 기반으로 한 새로운 사업을 구상하는데 더 많은 시간을 보내게 되었다. 우리는 개인과 학교, 그리고 기업에 마음챙김 교육을 제공하는 무료 디지털 플랫폼을 개발하려고 했다. 우리는 상당히 부유한 축에 속하는 창의적인 사람이었고, 그 창의성을 분출할 일거리가 필요했다. 우리는 세상을 위해 더 많은 것을 하고 싶었다.

나는 2013년 11월 5일, 블룸버그 방송의 뉴욕 스튜디오에서 비즈니스 분석 및 논평 프로그램인 스트리트 스마트Street Smart라는 프로그램에 출연해서 인터뷰를 했다. 진행자는 CNBC와 CBS 그리고 Fox 등에서 많은 방송 경험을 가지고 있는 저널리스트 트리쉬 레이건Trish Regan이었다.

이 인터뷰에서 트리쉬 레이건은 예상했던 대로 마음챙김에 대해서 정의해 달라고 요청하면서 시작되었다.

그러다가 다른 주제로 넘어가게 되었다.

트리쉬가 말했다. "이제 주제를 바꿔보죠. 당신은 룰루레몬의 창업가이고, 그 회사의 디자인 책임자이기도 했습니다. 최근의 팬츠 관련 문제는 어떻게 된 일입니까?"

나는 기능성 원단을 생산할 때 발생할 수 있는 독특한 문제에 초점을 맞춰서 대답했다. "어떤 기술을 무리하게 밀어붙여 적용하면 꼭 사고가 생깁니다."

트리쉬는 내 말을 받아서 원단에 보풀이 생긴다는 불만에 대해서 물었다. 조금 더 공격적인 질문이 들어온 것이다.

나: "보풀은 항상 있습니다. 문제는 여성들이 작동하지 않는 안전벨트를 착용한다던가, 맞지 않는 핸드백을 매는 데 있습니다. 솔직히 말해서 일부 여성들의 신체는 우리 제품과 맞지 않는 경우도 있습니다."

트리쉬: "그런 여성들에게는 룰루레몬의 팬츠가 기능을 발휘하지 않는다는 말인가요?"

나: "그렇습니다. 일부 여성들의 몸에는 별 의미가 없을 수 있습니다."

나는 매장에서 직접 일하면서 우리의 디자인이 항상 완벽하게 기능을 하지 않는다는 것을 알면서도 어떤 조치도 취할 수 없었다. 당시 인터뷰에서는 그런 이야기는 하지 않았지만, 내 인터뷰에 붙은 소셜 미디어의 댓글들을 보고 '아차' 싶었다.

여성들은 꼭 운동을 할 목적이 아니더라도 보다 멋진 몸매를 갖고 싶다는 생각으로 스팽스Spanx; 유명한 보정속옷 브랜드를 구입하는 기분으로 루온 팬츠를 구입했다. 그러나 루온 팬츠는 압박을 통한 체형 보정이 아닌 운동용으로 설계된 것이다.

여성들이 땀을 흘려 운동하는 목적은 건강 그 자체뿐 아니라 아름다운 외모를 가꾸기 위해서이기도 하다. 나는 팬츠의 명성에 흠이 갈만한 어떤 문제가 생기고 있다는 사실을 느낄 수 있었지만, 문제는 그것이 즉시 드러나는 것이 아니라, 게스트들이 우리 제품을 6개월 이상 소유하고 입어본 다음에야 우리에게 알려진다는 것이었다.

그래서 나는 인터뷰에서 보풀 문제에 관한 질문을 받고, 회사와 상관없이 개인적인 차원에서 독자적인 조사를 해봐야겠다는 생각이 들었다. 나는 사업을 벌이면서 내가 기억을 할 수 있는 아주 초창기부터 사람들의 몸과 의복에 관해서 연구를 했다. 나는 내가 평생 수집한 정보를 가지고 있었다. 원단의 바스락거리는 소리만으로도 많은 것을 알아낼 수 있었다. 나는 사람들이 뻣뻣하고 불편한 원단으로 만들어진 옷을 입고 다니는 것이 안타까웠다. 나는 냄새만으로 폴리에스터 원단을 구별해 낼 수 있다. 치켜 올려진 하의, 몸에 잘 맞지 않는 브라, 몸의 움직임에 따라 엉덩이의 윗부분이 드러나는 모습 등을 보면 민망해진다. 나는 모든 운동을 즐기는 사람들의 몸과 원단을 조화시키려면 아주 미세한 차이까지 고려한 세심한 디자인이 필요하다는 사실을 알고 있었다.

나는 각자의 신체에 가장 적합한 운동복을 만들기 위한 완벽한 디자인 치수를 계산하고, 그 치수의 평균을 구해서 가장 많은 사람들이 만족할 수 있는 운동복을 제작하여 많은 양을 판매할 수 있다. 나는 각

신체 사이즈마다 필요한 원단의 소요량을 계산해 보고, 그 체형에 가장 최적화된 옷을 만들어 시장에 내놓을 경우, 내게 이익을 가져다줄 만큼 충분한 소비자가 존재하는 시장이 형성되어 있는지를 판단했다. 나는 각각의 계층별로 마케팅 비용을 평가하는데, 이 작업을 다양한 기준에 근거하여 세분화된 400개의 세부 그룹을 대상으로 실시했다.

보풀이 일어나는 문제로 인해서 내가 새롭게 알게 된 것은 일부 게스트들이 몸매를 고려해 실제 자신의 체형보다 2~4사이즈 정도 작은 제품을 구입한다는 것이다. 이렇게 되면 겉으로 보기에는 훨씬 멋있어 보이지만, 원단과 심에 원래 예상했던 것보다 더 많은 압력이 가해진다. 어느 물체든지 압력이 과도하게 가해지면 망가지게 된다.

트리쉬 레이건은 "흥미로운 이야기군요. 여성들이 아무나 요가 팬츠를 입을 수 있는 것은 아닌 것 같습니다."라고 대화를 대충 마무리하려고 했다. 그러나 나는 바로 그의 말을 바로잡았다. "아니요. 누구나 입을 수 있습니다. 문제는 그들이 어떤 목적으로 구입하여 어떻게 사용하는가 하는 것입니다. 이 대답으로 제 발언의 진의를 충분히 해명할 수 있다고 생각합니다." 인터뷰를 마치고 섀넌과 나는 기분 좋게 스튜디오를 떠났다. 나는 내 인터뷰로 큰 문제가 발생했다는 것을 다음 날 아침에야 알게 되었다. 영상을 편집하면서 내 인터뷰 내용과 다른 리얼리티 프로그램의 영상과 합성을 해 버린 것이다. 나는 트리쉬 레이건과의 인터뷰를 통해서 미디어가 대중에게 얼마든지 '거짓 선전'을 퍼뜨릴 수 있다는 것을 새삼 깨닫게 되었다. 트리쉬에게는 프로그램의 성패는 그에게는 생존이 걸린 문제였을 것이다. 폭스 뉴스에서 보여주는 로저 아일레스Roger Ayles의 뉴스 진행 방식에서도 보듯이 미디어 간의 경쟁이 워낙 치열하기 때문에 블룸버그 역시 다른 방송사와는 차별화된 프로그램을 만들지 않고는 경쟁에서 살아남을 수 없을 것이다. 어쨌든 나의 별것도 아닌 발언으로 인해 엄청난 논란이 만들어졌다.

블룸버그와의 인터뷰 이후 모든 것이 달라졌다. 나의 의도와는 상관없이 지금까지 내가 주장해온 것과 내가 룰루레몬을 통해 구축한 여성에 대한 모든 이미지와 전혀 상반된 발언을 한 사람이 되어 버렸다. 회사와 내 가족, 그리고 모든 관계자들에게 치명적인 재앙이 발생한 것이다.

모든 것이 나의 실수였던 것은 분명했고, 그 대가는 컸다. 최근 몇 년 동안 불특정 다수의 대중들이 만만해 보이는 것들을 표적으로 설정하고 집단적으로 돌을 던지는 경향이 매우 커졌다. 내 인터뷰만으로 나를 판단하고, 나를 엉성하고 녹슨 대포 정도로 생각하는 대중들에게, 나는 그들은 결코 룰루레몬이 소중히 여기며 만들어낸 32세의 미디어에 정통하고 스포츠를 사랑하는 고학력의 건강한 시민은 아니라고 변명하고 싶다.

· 30장 ·

탈 진실

센세이셔널리즘

한 번의 인터뷰 실수. 그것으로 끝이었다. 한 번의 실수로 건강과 즐거움, 장수, 그리고 여성에 대한 평생의 헌신이 물거품이 되었다. 그 한마디로 나는 치명타를 맞았다. 물론 내가 한 말은 내가 선택한 것이다. 그러나 내 의도와 상관없이 앞으로 내가 이사회에서 품질에 관한 문제를 제기하면, 그들은 나를 자기가 만든 배를 스스로 침몰시키는 '어디로 튈지 모르는 설립자'로 몰아 무시할 것이고, 그 빌미를 제공한 것은 바로 나 자신이었다.

나는 무엇을 어떻게 해야 할지 몰랐다. 당시 나는 블로그도 하지 않았고, 개인 홈페이지도 없었고, 소셜 미디어도 하지 않았다. 나는 소셜 미디어를 활용하면 크리스틴이 장악하고 있는 룰루레몬의 홍보 시스템을 통하지 않고도 슈퍼걸들과 직접 소통할 수 있다는 사실도 전혀 몰랐다. 이 사건은 내가 다시 한 번 눈을 부릅뜨고 세상을 바라보는 계기가 되었다. 아인 랜드가 말한 것처럼 “현실을 무시할 수는 있지만, 현실을 무시한 결과는 무시할 수 없는 것”이다.

새로운 게임이 시작되었고, 나는 나도 모르는 사이에 관객석에 앉아 있었다.

블룸버그와의 인터뷰를 통해서 새롭게 깨달은 것은 여성들은 운동용 압축 스타킹을 몸매를 만들기 위해서 구입하기도 한다는 것이다. 나는 이 아이디어를 데이비드 무사퍼를 통해 이사회에 전달했다. 룰루레몬의 생산팀은 새롭고 훌륭한 원단을 완성해 냈다. 그들은 원단을 구성하는 실을 좀 더 촘촘하게 만들었고, 바느질 간격도 촘촘하게 했다. 내 생각으로는 이 정도의 원단이면 보풀 문제도 해결할 수 있고, 여성 게스트들이 몸매를 생각해서 자신의 체형보다 더 작은 사이즈의 제품을 구입할 필요도 없을 것 같았다.

룰루레몬이 스팽스의 복부 보정 기능 속옷과 거들을 모방한 허리선이 높은 팬츠를 새로 만들기 시작했다는 것은 이 새로운 깨달음으로 인해 생겨난 큰 변화였다. 우리가 처음 사업을 시작했을 때는 건강한 22살의 여성이 주요 공략 대상이었으나 15년이라는 세월이 흐르면서 35살 정도의 여성들로 공략 대상 연령이 높아졌다. 이 사실을 통해 좀 나이가 있는 여성들도 사람들이 많은 장소에서 요가 팬츠를 입을 수 있다는 자신감을 갖게 되었다는 것을 쉽게 알 수 있었다. 룰루레몬은 다양한 스타일의 팬츠를 생산하는 업체로서 항상 높은 허리선의 제품만 제작했고, 허리선이 낮은 제품은 단 하나도 만들지 않았다. 내가 이 사실을 새삼 깨닫게 된 것은 스피닝 강사들처럼 몸매가 좋은 여성들이 허리를 굽힐 때 복부의 원단이 이중으로 접히면서 느껴지는 불편함과 열기를 피하기 위해 허리선을 조금 끌어내리는 것을 보았기 때문이다.

이사회

2013년 12월, 분기별 이사회가 밴쿠버 본사에서 개최되었다. 의장으로서 올라온 의제를 보니 평소와 크게 다르지 않았지만, 유독 하나가 눈에 띄었다. 크리스틴 데이가 내가 블룸버그와 인터뷰한 것에 관해 보고서를 작성해 이사회에 제출한 것이다. 처음에는 없던 의제 항목이 이사회 직전에 기습적으로 추가된 것이다. 구체적으로 그 내용을 들여다보지 않아도 별로 좋은 내용은 아닐 것이 분명했다.

회의는 정상적으로 열렸고, 보통 이사회 때마다 논의되는 통상적인 의제를 처리하고 나서 이 블룸버그 인터뷰 관련 보고서가 이사회 구성원들에게 배부되었다. 크리스틴은 이 보고서를 만들기 위해 굉장히 많은 노력을 했다. 3만~4만 달러를 들여 외부 컨설턴트들에게 자문을 의뢰하고, 6명의 내부 직원을 동원해서 내가 회사에 어떤 손해를 끼쳤는지를 통계와 숫자를 통해 입증하려고 했다. (이사회의 모든 의사 결정은 통계와 숫자가 없다면 의미가 없다.)

그녀의 발표에 나는 당황했지만, 큰 위협을 느끼지는 않았다. 나는 이사회 구성원들이 그녀의 의도 정도는 충분히 읽어낼 정도로 똑똑하다고 생각했다. 그녀의 발표가 끝나고 나는 답변을 할 기회를 얻었다. 나는 그녀에게 내가 회사에 큰 손해를 끼쳤다는 결론이 내려지기까지 어떤 통계 분석을 어떻게 수행했는지, 어떤 유형의 사람들을 대상으로 조사를 수행했는지 물었다. 크리스틴과 외부 컨설턴트들은 북미 전역의 광범위한 인구 통계를 반영하여 몇 천 명 규모의 표본 그룹을 대상으로 조사를 수행했다고 답했다.

룰루레몬은 그동안 오직 단 한 가지 유형의 사람들, 즉 슈퍼걸들을 위해 브랜드를 구축하고, 제품을 제작하는 등 다양한 일을 해 왔다. 내 생각에는 광범위한 전체 인구 그룹들의 의견을 공평하게 반영하는 것은 적절하지 않았다.

나는 말했다. "당신은 실제로 우리 회사를 좋아하지도 않고, 우리 제품에 관심도 없을 수 있는 모든 사람들까지 포함한 대중들의 의견을 토대로 결론을 내렸습니다. 당신은 32살의 여성 게스트들을 위한 중요한 의사결정도 그런 식으로 모든 대중들의 의견을 반영하여 결정합니까?"

나는 분석 자체가 문제가 있음을 이야기하고 싶었다.

그러나 문제는 그게 아니었다. 당시는 2013년 말이었고, 소셜 미디어가 본격적으로 등장하기 시작했다. 이사들은 회사를 이끌어나가면서 온라인상에서 오가는 이야기를 매우 중요하게 생각했고, 크리스틴은 그것들을 통해 나의 실체를 조작하려고 했다. 결국 이사회는 나를 이사회 의장직에서 해임하기로 결정했고, 후임은 마이클 케세이로 결정되었다.

투표가 진행되는 동안 나는 무엇을 어떻게 대응해야 할지 몰랐다. 나는 이사회가 잘못된 정보를 바탕으로 잘못된 결정을 내리고 있다고 생각했다. 우리는 브랜드를 운영하는 회사였다. 그러나 내 뒤를 이어 의장직을 수행할 사람은 브랜드의 장래를 위한 재투자와 과감한 결정을 내리기를 두려워하고, CEO를 감독해야 하는 이사회 본연의 의무를 수행하는 데 적합하지 않은 사람이었다.

재앙으로 가는 지름길이 열린 것이다. 이것이 정말 그들이 원하는 방향일까? 그들은 나를 제거하고 싶었고, 그러기 위한 '공식적인 절차'를 밟은 것이다. 블룸버그 인터뷰는 이사회가 나에게 없는 셈 치고 싶지만 차마 그럴 수는 없는 사고뭉치 삼촌 정도의 이미지를 덧씌울 수 있는 빌미가 된 것이다. 이런 이미지를 내게 뒤집어씌운 결과로 지배구조는 형편없어지고, 품질은 크게 저하될 것이고, 주식 가치도 크게 떨어질 것이다.

이사회와 나 사이가 삐걱거렸던 적이 많았던 것은 사실이지만, 나는 적어도 이번 건만큼은 슈퍼걸의 입장에서 생각하며 다음과 같은 정도의 이야기는 해줄 것이라고 생각했었다. "문제가 된 것은 이 사람이 지금까지 행한 수 백 건의 인터뷰 가운데 한 문장입니다. 그것만을 문제 삼는 것은 전체의 맥락에서 벗어난 것입니다."

제나 힐스도 말했다. "칩이 블루버그와 행한 인터뷰를 처리하는 방식은 정말 개탄스러웠습니다. 사실 회사가 문제를 처리하는 방식은 항상 그랬습니다. 우리도 분위기에 눌려서 당당하게 칩의 편에 서지는 못했습니다. 두려움이 모든 것을 압도해 버렸고, 장차 회사를 이끌어야 할 미래의 지도자들의 잠재력을 그렇게 밟아 버렸습니다. 갑자기 어떤 실수도 용납하지 않는 편협함이 회사를 지배하게 되었습니다. 댓글을 단 모든 악플러들을 미워하게 된 것은 말할 것도 없습니다."

나는 그 회의에서 크게 화를 내지도 않았고, 어떤 감정도 느껴지지 않았다. 감정적인 대응이 도움이 되지 않는다는 것도 알고 있었다. 그러나 당황스러웠다. 무슨 일이 일어난 것인지, 그것이 어떤 의미인지 실감 나지 않았다. 나 역시 무력하고 슬펐다. 주주들에 대해서도 그랬고, 직원들에 대해서도 그랬다.

회의가 끝나고 집에 돌아와 섀넌과 많은 이야기를 나눴다. 룰루레몬은 내가 이사회 의장직에서 사임했다고 발표했다.

당시는 룰루레몬의 역사와 문화가 서서히 주류세계로 편입되던 시기였다. 매장 관리자들도 소셜 미디어의 반발이 무서워서 과감하게 창의성을 발휘할 수 없게 되었고, 회사의 매니페스토는 회사의 홈페이지에서 삭제되었고, 회사의 이름이 지어진 유래를 이야기하는 것조차 부담스러워하게 되었다. 우리가 그동안 심혈을 기울여 키워준 변혁적 리더들은 두려움에 떨고 있는 회사 분위기와 조화를 이루기에는 개성이 너무 강했다. 많은 훌륭한 직원들이 사직 압력을 받거나 스스로 회사를 떠났고, 회사의 전반적인 지적 능력과 정보력도 현저히 떨어졌다.

넷플릭스를 통해 볼 수 있는 수많은 영화나 드라마를 통해서도 알 수 있듯이 나쁜 사람들은 자신의 무능함을 감추기 위해 대중들을 희생양으로 삼는다. 이사들도 회사의 미래를 위한 재투자를 중단하면 치열한 경쟁에서 버티기 어렵다는 점을 알고 있었다. 이사들은 자신이 살아남기 위해서는 앞으로 5년 후에 맞게 될 처참한 상황이 나로 인해서 생겨났다는 것을 대중들에게 보여주어야 할 것이다.

· 31장 ·

차기 CEO

후임자 찾기

2013년 말까지 내점 고객 수와 매출이 급격하게 줄어들었다. 룰루레몬에서 잔뼈가 굵은 사람이 한 사람도 없는 이사회에 회사의 경영을 맡기는 것은 빅 서Big Sur; 캘리포니아 해안의 작은 도시의 애쉬람Ashiram; 인도식 명상 수련시설에서 브룩스 브라더스Brooks Brothers; 미국 스타일의 남녀 평상복 브랜드 매장을 운영하는 격이었다. 이사회가 크리스틴 데이의 후임자를 찾고 있던 시기에 나는 회사를 보면서 그런 느낌을 지울 수 없었다. 이사회는 하루빨리 새로운 CEO를 찾아내야 한다는 압박감을 심하게 느끼고 있었다. 원활한 CEO 승계 체계를 진작 갖추었어야 했지만, 그들은 그렇게 하지 못했다. 그러나 지금은 그것이 문제가 아니었다.

회사에 대한 나의 영향력은 거의 남아 있지 않았지만, 나는 지금이라도 고위 경영진들이 기본으로 돌아가서 생각해야 한다고 주장했다. 이 말은 새로운 CEO는 우리의 문화가 어떻게 한때 룰루레몬을 세계 최고의 실적을 내는 기업으로 만들었는지를 제대로 이해하는 사람이어야 한다는 의미였다.

가장 유력한 CEO 후보자로 떠오른 사람은 2012년에 룰루레몬의 이사진에 합류한 제리 스트리케Jerry Stritzke였다. 제리는 코치Coach Inc.와 빅토리아 시크릿에서 오래 근무했기 때문에 우리가 필요로 하는 경험을 많이 가지고 있었다. 제리는 5명의 다른 룰루레몬 인사들과 함께 베르너 에르하르트와 마이클 젠센Michael Jensen이 밴쿠버에서 개최한 '리더 만들기Creating a Leader'라는 과정에 참여한 적도 있었다. 젠센은 1985년부터 하버드대학교 비즈니스 스쿨에서 교수로 재직하며 협상, 조직 그리고 마케팅에 대한 연구를 하고 있었다. 나는 이 두 사람이 진실성에 관하여 쓴 3페이지 분량의 문서를 액자에 담아서 가정과 직장에 걸어 두어야 한다고 생각한다.

그러나 제리는 자신의 기독교 신앙이 에르하르트와 젠센의 리더십 이론의 기반이 되는 개념과 맞지 않는다고 생각했다. 제리는 갈등을 심하게 느껴 세미나를 중도에 그만두었다. 나나 룰루레몬에 오래 근무한 직원들은 이 사건으로 인해 비록 그가 훌륭한 사람이라 할지라도 우리의 CEO로는 적합한 인물이 아니라고 주장했다. 이사회는 내가 미쳤다고 생각했겠지만, 나는 두 명의 CEO를 거치면서 왜곡된 회사의 문화를 원래대로 되돌리는 것이 급선무라고 생각했다.

나는 델라니 슈와이처를 추천했지만, 이사회는 '칩의 동맹군'으로 간주될 만한 사람에게는 전혀 관심을 보이지 않았다. 안타깝게도 델라니는 CEO가 될 기회를 잡지 못했다.

그 후 13명의 후보자가 등장했으나 이런저런 이유로 스스로 포기하거나 이사회에 의해 거부 된 후, CEO를 전문으로 발굴하는 헤드헌터로부터 한 사람의 후보를 다시 추천받았다. 로랑 포트뱅Laurent Potdevin은 이 정도 규모의 상장회사를 경영하기에는 그리 나쁘지도 좋지도 않은 평범한 후보자로 보였다.

우리는 이미 그를 두 차례에 걸쳐서 면접을 했었다. 그러나 이제 더 다른 대안이 떠오르지 않는 상황이었기 때문에 그를 CEO로 지명하는 것은 기정사실처럼 보였다 그만큼 이사회는 새로운 CEO를 선임하는 문제로 크게 고심하고 있었다.

나는 로랑이 CEO로 취임하기 전에 랜드마크 포럼 과정을 수강해야 한다는 점을 분명히 했다. 그가 룰루레몬의 독특한 문화에 어울리는지 미리 알고 싶었다.

이사회는 나에게 "우리가 그가 랜드마크 포럼을 제대로 이수하는지 책임지고 확인할 것이며, 그가 CEO로 선임되면 제일 먼저 해야 할 일이 그것이다."라고 확약해 주었다.

나는 로랑이 실사구시적 정신으로 변혁적 발전을 이끌겠다고 약속하기 전에는 그의 취임에 찬성할 수 없음을 분명하게 밝혔다. 결국 나는 또 이사회와 대립각을 세우게 되었다. "이보세요, 칩. 당신이 나머지 이사회에 동의하지 않으면 우리 모두가 당신을 반대할 것이고, 우리는 그에게 찬성표를 던지게 될 것입니다." 나는 새로운 CEO가 이사회 전체의 전폭적 지지를 받지 못한 채 취임하는 상황은 바람직하지 않다고 생각했기 때문에 결국 이사회의 입장을 받아들였다. 이 역시 나중에 생각해 보니 멍청한 행동이었고, 두고두고 후회할 일이었다.

로랑 포트뱅

로랑 포트뱅은 크리스틴이 처음 사임한 지 1년 만인 2013년 12월 룰루레몬 CEO로 취임했다. 과거 두 명의 CEO와의 갈등은 뒤로하고, 원점에서 그와 협력하여, 그를 룰루레몬의 성공한 CEO로 만들고 싶었다. 나는 그가 취임한지 얼마 되지 않아 그를 우리 집에 초대해서, 우리의 비즈니스 모델과 철학이 경쟁사들과 비교하여 얼마나 강력하고 어떻게 차별화되는지를 자세히 설명했다.

그러나 몇 분도 지나지 않아 그가 내 말을 전혀 귀담아듣지 않는다는 것을 눈치챘다. 그는 내가 하는 말에 조금도 관심이 없다는 것이 느껴졌다. 나는 말을 많이 했지만, 그는 하나도 들은 것이 없는 것 같은 대화였다. 나는 룰루레몬이 앞으로 회사의 독특한 문화에 대한 어떤 기반이나 이해가 없는 CEO로 인해 힘든 시간을 보내게 될 것임을 직감했다. 그는 복합적인 성격의 소유자로 보였고, 다른 구성원들로부터 인정을 받는 것은 고사하고, 그 자신도 스스로를 리더로 인정하지 못하는 듯했다.

그가 우리 집을 떠난 후 나는 이것으로 모든 것이 끝장이라는 생각이 들었다. 예전에는 누군가가 노골적으로 나의 경영철학을 무시하면 큰 충격을 받곤 했었다. 그러나 그날은 그저 피곤하다는 느낌뿐이었다.

로랑은 결국 랜드마크 포럼에 세미나에 참석하기는 했지만, 그것은 이사회에 약속했기 때문에 의무적으로 참석한 것일 뿐, 포럼에서 가르치는 내용을 마음으로 받아들이는 것은 아니라고 나는 확신한다. 후에 그는 인재개발 부서 책임자의 조언을 받아들여 랜드마크 포럼 참가 의무를 인재 육성 과정에서 완전히 삭제했을 뿐 아니라 그것을 대체할 어떤 조치를 취하거나 새로운 과정을 개발하지도 않았다. 이제 룰루레몬의 핵심 문화는 과거의 안개 속으로 사라져 버린 것이다.

새로운 패밀리 비즈니스

우리 가족은 2013년을 전후하여 룰루레몬에서 완전히 손을 뗐다. 그리고 2014년 초에 킷 앤 에이스Kit and Ace를 창업했다.

섀넌은 1~2년 전부터 새로 개발한 기능성 캐시미어 원단을 기반으로 티셔츠를 만드는 생각을 하고 있었고, 디자인도 이미 나와 있었다. 섀넌은 다음과 같이 말했다. “우리는 정말 취미로 가볍게 시작했어요. 몇 사람만 더 고용하는 것도 괜찮다고 생각했고, 디자이너와 원단 담당자를 한 명 정도 채용하는 정도였습니다. 그리고 물류를 도와줄 사람 정도는 필요하다고 생각했어요. 우리는 오래된 건물을 빌려서 일을 시작했습니다.”

모든 것은 어렵지 않았고, 일은 일사천리로 진행되었다.

섀넌은 말했다. “나로서는 이 정도 규모의 사업이면 충분하다고 생각 했어요. 매장도 하나 정도만 있으면 충분하다고 생각했어요. 그리고 그 매장에 구색을 갖춰 채울 물건을 만들 정도면 되었어요.”

‘킷 앤 에이스’가 시작되면서 내 아들 제이제이도 깊이 관여했다. 그는 웨스트비치에서 자랐고 룰루레몬이 시작되었을 때부터 항상 매장에서 일했다. 그는 토론토의 라이어슨 대학교Ryerson University에서 리테일 영업을 공부하여 학위를 받았고 어드벤트 인터내셔널의 소매 관련 부서에서 여름을 보냈고 마지막으로 2014년에 룰루레몬으로 돌아왔다.

제이제이는 젊었기 때문에 새로운 소셜 미디어와 전자 상거래 환경을 완벽하게 이해하고 있었다. 섀넌은 제이제이를 브랜드 부문 책임자로 임명했다. 진정한 패밀리 비즈니스를 바라보니 마음이 뿌듯했다.

저녁 식사 시간에는 룰루레몬과 킷 앤 에이스 등에 대한 많은 대화를 나눴다. 그러나 나는 사실 혼자만의 고민이 많았다.

자기성찰

나는 어떤 리더였는가? 나는 일어나지 않을 미래를 현실 속에서 만들고자 했던 몽상가였을까? 대가를 얻기에 앞서서 충분히 베풀었는가? 세상을 평범함에서 위대함으로 끌어올리겠다는 내 비전에 대한 나의 내적 갈등이 새로운 룰루레몬과 충돌한 것일까? 나는 차라리 입을 다물고 있는 게 더 나은 사고뭉치 삼촌이었을까? 내가 직원들과 가족들에게 한 약속은 무엇이었나? 한 인간으로서의 나의 정체성이 룰루레몬의 정체성에 너무 눌려 있었을까? 내가 살도록 정해진 삶이 아닌 다른 삶을 살기 위해 나 자신을 새롭게 창조할 수 있을까? 그것은 나의 선택이었을까? 모두 벅찬 질문들이다.

불평 대신 침묵하기

남을 탓하면 상황을 바꾸는 힘을 잃게 된다는 것을 알고 있었다. 비난은 권력의 균형을 바꾸는데 아무런 도움이 되지 않는다. 내가 항상 고수해 온 원칙 가운데 하나는 내가 무언가에 대해 두 번 이상 불평을 하게 되면 그것을 해결하기 위해 행동에 옮기거나 입을 닫아야 한다는 것이었다. 나는 룰루레몬의 현재의 상황에 이 원칙을 적용할 때가 왔다고 생각했다.

우선, 나는 더 이상 룰루레몬 스토리를 만들기 위해 뭔가를 하지 않을 것이다. 룰루레몬은 이미 새로운 경영 체제 아래서 홍보팀과 소셜 미디어팀 등을 동원해서 회사의 설립은 물론 나의 인생 이야기까지 그들의 시각에서 재구성하고 있었다. 소셜 미디어를 통해 디지털 플랫폼에 문서화되면 훗날 그것이 사실로 받아들여질 수도 있다.

의장직을 사임한 후, 룰루레몬에서의 역학구도는 완전히 달라졌다. 2011년부터는 룰루레몬 이사회와 고위 경영층에게 처참한 경영 실적에 대한 책임을 물을 수는 있었다. 외출복 시장과 주식 시장이 2018년까지 급속하게 확대되었음에도 불구하고 룰루레몬의 시가총액은 5년 전의 수준에 머물러 있었다. 성장의 기회를 놓쳐버린 룰루레몬의 가치는 앞으로도 그들이 달성할 수 있었던 수준의 절반에 머무르게 될 것이다.

그 회사는 더 이상 변화의 주체가 아니었고, 사회적 실험을 주도하는 주체도 아니었지만, 한참의 시간이 지나가면 또 다른 모습을 보이게 될지도 모른다. 나는 투자자들이 룰루레몬이 어떻게 기능성 의류의 세계의 재편을 주도했는지 궁금해할 때가 다시 올 수도 있다고 생각했다.

내가 고민하고 있는 문제는 룰루레몬의 주요주주들이 금융회사들이라는 것이다. 그들은 회사가 성장할 만큼 성장해 더 이상 단기간 내에 큰 폭으로 성장할 가능성이 보이지 않으면 미련 없이 자신들의 지분을 팔고 떠날 사람들이다. 이들 금융회사들은 이사 선출 방식이나 규칙을 개선하기 위해 노력하지 않는다.

주주들은 특별히 노력하지 않아도 회사가 충분히 잘 돌아간다고 생각하기 때문에 뭔가를 열심히 바꾸는 것이 자신들에게 이득이 되지 않는다고 생각하고, 더 작고 수익성 높게 조직을 분할하려고 하지도 않는다.

룰루레몬의 지배 구조로는 세상이 변하는 속도에 맞춰서 이사진들을 빠르게 교체할 수 없었다. 그 결과 정실 인사가 만연하고 무사안일의 사고방식이 팽배해졌다. 룰루레몬의 문화의 중요한 핵심은 모든 것을 '반드시 이전과 같지 않다'고 보는 것이었다. 이런 문화의 맥락에서 우리는 현재의 월계관에 안주하지 않았고, 더 나은 미래를 위해 지금 당장 좋아 보이는 것이라고 과감하게 포기할 수 있었다.

· 32장 ·

스티브 잡스를 이해하다

스타벅스와 하워드 슐츠

내가 웨스트비치를 매각하고 난 후인 90년대 후반에 읽었던 하워드 슐츠의 책 『스타벅스, 커피 한 잔에 담긴 성공 신화』는 작은 규모의 소매업의 확장과 문화적 영감을 담은 책이었다. 이제 나는 룰루레몬의 이사회 및 고위 경영진과의 관계에 어려움을 겪으면서 다시 한 번 슐츠로부터 큰 영감을 받았다.

2007년에 슐츠는 회사의 임원진들에게 이메일을 통해 간단한 메시지를 보냈다. 그 글에서 그는 말했다. "지난 10년 사이에 매장이 1천 개 미만에서 1만 3천 개 이상으로 확장하는 과정에서 우리는 목표한 성장과 발전, 그리고 규모의 확장을 달성하기 위해 많은 결단을 해야 했습니다. 이제 와서 돌이켜보면 그 과정에서 스타벅스의 경험이 희석되었고, 어떤 면에서는 우리 브랜드의 상품화로 보이기도 합니다."

그 글의 나머지 부분에서 슐츠는 스타벅스만의 고유한 경험이 희석되는 것을 방치함으로 인해 발생한 일들을 맹비난했다. 그는 "우리는 거울을 들여다보고, 기본으로 돌아가서 진정한 스타벅스만의 경험을 만들기 위해 우리가 가지고 있는 유산과 전통, 그리고 열정을 다시 한 번 불러일으키는데 필요한 변화를 만들어야 할 때라는 것을 깨달아야 한다."라고 덧붙였다.

슐츠가 그 메모를 작성해서 회사의 리더들에게 보낸 때는 그가 회사를 8년째 떠나 있던 때였다. 그는 얼마 지나지 않아 CEO로 복귀했고, 그 후 스타벅스는 극적인 반전을 이루어냈다. 2008년 2월, 바리스타들이 에스프레소를 완벽하게 만들어내는 교육을 다시 받을 수 있도록 600만 달러의 매출 손실을 감수하면서 미국 내의 7천 개 이상의 매장들이 일시에 한나절 동안 휴업을 하는 결단을 내리기도 했다.

창의성 주도 기업에서 경영 중심 기업으로

상장기업의 몰락은 내가 '위대한 기업에서 좋은 기업으로'라고 부르는 움직임이 발생하면 일어난다. 회사가 12분기 정도 계속해서 창의력의 가치를 잊은 채 운영된다면 디자인이나 브랜드에 뭔가 이상이 발생한다. 비즈니스의 발전과 브랜드 가치의 창출, 그리고 기업의 차별화 등으로 인해 겉으로 드러나는 외형적인 결과물이다.

타성에 젖은 경영이 12분기 정도 계속되면 시장의 기대를 충족시키지 못하는 디자인이 나온다. 디자인이 실패하면 말은 더 잘하고, 교육 수준도 높지만 감성적이지는 않은 (실적에 따른 보너스를 받을 것이 분명한) 운영진이나 비즈니스맨들이 CEO에 의해 등용된다. 경영에 능한 사람들은 창의성이 뛰어난 사람들보다 자신들이 훨씬 똑똑하다고 생각하고, 창의적이라는 사람들은 신뢰하기 어렵다고 생각하기 때문에, 소위 합리주의적 사고가 회사 전반을 지배하게 된다. 고위 경영진들도 저조한 실적이 지표로 명백히 드러난 이상 그들에게 힘을 실어줄 수밖에 없다. 창의성이 당장 다음 해의 실적을 끌어올릴 것이라고 확신할 만한 논리적인 근거는 어디에도 없다.

상장기업에서 말하는 '합리적인 목소리'란 금융팀이 그 기준이 된다. 금융팀은 애널리스트들에게 회사의 모든 상황을 약속된 방식으로 숫자로 정리해 제출하는데 익숙한 집단이다. 금융이란 상품 고객들이 1년 후의 이익에 초점을 맞추게 한다. 결국 금융과 고객 모두 위험 회피에 집중하게 된다.

경영진들은 무의식적이라 하더라도 자신들의 권력을 유지하고 싶어 하기 때문에 자연스럽게 나서게 된다. 그러므로 CEO가 창의성을 지켜내지 못하면 회사는 오로지 실패에 대한 두려움을 회피하는데 급급하여 운영되는 구태의연한 생필품 리테일 기업으로 전락하고 만다.

결코 창의적이지 않은 경영진들이 항상 옆에 도사리고 서 있다가 시도 때도 없이 "내가 그렇게 말했잖아"라고 말한다면 상장기업은 그저 그런 평범한 회사가 되고 만다. 결코 길지 않은 주어진 기간 내에서만 생각하면 이러한 경영진들의 생각이 옳을 수도 있다. CEO나 이사회가 창의적인 것의 중요성을 이해하지 못하면, 창의적인 사람을 고용할 수도 없고, 관리하고 보호할 수도 없다. 그들은 내가 기술이나 물류 관련 업무에 대해서 언급하는 것을 불편해했던 것처럼 창의적인 제안에 불편함을 느낀다.

단기적인 실패에 대한 대중의 분노를 회피하고 싶어 하는 CEO나 경영진들은 주식 애널리스트들에게 "모든 것이 완전히 통제되고 있습니다."라고 말할 수 있을 것이다. 그러나 이러한 통제는 차별성 자체를 말살함으로써 회사가 다른 기업과 다른 독특한 부분을 제거하고 만다. 상장기업이 장기적으로 살아남으려면 CEO나 이사회 의장들이 스스로 창의적인 사고의 달인이 되어야 한다.

출근할 때조차도 매일 같은 길을 따라 이동하는 틀에 박인 이사들에게 이런 생각을 제대로 전달하는 방법을 찾아내지 못한 것이 너무 아쉽다.

문제는 회사의 주축이 디자인과 브랜드에서 벗어났고, 한번 벗어난 균형추는 다시 되돌려지지 않는다는 것이다. 창의성에서 경영으로 회사의 중심이 이동한 후 창의성을 생명으로 하는 부서조차도 각종 분석 지표에서 벗어날 수 없게 된 것이다.

'합리적 목소리'는 실패를 두려워하게 만들고, 안정적이고 평범하고 일상적인 상품만 세상에 내놓게 된다. 이런 상품은 이익 폭이 크지 않고 매출도 감소한다.

혁신적인 제품이 출시되지 않고, 모험적인 마케팅도 구사하지 않으면 회사의 매출은 감소한다. 그러면 경영진들은 경쟁업체의 공격에 맞서 제대로 이기지 못했다며 디자인팀과 브랜드 관리팀을 비난한다. CEO가 두려움을 기반으로 안전 운행을 하려고 하거나, 각종 지표와 통계를 중심으로 회사를 경영하면 자질이 훌륭한 직원들은 직장에서 만족을 느끼지 못하게 되고, 결국 괜찮은 인재들이 대거 회사를 떠난다. 이런 회사일수록 CEO는 책임을 직원들에게 전가하고, 회사의 문제점을 솔직하게 드러내기를 두려워한다.

창의적이던 회사의 주도권을 경영 전문가들이 갖게 되면 회사의 미래는 벗어나기 어려운 틀에 갇히게 된다.

아디다스는 위대한 기업에서 좋은 기업으로 추락한 대표적인 회사이다. 1980년대부터 2000년대에 이르는 오랜 기간 동안 지나치게 지표 관리에 집중하면서 회사의 가치와 창의성이 함께 무너졌다. 아디다스는 내부에서 창의적인 동력을 되살릴 방법이 없었기 때문에 외부의 도움을 구하기 위해 스텔라 맥카트니Stella McCartney와 제휴 계약을 맺었다. 이 계약은 아디다스에 새로운 바람을 불어 넣는 괜찮은 협업으로 알려지고 있다. 그러나 나는 창의력을 얻기 위해 다른 기업의 도움을 받아야 할 정도라면 사업의 기본을 내부에서 개발하고 운영하는데 실패한 것이다. (디자이너가 자신의 브랜드 가치를 높이고, 널리 알리기 위해 소셜 미디어를 통해 디자인을 공모하는 것과 비슷하다.)

어드벤트

데이비드 무사퍼는 크리스틴이 스타벅스에서 일하는 동안 돈을 많이 벌지 못했다고 나에게 말했다. 그녀는 3년간의 단기성과에 따른 옵션 계약만 했을 뿐 장기간적인 관점에서 기업의 가치를 높이는데 따른 성과급 계약을 하지 못했다는 것이다. 룰루레몬 같은 위대한 기업을 경영하면서 그녀는 품질, 인력, 생산 등을 관리하는데 필요한 지출을 삭감하고, 제품 단가는 올렸다. 이로 인해 룰루레몬 특유의 문화적 기반은 서서히 붕괴되고 있었지만, 단기적으로 볼 때, 브랜드의 명성이 당장 흔들린 것은 아니고, 회사의 가치에도 큰 영향을 미치는 것 같지 않았다. 그런 가운데 2014년 정기주주총회가 가까이 오고 있었고, 세 명의 이사가 재선임될 예정이었다. 어쩌면 이것이 우리가 필요한 변화를 만들 수 있는 계기가 될지도 모른다.

2014년 정기주주총회

이즈음, 나는 하버드 비즈니스 리뷰에서 출판한 람 차란Ram Charan과 데니스 캐리Dennis Carey의 저서 『기업을 이끌어가는 이사회Board That Lead』라는 책에 깊은 인상을 받았다. 4장에서 저자들은 이렇게 말했다 "우리의 경험으로 미루어 볼 때, 포천지가 선정한 500대 기업들 가운데 절반에 해당하는 기업들은 제 역할을 하지 못하는 이사들이 한두 명씩 있었다.… 그들로 인해 회사 전체에 누수 현상 같은 것이 일어난다."

그들은 이런 종류의 이사들은 자신이 몸담고 있는 회사가 한 일을 비판적으로 언급하는 경향이 있는데, 이들을 다루는 가장 좋은 방법은 그들을 이사회에서 제거하는 것이라고 말한다. 저자들은 "아무도 스스로 퇴진하려고 하지 않기 때문에 이 일은 생각보다 어렵다."라고 말했다.

그 말은 분명히 맞는 말이었다. 그 해 여름의 주주총회에서 재선임 여부를 결정해야 할 3명의 이사 중 한 명은 이사회의 의장을 맡은 마이클 케세이였고, 또 한 사람은 로앤 코스틴이었다.

로앤 코스틴은 톰 스템버그와 함께 보스턴에 본사를 두고 있는 요가 의류 회사인 시티 스포츠City Sports라는 회사의 직접 투자자였다. 이 회사는 요가 의류 직영 영업 시장에서 룰루레몬의 경쟁자로 떠오르고 있었다. 나는 이 점에 우려를 제기했지만, 그 때문에 톰이 나를 아예 적대시하게 되었다.

룰루레몬의 이사회에서 톰은 핵심 인사였고, 그에 우호적인 인사들이 다수 포진하고 있었다. 이 문제에 대해 이사회는 '이사회가 이해충돌이 있을 가능성을 인지하고 있음에도 실제로 회사의 가치에 부정적인 영향을 미치지 않을 것이라고 판단할 경우, 이해 충돌의 가능성이 있는 인사도 이사직을 보유할 수 있다.'라는 법률 자문을 얻어냈다.

2014년 주총에서 톰 스템버그는 스스로 재선임을 포기했지만, 로앤은 재선임 되었다.

나는 주총에 앞서서 내가 보유한 모든 주식에 대한 표결권을 행사해 마이클과 로앤의 재선임에 반대하겠다고 밝히면서도 다른 주주들도 나와 연대해 줄 것을 촉구했다.

나는 이러한 의지를 밝히는 성명서에 "이사회의 활동이 룰루레몬의 창립 정신과, 성장의 원동력이었던 제품과 혁신의 가치에 어긋나고 있는 상황을 심각하게 우려한다."라고 밝혔다. 나는 또 우리가 장기적인 비전과 가치를 중시하는 대신 단기적 이익에 지나치게 집중하고 있다고 덧붙였다.

2014년 7월 룰루레몬의 주식은 주당 36달러로 최저점을 기록했다.

역대 최저

2014년 룰루레몬의 주가는 약세를 면치 못했다. 이사회는 새로운 피가 수혈되지 않았고 주가는 계속 하락했으며, 이사회는 내부적으로 갈등하고 있었으며, 괜찮은 이사를 새로 영입하는데 실패했다.

나는 현재의 룰루레몬의 모습에서 긍정적인 면을 전혀 찾을 수 없었다. 상황을 되돌릴 수 있는 마지막 유일한 방법은 내 주식의 절반(그리고 사실상 이사 2명을 선임할 권리)을 어드벤트에 매각하여 이사회를 흔드는 것뿐이라고 생각했다.

어드벤트는 이사 선임에 나와 의견을 같이하겠다며 내 지분을 자신들에게 매각할 것을 요청했다. 그들도 회사의 현실에 대해서 나와 비슷한 생각을 가지고 있었다. 룰루레몬의 이사진들은 너무 구태의연하고 무능하다는 것이다. 새로운 이사를 영입하고 이사회에 대해서 독자적인 평가를 하고, 그 평가를 바탕으로 3~4명의 이사를 퇴진시킨다는 '좋은' 전략을 가지고 있었다. 그들은 이 방법이 무리수를 두지 않고 이사회를 개혁하는 방법이라고 생각했다.

2014년 8월, 나는 내가 보유한 주식의 절반을 어드벤트 인터내셔널에 매각했다.

어드벤트는 2009년 중반, 당초 약속했던 룰루레몬에 대한 투자를 완료한 후 회사의 운영에 관여하지 않았고, 이제 다시 한 번 더 거액을 투자한 것이다. 그들은 주가가 많이 하락한 지금 자신들의 재투자가 주가의 하락세를 진정시키고, 오히려 반등의 계기가 될 수 있다는 것을 알고 있었다. 나도 그렇게 예상했다.

어쨌든 내 주식의 절반을 매수매도하는 과정은 8월 11일을 기준으로 완료되었다.

어드벤트는 또 킷 앤 에이스도 인수하고 싶다고 제안했고, 나도 그 생각이 나쁘지 않다고 생각하여 동의했다. 그러나 엄밀히 말해서 그것은 내 회사가 아니었고, 어드밴트와 나 사이에 룰루레몬 주식 거래가 완료된 직후, 킷 앤 에이스의 공식 소유자인 섀넌은 그들의 제안을 거절했다. 나는 "타이밍이 적절하지 않은 것 같다. 룰루레몬과 관련한 상황이 매우 불안정하다. 그리고 섀넌과 제이제이가 킷 앤 에이스 매각 요청에 대한 거부 의사를 분명히 했다. 킷 앤 에이스는 세워진 지 몇 달 되지 않는 회사이다. 우리는 그 회사에서 근무하는 사람들에 대해서 감당해야 할 책임이 있고, 회사의 소유주가 변경된 후 그들의 장래가 어떠할지에 대한 확신이 아직 서 있지 않다."라고 말하며 섀넌의 입장을 지지해 주었다.

경쟁과 갈등

"원하는 것을 얻을 수 있다고 생각한다면 인생은 터무니없다.
인생은 당신이 가진 것을 선택할 때 작동한다.
사실 당신이 선택한 것이 당신이 가진 것이다.
다음 단계로 넘어가려면 선택하라."

- 베르너 에르하르트

한편 킷 앤 에이스가 빠르게 성장하자 항간에는 킷 앤 에이스가 룰루레몬의 라이벌이 될지도 모른다는 소문이 돌기 시작했다. 파이낸셜 포스트The Financial Post는 '킷 앤 에이스가 신생기업이기는 하지만, 룰루레몬의 핵심 소비자 그룹이 그 회사의 제품에 상당한 매력을 느낄 것으로 보인다.'라고 보도했다.

킷 앤 에이스는 천연섬유를 사용하는 반면 룰루레몬은 합성섬유를 사용했다. 룰루레몬은 땀 흘리고 운동하는 사람들을 위한 브랜드인 반면 킷 앤 에이스는 사무실이나 거리에서도 입을 수 있는 기능성 의류를 만드는 브랜드이다.

게다가 룰루레몬은 '마음챙김'을 사업화하는 것과 더불어 기능성 캐시미어 원단을 사용하라는 제안을 먼저 거절한 바 있다. 룰루레몬은 나이키나 아디다스, 언더아머 등과 함께 10억 달러 규모의 시장을 놓고 경쟁해야 한다.

그러나 룰루레몬의 이사회는 상황을 다르게 인식했다. 2014년 이사회에서 이러한 인식 차이가 드러났다. 회의가 시작되기 전, 데이비드 무사퍼는 나를 조용히 밖으로 데리고 나가서 내게 알려줄 것이 있다고 말했다.

그는 "이사회 산하에 회사 운영을 위한 특별 위원회를 구성할 예정입니다."라고 말했다. 이 특별위원회는 나를 제외한 모든 이사들로 구성된다는 것이다. 그리고 앞으로 공식적인 이사회는 약 2분 정도에 걸쳐서 개회 선언 정도만 하고 이사회에서 처리되어야 할 모든 안건은 특별위원회로 넘겨서 처리하겠다는 것이다. 나는 특별위원회 위원이 아니므로 일단 2분 정도에 걸쳐서 개회 선언만 하면 더 할 일이 없어진다. 결국 내가 이사회에서 쫓겨나지는 않으면서도 이사로서 내가 어떤 역할도 할 수 없게 만드는 것이 특별위원회의 목적이라는 것이 데이비드의 친절한 설명이었다.

그들이 이런 잔혹한 조치를 취한 이유는 바로 킷 앤 에이스 때문이라고 그는 설명했다.

이사회는 나와 킷 앤 에이스와의 관계로 인해 이해충돌이 발생할 수 있다고 본 것이다. 이것은 분명 터무니없는 일이었다. 톰 스템버그와 로앤 코스틴은 룰루레몬의 라이벌 업체의 투자자였고, 내가 그것이 이해충돌의 가능성이 있다고 문제를 제기한 것이 이사회 구성원들로 하여금 나에 더한 광기 어린 적대감을 갖게 한 것이다.

어드벤트도 나를 도와주지 않았다. 그들은 킷 앤 에이스를 매각하라는 자신들의 제안을 섀넌이 거절한 것으로 인해 감정이 상한 것 같았다. 그들은 섀넌의 거절로 자신들의 체면에 손상을 입었다고 생각한 것 같았다. 내가 회의에 참석하자마자, 데이비드는 "칩은 지금 이 자리를 떠날 것입니다."라고 말했다. 그것으로 끝이었다.

나는 그들이 나와 킷 앤 에이스와의 관계를 문제 삼은 것은 톰과 로엔의 시티 스포츠와의 관계로 인해 발생하는 문제로부터 자신들을 지키려는 두 사람의 책략과 룰루레몬을 내팽개치면서까지 자신들의 체면이 손상되는 것은 막으려는 이사들의 이기주의 때문이라고 분명히 말했다.

나는 이사회를 완전히 떠나야 한다는 것을 깨달았다. 안에서 문제를 개선하기 위해 오래 노력했지만 효과가 없었고, 효과가 없을 수밖에 없었다. 이사회에 남아 있는 것은 정당하지 못한 지도자들에게 힘을 보태주는 일일뿐이라고 생각했다. 나는 이사회를 떠났고, 내가 차지했던 한자리가 공석이 되었다.

어드벤트는 이사회의 구성에 어떤 문제가 있는지 독자적으로 연구해 보겠다고 했지만, 내가 다른 이사들과 잘 어울리지 못하는 사람이라는 주장에만 힘을 실어 주었을 뿐 어떤 근본적인 변화도 없었다. 그들은 이해충돌의 가능성과 함께 글로벌 의류회사의 이사로 일하기에는 전문성이 부족하고, 5명의 이사에 대한 해임을 주장하는 등 물의를 빚었다는 이유를 들었다. 나는 뒤늦게 어드벤트가 내 지분의 50%를 사들이기 전에 이미 룰루레몬의 다른 이사들과 짜고 나를 이사회에서 제거하기로 합의했다고 믿게 되었다.

어드벤트가 나를 제거하기 위해 트로이의 목마를 만들었다는 것이 분명해졌다. 나는 이사회를 개편하겠다는 그들에게 힘을 실어주기 위해 그들에게 내 지분의 절반을 넘겼지만, 그들의 입장에서는 기존 이사회와 좋은 관계를 유지하는 것이 가장 이로웠을 것이다. 나의 장기적인 견해가 단기적으로 매년 좋은 실적을 발표해야 하는 그들의 필요와 부딪히고, 이사회에 내가 존재하는 한 단기 사모펀드라는 정체성을 가진 그들의 이익에는 도움이 되지 않는다고 판단한 것이다. 어드벤트는 그들의 이익을 달성하기 위한 전략을 수행하기 위해 이사회를 틀어쥘 필요가 있었고, 모든 주요 주주들의 입장을 대변하는 주주들을 수동적으로 만들고 그들의 입장을 하나로 통일시킬 필요가 있었다.

스티브 잡스

내가 애플사가 스티브 잡스를 축출하는 과정에 대해서 검토해 보니 스티브 잡스는 맥Mac에 대한 심리적 가격을 책정하여 지구상의 모든 똑똑한 사람들이 맥을 사게 하고 싶어 했던 것 같다. 스티브는 소비자의 시장과 심리를 알고 있었지만, 애플의 이사회는 몰랐다. 그는 애플에서 쫓겨났다. 나는 이제 스티브가 어떤 느낌이었을지 이해가 간다.

나 자신을 재발견하다

어드벤트가 이사회에서 두 명의 이사에 대한 지명권을 갖게 되면 이사회에 나름 바람직한 변화가 일어날 것을 기대했지만, 오히려 다양성이 부족해졌다. 업계의 흐름과 문화, 그리고 비전을 중요하게 생각하는 이사는 단 한 명도 없었다. 룰루레몬이라는 회사를 다시 한 번 위대한 기업으로 도약시킬 수 있는 기회를 또 한 번 놓치고 있었다.

매튜 시드Matthew Syed의 책 「블랙박스 생각하기Black Box Thinking」에는 2차 세계대전 당시 독일을 폭격하고 돌아오는 폭격기에 난 총알 자국을 예리하게 분석한 엔지니어에 관한 이야기가 있다. 그는 비행기 무게를 줄이기 위해 총알 자국의 패턴을 분석한 결과를 바탕으로 취약한 부분만 보강했다. (예를 들어서 비행기의 몸통 아래쪽보다는 날개에 훨씬 더 많은 총알 자국이 발견되었다.) 이 패턴을 관찰한 자료는 폭격기에 대한 독일군의 공격에 대한 보다 정밀한 분석을 위해 미국이 수학자들을 중심으로 구성된 특별한 연구조직에 보내졌다. 그들은 엔지니어에게 지금까지 했던 것과는 반대로 총알 자국이 없는 특정한 부분을 더 튼튼하게 보강하라고 충고하는 연구 보고서를 보냈다. 비행기가 총알을 맞아도 구멍이 나지 않는 곳에 총알을 맞았다는 것이다.

나는 룰루레몬의 이사들이 2차 세계대전 당시의 엔지니어들처럼 총알을 맞은 자국을 덮으려 한다는 것을 느꼈다. 다른 말로 하면 그들이 인식하는 문제점만 땜질하는 식으로 보강하기에 급급하다는 것이다. 나는 그들이 문제를 이런 식으로 대응하면 결국 비행기 전체가 추락하고 말 것이라고 생각했다.

나는 앞으로는 이사회의 밖에서도 회사를 위해 뭔가 할 수 있을 것이라고 믿었고, 이제는 그렇게 하는 수밖에 없었다. 나는 2012년에 이미 회사의 5년 후의 미래 가치에 대해서 전망하면서 다른 스포츠 관련 의류 회사들과 비교할 때 회사의 가치가 꾸준히 하락할 것이라고 예측한 적이 있었다. 그러나 이사회가 애용하는 지표를 통해서 내 예측이 옳았음이 입증될 때까지는 시간이 필요했다.

· 33장 ·

승자는 언제 카드를 접을 줄 안다

나머지 15%

나는 더 이상 룰루레몬의 경영에 공식적으로 관여하지는 않았지만 여전히 회사 전체의 지분 15%를 소유하고 있었고, 개인으로서는 최대 주주였다. 나는 나 자신과 다른 주주들 그리고 가족들에 대한 책임을 다하기 위해 회사를 위해 내가 할 수 있는 일을 찾아야 한다고 생각했다. 나는 룰루레몬이 잠재력을 다시 최대한 끌어올리고 세상을 평범함에서 위대함으로 끌어올릴 수 있는 능력을 되찾게 하고 싶었다.

나는 회사의 모든 부분이 유기적으로 잘 돌아가기를 원했고, 데이비드 무사퍼와 스티브 콜린스가 이사회에서 제대로 방향성을 제시해 주고, 로랑 포트뱅이 성공한 CEO가 되기를 원했다.

2014년 3월, 어드벤트가 내 지분을 인수하고 주가는 큰 폭으로 요동쳤다. 이사회는 룰루레몬의 문제의 핵심은 문화나 인재개발이 아니라 성장을 위한 기능이라고 확신했다. 이사들은 가장 능력 있고 전문지식이 풍부한 직원들이 대거 회사를 떠난 상태에서 더욱 지표와 통계에 의존하고, 명령과 통제에 의해서 회사를 운영하려고 했다.

대다수의 핵심 인재들이 이미 회사를 떠났거나 떠날 준비를 하고 있었다. 델라니 슈와이처는 이렇게 말했다. "우리는 몇 가지 심각한 문제에 부딪혔습니다. 품질 문제를 겪으면서 회사와 이사회는 겁에 질려서 안전제일주의로 회사를 운영했고, 룰루레몬만의 몇 가지 특별한 것들을 제거해서 회사를 너무 평범하게 바꿨습니다. 2014년 당시 이사회는 고위 경영진들을 몇 명 더 영입해야 한다고 생각했습니다. 제가 회사를 떠나기로 결심한 결정적인 이유는 이사회가 회사가 단기적으로 높은 수익을 낸 것처럼 보이게 하는 것만 중요하게 여긴 반면, 우리 브랜드와 고유한 문화의 본질을 유지하는 것에는 관심이 없었기 때문이었습니다."

"저는 2015년 5월 1일 자로 사직하겠다는 의사를 밝혔습니다. 제 여동생도 진작 사직서를 냈지요. 제 몸은 제게 더 이상은 견디기 힘들다고 말했어요." 딘 슈와이처는 말했다.

미셸 암스트롱은 이렇게 회상했다. "저는 여성 및 액세서리의 글로벌 상품기획 담당 부사장이었습니다. 하지만 우리가 어떤 일을 하면 왜 그런 일을 하는지 이해하지 못하고, 우리가 하는 일에 감사하지도 않는 고위 경영진들이 많아졌습니다. 그동안 우리는 아주 독특하고 성공적이었습니다. 우리의 오랜 업무 방식을 지키기 위해 싸울 수도 있을 것입니다. 그러나 한번 시작하면 10년은 싸워야 하고, 그런다고 해서 이긴다는 보장도 없습니다. 아니면 회사의 미래를 애써 낙관하며 현실에 타협할 수밖에 없겠지요."

"제가 사임하기 직전, 저는 룰루레몬의 현실을 보면서 '시중에서 우리와 경쟁하는 모든 리테일 업체와 특별하게 다른 게 없어'라고 생각했습니다. 모두 두려움 때문입니다. 현재의 리테일 영업 방식과 제품을 매장에 공급하는 방식, 제품을 기획하는 방식을 깨고 우리의 느낌이 인도하는 대로 따라가는 것이 최선이었습니다. 지금의 방식이 모두 낯설었습니다. 하지만 사람들은 '다른 것'을 '나쁜 것'이라고 생각합니다. 아니면 불안하다고 생각하기도 합니다. 결국 우리는 천천히 다른 회사들과 비슷해졌습니다. 그런 일이 일어나는 것이 슬펐습니다. 그럴 필요가 없었는데 말입니다."

설상가상으로 실력이 괜찮은 사람들일수록 룰루레몬에서 일하고 싶어 하지 않는 것 같았고, 로랑은 나이키에서 불만을 품고 퇴사한 사람들을 새로 고용하고 있었다. 크리스틴과 마찬가지로 로랑도 직원들을 가르치고 성장시킬 수 있는 리더는 아니었기 때문에 직원과 게스트를 통해 직원과 게스트를 유치하는 끌어당김의 법칙이 반대 방향으로 작동했다. 나이키에서 온 사람들로 인해 룰루레몬은 오래 지켜온 모습과는 정반대의 모습으로 바뀌어가고 있었다. 로랑은 직영점들을 관리한다면서 홀세일 영업 방식에 적합한 관리팀을 구성하고 있었다. 하나의 체계 안에서 두 개의 모델이 충돌하면 결국 수레바퀴는 멈추고 만다. 맹인이 맹인을 인도하는 격이다.

글로벌 물류 및 유통 담당 부사장을 지냈던 조지 초가스는 "이사회가 문화적으로 어울리지 않는 사람을 최고 경영자로 고용했기 때문에 칩 윌슨이 구축한 문화 프로그램은 모두 폐기되고, 단기적인 이익을 내는 데만 집중했다. 이로 인해 룰루레몬을 위대한 기업으로 만들었던 문화의 공식은 큰 위기를 맞았다."고 말했다.

사전 온라인 정기주주총회

나는 룰루레몬의 주식을 사거나 팔려면 보도자료를 통해 이를 세상에 알려야만 하는 주요 대주주 가운데 하나였지만, 2015년의 룰루레몬 주주총회에는 참석하지 않기로 했다. 나는 그동안 회사 수뇌부를 향해 많은 편지도 썼고, 주주총회에 참석해서 심도 있는 질문도 던졌다. 이사회가 내가 제기한 문제를 진지하게 논의하고 답변했다면 룰루레몬의 회사의 가치는 수십 억 달러는 더 커졌을 것이라고 믿는다.

이사회는 2016년에 사전 정기주주총회라는 제도를 도입했다. 이는 정기 주총이 열리기 전에 예민한 문제를 사전에 걸러내고자 의장인 마이클 케세이와 데이비드 무사퍼가 제안한 제도였다. 어떤 문제든지 주총에서 주주 가운데 누군가가 질문하지 않으면 회사는 그 문제를 주주들에게 먼저 알아서 설명할 필요는 없는 것이다. 이는 룰루레몬과 이사회 의장에 대한 청렴성 평가를 떨어뜨렸다. 이런 회사가 청렴성 높은 CEO를 영입할 수 없는 것도 당연했다.

만일 재무나 금융 부문처럼, 비전이나 브랜드 가치, 인재개발 및 혁신 같은 문제를 객관적으로 측정하여 지표로 만들 수 있다면 룰루레몬은 소송에서 헤어나지 못할 것이다.

2017년 정기주주총회에 앞서서 글렌 머피와 데이비드 무사퍼가 이사회를 대표해서 나에게 대화를 해보자며 손을 내밀었다. 나는 데이비드를 결코 믿을 수 없었다. 그는 2016년 주주총회에서 내가 제기한 질문을 사전 주총을 통해서 걸러 내버린 사람이다. 글렌 머피에 대해서는 잘 몰랐지만, 그는 어드벤트로부터 별도의 인센티브를 받는 사람이기 때문에 결코 객관적일 수는 없는 입장이다. 2017년 주총을 앞두고 그들이 나에게 대화를 제의한 것이 (오랫동안 경영 성과가 부진하고, 또 다른 형편없는 CEO가 회사를 경영하고 있는 상황에서) 나를 침묵하게 하려는 또 다른 수단은 아닌지 궁금하다. 나는 사적인 대화는 의미가 없다고 결론 내렸다. 사적인 자리에서 글렌과 데이비드가 거짓말을 하든, 진실을 말하든 내가 어떻게 알 수 있단 말인가?

내가 이사회를 떠난 또 하나의 이유는 크리스틴 데이 시대 이후의 회사에 대해서 내적인 신뢰가 없어졌기 때문이다. 나는 이사회를 떠난 대신 공개적인 방식으로 장기적 관점에서의 저조한 성과, 낡은 경영 관행, 청렴성 결여 등의 문제를 거론하기로 했다. 이사회 내부에서보다는 회사 밖에서 활동하는 것이 더 효과적일 것이라고 생각했다.

물론 데이비드와 글렌을 만나서 대화를 나눌 수도 있었다. 그러나 룰루레몬의 실패는 나와는 다르고, 그들끼리도 서로 다른 생각을 하는 이사들을 믿었던 때문이었다. 데이비드와 글렌은 둘 다 단기적인 이익을 추구했고, 자신들의 장기적인 비전을 나에게 설득하려고 온갖 말들을 다하곤 했다. 나는 2007년과 2008년에 어드벤트가 밥 미어스에게 미국 내에 무리를 해서라도 많은 매장을 더 빨리 열도록 독려했을 때 룰루레몬의 장기적인 기반이 소진되는 것을 느꼈었다.

결론적으로 나는 그들을 믿지 않기로 결정했다. (결정과 선택에는 미묘하지만 결정적인 차이가 있다) 내 선택에는 감정이 배제되어 있다.

내 안에는 룰루레몬에 대한 두 가지 마음이 공존한다. 하나는 나는 룰루레몬의 창업자이고, 정신적인 연인이라는 것이다. 또 하나는 룰루레몬의 상당한 지분을 보유한 장기 투자자라는 것이다. 나는 이제 투자자의 입장에서 생각해야 한다는 것을 깨달았다.

이 역할을 잘 해낼 수 있을까? 물론이다. 협력자가 되기로 하고, 그들과 조화로운 팀워크를 형성할 수 있다. 처음 이사회가 결성된 초보이사 시절보다 사람들을 더 잘 알고 있고, 그들의 동기를 더 잘 파악할 수 있다고 생각한다. 또한 나는 대부분의 다른 이사들보다 회사의 실무를 자세하게 파악하고 있다. 결과적으로 다른 비즈니스 영역에서 배운 그들의 아이디어를 반드시 따를 필요가 없다. 다른 회사와 룰루레몬 같은 직영영업 중심의 기능성 의류회사 사이에는 연관성이 그리 크지 않다.

가장 방대한 정보를 갖고 있고, 회사에 대해서 가장 잘 아는 주주가 사전 온라인 주주총회라는 것을 통해서 존재조차 무시 당하는 현실은 상장 기업의 슬픈 모습이다. 증권거래위원회가 주주들이 회사의 운영에 의문을 제기할 권리를 매년 한 차례 만이라도 제대로 허용하지 않는 것도 슬픈 현실이다.

2016년과 2017년의 정기주주총회에서도 내 질의는 묵살되었고 회사는 아무 답변도 하지 않았다. 룰루레몬의 문제의 핵심을 직설적으로 지적하였고, 이사들의 무능함도 지적한 당혹스러운 질문들이었다. 그러나 동시에 이사회의 일원으로서 충분히 던질 수 있는 질문이었고, 답변을 받았어야 할 질문이었다. 또 그 질문에 회사가 어떻게 대응하는가에 따라서 회사의 시가총액이 수십 억 달러나 오르내릴 수도 있는 질문이었다.

2017년, 이사회는 이사회에 큰 변화를 줄 수 있는 결정을 내렸다. 리프트Lyft의 존 맥닐Jon McNeill, 어드벤트에 의해 지명된 트리샤 글린Tricia Glynn, 내가 지명한 캐트린 헨리, 갭의 전 CEO 글렌 머피 등이 그 대상이었다. 글렌은 논란 많은 CEO에게 힘을 실어주기 위해 이사회의 공동 의장으로 임명 되었다. 마이클 케세이는 의장직에서 해임되었다. (그러나 그는 이 글을 쓰는 시점 현재 이사회 이사직은 유지하고 있다.)

2018년 가상 주주총회를 앞두고 나는 3개의 질문을 제출했고, 다른 주주가 하나의 질문을 던졌다. 데이비드 무사퍼와 공동의장인 글렌 머피는 내 질문 가운데 하나와 다른 주주의 질문 등 두 개의 질문에 대해서만 답변했다. 이어 그는 "질문은 두 개 밖에 없었다."라고 말했다. 글렌은 주주들에게 대놓고 거짓말을 한 것이다.

글렌이 공식적인 자리에서 그런 거짓말을 한다면 그의 다른 발언도 거짓말이 아니라는 법은 없다고 생각한다. 다른 이사들도 글렌이 거짓말을 하는 것을 알고도 침묵한다면 그들 역시 신뢰할 수 없는 사람이 아닐지 생각해 보아야 한다.

무능한 이사회

(이상할 정도로 공교롭게도 룰루레몬의 첫 사전 온라인 주주총회 직전에 게시된) 뉴욕 타임스의 기사에서 상법 교수인 스티븐 다비도프 솔로몬Steven Davidoff Solomon은 사전 온라인 주주총회는 "회의를 운영하는 사람

들이 참석 대상자들에게 공지하지 않고, 주주들의 불편한 질문을 사적으로 검토하고 처리해 버릴 수 있기 때문에, 회사가 불편한 주주들과 그들의 불편한 질문을 묵살하는 나쁜 방식"이라고 말했다. 솔로몬은 사전 온라인 주주총회를 통해 주주들의 질문이 어떻게 선별되고 사전 정리되는지와 기관투자자들이 사전 온라인 주주총회를 왜 반대하는지를 설명하고 있다.

나는 2011년부터 2017년의 기간 동안 회사의 운영이 얼마나 형편없었는지 이사회에 납득시키고 싶었으나 실패했다. 브랜드 이미지, 제품의 만족도, 문화 등 지표로 측정할 수 없는 요소가 제대로 작동하는지는 룰루레몬과 다른 스포츠 관련 기업, 그리고 전체 주식시장의 주가 추이를 비교해 보면 알 수 있다. 2013년 1월 1일부터 2018년 1월 1일 사이에 룰루레몬의 주가는 74.02달러에서 79.69달러로 조금 올랐다. 이는 연간 1.49%의 수익률이다. 같은 기간 동안 언더아머나 나이키, 아디다스 등 스포츠 의류 업계의 주가 추이는 년 16.98%, 나스닥시장 성장률은 18.95%로 나타났다.

알기 쉽게 설명하자면 당신이 같은 기간 동안 100달러를 가지고 룰루레몬의 주식을 보유했다면 8달러의 이익을 얻었을 것이고, 스포츠 의류 부문의 다른 기업의 주식을 보유했다면 119달러, 나스닥에 투자했다면 138 달러를 벌었을 것이다.

룰루레몬은 기능성 의류 산업 역사상 가장 중요했던 5년 동안의 성장 기회를 놓쳤고, 그것이 앞으로 회사의 미래 가치에 두고두고 어떤 영향을 미칠지는 각자 판단할 일이다. 사람들은 룰루레몬이 2018년부터 2021년까지의 기간 동안 경이적인 성과를 거두었다고 생각하지만,

그전 5년 동안 성장이 완전히 정체되어 있었다는 점을 감안할 때 2018년의 출발점 자체가 매우 낮았다는 점을 감안해야 한다. 워낙 기준 자체가 낮다 보니 조금만 성장해도 그 성장 폭이 커 보이기 마련이다. 룰루레몬이 2011년부터 다른 기업들과 비슷한 수준의 성장을 계속했다면 2021년의 전년대비 시가총액 성장률은 업계 평균에 불과했을 것이다. 결국 2021년 초, 룰루레몬의 현재 가치는 410억 달러이지만, 정상적으로 성장했다면 그 두 배는 충분히 넘었어야 한다고 생각한다. 그럼에도 불구하고 이사회는 회사에 막대한 손실을 입힌 그 이사들, 즉 마르티 모피트, 글렌 머피, 마이클 케세이, 에밀리 화이트, 데이비드 무사퍼 등을 극찬하고, 표창하고, 그들에게 연설의 기회를 제공할 것이라고 짐작해 본다. 물론 역사는 승자의 기록인 것은 분명하다.

나는 룰루레몬의 가치가 2021년에 450억 달러를 넘긴 것에 대해 어떻게 생각하느냐는 질문을 받고, 그 두 배는 충분히 넘겼어야 한다고 말했을 때 사람들은 내 말을 믿기 어렵다는 반응을 보였다. 내가 말하고 싶은 것은 아마존의 제프 베이조스Jeff Bezos가 투자는 그만하고 수익을 내라는 애널리스트들의 압력을 거부했다는 것이다. 베이조스가 애널리스트들의 압력대로 미래를 위한 투자를 중단했다면, 아마존의 가치는 현재의 1조 4천억 달러인 절반으로 줄었겠지만, 그래도 사람들은 아마존을 훌륭한 회사라고 생각할 것이다. 마찬가지로 룰루레몬의 이사들은 5년 동안 투자자들을 실망시켰고, 기업 가치는 현재의 가치보다 두 배는 더 높일 기회를 놓쳤다. 현재의 룰루레몬의 모습만 보고 잠재력을 충족시키는 성장을 했다고 생각하는 사람들은 더 높은 성장을 할 수 있었던 기회를 놓친 것일지 모른다는 역사의 가정에는 관심이 없을 것이다.

룰루레몬이 적절한 광고를 적시에 집행하고, '마음챙김'을 기업의 브랜드 이미지 전략으로 활용하고, 생산기업의 지분의 50%를 사들이고, 2011년에 글로벌 시장, 특히 중국 시장 진출에 박차를 가하고, 인재 개발 체계를 유지하고, 2015년까지 남성용 의류 시장에서 10억 달러의 매출을 달성했다면, 2020년의 룰루레몬의 매출은 1천억 달러 이상으로 성장했을 것이다.

나는 2013년부터 룰루레몬의 주가가 장기적으로 하락하거나 횡보할 것을 예상하면서, 나의 룰루레몬 주식을 어떻게 해야 할지를 놓고 고민했었다. 내 지분을 모두 팔아 현금화하여, 다른 곳에 투자하는 것이 가장 좋은 방안이었지만, 내가 주식을 팔면 25%의 엄청난 세금이 부과될 것이고, 또 설립자의 주식 매각은 공시 의무사항이기 때문에, 그 소식을 접한 다른 투자자들의 투매를 부추겨서 결국 주가는 크게 하락했을 것이다. 이는 룰루레몬에 투자한 사모펀드의 입장에서는 최악의 상황이었고, 가장 바라지 않는 상황이었을 것이다.

스포츠 의류 사업을 나만큼 이해하는 사람은 없다. 아주 아이러니였던 것은 2013년부터 2017년 사이에 이 분야에 대한 높은 이해 덕분에 나는 틈틈이 언더아머와 나이키의 주식을 사고팔면서 괜찮은 수익을 냈다는 것이다. 룰루레몬의 창립자가 자신이 설립한 회사의 이사회와 최고 경영자에 대해 신뢰를 하지 못해 경쟁업체의 주식을 사고팔아 이익을 남기는 참담한 현실을 상상해 보라.

주가 상승

밀물은 모든 배를 들어 올린다. 2017년 하반기부터 2020년 말까지 북미 지역의 주가는 역사상 볼 수 없었던 큰 폭의 상승을 기록했다. 이 30개월 동안 룰루레몬의 주가도 굉장한 상승을 기록했다. 더 긴 기간을 놓고 보면, 그전 몇 년에 비하여 룰루레몬 주가의 상승은 눈부시기까지 하다.

누군가는 이러한 주가의 대약진이 이사회의 장기적인 관점의 경영 성과인지, 아니면 다음과 같은 외부 변수가 작용한 결과인지 궁금해 할지도 모르겠다.

1. 투자자들은 룰루레몬이 아마존 효과에도 불구하고 살아남을 것이라고 평가했다.
2. 이사회는 대규모 자사주 매입을 결의하여 주가를 끌어올렸다.
3. 미국 경제는 활황을 기록했고, 소비자 지출은 기록적인 속도로 증가했다.
4. 연방정부가 법인세를 역사상 최저의 수준으로 인하하는 바람에 예상외의 순이익이 발생했다. 낮은 세율로 인해 국제투자자들의 자금이 미국 주식 시장으로 유입되면서 미국 주식시장의 유동성이 전례 없이 풍부해졌다.
5. 부적절한 최고 경영자 교체를 위해 새로운 이사들로 룰루레몬의 이사회를 채우기 위한 나의 끊임없는 노력이 효과를 보았다.
6. 룰루레몬의 비즈니스 모델의 기반이 여전히 살아 있었고, 그것이 언

제부터인가 잘 작동하면서 5년간의 부진의 늪에서 자연스럽게 빠져 나왔다.

7. 언더아머는 2017년 초에 파산 직전까지 가는 위기를 맞았고, 그것은 모든 스포츠 의류 기업들이 시장 점유율을 넓힐 수 있는 호재로 작용했다. 이 30개월 동안 대부분의 스포츠 의류 기업들의 주가는 수직 상승했다.

이것을 상상해 보라

이사회의 이사들 대부분이 큰 비전을 가지고 창의적인 브랜드에 대한 감각이 있거나 생산적인 사고를 하는 사람들이었다면, 회사는 브랜드의 엄청난 존재감을 과시하면서 혁신적이고 수익성 높은 제품을 세상에 제공했을 것이다. 대신 이런 유형의 이사들은 제품을 시장에 적기에 출시하는 실무라든가 수지타산을 정교하게 계산하는 등의 치밀한 기획력은 부족할 것이다. '창의적'인 이사회는 1 이상의 승수효과를 발휘한다. 반대로 이사회가 경영이나 재무 전문가로 구성되면 정교하게 수지를 계산해 내는 데는 탁월할지 몰라도 혁신적인 제품과 차별화된 브랜드 전략을 구사하여 매출을 신장시키고, 이익을 극대화하는데 필요한 배경지식은 부족하다. 이런 유형의 이사는 회사의 경영활동에 있어서 1에 근접한 승수효과만 발휘한다.

그러나 제품에 관한 뛰어난 창의성을 가진 사람과 정교한 금융 관리자가 만나서 서로 상대방의 활동 영역을 존중해주고 각자가 갖고 있는 정보를 공유한다면 3배 이상의 시너지 효과를 만들어낼 수 있다.

2018년 2월, 룰루레몬의 주가가 급상승하면서 이사회는 당장 주가가 흔들릴 걱정은 전혀 하지 않았고 다시 한 번 CEO인 로랑 포드뱅 체제 연장의 타당성을 주장할 기회를 갖게 되었다. 당시는 적절한 리더를 발굴하고, 직원들에게 리더십을 교육해야 한다는 이사회의 제1의 임무를 져버린지 8년이나 지난 시점이었다. 내가 판단하기에는 회사를 이끌만한 충분한 자질을 갖추지 않은 CEO들이 장기간 회사를 운영한 결과로 회사는 180억 달러이상의 가치 상승 기회를 잃고 말았다.

글렌 머피는 이사회 의장으로서 룰루레몬은 회사의 문화에 적합한 CEO를 찾기 위해 노력하고 있다고 말했다. 그러나 나는 이사회가 문화에 적합한 CEO를 찾는 것이 아니라 문화를 그들의 입맛에 맞게 바꾸려고 하는 것은 아닌지 우려 되었다. 그들은 스타처럼 떠오르는 후보의 요구에 맞게 문화를 바꿀 수도 있고 회사가 성장함에 따라 문화도 진화해야 한다고 주장하며, 그들이 선호하는 방향으로 회사의 문화가 바뀌어야 할 이유를 얼마든지 만들어낼 수 있다.

문제는 문화가 위에서 아래로 흘러 회사 전체를 포용해야 하고, 모든 사람들이 그 문화의 틀 안에 정렬해야 한다는 것이다.

로랑을 대신할 CEO를 찾고 있다는 것은 어쩌면 룰루레몬에게 좋은 기회가 될 수도 있다. 서부 해안 문화의 뉘앙스를 이해하고 스포츠를 즐기는 CEO가 필요했다. 즉 앞길을 가리는 장벽을 밀어낼 수 있는 힘을 가진 도전적인 CEO가 필요하다는 것이다.

그 동안, 룰루레몬은 인생이 그러하듯 여러 면에서 스스로 살아남는 방법을 찾아내며 생존해 왔다. 룰루레몬은 위험을 무릅쓰지도 않고,

배를 흔들지도 않고, 함부로 목숨을 걸지도 않는 방식으로 지금까지 살아남았다. 이 생존 전략을 통해 룰루레몬은 큰 충돌과 위기는 없는 점진적인 성장을 달성해 냈다. 이런 식으로 경영하면 소셜 미디어에서 논란의 중심에 설 일도 없고, 소송에도 거의 휘말리지 않고, 회사의 지분을 가진 기관투자자들을 만족시킬 수 있다. 외부 사람이 보기에는 룰루레몬이 마치 현명한 어른의 지도와 감독을 받는 모범생처럼 보일 것이다.

그 덕분에 생존에는 성공했지만 잃은 것도 많았다. 기업가적인 영감을 받은 직원들, 우수한 경영진들의 멘토링을 받아 스스로 성장하고자하는 최고의 인재들을 잃어버렸다. 실수를 통해 배우고, 그 결과로 성장할 수 있는 기회를 얻지 못했다. 안전 위주의 경영을 추구하다보니 획기적인 아이디어가 사라졌다. 간단하게 말하자면 그저 '좋은' 회사일 수는 있다. 그러나 갭의 전직 CEO 출신인 글렌 머피가 의장직에 앉아서 이끄는 이사회 아래서 회사가 이룩한 성장이 과연 회사가 달성할 수 있는 성장의 최대치였는지는 잘 모르겠다.

직원들

윗물이 맑아야 아랫물도 맑다고 한다. 이사회의 이사들과 직원들에게 모두 동등한 청렴의 기준을 적용해야 한다. 이사회의 마지막 세 명의 의장들은 사전 온라인 정기주주총회라는 것을 만들어 주주들이 질문할 기회를 막고 회피하고, 심지어 왜곡하기까지 했다면, 그들은 똑같은 일을 직원들에게도 할 수 있고, 실제로 그렇게 할 것이다.

직원들도 알고 있다. 이렇게 되면 회사 전체의 청렴도가 하락하게 된다. 비윤리적인 행동으로는 좋은 결과가 나올 수 없다. 룰루레몬의 이사들이 직원들과 게스트를 위해 정직하게 일할 때 더 나은 이익이 발생한다.

내가 이 책을 쓴 이유는 룰루레몬을 만들었고, 특별하고 독특한 기업 문화를 구축해 준 직원들에 대한 깊은 감사 때문이다. 이사회 이사들은 직원들이 왜 그 많은 회사들 가운데 하필이면 룰루레몬을 선택했는지를 잘 모르고, 심지어 알려고 하지도 않았다는 사실을 직원들은 잘 알고 있었다. 물론 직원들이 전체적인 상황을 완전하게 파악할 수 없다는 것도 잘 안다. 어쩌면 너무 늦었는지도 모른다. 어쩌면 무능한 리더들이 '위대하다'는 것이 무엇인지 조차 알지 못하는 사람들을 너무 많이 회사로 불러들였는지도 모른다. 새로 인재를 훈련시키고 기본을 철저하게 지키고 문화를 구축하고 키워갈 줄 아는 사람이 거의 사라져 버렸다.

직원들은 이사회가 회사의 문화나 청렴성에 어떤 영향을 미치는지를 이해할 수 있어야 한다. 또 이사회가 회사의 문화를 적극적으로 지원하고 육성하려 할 때, 얼마나 놀라운 가능성이 펼쳐지는지 경험해 볼 필요가 있다. 세상을 바꾸겠다는 생각에서부터 만들어진 비전과 월 스트리트에서 통용되는 각종 지표들을 바탕으로 설정된 비전이 얼마나 다른지를 알아야 한다.

다양성과 홍보

장기적인 주가수익을 중요하게 생각하지 않는 언론들도 있다. 대개는 무의미한 언론 보도를 통해 주가가 출렁이는데 영향을 끼치는 언론들이다. 나는 이사회가 하루 정도 날을 잡아서 지난 5년의 잃어버린 역사가 다시 되풀이 되지 않도록 진지한 반성과 토론의 시간을 갖기를 바란다.

그동안 주주들과 직원들, 그리고 고객들 모두가 고통을 겪었지만, 우리가 얼마나 많은 가능성을 놓쳤는지는 잘 모른다. 룰루레몬은 고객 자신이 무엇을 원하는지를 미처 인식하기도 전에 미리 혁신적인 아이디어를 제공하고, 장기적인 안목을 통해 경쟁업체가 접근할 엄두조차 낼 수 없는 방어벽을 구축하고, 브랜드를 성장시키고 놀라운 이윤을 창출하고 비범한 사람들에게 동기를 부여하는 등 많은 것들을 세상에 제공할 능력이 있었다. 룰루레몬은 10억 달러가 있다면, 주가를 떠받치기 위해서 자사주를 매입하는 대신, 새로운 사업 확장에 투자할 수 있어야 한다. 자사주 매입은 상상력이 부족한 사람들이 현금을 사용하는 최후의 수단이다.

단기적인 전략에 능한 사람들은 그들 나름대로 룰루레몬을 통해 자신들의 이익을 극대화하기 위한 노력을 했겠지만, 이 책은 앞으로라도 이사회가 매일 다른 경로를 통해 출근할 정도로 호기심 많고 성장 지향적인 사고를 하는 이사들을 영입하는 문제에 관심을 가져 달라는 나의 또 다른 방식의 호소이기도 하다. 선정적인 미디어에 귀를 기울이는 대신, 우리의 핵심 고객들의 이야기를 많이 듣고, 장기적인인 관점에서 경영진을 영입하고, 그들에 대한 인센티브 정책을 펼칠 수 있는 이사회가 되어 주기를 바란다는 말이다.

선구적인 아이디어가 묵살되면, 창의적인 사람이나 선견지명이 있는 사람들은 자신을 드러내기를 꺼려하게 되기 때문에 적절한 다양성을 갖춘 이사들을 영입하기가 힘들어진다. 가장 좋은 해결책은 매우 창의적인 사람들을 상장기업의 이사회 이사로서 끌어들이려면 무엇을 어떻게 해야 할지를 먼저 생각하는 것이다. 아주 창의적인 생각을 가진 사람, 혹은 사람들에게 인수되어 재창업하는 방법도 있다. 같은 상장기업이라도 창업자가 실권을 가지고 이끄는 기업은 그렇지 않는 기업에 비해 훨씬 더 많은 가치를 창출한다는 것은 이미 검증된 정설이다.

이사진과 고위 경영진에 대한 나의 인식을 다시 정리해 보았다. 이제 나는 이 사람들은 자신의 개인적인 명성과 부를 쌓기 위해 무슨 일이든지 할 수 있는 기업가라고 생각하고 있다. 그들은 자신들 각자에 대한 콘셉트를 만들어내기 보다는 자신들의 부를 쌓는데 관심이 많고, 이를 위해서 다른 사람들을 언제 어떻게 이용해야 하는지를 잘 아는 사람들이다. 그러므로 창업자는 이사진이 사리사욕을 버리고, 회사의 이익을 위해 일하도록 동기를 부여해야 한다. 운영 전반과 재무적인 요소와 이사진과 최고위 경영진들이 함께 어우러져야 한다.

내 인생의 성공은 성장과정에서부터 나와 다른 생각을 하는 사람들을 존중하고 감사하는 마음을 가졌던 결과이다. 소셜 미디어에서는 내가 부담스러운 존재로 묘사될 수도 있지만, 무게추는 광고의 장막 안에서 왜곡된 이미지 대신 사람들이 원하는 진정성을 향해 다시 옮겨갈 수 있을 것이다. 나는 시장의 틈새를 찾아내기 위해 사회, 정치, 관계, 그리고 의류의 다양한 모습을 연구하고 관찰했다. 그 과정에서 의도적으로 시끄러운 소리를 내기도 했다. 현실에 집착하는 사람들은 반드시 나에게 동의하지 않을 수도 있다.

룰루레몬의 이사진은 나의 이 책의 내용이 그들의 단기적인 이익을 도모하는데 도움이 되지 않기 때문에 이 책의 내용에 맞서서 자신들을 방어하려고 할 것이다. 독자들도 눈치 챘겠지만, 나는 뉴욕의 패션 전문가들이나 월 스트리트의 분석가들, 룰루레몬의 이사회 그리고 코카콜라나 펩시콜라 같은 기업에 친한 사람들이 없다. 이 책의 내용은 그들의 명성과 이익과 상충되기 때문에, 그들은 이 책이 많이 팔리고 읽혀지기를 바라지 않을 것이다. 그들은 이 책의 판매고를 최대한 줄일 수 있는 막강한 홍보 수단을 가지고 있다.

그 홍보수단은 여러모로 훌륭한 도구이다. 이 수단들을 활용해서 룰루레몬의 이사들은 그들에게 우호적인 여론을 만들 수 있고, 홍보 컨설턴트들은 그들이 원하는 그럴듯한 스토리를 만들어 내고 많은 자문비용을 챙겨갈 것이다. 경제경영 전문기자들은 이러한 홍보 스토리를 기사를 가장해서 자신들의 매체에 실어줌으로써 힘들이지 않고, 지면을 멋지게 채울 수 있다. 진실에 관심이 없어도 된다면 모두가 만족할 만한 시스템이 작동하고 있는 것이다.

나는 이 책이 계기가 되어 룰루레몬의 문화적 기초가 다시 정비되기를 원하지만 그런 변화에는 많은 시간과 인내, 그리고 투자가 필요하다. 룰루레몬의 직원들이 이사들과 같은 방식으로 행동했다면 아마 해고 되었을 것이다. 그러나 이미 설명했듯이 룰루레몬의 경영 시스템은 이사들과 직원들의 책임감을 같은 기준으로 평가하지 않는다. 이러한 보신주의 속에서 유지되는 평범함은 회사를 또 다른 암흑기에 빠뜨릴 위험이 있다. 룰루레몬이 2013년부터 2018년 사이에 경험한 실패를 통해서 무언가를 배울 수 있었기를 바란다.

2018년 7월, 룰루레몬은 캘빈 맥도날드Calvin McDonald를 신임 CEO로 선임했다고 발표했다. 한 가지 고무적인 것은 그가 운동선수 출신이라는 점이다. 어쩌면 그것이 새로운 위대한 시대의 시작일 수도 있겠다는 생각이 들었다.

2021년 이후

나는 기회가 닿는 대로 룰루레몬의 직원들에게 임원들을 조심할 것을 당부했다. 그들은 정치적인 생존자이고, 성공을 위해 물불을 가리지 않았던 사람들이다. 복도에 '장기간 근속한 이사들'의 명판이 붙어 있는 점을 유의해서 볼 필요가 있다. 벽면에 이런 것이 붙었다면, 그것을 통해 발생한 실패도 기억되고 기념되어야 한다. 그래야 같은 실수가 되풀이 되지 않는다. 사람은 누구나 비슷한 사람들에게 매력을 느끼고 서로 끌리고, 끌어당기는 경향이 있다. 그래서 초기의 이사회 이사들은 자신을 지지해주고 현상유지에 도움을 줄 다른 사람들을 후임 이사로 영입한 것이다.

2019년 5월, 이사회의 이사들 가운데 캐트린 헨리가 룰루레몬의 법률상 피지정인으로 선임되었다. 그녀는 나의 지명으로 이사로 임명되어 이사회에서 나의 입장을 대변해 왔으나, 이번 선임을 계기로 더 이상 나의 입장을 대변하지 않겠다고 선언했다. 이사회가 정기주주총회에서 내가 제기한 질문에 대한 답변을 거부하고, 2019년 총회에서는 글렌 머피가 주주들에게 거짓말까지 했다는 사실을 캐트린이 알게 되기까지는 오랜 시간이 걸렸다. 사람들은 누구나 자신이 진실하다고 주장한다. 캐트린도 자신이 진퇴양난의 입장에 직면하기 전까지는 자신이 청렴한 사람이라고 스스로 단언해왔다. 그녀는 자신이 이사로서의 직분을 다하려면 주주들의 질문에 성실하게 답변해야 하고, 만일 주주들의 질문에 성실하게 답변해 주지 않으면, 내가 더 이상 자신을 이사로서 지지하지 않을 것이고, 결국 해임될 것임을 잘 알고 있었다.

2019년 5월, 룰루레몬 이사회는 내가 어드벤트 및 이사회와의 합의를 지키지 않았다는 이유로 나의 이사회 의석을 박탈했다. 그 합의라는 것은 회사와 이사회에 대한 근거 없는 공격을 억제하기 위한 합의였다. 그 합의는 내가 소신에 따라서 회사를 관찰하고 논평하는 것은 허용하고 있었다. 그럼에도 이사회는 내가 그 합의를 위반했다고 주장하고, 나는 이 조치에 불복하여 소송을 제기할 준비를 하고 있다. 이것은 주요 주주들 모두가 엄청난 소송비를 들여야 하는 끔찍하고 낭비적인 일이 될 것이다. 나 자신은 다른 스포츠 의류 관련 회사에도 많이 투자를 하여 지분을 가지고 있기 때문에 굳이 이사회에 안에 내 자리를 유지하고 싶은 생각은 없었다. 그러나 나의 가족들은 이사회 안에서 지분에 합당한 의석을 확보하고 싶어 할지도 모를 일이다.

상황을 정리하자면 이사회는 내 아들과 아내가 킷 앤 에이스를 운영하는 것으로 인해 이해충돌이 발생한다는 이유로 이사회 안에 나만 제외된 특별위원회를 만들고 이사회의 모든 업무를 이 위원회에 넘기는 방식으로 나를 허수아비 이사로 만들어버렸다. 이렇게 해서 2015년 2월의 이사회에서 나는 사실상 이사로서의 권한을 잃었지만 대주주로서 정기주주총회 때마다 회사의 경영과 지배, 그리고 비즈니스의 방향 등에 대한 질문을 자유롭게 할 수 있었다. 그러자 그들은 내 질문을 봉쇄하기 위해 사전 온라인 정기주주총회라는 것을 만들었다. 이 사전 주총을 통해 이사회가 정기주총에 제출될 질문을 선별했고, 답변의 내용도 불성실했다. 심지어 글렌 머피는 2019년의 주총에서는 주주들에게 거짓말까지 했다.

나는 내가 룰루레몬의 새로운 성공과 구태의연한 이사회의 구조를 개혁하려는 나의 헌신에 대응하여, 회사가 속임수와 거짓말을 했다는 증거를 상당히 가지고 있다고 말하고 싶다. 사람들이 거짓말을 하고 상대를 속이는 이유는, 그래야만 자신이 생존할 수 있다고 생각하기 때문이다. 그러나 나는 이사회 대신 대중 속으로 들어가 말할 권리가 있고, 글을 통해 내 생각을 발표할 권리는 아직 가지고 있다. 나는 이 권리를 이용하여 룰루레몬이 제 2의 갭으로 전락하는 일을 미연에 방지하기 위해서 이 책을 쓴 것이다.

나는 여전히 룰루레몬의 최대 지분을 가진 주주이며, 룰루레몬의 성공을 위한 치어리더의 역할을 다할 것이다.

킷 앤 에이스 매각

2019년, 우리 가족은 5년 안에 10억 달러 규모의 회사를 만들겠다는 목표를 달성하지 못했기 때문에 킷 앤 에이스 직원들에게 매각 했다. 이 목표를 달성하지 못했기 때문에 가족들 사이에 적지 않은 갈등이 있었다. 그리고 금전적 손실도 컸다. 그러나 우리 가족들은 여전히 합심하여 일하고 있고, 다른 사람들은 거의 모르는 것을 잘 알고 있다. 이 실패를 통해서 언젠가 다시 한 번 5년 안에 10억 달러 매출을 올리는 규모의 기업을 만들려면 무엇을 해야 하고 무엇을 피해야 하는지를 배운 것도 큰 수확이다.

돌이켜보면 나는 내 스스로 '웨스트비치 MBA'라고 부르는 20년간의 기간을 통해서 돈은 거의 벌지 못했지만, 룰루레몬을 세우고 성장시키는데 필요한 중요한 경험과 지식을 얻었다. 마찬가지로 우리 가족은 5년 동안 10억 달러의 매출을 올리는 규모로 회사를 성장시키는 데 실패하면서 세 가지 중요한 것을 배웠다.

1. 가족 단위의 사업을 시작하기 전에, 책임에 대한 명확한 결정 구조를 갖춰야 한다. 최종 결정권을 가진 사람은 반드시 한 명이어야 한다.
2. 문화를 자연스럽게 성장시킬 시간은 없다. 소수의 직원으로 빠른 성장을 이루는 회사를 만들고, 모든 것에 대해서 가시적인 약속을 만들고, 인공지능과 가상현실, 그리고 증강현실을 이용하라.
3. 성장을 위해 많은 돈을 투자하면 직원들이 창의적으로 문제를 해결하는 능력이 저하된다. 오히려 자금흐름이 다소 제한된 가운데 더 강한 회사를 만들 수 있다.

승자는 언제 카드를 접을 줄 안다

나는 청렴도를 최우선의 가치로 삼는 회사를 만들고 싶었다. 분기별로 열리는 상장기업 공개회의의 내용을 신뢰할 수 있고, CEO가 단기 경영성과에 대한 부담 없이 소신껏 답변할 수 있는 회사, 리더가 리더를 만드는 회사, 안정 지향적인 사고와 성장 지향적 사고를 가진 이사들이 서로 존중하며 공존하는 회사, 스포츠를 잘 아는 사람들이 브랜드와 제품의 혁신을 주도하는 회사, 이런 회사를 나는 꿈꾸었다. 인적 자원의 개발을 원동력으로 하여 성장되는 기능성 의류와 러닝화 제조회사의 주요 투자자가 되겠다는 나의 꿈은 여전히 실현 가능하다. 아머 스포츠Amer Sports가 그러한 회사이다. 이 회사로부터 도움을 달라는 요청을 받고 있기 때문에, 나는 매일 아침마다 신나게 잠자리에서 일어난다.

좋은 것은 위대한 것의 적이다.

나의 책임

나는 지금도 꿈을 꾼다

룰루레몬을 위대한 회사로 만든 문화적 원천을 이해하고 싶다면 제임스 커James Kerr가 쓴『레거시Legacy』를 읽어보기 바란다. 나는 최고의 럭비팀으로 알려진 뉴질랜드의 올블랙All Blacks의 이야기인 이 책을 읽으면서, 룰루레몬에 관한 책을 읽고 있다는 착각이 들 정도였다. 심지어 내가 추상적인 언어로 룰루레몬의 구호를 만들면서 이 책에 나오는 구절들을 꽤 인용하기도 했다.

나는 20~40세 사이의 사람들을 상대로 멘토링을 하는데 적극적이다. 사람이 성장하는데 있어서 인생의 초년기에 알게 된 개념이 큰 도움이 될 때가 있다. (나는 내 인생을 통해 배운 많은 것들 가운데 가장 멋진 것들을 40대가 아닌 20대에 배울 수 있었으면 어땠을까 하는 아쉬움을 항상 가진다.) 젊은이들의 삶이나, 어떤 가정, 커뮤니티 그리고 기업에 대해 도움을 준 것으로 인해 감사의 말을 들을 때마다 나는 그들도 언젠가 내 나이가 되었을 때, 똑같은 방식으로 누군가에게 도움을 주변에 주면 될 것이라고 생각한다.

나는 내가 구상한 룰루레몬의 비즈니스 모델이 다른 이들에게도 새로운 비즈니스의 표준으로 받아들여지는 꿈을 꾼다. 나는 2010년 이후에 성공적인 기업으로 떠오른 신흥 강자들의 기업 문화와 목적 그리고 비즈니스 모델 등을 검토하면서 많은 유사점을 발견했다. 아마도 6단계의 구분법과 함께 '평범함에서 위대함으로 끌어올린다'는 개념이 생각보다 세상에 많은 영향을 발휘한 것 같다.

나는 내셔널 퍼블릭 라디오NPR:National Public Radio의 가이 라즈Guy Raz와 함께한 팟캐스트 〈내가 이것을 세우는 방법How I Build This〉과 넷플릭스 시리즈 〈익스플레인드Explained〉의 에피소드 〈애슬레저Athleisure〉의 내용이 룰루레몬에 대한 나의 이야기를 대중들에게 전달하는데 도움이 되었다고 생각했다. 그러나 편집으로 인해 왜곡된 짧은 영상으로는 핵심 메시지를 정확하게 전달할 수 없었으며, 내가 생각하는 큰 그림을 이야기할 수 없었다. 나는 2013년의 블룸버그 인터뷰를 통해서 이미 여러 해 전부터 기자들의 글은 선정성일 수밖에 없다는 사실을 잘 알고 있었다.

나는 기능성 의류 분야의 세계 최고의 전문가가 되기 위해 오랜 기간 다양한 노력을 했다. 지금도 필독도서 100권을 선정해서 읽고 있는데, 이것은 내 일생의 세 번째 100권 도서목록이다. 또 피터 다이아만디스Peter Diamandis가 이끄는 어번던스360Abundance 360 경영자 교육컨퍼런스에 참석하여 융합 혁신의 미래에 대해 듣는 것을 좋아한다.

룰루레몬 창업자 칩 윌슨 이야기
룰루레몬 스토리

초판 1쇄 발행 2022년 6월 15일
초판 3쇄 발행 2024년 3월 13일

지은이 칩 윌슨
옮긴이 김지연
발행처 예미
발행인 황부현
기획 박진희
편집 김재서
디자인 김민정

출판등록 2018년 5월 10일(제2018-000084호)

주소 경기도 고양시 일산서구 중앙로 1568 하성프라자 601호
전화 031)917-7279 **팩스** 031)918-3088
전자우편 yemmibooks@naver.com

ISBN 979-11-89877-87-3 03320

• 책값은 뒤표지에 있습니다.